이 시대의 자화상

삶의 지혜를 일깨워주는 이야기
이 시대의 자화상

초판 1쇄 인쇄 2024년 04월 10일
초판 1쇄 발행 2024년 04월 22일

   신고번호 제313-2010-376호
   등록번호 105-91-58839

   지은이 허신

   발행처 보민출판사
   발행인 김국환
   기획 김선희
   편집 최정아
   디자인 다인디자인

   ISBN 979-11-6957-148-7 03810

   주소 경기도 파주시 해올로 11, 우미린더퍼스트@ 상가 2동 109호
   전화 070-8615-7449
   사이트 www.bominbook.com

- 가격은 뒤표지에 있으며, 파본은 구입하신 서점에서 교환해드립니다.
- 이 책은 저작권법에 의하여 보호를 받는 저작물이므로 무단 전재와 복사를 금합니다.

이 시대의 자화상

삶의 지혜를 일깨워 주는 이야기

우리네 오늘의 삶들을 유머와 해학으로 풀어 쓴 필살기
꾸짖기보다는 정의로움을 피력한 조잡스러움의 극치
여기 유쾌, 상쾌, 통쾌 3쾌의 날 선 버전이 있다.

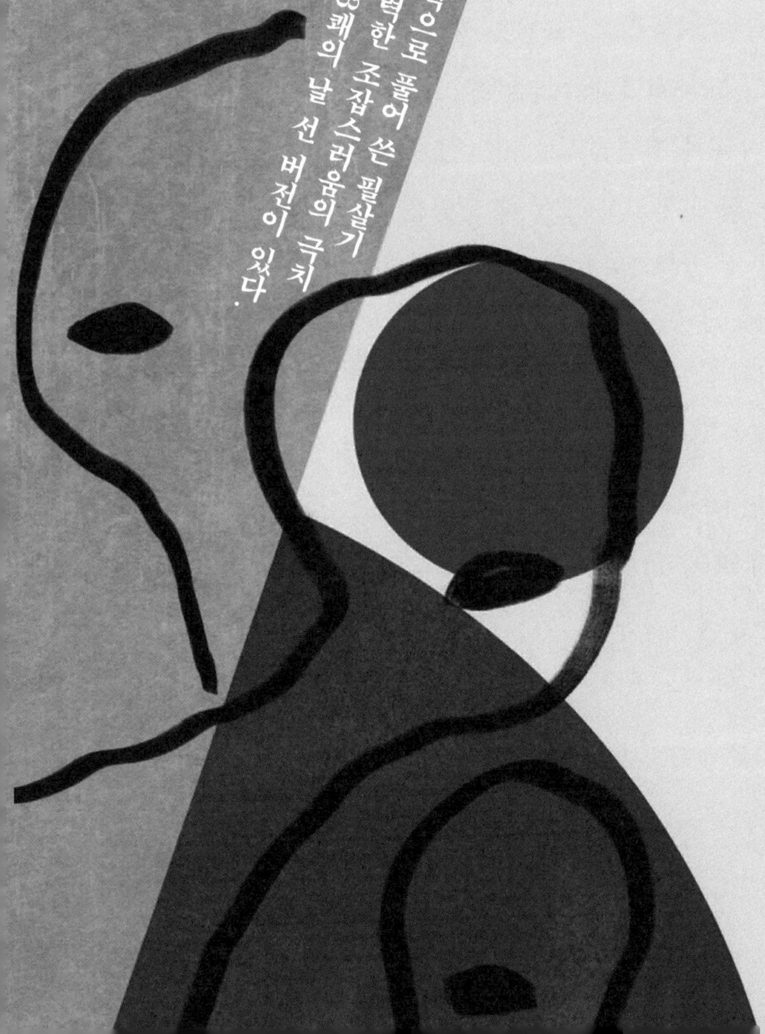

허신 지음

보민출판사

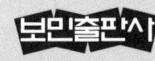

|이 글을 쓰면서|

생업마저 포기한 채 모든 걸 내려놓고 악마구리 지옥 같았던 더럽고 불결한 회사를 떠난 지 꼭 10개월이다. 지독한 먼지와 귀청 떨어지는 소음에 시달리고, 고행을 짜며 견뎌내는 여덟 시간의 하루는 스트레스 그 자체였다. 이리 채이고 저리 채이듯이 쌍아리 갑질을 당하며 나는 최저임금으로 지난한 내 하루하루를 위해 공포스러우리만큼 힘에.부치는 노동에 운명을 걸다시피 매달려 강산이 한 번 변할 수 있는 10년에 석삼 년을 뺀 7년여를 어제와 오늘이 다르지 않은 꿰맞춘 듯한 똑같은 일을 반복하고 있었다. 남에 밥을 먹고 산다는 건 결코 쉬운 일이 아님을 가슴 저리게 파헤치듯 잘 알고 있는 상황에서 때려치우겠다는 폭발적 감정은 하루가 열흘 같았건만 칼로 무 자르듯 내리칠 수 없는 것이 남의 밥에 얹혀사는 빈자의 노골적인 감정, 울면서 겨자를 씹는 눌려버린 자존심, 억울하면 출세하라는 유행가 가사처럼은 아니더라도 나는 내 그늘진 마음속에서도 뭔가 다른 것들이 끊임없이 꿈틀대는 드러나 주지 않는 나름의 희망 같은 것들이 내 정신적 지주가 되어

나를 세우고 또 일으켜 세워주었다. 나로 하여금 내가 위로받는 순간이다. 늙기도 서러운데 한 옥타브 업그레이드시켜 공박과 편견까지 감래하기란 내 자존심은 한계가 있으리만큼 궁핍했다. 그래, 젊지 못해 미안하다. 똑같은 일을 똑같이 하면서도 늙었다는 이유로 갑질당하고 무시당하고, 임금마저 시간당 알바와 똑같은 차별을 당하며 뼈 빠지는 노동에 울컥대는 감정을 뿌리치는 것은 깊은 인내와 감정 누르기에 또 다른 신경을 쓰면서도 내 성격 탓일까? 노동의 신성함에 정의를 부여한 나의 신조였을까? 나는 내 일처럼 열심히 일했다. 내 노동의 신성함은 생각조차 각별했다. 평생 여러 곳을 전전하며 빵을 벌었지만 내가 이 집에서 밥을 먹는 한은 나는 주인을 위한 충성스런 종이 되리라는 나의 뿌리 깊은 신념은 그랬다. 불이익에 내가 치여 상처가 남을지언정 차별과 일에 대해서는 별개로 생각했다. 여기에 남아 있는 동안은 충성한다는 자부심 하나 앞세워 주어진 일에는 최선을 다했다.

내가 조기에 계획보다 일찍이 회사를 나온 데에는 그럴만한 이유가 있어서다. 옛말에 굴러온 돌이 박힌 돌을 빼낸다는 속설이 있듯 구관이 명관임을 헤아릴 줄 모르는 어떤 떨거지의 환란으로 인해 미운털이 박혔든가 농간에 놀아난 억지 춘향이 꼴이 되어 이제 그곳에서의 내 노동의 끈을 놓은 지 어언 8개월이지만 아직도 7년여를 자장가처럼 들어온 기계소음이 귓속을 맴돈다. 바람처럼 지나간 8개월을 나는 밤잠을 설치며 그간 네 권의 책을 썼다. 그것도 400~500페이지 분량의 대장편을…

　나의 일상과 같은 취침시간은 새벽 두 시경이라면 맞다. 장시간 앉아 쓰다 보면 허리도 아프고, 궁둥이가 저려오면 잠깐씩 밖에 나가 스트레칭으로 경직을 풀고 다시 책상 앞에 앉는다. 나는 내 생애 목표가 있다. 젊어 한때는 여러 해 무명가수로 극장의 쇼 무대에서 노래했다. LP판 음반도 두 장이나 냈고, 연륜을 따지자면 원로다. 젊은 날에는 누구에게나 꿈이 있듯이 애당초 내가 하고 싶었던 것은 라디오에서 목소리 스타가 되는 성우가 되는 게 내 꿈이었다. 세월이 많이 흘렀다. 내 자식이 결혼도 하고, 자식을 낳아 가정을 꾸려 행복하게들 산다. 그 사이에 나는 꿈도 희망도 버려야 할 만큼 나태해지고 늙었다. 나이는 숫자에 불과한 것이라는 신념 같은 그 말을 나는 사랑한다. 사람이 해서 안 되는 일은 이 세상에 없다. 있을 뿐이다. 나이 아니 골백 살을 먹었어도 의욕과 열망만 있으면 시작이 반이라는 속담을 토대로 할 수 있는 것이 사람의 능력이다.

　땡벌 같은 내 인생! 나는 남이 감히 가지 않는 길을 선택하길 좋아한다. 내 꿈이 다 그랬다. 모험심이었을까? 그 열기가 너무나 강렬하고 대단해서 뜨거운 엔진이 식어버렸을까? 나는 성공하지 못했다. 목표의 중간에서 멈춰 선 고장난 시계였다. 그렇다고 튀어보겠다는 건방은 떨지 않았다. 하늘 우러러 맹세할 수 있는 가식 없는 나의 진심 발언이다. 평생 손에서 연필을 놓아보지 않았고, 책에서 눈을 떼지 않았다. 낮에는 일하고, 밤에는 책을 읽었다. 내가 평생 읽은 책은 조그마한 태산이다. 주경야독이었다. 평생 써온 일기가 책을 쓰고자 하는 근간이자 힘이 됐던 것 같다. 이제 나는 눈에 들어오는 세상사 이야기를 유머를 곁들여 풍자의 글을 쓰고자 한다. 웃을 일 없이 바쁘고 경직된 지친 이들에게 잠시나마 웃어 위안이 될 수 있는 칼로리 많은 유머의 대가가 되자고 했다.

고단한 노동에 시달리면서도 틈틈이 책을 읽고 글을 써왔다. 나는 메모광이다. 길을 걸어도, 일을 할 때도, 잠자리에 들어도 주머니 속에 볼펜과 메모지, 잠자리 머리맡에 백지와 볼펜이 놓여 잠들기 전 떠오르는 아이디어를 불도 켜지 않은 채 아무렇게나 메모했다. 그런 것들이 글의 뼈대가 되고 살이 되어 2013~2014년 두 권의 책을 출간했고, 세 번째는 지금 출간 중이다. 또한, 위에서 언질을 했듯 네 권의 원고가 준비되어 있다. 이제 내 인생의 말로! 살아있어야 할 시간이 언제까지일지는 모르나 시간이 없다고 하자. 밤새 안녕이라는 예측할 수 없는 나이 때이니까. 모두 일곱 권의 책이 준비되어 있으니 앞으로 더 써야 할 책은 세 권! 넉넉히 3년의 시간을 갖기로 했다. 10권의 책이 만들어지고 나서 시간이 된다면 사진집과 여행 기행문을 쓸 것이다. 내 서재에 가지런히 꽂혀 있을 책들을 생각하면 벅찬 가슴 행복한 마음이다. 그 목표를 위하여 오늘도 읽고 쓰기를 주저치 않는다.

　가장 나다운 원하는 모습으로 구태여 외로운 길을 가려는 내 처연한 모습! 노령의 세월에 지쳐가는 현실 속에서 두 딸, 아버지의 흔적, 죽음 이후의 나에 역사를 만들기를 자구하며 소멸되어 가는 숨길 수 없는 인생 여로에 한 줄기 갈무리를 남기며…

2024년 4월
저자 **허신**

| 서문 |

저자인 나는 DNA O형의 혈을 가지고 태어나 세상사 인생열전, 산전수전, 공중전까지 두루 섭렵한 말초신경의 70 소년 노익장이다. 차분하고 생각이 깊다. 늘 생각하고 무언가를 이루고 싶어 안달이다. 이렇다 보니 늘 심신이 고달픈 받아놓은 밥상이다. 어쩔 수가 없다. 생겨먹은 태생이 그 모양이니 나만의 모험을 즐기는 편이다. 그래서 동분서주한다. 감히 남이 가지 않는 어려운 길을 가자고 했다. 젊은 날의 기백이었지만 아직 이 나이에는 잊지 못해 천추의 한이라면 못다 한 내 꿈의 실패 때문이다.

젊은 그날로 되돌아가자! 인내와 기벽이 절반을 성공시켰다. 나머지 절반은 미완성으로 내 가슴에 비수가 되어 심장을 찔러댔다. 사나히는 평생에 두 번밖에 울지 않는다. 나를 잉태하신 부모님 영면에 슬피 울고, 내 못다 한 꿈이 아까워 서럽게 울었다. 호언장담 스타로 성공했다 해도 이제는 은퇴해야 할 나이에 남은 건 비통함 하나가 남았을 뿐이다. 세월을 거꾸로 돌려 다시 꿈이 있던 그 시절로 돌아간다면 나는 내가 꿈꾸고 월치부심하던 그 음악의 꿈은 하늘이 무너진들 기필코 해낼 자신이 생길 것이다.

아, 옛날이여~!
인생은 행복의 열반에 이르기 위한 자기부정의 길이라고 티벳의 지도자 붓다, 그가 역설했다. 그렇다. 인간의 모든 군상은 자기 운명을 토대로 내가 살 수 있고, 갈 수 있는 곳이면 어디든지 처연히 허물을 마다하고 간다. 이것이 붓다가 이르는 자기부정의 길이리라. 내가 나를 위해 희생하는 것이다. 그게 한평생 인간의 길이다. 내가 살아가는 길이다. 이제 나는 내가 가고자 했던 그 길에서 소외된 버림받은 낙오자다. 닭의 모가지를 비틀어도 새벽은 온다고 했다. 이 길이 아니면 저 길을 갈 수도 있는 것이 영장류로서의 안목이다. 생각을 바꾸면 삶이 바뀐다. 그 새로운 것에 적응해 익숙해지기까지의 여정은 지루하고 힘들지만 내가 모르고 있던 전혀 새로운 것들이 보이듯이 꿩 대신 닭이라는 대안으로 나는 미력 하나마 내 안에 잠재한 끼로 글쓰기에 착안해 모험을 하자고 했다. 그렇게 시작으로 쓰여진 책들이 출간되어 적막으로 암울했던 시기에 해를 가렸던 구름이 걷히듯 성공반열에 이르렀으니 그 기쁨은 배가 되고 이에 힘을 얻었다. 많은 작가들의 신경 밖에 방치된 채 쓰여지지 않는 세상 풍자와 서민의 애환을 유머로 각색해 이 방면 최고의 전문 쾌걸의 작가가 되기로 했다. 여기까지가 제2의 내 노년의 인생 지표다.

※행여 독자들의 성화로 이 글이 어필되어 도움이 된다면 그것을 기금으로 인간보다 더 좋은 친구 동물보호 개(犬)의 복지에 기꺼이 성금할 테다.

|목차|

이 글을 쓰면서 _ 4

서문 _ 9

쏘가리 부인 _ 18

인명은 재천 _ 28

승부사 허씨 _ 39

안 돼 안 돼 _ 49

우리 것이 좋은 것이여 _ 61

위기일발 _ 68

대접 커피 _ 77

퇴물 인생 _ 83

효도 _ 93

먹어야 양반이지 _ 100

박수무당 허씨 _ 110

구라도 엄청 까네 _ 120

아니 벌써 내가 _ 130

오줌 사태와 코뼈 부러진 사연 _ 137

새벽에 부르는 난리 부르스 _ 147

분노의 계절 _ 158

쪽바리 _ 168

코로나19 _ 179

고구려 장수 허지문덕 _ 186

조국의 수호자 허 대위 _ 197

환경 지키미 _ 206

육갑도 수준급 _ 226

월이 월이 _ 231

간장 한 사발 _ 236

며느리 사랑은 시아버지 _ 242

아리랑 8번지 길순이 아범 _ 250

결혼식 _ 255

눈치가 없으면 센스라도 있어야지 _ 261

오장동 큰 애기 _ 273

맹가의 자존심 _ 278

혼돈의 시대 _ 286

꿀이나 드셔 _ 293
홍어 박사의 홍어 이야기 _ 303
성인용품 _ 312
훈수 _ 324
현대판 허룽이 나르샤 _ 331
부질없는 허영심 _ 344
옥자네 주점 _ 352
농구코치 허 감독 _ 359
프로권투 _ 374
이에 신고합니다 _ 384
이조 500년 허 조세관 _ 391
몽블랑 아저씨 _ 399
장학 공감 _ 408
간장종지 국밥집 아줌마 _ 416
야로야로 _ 423

신가라 명품 초등핵교 _ 431

도오쿄오 _ 443

으설픈 박 서방 _ 452

에그머니나 아이구 질겁이야 _ 461

꽁뜨 릴레이 _ 468

코로나 김 _ 476

재앙이 오던 날 _ 482

땜통 _ 488

21세기 거꾸로 조롱법 _ 498

잠깐 눈길을 멈추세요

당신은 누구세요? 누구십니까? 지금의 삶이 행복하십니까? 만약 행복이 절반이면 나머지 절반은 이 책 속에서 찾아 채우세요. 심신이 고달퍼 삶이 지루할 때 여기 당신의 고민을 웃음으로 치유할 비결이 숨어 있습니다. 무뚝뚝하다구요? 강심장에 노숙하고 근엄하시다구요? 세상 참 재미없게 사시네. 웃음은 만병을 치유하는 자연의 명약! 웃음 대통령을 자처하는 유머계의 혼혈아! 활자로 풀어내는 신인 개그맨! 페이지를 열어봐! 안 웃고는 못 배겨! 당신의 뿌르퉁한 침묵의 배꼽을 수술하고자 칼을 들었다. 뭐라고요? 안 웃고 살았어도 그 억척 21세기의 괴질 코로나에도 끄떡없이 안 돌아가셨다구? 체력이 무쇠로군! 잘났어~ 정말!

삶의 지혜를 일깨워주는 이야기

이 시대의
자화상

우리네 오늘의 삶들을 유머와 해학으로 풀어 쓴 필살기!!
꾸짖기보다는 정의로움을 피력한 조잡스러움의 극치!!
여기 유쾌, 상쾌, 통쾌 3쾌의 날 선 버전이 있다.

쏘가리 부인

●● 야, 이것들아! 여기를 보셔. 오늘일랑 은 나가 느그들을 향한 뭔가 한마디로 아침을 열어야 쓰겄다. 여지껏 아니꼬운 눈구녁으로 느그들을 맞이한 지도 어언 서너너 댓 해는 가히 됐을 성싶은디 그간 고생한다고 생각혀. 보기보다는 늘 이건 아니올씨다라는 기억을 이 대갈통 속에 심어준 것이 느그들의 행동 보따리여라. 구관이 명관이라고 하다 보면 나아질 테 지 느그들의 경력과 능력을 믿고자퍼 했지만 소위 느그들이 사장 이라고 하는 나 여지껏 나 양봉군이의 앙가슴을 기쁘게 한 적이

한 번도 없었다 이거 아녀! 느그들이 열성적이어야 내가 살고, 내가 살므로서 느그들 월급 줘 처먹고 살 판인디 고로코롬 어양보양 왔다 갔다 괜히 마렵지도 않은 오줌이나 누러 다니고 눈치나 살살 보면서, 시계나 쳐다보며 밥 처먹을 때나 기다리고 일은 언제 허냐? 그래도 일당은 나오지. 안 줄 수 없으니까. 암만 주고 말고. 그러나 대가리 검은 짐승은 은혜를 몰라 거둘 게 못 된다고 양심선언이라도 할 판인데 이이~ 이게 뭐야? 서로 믿고 내 일처럼 회사에 열정을 가져야지. 납기일도 맞추고! 기업도 상호 간 신용이여. 이 잡것들아! 놀구 처먹는 인간에겐 빵이 없는 벱이여. 소득은 적은데 지출이 많으면 그 집구석 살림살이는 빵창이 눈앞이고, 오래 못 가! 열이면 열 0%여. 때 되면 밥 주고 철 되면 옷 주고 달 되면 월급 주고 매달 괴기 사 멕이는 회식자리, 커피 사줘, 똥간에 화장지 사줘, 씀씀이가 얼마인지 알기나 하간? 나가 아조 열방맹이가 치밀어 이 잘난 회사를 느그들 꼴 뵈기 싫어 들어 엎어야 하나 마나 이 검정 머리카락이 하얗게 쉰당게. 나만 잘 먹고 잘 살자고 하는 짓이여? 저기 벽 쪽을 쳐다봐야! 우리 회사 좌우명이 뭣이여? 근면, 성실, 노력, 단결! 저건 괜시리 폼으로 매달아 놓은 게 아녀. 할 땐 열과 성의를 다혀서 조질나게 하고, 쉴 땐 왕창 쉬고, 놀 땐 허벌나게 놀아라 이거여. 이거슨 쌀 뜬 물에 좆 담근 것 맹이로 할 둥 말 둥, 이것도 저것도 아닌 월미도 사꾸라 꽃은 필뚱말뚱인 거 맹이로 물도 아니고 술도 아니고 그저 뜻뜨 미지근 생산이 돼야 공장이 돌아가지.

이 웬수들아! 그 지랄로 농땡일 피우면 생산은 언제 하고 월급은 뭘로 주며 회식은 외상으로 퍼멕이냐? 처먹는 얘기만 나오면 금새 얼굴이 환해져 가지고 기분이 트더지는지 째지는지 아가리가 그냥 싱글벙글~ 어머! 스마일~ 이래 가지고서야 어디 반장이나 조장이나 공장장이나 잡부나 그놈이 그놈이구 그년이 그년이야. 왜 놈자, 년자에 기분 상허냐? 년, 놈으로 표현해서 대단히 미안허다. 됐고! 앞으로는 말야말야 오늘같이 나으 머리에 뿔나게 하는 놈은 즉석에서 일읍어! 가시어요, 체크할 것잉께. 그리 알도록! 오늘 이 정당한 오너로서의 발언에 이의가 있다 하는 사람! 시방 당장 보따리 싸도 무방하다. 즉석에서 월급, 퇴직금 일시불로 지급할 팅게. 떫은 자! 나와브로. 불필요한 잡것은 없어도 지구는 아니, 회사는 돌아강께. 썩 꺼져브러야~! 나와! 나와! 나와브러, 나오랑께! 읍냐? 다들 덜덜 떨구 있구만. 추워서 떠냐? 계집, 새끼 굶길 일에 불안해서 떠냐? 이것들이 아주 하나같이 이기적이야. 아무튼 떤다는 건 불안하다는 증명이니께 나가 지그시 지켜볼 것잉께. 뱃떼기에서 기타소리 안 날려거든 좋은 말 할 때 참회허고 잘하란 말이시. 애고 어른이고 말을 잘 들어야 시집 장가를 잘 가는 벱이여. 알어 먹으시는가? 왜 대답이 읍써? 벙어리여? 뭐여? 양심상 면목이 없어 아가리조차 안 떨어지지? 왜들 그러고 사냐? 열심히 해서 돈을 벌어주면 그거 내가 혼자 다 독식허냐? 서로 나눠 먹고사는 거 아니냐. 월급도 올려주고 상부상조라는 게 뭐여? 느그들이 열심히 돈을 벌어주면 나 그 돈 금고에 처박아 놓고 딴맘 안 먹는다.

오너 나름일 테지만 기업은 절대 이윤만 챙기는 게 아녀. 적어도 나만큼은. 더러 오너 중에 돼지모냥 제 낭턱만 하는 잡것들이 더러 있어. 악덕 기업주라는 오명을 쓰지만, 사람마다 다 그런 거 아니잖어? 미꾸라지 한 마리가 맑은 우물물을 흐려놓듯이 그따위 짜식들 땜시 선량하게 양심적 기업가가 도매급으로 넘어가 똑같은 놈으로 보는 거, 이거 틀린 거야. 어디 사람이 다 그렇간? 이따위 불량 양아치 같은 놈들과는 거리가 먼 게 나여. 여사장 양봉순이, 잘들 알 테지만.

 시방 이 사회가 을마나 각박하고 모난 세상이냐. 매사에 버거운 오늘날 이거 삼척동자도 아는 일 아닌감? 지구는 하나, 인간도 하나, 목숨도 하나. 그까짓 꺼 돈 벌어 쳐 쌓아놓으면 뭘 할껴? 꼭 필요한 곳에 쓰는 게 돈의 역할이여. 평생 피땀 흘려 번 돈 꼭 필요로 하는 사회 일원에 기부천사가 되는 사람들 알고 있지? 이런 나눔의 의와 기쁨을 모르는 이들은 '저 인간, 어디가 빠가 나사 빠진 인간 아냐?' 이렇게 빈정댈지 모르지만, 돈은 벌어 이렇게 쓰는 거야. 이런 사회에 상징적인 아름다운 인물들 때문에 아직은 살맛나는 세상이 아니냐? 느그들도 좀 닮아봐라! 사람들 좀 돼봐라 이거여. 사회에 공헌은 못할망정 일선에서 산업역군으로서 신명을 다해 제품을 맹그러 전 국민에게 헌신한다는 자부심 같은 거 하나쯤은 생각할 수 있는 자조적 의무감 같은 것을 늘 생각 속에 지녀 설랑께 사명에 일조하는 산업의 역군으로 거듭나라 이 말이시. 앞으로덜 당최 허꺼뱅이 공원이 되들 마르으. 월급에 지장이 있응께. 저저 할 말 있습니다! 뭔 할 말이야? 일은 제일 뺀질거리며 늘 정거리는 녀석이 뭔 나발을 불려고 손들고 나서냐, 나서길! 그래, 할 말이 뭐여? 만약에 사장님이 돈 많이 벌면 우리가 늙어 일 못할 때 노후보장할 수 있습니까요? 나 이거야 참! 차라리 날 잡아먹어라. 그게 질문이야? 왜 그렇게 간단하냐? 내가 돈 벌면 혼자 먹냐? 그랬더니 겨우 알아들은 게 그거로구먼. 에이~ 짱돌 돌대가리! 얀마! 척 하면 삼천리요, 억 하면 윽 할 줄 알어야지. 내가 왜 너 노후까지 책임지냐? 쨔샤~ 네가 여기 있다가 나가면 퇴직금 나오잖냐? 그 퇴직금과 함께 너와 나는 한마디로 끝! 쪽 나는 거야. 그런데 뭔 노후? 깨질 때까지 왜 죽으면 칠성판에 관짝까지 책임져 달라고 하지 그래? 에이 이쌍! 이 넓적한 손바닥으로 귓둥매길 내줘 어질러 꺼꾸러뜨릴라! 새끼가 말하는 거까지 저 일하는 꼴딱서니랑 똑같애, 똑같애! 왜 사니? 왜 살어! 혹시나 하고 산다고? 또라이 급에서도 최고 하빠리 또라이!

내가 똑똑히 알려줄게. 네놈 노후는 이 나라 대통령이 돌봐줄 거야. 그것도 재수 있어야 되는 거지만 너는 샥씨도 없는 홀로 아리랑 홀아비잉께 정부미 한 포대는 얻어 처먹겠다. 네가 우리 집에서 일하는 동안만 책임을 지겠다는 거지 늙어 헐헐할 때까지의 책임 의무는 없다 이거야. 내가 네 시다바리냐? 네 목구멍에 들어가는 밥 알갱이를 날 더러 달래게? 이 녀석 경우가 아주 개차반이구마니라. 어디서 말을 해도 맞아 되질 소리만 지껄이구 자빠졌어. 개소리 말구 가서 일이나 해, 인마! 대가리는 훌랑 까져가지구는 을마나 공짜를 밝혔으면 대가리가 타조알이 되었게. 난 돈이 시글버글 한다 해도 너 같은 녀석에겐 단돈 1원도 못 줘. 거적데기 깔고 자빠져 있는 그지에게 주면 고맙다는 인사나 받지. 날 봐도 생전 되지 못하게 인사하는 걸 못 봐! 모가지가 쭉 곧은 뻣쩡모가지인지 꼬부라지질 않나벼? 갖은 주접에 육갑은 또 드럽게 부려요. 조상이 오도방정이지. 그래, 한마디 더 하자. 너 늙어 흘흘헐 때 내가 보태주면 대신 나 늙지 않게 해준다면 자신 있게 내가 책임지지. 사장님! 이러시기에요? 그래! 그러기다 왜? 얀마! 말을 꺼내 본전도 못 찾을 말은 아예 꺼내지도 말어. 되지 못허게 주댕이만 살어설랑은. 이 정도면 귓구멍에 해갈이 나남? 뭔 말인지 알어먹었냐구? 저 대꾸 없이 주댕이 쟉크 채우고 있는 거 봐라. 그러고 있으니께 천상 병어 주댕이 같구나. 얼굴 빨개졌다네? 미안헌 건 알아가지고. 하나만 더 뿌러스 하면 안 되나요? 안 될 건 없지. 물어보든지 잡아 뜯든지 그건 임자 마음. 왜 사장님은 우리들이랑 밥 안 먹고 나가서 얼마나 잘 먹고 이빨 쑤시고 쩝쩝거리며 들어오는데 그거 차별 아닌가요? 한솥밥을 먹어야 잔정이 드는 법을 모르시나 봐. 정에 무슨 법이 있어? 이 씨발아! 너는 종업원이구 나는 사장인 거 알아? 몰러? 내 돈 주고 내가 맛있는 걸 사먹든 라면을 끓여먹든 내가 왜 너랑 같이 밥을 먹어야 돼? 얀마! 사장은 사업상 점심시간을 이용해 딴 기업인과 오찬을 하면서 사업에 관한 정보교환과 로비차원에서 그런 자리가 마련되는 거야. 인마! 한 번 나가면 돈이 얼마나 깨지는 줄 알아? 다 느그들 먹여 살리려고 기 쓰고 다니는데 그것도 너 같은 놈 시비꺼리가 되냐? 이 오사할 녀석아! 이걸 그냥 맥주병으로 해골을 깔가부다.

 흥! 돈냥이나 버셨나봐! 능력 있으면 까봐! 까봐! 까지도 못하면서 공갈은 네미~ 이 자식이! 너 여기서 졸업하고 싶냐? 아뇨! 난 정년퇴직할 때까지 여기서 좀비로 있을 거에요. 반장질 해먹고 나가야지. 아무튼 법이 드러워 강제로 해고시킬 수는 없고, 앞으로 너 잘해! 오늘부터 너 감시대상이야. 딱 걸리면 그땐 아웃! 아무튼 또 너는 늘 바쁘다 책상머리에 버티고 앉찔러서 전화질만 하면 누가 일거릴 주냐? 같이 밥 먹고 술도 먹고 오입질, 아, 난 여자지! 오입질 취소! 빼고, 얼싸얼싸 해야 강남 간 제비가 박씨 하나 물어 올 게 아니냐? 너네들이랑 한솥밥 먹고 똥색깔도 똑같아야 한다는 법은 아니라는 거 이제야 전두엽에 도달했남? 똥빛깔이 우리랑 같으면 좋지요. 그럼 말이야, 똥빛깔이 다르게 네가 나가서 일거리 물어와. 내가 너 대신 일할게. 아니, 무슨 잘해보자는 소리를 억하심정 쏘가리 매운탕모냥 쏘아붙이면 내가 미안하잖아요? 이상한 여자야! 뭐야? 이상한 여자? 야! 공장장 애 좀 때려줘봐! 놈새끼가 대화를 해보니 아주 상종 못할 개호로네. 이런 새끼랑 맞대거리 하며 열내는 나도 나지만 망둥이가 뛰니까 꼴뚜기도 따라 뛰드라고 안 그래도 보기 싫은 자식이 내 속을 뒤집네. 여기 사장이 도대체 누구야? 이런 똥을 싸고 뭉개며 매화타령을 할 녀석! 귀신은 뭘 허구 자빠져 저렁 거 안 잡아가구 오래 살게 만들어! 너 너! 한 번만 더 내 염장을 긁었다가는 직방 아웃이야! 아유! 언제나 저걸 안 봐 그래. 집에 가서 누룽개나 먹고 애기나 봐야 돼. 그런 줄 알고 있어. 네가 잘못해서 내쫓기는 상황에서는 퇴직금이고 나발이고 땡! 깨방정 떨어 말년에 그나마 그지 되지 말고 나 죽었네~ 하고 땀나게 일해. 아 그러면 누가 눈을 흘기냐? 너랑 같이 죽이 맞어 일하던 눈 찌그렁이 여편네 잘 나가다 어느 날 주책을 부리고 엠병지랄을 떨다가 드러워서 안 다닌다며, 이쪽으로 대구는 오줌도 안 눈다고 육갑을 떨며 도망가듯 내뺀 그 여자! 시방 뭐하는 줄 알어? 바람 빠진 리어카 질질 끌고 다니면서 박스 줏으러 다니드라. 괴죄죄하니 얼굴은 쌔가매 가지고 신발은 어디서 주워 신었는지 돛단배만 한 걸 신고 터덜거리며 끌고 가는데 그래도 그 신발이 유명 메이커 나이키더라구. 좋은 건 알아가지고. 내가 길거리에서 또 보거들랑 너 잘 있노라고 전해주랴?

내비둬유! 홀랑 망한 여편네 소식 들어봐야 뻔할 뻔이지. 괜히 아는 체 전화질했다가 없는 돈에 삼겹살 사줄 일 있습니까? 혹시 묻거들랑 모른다고 하시라구요. 알았다구요. 인정머리하구는. 죽자사자할 땐 언제고 이래서 개구리 올챙이 적 생각 못한다고 하는 겨. 만나서 어째 이 고생이냐며 고기 한 칼 사주면서 위로라도 하면 금새 통장이 부도나냐? 그러는 사장님은 그 꼬라지를 보구도 모른 체했는데요? 어째 너랑 나랑 같냐? 이 소갈머리야. 그 여자는 나에게 일시적인 감정이 있는 여자 아니냐. 나는 모든 걸 다 잊었지만, 그런 사람을 내가 먼저 아는 척하면 그 사람이 얼마나 스트레스받겠냐? 그래서 모르는 척, 못 본 척, 이빨만 쑤시는 척 허영만 부리다가 쌩하고 차 타고 내뺐어. 왜? 이게 다야! 미안하지 않으셨남요? 미안하기는! 제가 제 복을 걷어찬 헝그리 정신의 잘난 여자 아니냐? 그 여자에게는 그게 행복인지도 모르지. 아니면 수행인지도 몰라. 그렇게 생각해야 내 마음이 편하니까. 다시 데려오면 어떨까요? 안 돼! 한 번 원수는 영원한 원수라고. 서로 쳐다보기 껄끄러우니까. 야! 가쟈 그리 안타까우면 너도 같이 종이 줏으러 다니면 되잖어? 나란히 리어카에 발 맞춰서. 벌써 그림 나온다야. 어울려, 원앙이야.

아무래도 경리더러 총정리 명령을 내려야 되겠다. 푸뚜뚜뚜~ 뚜뚜 뽕~ 뭘 그리 잘 처먹었길래 줄방귀를 뀌면서 구린내를 풍겨? 여자가 아유 구려~ 방귀가 그럼 구리지 달짝지근허냐? 저건 방귀 냄새 구별도 못허나봐. 박하사탕모냥 화~ 허냐구? 아주 저는 안 뀌고 사는 거모냥 반스에 똥이나 안 지렸는지 모르지. 내비둬, 나 똥지리는 데 네가 보태준 거 있냐? 왜 줄방귀가 나오는지 근황이 수상 쩍으니께 용한 박수무당한테 좀 물어보셔. 사장님! 사장인지 오장인지 인마! 똥점 보는 박수도 있냐? 있죠! 게가 어디여? 저 말죽거리 매운탕집 옆 골목으로 쭉 들어가면 주전자 찌그러진 니나

노 집이 나와요. 거기서 옆걸음질쳐 고개를 외로 꼬고 딱 보면 말죽거리 명보살, 넋 대신이라고 유리창에 짓이겨 붙인 종이쪽지가 보여요. 종이에 써붙였다고? 그 종이 눈 찌그랭이 여편네가 뜯어 리어카에 실어갔을 낀데. 벼룩의 간을 빼먹지! 아무리 종이 쪼가리로 밥을 먹는다고 남 먹고살자고 써붙인 손바닥만 한 종이를 뜯어 리어카에 실었겠어요? 어허~ 모르는 소리 지껄이지 마러. 중이 고기맛을 알면 절간에 빈대가 남아 남질 않는댄다. 고기도 먹어본 놈이 먹는 거야. 종이로 먹고사니 종이에 빠진 여자, 돈이 되니 그거보다 더한 포스터도 떼어낼 판인데, 눈에 빤히 뵈는 데 안 뜯냐? 또 뿔뿔 싸는데요? 알어! 알어! 아주 중계방송을 해요 그냥. 아까 먹은 고구마가 폭발을 허나 왜 이랴? 방귀가 잦으면 똥이 나온다구 우리 아빠가 그러든데 불이 나게 WC에 가서 걸지게 한 판 내밀어야 할 것 같다. 자 그럼 난 이만 간다! 어디 가는데요? 싸러!

인명은 재천

●● 하이고오~~ 이게 이게 누구신가? 아랫마을 중삼이 둘째 째보 아닌가? 얼래? 대번에 알아보시누만요? 그간도 일양만강하옵시고 댁내 두루두루 안녕들 하신 게라? 으흐~ 참말로, 자네는 예나 지금이나 인사성 하나는 세계적이구마이. 그래, 부모님은 편안하시고? 에이, 웬걸요. 아버지는 여길 떠나 3년 만에 뭔 지랄로 역맛살이 끼였는가 남의 농사일 품 팔러가서 일 끝마치고 저녁 술로 막걸리 서너 주전자 자시고 길이 넓으냐 조브냐 갈지자 걸음으로 신작로를 누비다가 자동차가 앵~ 하고 달

려드는 바람에 꽈리 터지듯 대갈박이 부시러져 그 길로 그냥 곧장 황천 가셨수. 원~ 저런! 망하다 판이 날 일이 있나? 로드킬 당한 쪽째비 꼴이 되야브렀구만 쯧쯧쯧. 자네가 근심 속에 욕 깨나 봤겠구먼 그랴. 시방두 아버질 생각허믄 속상혀서 미치것슈. 그럴 테지. 서너 자식 중 제일 이뻐한 자식이 너였으니께. 그건 내가 잘 알지 암만! 잘 알구 말구. 자네도 아버질 무척 따랐지 아마? 그런데 느닷없이 그런 흉상을 겪었으니 자네 심사야 오죽했겠나. 안 봐도 비디오지. 그럼 엄니는 여전허시지? 하이고~ 오! 말두 마시어요. 이 동네를 떠나지 말았어야 했는디 초라니 방정을 떨며 고향 떠난 것이 주야장창 화근이 되어 운명인지 집구석이 망할려니까 별의별 잡다한 일이 우후죽순처럼 까질러 오는 바람에 엄니가 충격을 받았는지 괜히 싱숭생숭 실실 웃고 시름시름 실성기가 보여 이를 보다 못한 이웃 어르신이 날 슬며시 부르더니만 "이보시게~ 자네 엄니가 실성기가 있으시구먼. 원인은 내 알 바는 아니지만, 정신 이상증이 인자 시초인 듯한데 이 증세를 조기에 휘어잡아야 하네. 모든 병이 다 그렇듯 초기에 잡아야 하느니. 해서 내 이미 오래전에 들은 소리가 있어 일러주네만 일딴은 사람들이 곤경에 처하다 보면 지푸라기라도 잡고 싶은 심정인고로 돈 안 드는 일이니 내 일러주는 대로 한 번 해보실라는가? 요행히 효험이 있으면 좋고 아니면 말고 밑져야 본전 아닌가?" 확실한 방법이라면 먼들 못하겠습니까? 가르쳐만 주신다면야. "간단해. 그 방법으로 대번에 고친 사람도 있고 어떤 방법인지 자네 주먹 좀 보세." 주먹은 왜? "아, 이리 내봐." 보시지요. 주먹에 방법이 있습니까? "바로 그거야! 주먹에 굳은살이 박힌 게 제법 쓸 만하네. 양 주먹을 불끈 쥐어보시게. 힘을 주면서." 이야~ 얍! 빠지직! "워매~ 워매~ 단단한 거! 잘 되야브렀네. 약발이 썩 잘 들겠어. 자식으로서 불효막심한 처사이기는 허나 어쩌시겠능가? 우선 고치고 봐야지.

그냥 내남보살 나 몰라라 내비뒀다간 낭중엔 더 큰 화근을 불러올 수 있는 것이 정신병이여. 그런 사람들은 일순간에 억 소리 나게 대빵 큰 충격을 가하면 씻은 듯이 부신 듯이 신통방통 그지뿌렁모냥 멀쩡해지는 수가 있걸랑. 아주 아픈 고통과 함께 일단은 자네 엄니를 골방으로 뫼시던가 옥상으로 뫼시던가 그런 다음 거사가 일어나기 전 몸풀기 보건 체조로 전신의 피가 원활하게 뺑뺑 돌도록 요 구석 조 구석 오목조목 전신의 기를 모은 다음 심호흡을 서너너너댓 번 옹골차게 시켜. 그리고는 앞으로 나란히 바로 뒤로 돌어. 번호 붙혀가 군가 시작 실시! 앞바퀴, 뒷바퀴, 고장난 바퀴, 일선에서 싸우다 빵구난 바퀴! 창가 끝! 이러고 나면 왕창 온기가 살아나 어머니 기분도 째질 찰라란 말이시. 그때가 클라이막스야. 요때를 놓치면 실수 아니면 재수 없으면 사망이여. 단 조심할 거는 급소는 피해야 한다는 거! 명심~ 명심, 또 명심! WW레스링하는 거 봐. 한 방에 쭉 뻗잖아? 그 지경 난다구. 자네 엄니의 운명은 자네가 좌지우지하는 거지. 효성스런 자식이 어머니 병 고친다구 내질러 치료로 사망케 한 김 아무개가 모친 살해범으로 깜빵 갔다구 신문에 나면 자네 인생도 부모 때려눕힌 전과자라는 오명을 뒤집어쓰고 호적에 빨간 줄 그어지면 이건 대대손손 보물이 아닌 가문의 먹칠이지. 그건 그렇고 어머님의 앞바퀴, 뒷바퀴 노래가 끝나잖아? 끝나는 즉시 일이 초 사이에 야! 그러면서 벼락으로 소리를 질러 깜짝 놀라실 거 아닌감? 그렇죠.

   그 순간 어머님께서 요실금 오줌방울이 찔끔 지리실 거야. 그렇죠? 지리시면서 아들인 자넬 보려고 고개를 확 돌릴 꺼 아냐? 그때가 빅찬스야. 느닷없이 공알주먹으로 명치랑 옆구리 라이트 훅, 레프트훅 장정구가 필리핀 자모라 후려 패듯 넉 잡고 쎄게 질러. 두 방이면 끝나. 그러면 잠시 어머님께옵서 눈을 허옇게 뒤집어 까시고 아유~ 아야~ 어유으이~ 가나다라마바사 그러시면서 깍찌동 넘어가듯, 새우젓독 넘어가듯 맨 콘크리트 바닥에 헤딩하실 거라 말이야. 그러면서 실신할 거야. 그때 달래드려. 어머니, 죄송해요, 그러면서 절을 한 번 하고 몸을 구석구석 주물러 맛사지를 해드려. 그러고 나면 뱀이 고개를 쓰윽 들고 혀를 낼름거리며 일어나듯 어머니께서도 머리를 두어 번 흔들며 벌떡 일어나실 거야. 어머님 얼굴을 재빨리 살펴야 효과를 봤는지 안 봤는지는 얼굴에 나타나느니라. 히죽히죽 웃음기가 보이면 100프로 실수한 거고, 근엄한 얼굴로 두리번거리면 끼야~ 호! 돼쓰으! 100프로 성공이란 말여. 지금까지가 가장 핵심적인 중대사라 하던가? 아니라고 하던가? 오래돼서 긴가민가하네. 확실히는 모르겠고 그 정도면 아마 자네 근심은 사라질 듯허이. 아무튼간에 일은 저질러야 끝이 나는 거니께 어때? 해볼껴? 말껴? 해봐야죠. 못할 게 뭐라. 시방 보리밥, 찬밥 가릴 상황이 아니구만요. 곧 실시하겄슈.

언제 할껴? 금방내 해야죠. 실시하고 결과는 알려줘야 하네. 그라믄 입죠. 여부가 5분만 지둘려주셔요. 그러지깐 느무거 어머님, 본의 아닌 이 자식의 불휼 용서하시고요. 잠시 아야야야~ 하시드래도 금방이면 끝나니까 어머니가 날 낳아 길러주셔 뼉따구가 강하게 자란 주먹으로 치료를 해야 하오니 잠시만 저를 미워하시면 되겠습니다요. 잇빨을 응 물으세요. 눈을 지그시 감으시고 이주일이가 육갑 떠는 장면을 떠올리며 하하하~ 웃으세요. 에~ 에잇! 아~ 가르르르~ 악! 파바박! 여보게, 으악 소리가 났는데 한 거야? 네, 했읍죠. 알려주신 대로 고대로 했는데 코에서 피가 콸콸 나와요. 아니! 코를 내질렀나? 왜 그래? 당황해서 그만. 레프트 라이트를 까라니깐 쌩뚱맞게 코를 내질렀구먼. 실수인가요? 아냐, 아무 데나 때려. 병만 나으면 100프로지. 특정 부위가 어디 있어. 그런데요, 이리 와보세요. 숨은 쉬는데 눈을 안 떠요. 쇼크받아서 그래. 그래서 저는 이 양반이 쇼를 하나 의심이 가길래 양 겨드랑이에 새끼손가락을 디밀어 겨드랑이 털을 발발발발 긁어도 안 웃던걸요. 그래서 이번엔 발바닥을 엄지 다음 손가락 검지로 마른오징어 같은 각질 발바닥을 갈작갈작 간질간질 애잔하게 긁어봐도 찔끔도 안 하시길래 순간 겁이 벌컥 나기에 엄니 인나! 존나 빨리 인나! 인나랑깨! 자빠지면 다여? 나가 엄니 병 고칠려고 시방 별 염병을 다 떨고 있구먼 왜 안 일어나고 이려? 먼저 간 아부지가 임자~ 하고 부르남? 아니제?

　나가 엄니 보신시키려고 무 썰어 넣고 소고기국 끓였당께. 소고기국에 허연 쌀밥 사발째 아 훌훌 맛나게 먹어보랑께요. 안 인나고 뭣혀? 엄니, 아들한테 따다닥 두 대 공매가 그리도 원통허여 이? 엄니가 미워서 내가 팼간? 엄니 실성병 고치려는 엄니 아들, 나 이째보의 갸륵한 효심은 몰라줄망정 뒤집힌 허연 눈으로 날 째려보면 엄니 아들 째보가 몸 둘 바를 모른께. 엄니 끝까정 날 이겨 먹겠다고 능청 떨겨? 좋아, 엄니 맘대로 허셔. 날랑은 뱀술이나 큰 고뿌에 고봉으로 쏟아 마시고 잠이나 한숨 잘 테니깨. 그러면서 연신 뱀술을 빨았더니 워매 빙글빙글 도는 거 있지? 그건 됐고, 어머님은 어찌 됐냐구? 그게 약발은커녕 지가 울 엄니를 반쯤 죽인 거였슈. 왜 그렇다고 생각했는데? 너무 세게 내질른 게 화근인지 여지껏도 못 일어나요. 깔구 누웠씨유. 차도는 없고 오히려 내 일거리만 늘려놨수. 똥오줌 받아내랴 목간시키랴 세 끼 밥 챙겨드리랴 빨래 청소 당장 마누라가 필요해요. 마누라가 도망갔나? 왜 없어? 디리 팻모냥이로군 내뺀 걸 보니. 내빼다니요? 내 사전에 장가라고는 가본 역사가 없는데, 무슨 마누라가 있어요. 안 갔어? 아니 그 나이에 장가도 안 들고 뭘 했나 그래? 돈도 못 벌고, 장가도 못 가고, 깡패모냥 바짓주머니에 손 찔르구 껌이나 딱딱 씹고 개

폼이나 잡구 살았나? 어쩐 일로 여지껏 홀아비야? 내시 아냐? 고자? 시방 춘추는 으떻게 되시나? 엊그제 겨우 환갑 지났습죠. 겨우라니 이 사람아! 옛날 같으면 그 나이면 지게에다 지구 가 산 구렁텅이에 버리고 올 나이야. 자네 국어책에서 배웠잖아 고려장이라고. 운이 좋고 시대를 잘 타고나서 고려장 갈 일은 없찌만서도 이제라도 샥시 맛은 봐야 사내 구실은 하는 거 아녀? 그러게요. 하나 데려다 줄까? 어디 남아도는 여자 있거들랑 기지배 하나 중신 하시지요? 있긴 있지. 자네 그 나이에 처녀 장간 갈 수 없구 이상 비슷한 연상이나 만나면 몰라도 동갑네 정도도 힘들께야. 여자 하나가 참하니 있긴 있는데 얼굴은 이쁜데 세월을 먹어 빨래줄 같은 주름살에 검버섯이 아기 진달래처럼 피었는데 기운은 장사야. 선한 번 볼 텐가? 근데 나이가 많어. 자네보다 10년은 누나야. 어때? 땡기면 얘기해. 그나마도 놓치구 영영 냄새조차 못 맡지 말구. 어때? 콜? 아니, 데려다 첫날밤 치르고 송장 치울 일 있습니까?

돈이 수월찮이 있는데 살다가 죽으면 그게 다 자네 껀데 그래도 싫여? 안 갑니다. 미아리 고개를 드나들드래도. 이거 봐 경로당에 가봐. 자네 나이는 애덜이야. 80이나 돼야 늙은이 축에 끼는데 인제 겨우 70인데 쪼끔 낡아 나달거리기는 해도 땡기는 맛은 괜찮을걸세. 싫으면 말고! 사내로 태어났으면 죽기 전에 씨종자는 받아둬야지. 어떤 여자이면 자네가 흡족하려는가? 치마만 둘렀다 하면 다 여자로 보기는 하지만 그래도 어느 정도 바란스는 맞아야 장가 든 맛도 나고 오래오래 재미나게 살 거 아닙니까요. 목 마른 놈이 콜라, 사이다, 맹물 가릴 게 있나? 아무거나 벌컥 벌컥 마시면 되지. 이 시대의 60대는 청춘으로 분류되고 경로당에 가봤자 막내로서 쇠주, 오징어, 담배 심부름이나 하는 하스보이에 지나지 않으니, 적어도 80 나이는 돼야 어르신 늙은이 축에 드는 수준이야. 이 시대에 따라야지 으짜겠는가? 현실에 따르며 사는 게 순리이므로 아마 60 총각이라고 하면 어느 눈깔 깨진 년이 하나쯤은 둘러붙을 듯도 하고 아닐 거 같기도 하니 나 이거야 원 판가름을 할 수가 있나? 더 기다려 볼텨? 그쪽 방면에 노력을 하다 보면 깨꾸로 걸릴 수도 있는데 자네한테 궁합이 맞을 여중이 같은 거래도 하나 걸리면? 그때는 볼 거 뭐 있간여. 앞뒤 잴 거 없이 냉큼 자빠뜨려야지요. 안 그러면 지팽이 짚고 부들부들 떨 때까지도 인연이 없을 텐데 어떤 년이구 오기만 해봐라, 오면 바로 내 꺼야. 자네보다 20년 누나 하나 있는데 아직 빵빵하고 인물도 훤헌니 따떠불이야. 좀 쪼글쪼글해서 그렇지 스스르 기거나 아유~ 허리야, 눈이 침침해서~ 다리가 아파 관절이 오나봐, 이런 조짐은 아예 없고 꼬장꼬장허니 열여덜 소녀모냥 명랑하고 쿨해. 돈두 좀 있어. 아마 인연이 되면 큰 누나를 맞이하는 행운일 텐데. 어쩌면 그 나이에 늦둥이라도 하나 태어날 수도 있으께 씨종자를 받느냐 마느냐는 네 주장과 편견력에 관한 일이니 알 바는 없고 어때? 땡겨? 말어? 결정은 네 몫이야. 여자 구경할 마지막 찬스일 수도 있어. 똥싸 붙이는 어머니 생각일랑 일당 잠시 접고 새 식구를 맞이하느냐 마느냐 결정에 집중하라구. 30분 말미를 줄 테니까 너 자신한테 물어봐. 30분 동안 날랑은 여우다방에서 에소프레스나 라떼 한 잔 찌끄리고 있을 테니께 결정나면 이리로 쪼르르 오던가.

어서 오시어요. 어르신! 여길세, 왔구만. 의자 땡겨서 이리 바짝 앙거. 이봐 여그 차 한 잔 떠벌려와. 예, 사장님! 으흐~ 사장님이 아녜요. 사장님 아닌데. 이거봐, 60 총각. 시방은 어지간하면 다 사장님으로 불러줘. 거 유행도 모르고 사남? 그렇게 안방 샌님이니 사회생활을 아나? 유행을 아나? 잠자코 듣고만 있어. 사장이 아니네 기네 그러지 말고. 촌스럽게 꼭 그렇게 세상사 어두운 무식한 티를 내야 되겠냐구? 요즘은 말이야 말도 시대를 쫓는 통에 아저씨, 아주머니가 아니야, 사장님 사모님이지. 이렇게 세상 돌아가는 이치에 눈먼 장님이니. 그러구 저러구 결정했남? 에이, 아무리 생각해도 아니올씨다구만요. 왜? 이유는? 나이 80이면 머지않아 사자가 데려갈 날이 오늘인지 내일인지 모를 그 나이에 덜컥 데려왔다가 갤갤거리면서 가래나 뱉고 앓아누우면 어머니 똥 치우랴, 마누라 똥 치우랴, 줄초상에 아유~ 아유~ 끔찍해여. 그래서 아니올씨다로 결정을 봤읍죠. 그래서 싫다? 네 좋고 그른 건 확실히 아는구나? 천재냐 등신이냐? 이제 장가는 다 갔구만. 그대로 살다가 마러. 시방까지 있었던 얘기는 없던 걸로 알겠네. 그러시든가요. 어르신, 여그 여우다방 단골이신가 본디 저 쩌그 차 나르는 미쓰 황 잘 아시면 저에 대한 PR 좀 해주신다면 백골이 난망할 꺼 같애서. 환갑 늙은이가 주책을 부려요, 주책을! 콧구멍 털까지 하얗게 쉰 늙은이가 밝혀도 유분수지, 너는 할아버지구 쟈는 손녀뻘이야. 그러므로 그건 여자에 대한 네 야망이 아니라 망령이야. 예수가 안 그르든? 아그들아, 부디 깨어라. 분수가 재앙을 부르는 겨. 홀아비 사정 과부가 알듯이 늙은이 사정 늙은이가 헤아려주는 게 맞지라이. 똥은 똥끼리 뢴다구 안 하는감. 자네 엄니 똥수발할 며느리는 또래의 여자, 내가 시방 중매한 그 할매밖에 없으니께 놓치기 전에 잡아 땡겨. 아기자기한 신혼의 재미는 없어. 껄떡거리는 것보다는 백 번 나니까 말이야. 바로 말이지, 늙었다고 정열마저 없겠는가? 있어! 불이야~ 불! 늦게 배운 도둑질이 밤새는 줄 모른다고 살다 보면 연령 차이 극복은 사랑이 말해줄꺼. 엇때? 다시 생각해보는 것이! 에이~ 노 갓뗌이어요! 새엄마 얻었냐구 사람들이 흉볼 텐데 으찌 누나를 떠나 엄마뻘한테 으찌 여보 당신 헌다요. 그러면 좀 어때? 남의 주둥이가 겁나? 마음은 있는데 싫다?

때가 되면 올 테지 하는 마음으로 조금만 더 기다려 볼랍니다. 어떤 잡것이 내 짝이 될랑가는 몰러도 고무신짝도 짝이 있는디 설마 이대로 홀아비 귀신이야 되겠습니까? 간절함이 희망으로 바뀌는 건 나으 팔자인 만큼 쪼매 더 기둘려 볼랍니다요. 아무튼, 희망을 갖고 버티다가 아무 일도 안 일어나면 어쩔 건데? 어쩌긴 뭐 어째요? 내 팔자에 마누라는 없구나, 이게 내 운명이로구나 하면서 계집복 종말에 한숨 하나로 끝내는 거죠. 그러고는? 그러고는 또 뭐가 있깐요? 아, 그 어르신 취미 한 번 고상하시네. 장가 못 간 게 무슨 큰 죄라고 이리저리 굴리며 놀려먹어 그래! 불난 집에 부채질하는 것모냥 캐내면서 부화를 돗켜요? 늙으면 이렇게 장난끼하며 말이 많아지나? 너 시방 나에게 항변허냐? 항변이 뭔데요? 아, 어르신이 자꾸 이러쿵저러쿵 이죽거리며 묻고 물으니까 대답 안 할 수는 없고 나도 짜증나거든요. 중신을 할려거든 제대로 될 걸 해야지 송장감어리나 소개시켜 준다고 하질 않나? 기회는 이때야, 이런 일이 평생 같이 사는 배필을 맞이하는 일인데 아무렇게나 디리대면 되는 줄 아나? 홀아비로 늙어가니까 천치등신으로 아나? 되지도 않을 일 꾸며 사람 후끈 달게 하고 어르신이 내 또래였으면 당신 턱쭈가리 벌써 날러갔어. 어허~ 여러 소리! 팔도를 다 뒤져서라도 네 짝을 찾아낼 테니께, 중매 커미션이나 챙겨놔. 봉투가 얇으면 안 된다. 소고기 사먹을 정도는 돼야 혀! 자, 그럼 이만. 차후 만날 날을 기약하면서 죽장에 벙거지 쓰고 방랑 삼천리 흰 구름 뜬 고개 넘어 떠나가는 나그네야 짜자자잔짠~

승부사 허씨

●● 아니! 이게 누구신가? 걸음걸이가 하두 요상타 싶어 눈여겨봤더니만 해 뜰 무렵 동녘에서 귀인을 만난다고 점괘가 그리 나오더니만 한동안 뜸했던 자넬 만날 줄이야. 이렇게 만날 줄을 예수님인들 알았겠어? 아무튼 반가워! 그나저나 이 친구 무지허게 오래 사는구먼 그래. 한동안 꼴딱서니조차 안 뵈길래 유명을 달리해 황천을 갔나 했지. 요즘은 그저 늙은이 안 보이면 십중팔구는 곧장 간 거야. 늘 조심하시게. 요즘두 술을 말로 마시남? 왕년에 자네 말술로 소문난 주당 아닌가? 배운 게 도

둑질이라구 평생 술 먹는 연습만 했는데 장인정신이 어디 가겠어? 참 그놈의 모가지, 목 울대도 주인 잘못 만나 평생을 고생하는구나. 사람이나 짐승이나 주인을 잘 만나야 천생연분이라는 궁합이 나오지. 근데 그 자네 얼굴에 근심이 그득해 뵈는데 뭔 말 못할 고민이라도 있으신가?

근심은 무슨, 지금 나이가 몇인데 젊은 애들모냥 해사하니 보골보골 하리라 생각하남? 무슨 핫바지 같은 소릴 하구 그래. 관상 좀 보나? 앗따, 이 사람! 귀신은 속여도 나는 못 속이네. 근심 걱정은 사람 몰골부터 망가뜨리는 것일세. 딱 얼굴에 나와 있는데 혹여 내가 자네 근심에 구세주가 될라는가도 모르니께 썩은 고구마 행색 말구 털어놔봐. 싯푸르둥둥허니 빼빼가 돼가는 이유가 뭔지 꼭 알고 자픈감? 아, 그야 당근이지. 왕년에 자네와 나 사이가 좀 돈독했었는가! 늘 일사분란했지. 죽이 잘 맞았던 죽마고우 아닌가? 그래서 고민 한 번 나눠봄세. 나도 혼자만 알고 있는 게 답답하고 고민이 돼. 애꿎은 화풀이로 안 그래도 잘 먹는 술이 요즘 들어 부쩍 더 세졌어. 자네도 알다시피 우리 마누라가 멀건 허니 허우대가 남다른 건 아는 사람이면 인정하지 않는가? 한 인물 하지! 무슨 복이 많아 저런 미인을 아내로 맞아 호박이 넝쿨째 굴러들어왔다고 다들 부러워했던 인물이지. 그런 마누라가 나이 들어 예전 인물 물 건너갔지만 그래도 그 태도야 민밑허니 미모가 보이긴 보여. 그런 마누라가 근래 들어 나 몰래 봐둔 사내가 있는가 눈치를 슬슬 보며 날 더러 황혼이혼을 하자네. 강산이 다섯 번 바뀌는 50년 세월을 동거동락한 내가 을마나 기가 막히겠는가? 아닌 밤중에 홍두깨지. 요즘 자주 밖으로만 돌아 내성적인 성격에 내가 쥐 잡듯 꼼짝 못하게 다 잡아놓은 바깥세상과 오랜 세월 인연을 끊듯이 산 사람이라 늘그막에 세상 구경에 바람이 쐬고 싶어 그러나 싶어 갑갑하면 더러 나가 바람도 좀 쐬고 오라고 허락한 것이 불행의 시작인가는 모르네만, 사람이 이렇게 급작스럽게 변할 수도 있나 싶어. 기가 막혀 속은 뒤집어지고 잠을 못 자. 자네가 본 내 얼굴이 자네가 본 그대로야. 하도 같잖아서 숨기려고 했지만 하~ 답답해! 자네에게만 슬며시 알리니 자네 외에 다른 사람에게는 전혀 비밀로 해야 하네.

앗따! 우리가 누군가? 요즘 늙은이들 사이에 황혼이혼이 유행처럼 번진다네. IMF 후 코로나로 인한 일자리 감소, 경제 문제로 조기퇴직에, 인력감원 등의 여파로 실업자가 많아지고 집에서 빈둥대는 가장들이 많다 보니 그 현실을 이해 못하는 여자들과 말씨름으로 시작하여 가정파탄까지 전개되는 모양새가 지금 빈번하다고 아니하던가? 이건 도대체 내가 평소 그런 일에 감정을 실어 다 늙어가지고 뭔 망녕으로 늙은이들이 무슨 영화를 보자고 황혼이혼이래! 이런 미친 영감! 마누라쟁이들! 아 이러고 빈정대던 내가 그들과 같은 전철을 밟게 될 줄이야 귀신인들 알았겠는가? 이런 고민으로 견뎌온 시간이 벌써 한 해가 다 돼가누먼. 원 저런 저런,

급살을 맞을 일이 있나! 밤낮없는 노심초사에 상하느니 몸만 상했구먼. 이 남사스러움을 누구에게 하소연도 못하고 벙어리 냉가슴으로 혼자 끙끙 앓다 보니 이건 뭐 식욕이 있나 배가 고픈가, 이젠 물 한 모금도 싫은 지경이여. 에이! 못난 사람! 그토록 정신력이 해이해져서야! 이런 일일수록 잘 먹고 기운을 차려야 해결책도 나오는 거고 유동성을 찾는 것이지 그걸 고민으로만 치부하고 부화난다고 술로 풀려고 하면 안 그래도 싱숭생숭한 마누라 자극제만 되는 형상이라구! 술 마시고 취한 상태에서 설득을 한들 상대로서는 주정의 하나로밖에 이해가 안 되고, 거리가 좁혀지기는커녕 더 골이 깊어지는 현상이 생긴다구. 이미 자네 마나님 마음은 공중에 떴어. 그 들뜬 마음을 풍선을 터트리듯 안정감을 줘야 하는데 자네가 이러면 안 되지. 맨정신에 마주 앉아 실토정을 의논해보고 지금의 그 까닭을 알아내야 실마리가 풀리지 술 마시고 닦달하는 건 차라리 안 하는 게 현명한 거야. 자초지종을 확실히 파악한 뒤에도 여전하다면 그건 이미 자네 곁에서 떠날 결심이 선 여자니까 굳이 잡으려는 것보다는 놓아주는 것이 피차 서로 간에 이로울 일이야. 또한 그 원인이 어디에서 무슨 발단으로 가정을 버리려는 혼란에까지 미친 것인지 알아야 한다네. 자네가 평소 마누라에게 소홀했거나 서운한 가슴앓이 정도로 마음 다치게 한 일은 없는가도 되돌아봐야 할 일이고, 이런 거 저런 거 최선을 다해봐도 해결이 안 되면 그야말로 흥신소 사람이라도 사서 붙혀 말착감시라도 한 번 해보던가. 어떤 단서가 나올 수도 있으니까.

그놈의 공중파 방송이나 TV 영향이 크다고 나는 봐져. 맨 불륜에 관한 남녀 간의 사랑 그리고 갈등, 유혹 이런 건전치 못한 프로그램 탓에 보고 배워 흔들림에 한몫 하는가 싶어. 사람은 생각하는 동물이라 몸이 편하고 할 일이 없으면 엉뚱한 생각을 하게 되어 있어. 내 지금의 현실과 남의 삶을 견주어 평가하면서 남들은 멋진 인생을 살건만 나는 왜 이 모냥이지? 이런 감정이 생기면서 허영적 비례 감정이 자극되어 파상적인 자기 주체의식에 빠지게 된다고 나는 보네. 쉬운 말로 정신적 망상의 하나라고나 할까? 착하고 순진하기만 했던 자네 마나님이 핵폭탄 같은 감정을 토했을 때는 일시적인 감정이 아닌 오랫동안 병처럼 앓아오면서 계획된 자아도취의 고백인 게 분명할 걸세. 병으로 이르면 중증이야. 이거 봐, 해골만 남은 친구! 이리 와. 시장통에 가서 국밥이나 한 그릇씩 퍼먹고 기운 차려. 나랑 어울려 수색해보세. 내가 자신하고 해결해줄라네. 이번 사건을 전적으로 나에게 일임하도록! 현장을 잡기 위해서는 잠복이 관건인데 내가 자네 집에서 당분간 거식하며 동태를 살피면 어떻겠는가? 왜 말이 없어? 알아서 하라는 제스처여, 뭐여? 끗떡 끗떡~ 알았쓰. 쇠뿔도 단김에 빼랬다고 행동 실시! 집으로 가세! 각방 쓰냐? 웬 홀아비 냄새야! 냄새대로 에우우~ 벌써 실마리가 풀리느만! 언제부터 음극과 양극이 갈라졌어? 한 서너 해 됐다. 허허~ 아름다운 한 송이 꽃에 물을 안 줬구먼? 그러니 배배 꾀구 마르지! 이 사건의 범인은 자네여! 과부는 떨어진 고물만 주워 먹은 죄고 홀아비는 떡을 쉬게 해서 버린 죄. 과부 죄가

5년이면 자네 죄는 50년짜리 죄인이야. 아이구~ 아짐씨, 안녕하신 게라? 누구신지? 아, 예. 지아비 낭군님 어릴 적 불알친구 허일만이구만유. 처음 뵙습니다. 안녕하시지요? 똑똑똑! 술상 들어갑니다. 이크~ 이게 웬 떡이냐? 얼른 받아라. 아이구~ 초면에 실례가 큽니다요. 주시니 받겠습니다. 이리 함께 앉으시지요. 이렇게 보신으로 개장국까지 손수 끓여주시고 낭군님 건강에 무척 신경을 쓰시는가 봅니다. 부럽습니다. 부부는 이렇게 자별스러워야 하는데 저희 집사람은 그렇치를 못해서 늘 티격태격 격동이 자주 일어납니다요. 아옹다옹 다투고 눈 흘기며 삽니다요. 부럽습니다.

개장국은 늘상 이 양반의 일용할 양식으로 밥상에 오르는 단골메뉴라서 별것도 아닌데 과하다 생각 접으시고 편안한 마음으로 훌훌 드시지요. 그러겠습니다. 이 친구가 부럽습니다. 아름다우신 미모의 부인에 애틋한 사랑으로 보신탕을 조석으로 밥상에 올려주신다니 이보다 더한 행복이 어디 있겠습니까? 저로서는 감히 상상도 할 수 없는 사모님의 지아비 섬김에 눈물이 날 정도입니다. 부디 두 내외분이 검은 머리 파뿌리가 되도록 일백 년 해로로 행복한 세상이 되었으면 합니다. 이리 바싹 앉으시지요. 술의 절도는 마주하는 대작이라서 나누고 부딪쳐야 술맛이지요. 제가 한 잔 올려보겠습니다. 잔이 넘치도록 꼴깍 따릅니다. 자~ 쭈욱 드십시다. 캬~ 죽인다! 아니! 이 친구가 벙어리가 됐나? 말이 없어? 이 친구가 이렇게 말수가 적습니까? 뭔 언짢은 기분이라도 있남? 뭐여? 사모님, 이 친구 왜 이렇습니까? 갓 시집 온 새색시마냥 다소곳허니 안 웃으시고 어째 두 분 분위기가 심상치 않은 듯 뵈는데 혹시 뭔 말 못할 내외간의 불화라던가, 의견 충돌, 이해 불가 같은 변고라도 있으신지요? 감히 제3자가 알아서는 안 될 일이라도? 이거 봐, 친구! 침묵만 말고 술 좀 따라라. 목구멍이 탄다, 타! 사모님도 한 잔 받으시고 진심은 술자리에서 나누는 게 공석인양 편한 법이지요. 주제 넘는 소리인 줄은 모르나 내가 풀 수 없는 문제일 땐 제3자인 남의 힘을 빌리는 것도 방법 중 하나이므로 허심탄회하게 속풀이하시지요. 사람 사는 거 다 거기서 거기에요. 누구라고 별난 인생 없습니다. 먹고 자고 일하고, 인생 그게 다가 아니면 뭐가 또 있겠습니까? 한 번 인연은 영원한 인연이듯 살아 숨 쉬고 있는 동안은 남남으로 만나 한평생을 같이 하는 거예요. 인은 곧 도덕이지요. 미워도 한세상, 좋아도 한세상 마음을 달래며 알뜰히 살리라는 테스형 나훈아 노래도 있지 않습니까? 그 노래가사를 가만히 들여다보며 의미를 캐다 보면 시도 그런 아름다운 시가 없습니다. 사랑은 사랑을 낳습니다. 미움은 거짓과 파멸을 낳는 것입니다. 이보게, 듣고 있는가? 끗떡 끗떡~

사모님도 듣고 계시지요? 제가 술상 앞에서 하는 말, 설마 주정이라고는 안 하시겠지요? 하문요. 다행입니다. 고향은 어디신지? 강원도 산비탈 감자바위. 아, 강원도! 강원도가 고향이시군요? 하이고오~ 저도 이하 동문. 제 부친이 속초항에서 배를 여러 척 부리셨어요. 돈 좀 있는 어부로 속초항에선 이 아무개라 하면 지나가는 똥개도 알 정도였으니까요. 이~ 이게 또 이렇게 되네! 여기서 고향 사람을 만나게 되다니! 그러는 의미에서 한 잔 더 받으시지요. 모처럼 하는 술이라 고만했으면 싶은데. 에이~ 취하면 주무시면 되지, 뭔 걱정이십니까? 남의 집도 아닌 내 집에서. 아이 참! 말씀도 시원시원하게 잘도 하시네. 으하하하하~ 인생 감칠맛 나게 살아야 할 것 아닙니까? 한 번 가면 다시는 오지 못할 인생, 사는 동안 궂은일에도 허허~ 좋은 일에도 허허~ 그저 노냥 허허허~ 그 웃음이 가는 세월 걱정 많은 세상사 있는 일이고, 인생 즐기는 멋 아니겠습니까? 남들이 저보고 뭐라고 하는지 아십니까? 을마나 인생살이가 즐거우면 노냥 저리 허허댈까? 부럽네, 부러워! 이러지 뭡니까? 남의 속도 모르고. 저도 다른 인생과 다를 게 뭡니까? 인생은 마음먹기에 달린 겁니다. 행복은 멀리 있는 것이 아닙니다. 가까이 아주 가까이 내 마음속에 있어요. 이놈보다는 저놈이 낫겠다 싶어 백년가약을 깨고 저놈에게 간들 행복하겠습니까?

산 넘어 산, 물 건너 물 인간의 한평생은 쌍곡선입니다. 이정표 없는 두 갈래길에서 이리 갈까, 저리 갈까 구차한 망설임 속에서 질주하다가 해가 뜨면 지고 마는 나팔꽃 같은 신세가 되기도 합니다. 지아비와 한 번 맺은 인연을 헌 고무신짝 버리듯 한다면 그게 어디 세 끼 밥 떠넣는 만물의 영장인 인간이라고 할 수 있겠습니까? 참을 인(忍)이 셋이면 살인도 면한다 아니하던가요? 인생은 까울막 산비탈을 오르고 내리다가 끝내 지쳐 생을 마감하는 비련의 주인공이 우리네 하잘 것 없는 인간이지요. 안 그래도 허무한 인생을 왜 굳이 더 거슬러 더더욱 허무한 인생을 자초합니까? 그 놈이 그놈입니다. 이 친구 착하고 성실하지 않습니까? 보세요, 이 얼굴! 이게 사람 얼굴입니까? 산송장이지. 이게 누구의 책임이겠습니까? 남자는 강하다 하지만 여자에게 약한 것이 남자입니다. 그 말은 사랑할 때만이 적합하고 가능한 용어이지요. 사람이 나이가 들면 어린아이가 된다고 하지 않습니까? 지금 이 친구의 가정이 서늘한 이 현실을 만든 장본인이 누구냐고는 묻지 않겠습니다. 이기적, 공동적 행동이니까요. 하나는 외로워 둘이랍니다. 하나의 힘보다는 둘의 힘이 더 강한 이치는 알고 계시지요? 이 친구의 고민이 생사람을 죽이고 있어요.

주제 넘게 제3자의 입장으로 남의 가정사에 뛰어들어 이러구저러구 선구적 항변에 이의를 물으며 질책 아닌 질책이 주제 넘는 일인 줄 알지만, 내 죽마고우 이 친구 신세가 너무 안타깝고 마음이 아파 제가 본의 아니게 개입이 된 입장입니다만 자중하시고 심사숙고하시지요. 이의에 이의를 붙임하면 심각한 이의가 생겨나는 것입니다. 싹 다 잊으시고 다시 어제로 돌아오시지요. 내 고향 강원도분 사모님, 우리 강원도 사람끼리 긴히 약속 하나 합시다. 다 내 탓이요. 어느 스님이 내뱉은 살아있는 자의 허무의 절규 같은 것 아닙니까? 어머니는 강하고 여자는 아름답습니다. 통

일된 언어, 통상어이지요. 산비탈 돌밭을 일구어 일용할 양식을 키워내는 위대한 힘, 강원도 사람의 질긴 인생관 아닙니까? 그래야만 했던 이유는 조용히 두 분이 마주 앉아 해결하시길 바랍니다. 그거 무슨 오해인가는 모르나 풀고 나면 별것도 아닙니다. 그냥 피식 농담 속 웃음 같은 것일 테지요. 오늘도 내일도 매일매일 행복 속에 내가 살아가겠노라고 마음을 바꾸세요. 그리고 아무 일도 없었듯이 이 친구 곁에 조용히 머무르세요. 그러노라면 미웠던 감정도, 못다 한 사랑의 감정도 4월의 꽃들처럼 아름다울 겁니다. 다시 한번 반복드리지만 남의 가정사에 3자의 입장으로 뛰어들어 주제 넘는 훈계조로 잠시 친구의 대변인이 된 저에게 심적으로 언짢아하셨을 그 마음에 다시 한번 사과의 말씀드리면서 제 말이 곧 이 친구의 말이라 생각해주시면 문제가 될 일은 없을 거라 믿습니다. 이봐 친구, 사모님한테 큰절하고 이제 좀 더 신경 써드려. 부부갈등 칼로 물베기 아닌가? 안 그렇습니까, 사모님? 흘쩍훌쩍 패애엥 아유~ 감정이 격하시나 보네 우시게. 사모님, 제가 지켜보겠습니다. 두 분 행복한 모습을. 괜찮으시겠지요? 자 그럼, 전 이만 일어납니다. 불난 집에 와서 부채질하고 술과 고기에 잘 먹고 갑니다.

안 돼 안 돼

●● 역사를 모르는 사람에게는 미래는 없다. 또한, 역사만 이야기하는 사람에게도 미래는 없다. 미래는 그냥 오는 자연적 현상이 아니라 창조하는 것이다. 미래는 미래에 대해 관심을 갖고 미래에 대한 구체적인 꿈을 갖는 사람들이 만들어 내는 것이 미래의 존속물이 아닐까? 그렇다면 그 미래는 누가 만든다는 것이냐? 아니 미래는 지금 없는 내일을 미래라고 하는 것인데 미래를 사람이 만드냐? 그때 그때 만나게 되는 게 미래이고, 이 미래에 대한 인간관계의 도전의식이 미래를 향한 인간의 이기

심이 미래를 찾아간다고 보는 것도 옳은 답이 되는 것이지. 달나라를 가고 화성을 탐험하며 미래를 꿈꾸는 무한한 인간의 미래에 대한 도전, 너나 나나 과학자가 아니니 미래에 대한 것에는 신경 딱 끄고 밥벌이 노가다나 열심히 하자. 미래에 대하여 더 물어오는 녀석이 있다면 그 녀석은 나를 떠보고 조롱하는 자로 간주하며 이쑈들이 깡쇠주로 두 병을 안주 없이 먹여 홍야홍야 이리 씰구적 저리 씰구적 흐느적 흐느적거릴 때 두 발 장구로 붕 날르면서 옆구리를 그냥 퍽! 아 유~ 나 죽네. 죽어 짜샤! 이게 어디서 엉아를 떠보고 지랄야! 이러면서 내가 때리고 싶은 데만 골라 때리려구. 코로나에 가고 쇠주에 죽고 문명의 쾌속 자동차에 깔리고, 몸 보신한다고 까스불에 고기 구워 먹다가 뻥 까스불에 데어 죽고, 야야~ 이래 죽고 저래 죽고 안 그래도 시집 장가 안 가 애도 안 생기는 이 시대에 자꾸 밥 숟가락 놓는 숫자만 늘어나면 못 찾겠다 꾀꼬리 용필이모냥 나중엔 사람 구경하기가 하늘에 별따기만큼이나 어려운 거 아냐? 이거 뭔 방침을 세우던가 해야지, 멍허니 멍만 때리고 앉아 있을 때가 아니라는 말씀! 너도 나도 일어나자! 이 나라를 위하여 배고파 못 살겠다 뺏기 전에 갈아치자. 떼~ 한민국! 짝짝짝!

이거 봐, 허씨. 네, 왜 그러세요? 글씨를 좀 제대로 써. 대한민국을 왜 떼한민국으로 쓰냐구? 아, 그거야 내 맘이죠. 눈깔이 모두 막혔나? 잘 못 보나벼? 천만에요! 정확히 보구 확실하게 알걸랑여! 근데 왜 대한민국을 떼한민국으로 써? 아, 그렇게 대가릴 바꿔 쓸 때는 다 그만한 이유가 있어 그리 쓰는 것이니 그러려니 하고 저리 가셔. 겨우 초등학교 2학년 중퇴가 말이 많아. 겨우 낫 놓고 기역 자밖에 모르는 녀석이, 제대로 일러주랴? 아, 그러면 누가 눈을 흘기우? 그럼 구체적이지만 간단요약하게 핵심만 이야기하마. 차렷! 열중 쉬엇! 척착착! 좋아 좋아! 아주 좋아. 왜 대한민국을 떼한민국으로 쓰냐! 문빠 시절 여기저기서 떼로 몰려 촛불시위 으싸으싸 떼만 쓰면 해결되는 나라가 우리나라인데 떼한민국이 맞춤법에 맞는 것이지, 대한민국이 맞냐? 대학물 먹었다는 자식이 영 대가리가 호박이네. 잔디밭에 들어가지 마시오. 팻말 빼버리고 그 자리에 텐트 치는 자식 하며 마스크 쓰시오. 안 쓰면 갑니다. 혼자만 가는 게 아닙니다. 여럿이 같이 가요. 쎄빠지게 방송질을 해도 어느 개가 짖냐? 쓰긴 쓰는데 턱주가리에다 걸쳐 쓰나마나. 코로나가 좋아하는 구멍 입, 코는 내비치고 턱쭈가리 얼을까봐 덮었는지 코로나가 까궁 어디 한 번 들어와봐 배짱도 좋아. 코로나 맛을 못 봐서 그런가? 원~ 모이지 마세요! 집에만 계세요. 거리를 두고 살읍시다. 애나 어른이나 말을 잘 들어야 이쁘고 시집 장가를 잘 가는 법인데 이건 애새끼도 아닌 대가리가 허연 영감도 말을 안 들어 처먹으니 나라꼴이 제대로 되나? 그저 화퉁머릴 생각하면 법을 없애고 몽둥이로 디리 패서 쌩똥을 찍찍 싸게 조져야 되거늘, 죄 이 몬양 화상 덩어리만 수북하니 나만 잘하면 뭘 해? 오히려 잘하고 있는 놈을 바보 천치 등신 으바리 뜰땅 머저리 푼수 또라이

이 시대의 자화상 • 51

이게 돌아오는 답이야.

　이 보슈, 아자씨. 왜 그랴? 지존이 몹시 상하신 듯한데 노여움 푸시고 내 말 잘 들으슈. 넌 누구냐? 저요? 이 나라 킹 재인이요. 아, 그러시구나! 충성! 쭈아쭈아 꼬꼬댁 꼭꼭꼭꼭~ 그런데 하늘보다는 얕지만은 높으신 분이 무슨 볼일로 나 같은 허접시레기 최하층 서민인 이 민초를 다 찾아주시고 야단이셔? 아, 그냥 요 앞에 지나가다가 내 하스보이더러 야, 차 좀 세워라. 늘 나라 걱정과 국민을 생각하여 언제나 솔선으로 총대를 메는 미래 정치 판도를 좌우할 늙은이 한 사람에게 볼일이 있어. 마스크 써라. 그 양반 눈에 마스크 안 쓴 거 보이면 그 자리에서 옆구리 발길질에 갈비 나가. 예, 킹! 쓰겠습니다. 그 정도로 쎈 분이 킹이라는 이유로 마스크도 안 쓰고 날 찾아오다니 윗물이 맑아야 아랫물이 맑드라고 위에서부터 이 모냥이니 아랫물이 말을 듣나? 뭔가를 보여주는 게 없네. 이보슈, 킹씨. 전설의 핵주먹 두환이랑 여의도 광장에서 둘이 맞붙게 국회법으로 주선 한 번 해주시지요. 심판은 문형이 하고 중계방송은 지가 허도록 하면 그 입장료만 해도 국정 예산의 3분지 1 정도는 벌어들일 거 같은데, 어떻게 생각하시는지? 이건 순전히 국민의 입장에서 국익을 위한 큰 성금일 수도 있습니다. 그럴 듯한 제안이기는 허나 그게 좀 엿장수 마음대로 될 것도 아니고. 아니, 되는지 안 되는지 해봤어? 미리 꽁무니부터 빼시네? 야! 아유 깜짝이야! 왜 소릴 지르고 지랄이세요. 안 구래도 인마, 코로나로 마스크에 거리두기에 사람 구경하기가 힘든 판에 애덜들이 광장에서 노려보며 발길질한다고 그거 보러 구경 올 것 같습니까? 그러니까 안 오면 오게 만드는 게 킹의 리더쉽 아니냐? 그것두 못해? 아나, 이렇게 안 돌아가네. 손님 없으면 카메라만 돌려 당분간 뉴스 내보내는 거 방송국 수리 중이라고 방송 잠시 중단한다고 한번 내보내고 몇 년 몇 월 며칠까지 정규방송 중단한다고 하면 다 그런 줄 아는 거지 그렇다고 걔네들이 떼로 몰려와 방송국을 때려 부시겠습니까? 어쩔 거야? 할 거야? 말 거야? 행사 개막 이틀 앞두고 이렇게 방송을 내보내라고? 뻥 한 번 쳐요!

"오늘부로 코로나 확진자는 단 1명도 안 나왔으므로 온 국민은 나만 믿고 안심하게 들로, 산으로, 극장으로, 장터로 이 봄의 향연을 찾아 떠나도 무방합니다. 그동안 지루하고 갑갑시럽게 집구석에서만 계셨으니 얼마나 갑갑하셨겠습니까? 친애하는 인간 여러분! 이젠 마스큰지 입마갠지 그거 버려도 됩니다. 인명은 재천입니다. 죽으면 죽고, 아니면 말고 거기에 너무 치우치지 마세요. 애들 말 중에 꽈나라는 말이 있습니다. 꽈나는 괜찮다는 얘기걸랑여. 그거 믿어도 됩니다. 아, 아 참! 내일모레 여의도에서 세인이 주목할 만한 어마어마한 두 인간의 핵주먹 대결이 국회 축하연으로 거행될 예정인 바, 여야 합의 없이 잠시 민호 가정에 들러리 갔다가 제의받은 내 단독 뻑짝지근한 관람이오니 부디 일손을 팽개치시고 달려와 보신다면 해골이 난망이겠습니다. 많으신 왕림을 바랍니다."

이렇게 TV 짤막 연설이면 현금이 그냥 노나는데 비행기 타고 외국 나가서 손 벌려 돈 벌려고 고단하게 돌아다닙니까? 안질뱅이 정치가 왔따입니다. 돌아다니며 돈 벌려고 하는 거 그거 귀찮은 일인 것입니다. 역시 조선 백성은 대골빡이 남바 왕이야. 다음 번 개각 때 당신 한 자리 주면 할래? 안 해? 내 한마디면 개갈 나는데. 평양감사도 나 싫으면 그만야. 괜히 잠자는 호랑이 콧수염 건드리지 마! 아, 왜 인상 쓰고 그러셔. 인상파 영화배우모냥. 문씨, 내 방금 한 소리 인상파 영화배우, 나 그거 하면 잘헐 거 같애. 그럼요, 내가 잘 아는 톱스타 신성일이한테 부탁할 테니 주저 말고 영화배우 허셔! 무슨 소릴 허구 있는 거야? 시방! 아, 신성일이 죽은 지가 언젠데 신성일한테 부탁해서 날 영화배우로 만들어? 그저 당신모냥 공약만 남발하는 사람은 일을 할 줄 모른다니까. 그저 빽만 가지고 들멍거려. 윗사람이 이러니 백성이 보고 배우지. 어쩐지 세상이 맨 도둑놈 사기꾼, 구더기몬양 바글바글하지. 그나저나 킹씨, 때도 됐는데 순대는 채워야지? 내 집에 온 이상 귀한 손님이니 국수나 한 그릇 먹고 가셔. 국수? 뭔 국수? 아, 국수가 국수지, 뭔 국수도 있남? 있죠! 칼국수, 물국수, 잔치국수, 비빔국수. 아니, 킹이 별 걸 다 알어. 집사람이 국수 킬러라 덕분에 저두 얻어 먹죠.

그러시구나, 뭔 국수를 즐기시나 그래? 국물 벙벙한 멸치국수를 즐깁니다요. 국수 왕곱빼기 한 사발에 열무김치 한 탕키면 만고 땡! 꺼억~ 하면 뒤로 까쓰 한 번 뽀오옹~ 뿌뚜뚜뚜~ 뀌고 나면 무릉도원이 따로 읍지. 벌렁 자빠져 새마을 한 개피 성냥불 그어 딱 입에 물고 쭈우욱 깊숙이 빨아들여 꼴깍 삼킨 다음 3초 내에 후~ 하고 나면 잠이 스스르~ 이렇게 오수를 즐길 땐 여기저기서 브리핑이나 긴급전화가 오는 게 귀찮아 전화 꺼놓구 코피리를 불며 잠들어 꿈속에서 연애질이나 하는 거지 뭐. 그래서 난 국수가 좋습죠. 음, 고상한 취미를 가지신 킹이시구나. 김치볶음밥은 어떠셔? 마누라가 그러는데 국수가 떨어졌대. 그래서 김치볶음밥을. 기름냄새가 싫어 그런 밥은 안 먹습니다. 그럼 드릴 게 없는데? 쑥갯떡은 드시나? 사흘 전에 찐 건데 쉬지 않았나 모르겠네. 여보, 쑥개떡 그거 아직 쉬지 않았지? 있으면 내와. 정사도 바쁘실 텐데 간단히 요기나 하시고 가시게. 아유~ 어쩌나! 쉬어 터져 곰팡이가 하얗게 피어 똥뒷간에 버렸는데. 버렸어? 야, 개떡도 쉬어 버렸다는데 아, 그거 참 드릴 게 없네. 기다렸다가 밥 해먹고 가시면 안 될 텐가? 아이구 바빠서. 여기 봐, 꼬봉! 네, 킹님! 어디서 뭐 들어온 거 있어? 수십 개 들어와 있습니다. 그래, 가야지 그럼. 쥔장, 나 이만 갑니다.

없어서 못 줘 미안한 마음과 안 줘서 못 먹고 그냥 가는 내 입장 헤아려 내가 후일 영빈관에 초대해 만찬을 베풀 테니까 그때 오시게. 그때까지 내가 살아있을래나? 왜? 금방 돌아가시게? 나이가 있어서 못다 한 야그는 낭중에. 야, 보좌관! 가자. 킹씨! 왜? 제가 청나라 시대 먹는 이야기 하나 할까요? 운전이나 잘해. 그런 걱정은 마시고 들으신다면 400년 전 청나라 광개토대왕 아니, 청나라에 뭔 광개토대왕이 왜 나와? 아닌가요? 좌우지간 그냥 넘어가고요. 그때 그 와이 정치는 잘했는데 자신의 몸 생각, 즉 건강엔 전혀 신경을 안 썼대요. 먹는 데 취미가 없었대나 으쨌대나. 그 날도 아침 먹은 거 잘못됐는지 속이 그득허니 먹기 싫은 걸 자꾸 우리 님이 드시오어, 굶으시면 안 돼, 안 돼 그러면서 숟가락을 손에 쥐어주길래 에라! 모르겠다. 먹구 죽은 귀신은 때깔도 곱다는데 먹어주자. 밥 한 사발을 고기국과 함께 개눈 감추듯 5분 만에 뚝딱 빨래 끝! 아구 아구~ 굽하게 욱여 넣었드니만 그게 꽉 걸린 게야. 30년을 살았어도 이 헬레레 중전이 짐의 속을 모르시나봐. 쯧쯧쯧~ 야! 아, 네네네. 너 시방 누구 향하여 혀를 찬 거야? 쯧쯧이라니? 아주머니요? 아니, 여사님이여? 너 진짜 궁중 예도 모르냐? 어디서 신하가 왕비더러 혀를 끌끌 차? 너 사약받고 싶으냐? 동헌 뜰에서 볼기짝 매 100대에 주리를 틀어야 정신 차리지!

아유! 잘 아는 처지에 왜 그러서요. 아악, 제가 실수했습니다요. 너 우리 그니 못마땅해 혀찬 거 두고 고민하면서 아까 약속했던 다음 개각 때 자리 하나 준다고 한 거 좀 더 생각해봐야 될 꺼 같애. 조조가 왜 망했게? 그놈의 주둥이 때문에 작살난 거 아니냐.

그래서 혀 밑에 도끼 들었다고 안 허냐. 아니되옵니다. 장군, 아니 전하~! 아니, 이거 봐, 장군? 전하? 얘 기냥 뒀다가는 궁궐 규율마저 아사리판 되겠네. 여봐라~~! 예이~ 입~ 저기 쟤, 왔다 갔다 하는 애, 쟤 벼슬 삭제해 내보내. 장군이 뭔지도 모르고 영의정, 사또, 포도대장, 내시가 정확히 뭔지도 모르는 애가 쟤야. 한 등급 올려 자리 하나 줄까 했더니 좆두 다 글렀다야. 아유~ 임금님, 시방 허신 말씀 즉시 거두시어요. 저는 벌써 집사람한테 전화를 해서 내가 이번에 높은 사람이 된다구 전화했더니 집사람이 엉엉 울면서 여보, 사랑해, 당신 이제 성공하나봐. 높은 자리에 올라서 돈 많이 벌어오면 노냥 소고기국 끓여줄게. 저녁에 일찍 들어와. 쪽~ 이러면서 입까지 맞췄는데. 잘했군 잘했어~ 그래서 내 영감이라지. 예라이 훌라야! 이거나 먹어라!

왜 이러세요? 아유 구려. 속이 그득하다고 그러시더니 음식이 덜 삭아 방구가 엄청 구리네. 그래서 임금이 방귀 한 방 터트렸기로서니 뜰브냐? 안 뜰븐데요. 뜰브다고 그랬으면 넌 이 시간 이후로 뗄꺽 집에 가서 애기나 보고 누룽개나 먹으라고 할려던 참인데, 그래도 너랑 나랑 신분은 새까맣게 비교가 안 돼도 약간의 인연이 있나봐. 그치? 그러게요. 용서해주시는 거죠? 반장님. 얘 지금 말하는 거 봐라. 날 더러 반장님이랜다. 이놈이 내가 왕관을 쓰고 앉을 땐 임금님이라고 그러구 벗어놓구 알대가리로 그냥 있으면 형, 아재, 엉아, 나리 그런 걸로 통해? 너 여기 궁궐에서 뽀이 노릇 경력이 얼마냐? 30년하고도 보름 정도 된 것 같은디. 서당개 3년이면 풍월을 개도 외운다는데 이건 사람이 돼가지고 30년 경력에 위아래 구별도 못하고 오발만 하고 있으니 아무래도 넌 짤라야 되겠다. 널 여기 그냥 뒀다가는 나중엔 날 더러 아저씨라구 부르겠어.

제가 저 먼 나라 미국에 땅콩 농사짓는 카터라는 사람을 알아요. 그 집 땅콩은 으찌나 고소하고 맛난지 한 번 먹어보면 몸서리를 친다네. 내가 그것을 갖다드릴께 잡수실래요? 할 말도 있구. 안 된다고 했지? 네가 너를 비롯해서 애들이 전부 모가지감이야. 월급만 챙기지, 건너다 보니 절터라고 해골에 들은 게 없어. 그래서 이번 참에 모조리 내쫓고 방을 붙여 새로운 인물을 뽑을 게야. 이런 얼간이들만 데리고 있다간 내 지금의 위치마저 안전하지 않아. 느그들 땜에 내가 망할 수는 없다. 너 오늘따라 왜 나한테 이렇게 야박하게 구실까? 별꼴을 다봐. 어쨌거나 난 내쫓아도 안 나갈 것이고, 당신이 약속한 대로 그대로 알고 있을 거니까 아니꽈도 그런 줄 아셔. 방맹이를 딱딱딱 나 쓰기로 내리쳤잖어! 만약에 약속을 어길 때 그냥 좌시하지만은 않을 것이니 알아서 기어 그래. 요 녀석 봐라? 녀석? 녀석 하지 마러요. 나도 애가 다섯 오남매 가장입니다. 여기서는 당신 부하지만 우리 집에서는 내가 가장, 사장, 주인장이라구요. 내가 이번에 뽕 가면 우리 여보가 두 팔을 걷어붙이고 달려와 당신 멱살을 움켜잡고 흔들면 와이셔츠 단추가 떨어지거나 더 과격하면 사망설까지 나올 수도 있는 판국에 조심허셔. 우리 마누라는 성질이 나면 눈에서 파랑불이 삑까삑까 번쩍 그 살기가 아주 무셔. 이렇게 우리 마누라가 당신 멱살 잡고 흔들며 내동댕이치는 장면이 기자나 카메라에 잡히면 긴급뉴스로 텔레비전에 쫙 나오면 으하하하~ 망신 망신 개망신!

　킹이 아무개 신하 마누라에게 멱살을 잡혀 뻥튀기 자루 날라다니듯 태질치고 둘러 매치고 난리법석에 궁궐 화분이 죄 박살났대지 아마. 아침 조간에 대문짝만 하게 보도될 텐데 그땐 당신 그 자리에서 태그 아웃! 코피가 터져 콧구멍에 화장지 깔아 넣은 모냥새 하구는. 너두 누구모냥 중간에 끌려 나와 콩밥 먹으러 갈래냐? 앗따, 이놈이 아주 을래빵이 꽤 쎄네. 포도대장 경찰은 뒀다 엿바꿔 먹냐? 너 고향이 어디냐? 경상도 오리 문둥이다. 왜? 경상도 애는 앗살한데 얘는 종자가 틀리다. 아주 질이 영 아니여. 무슨 소리에요? 내가 질이 안 좋은 게 아니라 당신이 더 엉망이야. 이랬다저랬다 시장통 저잣거리에서 새우젓 장사나 할 장돌뱅이가 어쩌다 낙하산으로 킹이 되어 왕관을 뒤집어쓰더니 눙깔이 뒤집히나봐. 우리 집에 지나가다가 들렀을 때 국수도 개떡도 한 조각 못 얻어먹은 분풀이로 날 내쫓아? 알아서 해, 팍 터트릴 테니까. 뭘 터트려, 인마! 그런 게 있습니다. 아멘~ 이제 더 이상 내 신상 긁지 말고 두한이랑 맞붙을 허씨나 만나러 가시지요. 허씨고 나발이고 인마! 내비둬. 안 만나. 이런 이런, 행사가 진행되면 생기는 거나 좀 주워먹어 살림에 좀 보탬이 될까 했더니만 날샜네 그랴. 꽁돈 생기면 우리 새끼덜하고 장인장모까지 한 패거리로 저잣거리 괴기집을 통째로 빌려 근사하게 외식하자고 다 미리 예약해 놨는데 좆 같네 그려. 이렇게 되는 일이 없으니 부자가 될 수가 있나. 엥!

우리 것이 좋은 것이여

●● 제비 물러나 간다. 엽전 여얼 다아아앙 안냥~ 취지지릿 췻찌~ 앗싸~ 언니, 여그 낙지 한 사라! 알았어, 이년아. 노마니 쌍 야단이외다. 이리하야 서기 4354년 단기 2020년 1월 시방으로부터 옛날 고래짝 호랭이 담배 피던 아니, 더 나아가 쥬라기 시뮬레이션 시에 뻘개 벗고 산 아담과 이브, 럽 그 시대라고나 할까 말까. 으쨌거나 뚜웅~ 뚜웅~ 뚱뚜두 둥뚱~ 어머나 이게 뭔 소리여? 누가 가야금을 잡아 뜯어? 20세기 역작 아세아 영화제 꼴지에서 일등한 전원 농촌드라마 연속 방송극 파~ 하하하 출

연진 등장인물들이 단골 극화 속별로 노마야! 섬이네. 개똥이 황가네 혹뿌리 영감, 전주댁, 안성댁, 간난이, 이장, 일용이, 김주사, 황첨지, 응삼이 이름마저 촌스러운 머슴 보구 허리통이 힘 깨나 쓴다는 갑수 때 빼고 광내고 놀구 먹는 백수건달 김포 백구두 내 꺼는 징글징글허게 아끼면서 남의 것 공짜라면 사족을 못 쓰는 촉새 매부리코 아짐씨. 야! 개똥아, 이놈 시키 워디 가는겨? 공부는 안 하고 얼떨결에 시집이라고 갔으나 초장에 소박맞고 평생을 나 홀로 과부로 늙어온 양은다라 성냥 장수 숙이어멈, 평생 뱀만 잡아 목구멍 치다꺼리한 뱀잡이 백정 땅꾼 춘풍이, 꼬질꼬질 너덜너덜 그지가 따로 없지 늦장가로 쨍하고 해 떠싸 했더니만 반년 만에 풍지박살 살림 때려친 동동 구루무 장사 이일만이 궁뎅이가 넓적해서 아들딸 풍덩풍덩 며느리 자랑에 육갑을 떨던 소돼지 잡는 백정놈 달서, 술 한 말 지구는 못 가도 뱃속에 담고는 거뜬히 줄달음치는 주태백이 갑산이, 계집에 미쳐 술에 미쳐 쥐새끼 팥바구니 드나들 듯 주막거리 드나들며 과부 마담에 녹아 논밭 전지 홀라당 들어먹고 신세 한탄에 주저앉아 땅을 치며 통곡하는 병신 주구리 달용이, 봄, 여름, 가을, 겨울 사시사철 달달 떠는 전신 수전증 홀아비 병수, 늙어도 로맨스는 있는 것이네.

암튼 수컷이 제일이랑께. 솔직한 것인지, 미친 것인지 알다가도 모를 동네 영감들만 보면 헬레레 해가지고 따라 다니며 너스레를 떠는 앞이빨 두 개짜리 곰보딱지 할멈 말선이 일 년 농사 가을 걷이해서 있는 알곡 죄 팔아 조져본 영감 내팽개치고 야반도주 심봉자 과한 약주에 맛이 가 이웃 여염집 남의 마누라 보장거리다가 제 마누라 눈에 띄어 날려버린 쇠재떨이에 이마빡이 날라간 별명이 쇠박살 등 너머 기와집 골짜기 춘봉이 갸갸거겨 낫 놓고 기역 자도 모르는 눈 뜬 봉사 일자무식 주댕이만 살아 아는 체 드럽게 한다고 소문난 별명 선생님 닭장수 김두만이 엄니한테 뭐든지 많이 드시고 오래오래 사셔야 해요. 전 엄니 없인 못 산당께요. 으쩔까나 으쩔거나! 우리 아들 불쌍해서 으쩔거나. 하늘도 무심치 않을 당대의 효자둥이 갑식이 제 마누라 엄연히 두고 여자 노숙자 데려다가 두 집 살림 차린 천하에 경을 칠 녀석, 노냥 좋아서 싱글 생글 아가리가 있는 대로 벌어지는 추어탕 미꾸라지 잡아 먹고사는 물텀벙 도사 환갑 늙은이 영식이 쩔꺽 쩔꺽 쩔꺽 무쇠솥 깨진 거, 헌 고무신짝 금이빨 삽니다. 자~ 왔어 왔어! 엿이 왔어요. 울릉도 호박엿 부러뜨려 엿치기하는 가락엿, 날이면 날마다 내가 오간? 어쩌다 한 번 오는 거 오늘이 그날이야. 엿맛보다 주댕이 만담이 엿보다 더 달디단 괴짜, 등어리에 일곱 개 검은 점이 있다 하여 이름이 된 칠성이 어허 어야~ 이제 가면 언제 오나 어허~ 어허~ 천년만년 살고지고. 어허어허~

늙어 죽고 병들어 죽고 자결하고 사고로 밥숟갈 놓는 북망산천 사자따라 이승 떠나 저승 가는 외로운 나그네 마지막 씻기고 묶는 시신 염쟁이 만수, 팔도강산 유람하며 어수룩한 시골 늙은이들 모아놓구 염소똥 밀가루에 굴려 만병통치 불로초라구 얼렁뚱당 속여 갖은 육갑을 떨어 혼을 쏙 빼놓구 강매로 약을 팔아 돈 챙기고는 걸음아 나 살려라 100km로 내빼는 신가라 색쌕이 B29 시커먼 촌놈이래도 외모가 준수해 일명 영화배우로 통하는 놈, 에서제서 달겨드는 행맹이 빠진 미친년 여복에 노양 신바람 나는 막일 노가다꾼 수봉이, 팔자가 드세서 한놈 두놈 믿고 잡고 유자 탱자 쓰레기통에서 연속으로 세 번 시집에 세 번 새서방을 얻어 아랫도리에 불이 날 정도로 시집을 오갔으나 번번히 실패, 정들자 이별 망연자실 이년의 인생 살아서 무엇하랴? 뽀뿌링 치마를 뒤집어쓰고 인당수 푸른 물에 심청이가 몸을 던지듯 저수지 깊은 물에 몸을 던지려는 때 때마침 갑자기 뒤가 마려워 푸지게 한 판 똥덩어릴 밀어내고 데부둑에 올라서며 이 광경을 봤겠다. 이보시오~ 잠깐만! 벽력 같은 호령으로 여인네를 불러 세워 자살을 멈추게 하고는 이 무슨 요망한 짓이요? 사연은 모르나 죽을 용기로 살아가면 희망이 있는 법이요. 이러지 말고 나랑 이야기 좀 합시다. 주독이 올라 코는 빨간 루돌프 코가 되어 딸기가 여기저기 익어가는데 무슨 급박한 일로 이런 목숨을 버릴 극단적인 생각을 하느냐며 그녀의 살찐 등어리를 토닥거리는데 이 여인이 갑자기 끅끅거리며 눈물을 찔걱거리는데 초면이구 구면이고 무슨 상관이냐는 듯 얼떨결에 덥석 그녀를 껴안아 위로를 한답시고 기골이 장대한 낯선 놈과 낯선 여자 음양이 얼싸안으니 찌릿 찌릿 찌리릿 전기가 왔겠다. 내가 왜 죽으려고 했나 몰라. 미쳤어, 정말! 한 번만 더 살아보자. 되는 년은 호박넝쿨에서도 맛난 수박이 데글데글 데구르르 열리듯 곧바로 들러메쳐 신혼에 들어가 배가 터지게 불룩한 애 가진 종순이. 거시기 그늠 이름이 뭐 드라? 아, 누굴 견양해하는 말이야?

아, 그 있잖아? 반 꼽추에 주야장창 자식 자랑만 늘어놓는 푼수 주책바가지. 으~ 갸! 이름이 봉식이야. 느닷없이 봉식이는 왜 들먹거려? 넌 참 총기도 좋다. 여태 봉식일 안 잊어먹고, 제 자식 놈도 아니면서. 아, 내가 누구냐? 총기 하면 이 박병산이 아니냐? 그래, 니 똥 굵다. 이 썩을 담배 골통이 식을 새도 없이 줄담배로 뻑끔대던 담배 꼴초 마누라 일찌감치 세상 떠 홀아비 손으로 두 자식 길러낸 그 부성애에 면에서 상까지 타 모범이 된 부락민으로 우쭐대던 봉식이, 그늠이 엊그제 세상 떴대드라. 갈 때가 되면 가는 거지 뭐. 아, 그 녀석이 시방 나이가 몇이나 됐다구? 아직 나이도 죽을 나이는 아냐. 갈 때가 돼 간 게 아니라 애절하게 길러낸 자식놈 푸대접에 속이 터지고 심사가 나 기가 찬다며 농약을 벌컥벌컥 마셨댄다. 이 얼마나 기급할 일이냐? 지 아비가 제놈들 어떻게 길러냈는데 은혜를 웬수로 갚다니. 그런 걸 보면 무자식이 상팔자라는 소리가 허일수로 들리지는 않는다야. 네가 자식놈이 없다구 그따위 소리허냐? 씨종자를 못 받아 네 대가 끊기게 생겼는데 그런 소리가 나와? 이런이런 선달을 헐 녀석. 그런 네놈은 도끼로 꽉 찍은 딸년만 둘이면서 나와 다를 게 뭐여? 제 똥 구린 줄 모른다더니 너나 나나 쌤쌤이야 이놈아. 귀신은 뭘 허고 자빠졌나 몰라, 이런 녀석 안 잡아가고. 오래두 살어. 이런~ 잡아먹을 녀석! 말따귀 허구는. 엊그제만 해도 우릴랑은 똥 싸 매닥질을 할 때까지 오래오래 살자구 한 놈이 누구야? 빈말에 세금 붙냐? 한 번 해본 소리지. 얼큰한 김에 이러니께라도 소리를 듣지. 쿠세가 아주 상종 못할 잡녀석 같으니. 두 번 다시 니놈과 상종하면 두 손에 장을 지지 마. 장을 지지던지 라면을 끓이던지 그건 너 맘이고, 나는 죽어도 너랑 어깨동무야.

　육갑 떨지 말고 막걸리나 한 주전자 대령해라. 어째 목구멍이 컬컬허니 목젖이 술 들어와~ 술 들어와~ 빨랑 들어와 그러는데? 알았어 인마. 막걸리 한 주전자에 농약 반병만 타서 휘휘 둘러줄 테니까 너 혼자 그늠 다 처먹구 뒤져! 앗따! 그늠 의리 하나 끝내준다. 공짜라면 양잿물도 먹는데 내가 좋아하는 공짜 막걸리에 농약을 탔기로서니 고까짓 꺼 못 먹을까봐? 내가 이래서 네놈을 좋아하는 거다. 명식아~ 쪽! 아유 드러! 아가리에서 구렁내가 풀풀 난다. 저리 비켜! 이 잡녀석이 어디다 주댕일 들이대! 2.5단계 떨어져! 코로나로 먼저 갈 일 있더냐? 그깟 코로난지 코딱진지 냅둬. 아, 내가 누구냐? 한국의 어게인 미스타 허크라테스, 킹 부라보! 찻찻차 왕짱 팡야팡야~ 별 재롱 다 피네. 아기 유치원 차렸냐? 평소 안 하던 짓거릴 해싸면 머지않아 간다던데 약 먹구 죽은 봉식일 따라가련? 곶감 냄새가 나, 나 죽으면 말야 부조돈 좀 넉넉히 챙겨라. 죽는 놈이 돈은 뭐하게? 천당에 가서 과부나 몇몇 얻어서 이승에서 못다 누린 러브 놀이나 헐려구. 그저 한다는 소리가 구접스런 소리나 허구. 그래, 넉넉하게 넣어주께. 부디 그 돈으로 정열을 다해 과부 사타구니에서 그냥 쌔근쌔근 잠이나 들어라. 이 망하다 판이 날 녀석아! 애새끼 망한 거 저런 웬수가 왜 이렇게 오래 살어. 그래 그만큼 웃겨, 늙은 놈이 웃낄려고 애쓰지 말구. 아, 내가 죽으면 나 혼자 죽냐? 내가 데려갈 1순위는 너야 꼼짝 말어! 이 화상아, 네놈 혼자 잘 사는 꼴딱서닐 내가 어떻게 보냐? 열흘 삶은 호박에 바늘 끝도 난 들어갈 개나발을 불어싸. 내가 가자면 갈 꺼지? 누가 그래? 안 간다고. 그건 엿장수나 하는 소리야. 애구 으른이고 엉아 말에 순종하는 게 이쁨받는 길이야. 술만 처먹지 말구 그런 이치도 좀 알고 세상을 살어야 하느니. 어 흐흐흐흠~ 이게 누굴 문여리 바보로 아나? 나 널 그렇게 본 적 없다. 늘 우러러봤지. 술을 잘 먹어서 그게 다야. 으골이 엇째 데릴러 온 거 아니야? 마지막으로 가기 전에 떠나기 전에 쇠주나 한 잔 찌끄리고 가자. 따라와. 쫄래쫄래~

위기일발

●● 마누라가 내지른 한 방에 양 턱쭈가리 뼈가 부러져 겨우내 고생했다는 늘창 기브스. 마누라 샌드백, 가는 요즘 뭘 허구 산다니? 통 뵈질 않으니 뭔 일이 났나? 또 깨져 자빠져 못 일어나는 거 아니냐? 그걸 네가 아냐? 내가 아냐? 소식이 깡통이군 그래. 아, 갸, 공중에 뜬 거 모르냐? 뭔 소리야? 엊그제만 해도 나랑 팔씨름하다 열이 뻗쳐 한 대씩 때리며 멱살재빌 했는데 이 코로나에 갔어. 이런 이런 꺼벙한 녀석 같으니, 120kg 거구 여편네를 뚜드려 패 자빠트리는 장사가 그깐 코로나에 맥아

리 없이 걸려 죽어? 노냥 개모냥 서로 마주 보구 으르렁거리드니만 그것마저도 끝났구먼 그래. 서로 쥐어뜯고 차라리 죽여 죽여! 개거품을 입에 물고 달려들던 그 큰 덩어리가 아주 속이 시원하겠구먼. 노냥 못 잡아먹어 서방을 이를 뿌득뿌득 갈더니만 뜻대로 됐어. 아 그뿐인 줄 아냐? 이 여편네가 아주 지능적이구 머리가 잘 돌아가 웬수 같은 서방 어거지로 떨어지게 할 수도 없고, 꾀를 하나 냈는데 그 사연이 뭔고 하니 저 아는 친구 중에 삼 년째 혼자 된 과부가 있대. 그래서 아, 달려들지 말어. 코로나 2단계 모르냐? 떨어져~ 저리! 에이! 그래서 어느 날 술을 서너 병 마시고 이빠이 쫄은 서방 앞에 날장날장하고 이쁘장한 과부 친구를 뚝 선보였단다. 술김에 봐도 쩔꺼덕 마음에 든 모양새야.

옳거니 이거야! 이거랗게! 호재를 부르며 엄지와 검지를 비벼 딱 소리를 유발하고는 쾌재를 부르는 마누라 기회는 이때야 장식용 진열대에 폼으로 넣어두었던 국산 양주 한 병을 꺼내놓으면서 여보~ 여보~ 오랜만에 내 친구 미자가 왔으니까 환영주 한 잔 해야지. 얘두 술 좀 하거든. 당신이 맞장구치며 대접하면 안 될까? 안 되긴 왜 안 돼? 이리하야 덩어리 잔꾀에 년놈이 골깍 넘어갔겠다. 여보 미자야, 내가 시방 급하게 잠시 다녀올 데가 있는데 잠깐 우리 그이랑 술 마시고 있어. 그러면서 일부러 자리를 비켜준 게야. 음흉한 속셈으로 안 그래도 노냥 마누라랑 앙앙대느라고 정이 부스러져 둘 사이가 벌어진 지가 오래인데 안 땡기겠어? 이놈은 지금 현실이 수작인 줄도 모르고 취했을망정 쾌지나 칭칭 딩가딩 가 홀짝 홀짝 받아 마시는 과부에게 더 드셔, 한 잔 더 쭈욱~ 살아 서도 3배, 죽어서도 3배 굿판이 벌어져야 무당에게 떡을 얻어 먹 는다구. 어디 오늘 같은 자리가 또 있겠습니까 넉살을 떨면서 주 접을 떨었겠다. 술이 술술 올라라 모가지까지 올라 하늘이 빙글빙 글 뭇 서방이 그립던 과부가 슬며시 아유~ 그러면서 사내에게 쓰 러져 기대드란다.

　고양이가 생선 마다할 리 없는 음과 양의 조화 속에 참나무 잉 굴이 이글거리듯 두 불덩이가 하나가 되어 엉겨 물고 빨고 자빠질 찰나에 잠깐 나갔다 온다고 한 덩어리가 가긴 어딜 가! 옆방에 몰 래 숨어 문구멍으로 년놈의 일거일동을 눈에 불을 켜고 들여다봤 던 거지. 벼락같이 문을 화다닥 열어 제끼며 아니! 이 년놈들이 이 게 무슨 짓이야! 너 이년 감히 내 남편과 붙어 지랄이야! 너 내 친 구 맞냐? 나쁜 년! 그리구 야! 이 개 같은 놈아, 네놈이 사람이야? 엄연히 제 마누라 옆에 두고 잠깐 사이에 염병을 하구 자빠졌네. 야 이년아, 난 너 이해 못해! 하필 네 하트가 왜 내 서방한테 꽂혀? 너 내 서방 책임져! 안 그러면 간통으로 고발조치하고 이 바닥 뜨 게 할 거야. 이렇게 의도적인 수법 써서 간단하게 정떨어진 서방 을 내쫓은 여편네야. 저 비게덩어리 아니냐? 웬수를 간단하게 내 보내고 신바람이 난 덩어리! 한편으론 심난하고 시원섭섭하기는 허나 소원을 이루었으니 더할 나위 없고 비록 불륜현장을 들켜 의도적 수법에 말려 불명예는 얻었을망정 절세미인 과부와 새살림을 차리게 되었으니 이 자식 기분이 나이스고 오랜 세월 사내의 정이 그리웠던 욕정의 헌터 과부를 면한 하늘이 내린 행운을 얻은 여자 감탄으로 생이 즐거우니 참 그야말로 사람 팔자 시간 문제니라. 아이구~ 하나님, 예수님 믿지 않는 이년에게 이토록 큰 선물을 앵겨주시니 감사하나이다.

앞으로는 교회에 나가 예수님의 어린양이 되어 수도자로서 하나님의 영전에 기도하며 순응하는 당신의 제자로 한평생 살기를 염원하옵니다. 이에 아들, 딸 쌍둥이를 잉태하여 두 놈 손잡고 나란히 그이랑 오붓하게 성전에 머물겠습니다. 아멘. 흥~ 잘한다. 애는 낳지도 않고 포대기부터 마련한다더니 살아보지도 않고 설레발리부터 해대는 이런 화상! 새로 만난 과부가 너무 이쁘고 좋아 달려들어 볼따구에 입을 쪽 맞추니까 요 여우가 흥이 낭낭해서리 자기야~ 자기는 이제 내 꺼! 그러면서 입을 쪽 맞추드랜다. 아유~ 찐한 러브스토리가 연출됐구나! 에로영화가 따로 없지. 그런 것이 진짜 러브여! 살다가 더러 그런 디숭숭한 재미도 생겨야 사람 사는 맛이 나지. 원~ 우리네는 생전 변화가 없이 그날이 그날, 그 밥에 그 나물이니 이게 뭔 재미여? 차라리 그놈이 부럽네 그려. 그나저나 알콩달콩 신접살이에 한참 재미가 날 지경에 잘난 코로나에 밥숟갈을 놨다니 그 여편네 또 과부가 됐으니 그거 도로아미타불 아녀? 그년의 팔자도 참! 서방 거느리고 살 팔자가 아니구나.

그러자니 팔자란 못 말리는 걸세. 아깝다 아까워. 왜 구미가 땡기냐? 귀신 듣는 데는 떡 얘기도 못한다더니 이건 그저 말만 꺼내면 시비를 걸어와! 몸서리 나게 구미가 땡기면 날 위해 네가 나서 주련? 아무렇게나 흥! 싫은 기색은 아니로구먼?

하나는 외로워 둘이니 우주만물 살아 숨 쉬는 것이라면 암수가 함께 마련인즉, 외짝에 하나를 더해 합이 둘이라는데 누구라 널더러 눈을 흘기겠느뇨. 인생사 다 그런 것이지 뭐. 생각 있으면 나만 믿어. 내 한 번 널 위해 주선해보마. 그런데 말야, 꼴불견 하나 더 얘기해주랴? 아 글쎄, 코로나에 간 갸 장례날 그 큰 덩어리가 디룩거리며 그래도 왕년에 살던 정이 그나마도 남았던지 찾아와설랑에 여보여보~ 당신~ 그러면서 관짝을 끌어안고 두 다리로 비비적거리며 아이고~ 땜을 놓더란다. 여보~ 나도 같이 데려가~ 늘 사랑했던 당신이 그마저도 복이라고 겨우 요기까지 살다 말 걸 왜 날 버리고 이 비련을 맞아들여~ 이러면서 쌩쑈를 하더란다. 그려! 오라질 느무 여편네, 싫증난 서방 버릴 땐 언제고 버리고 나니 아까웠었나? 모른 체 가만히 자빠져 있을 것이지 제 꼴 남 뵈라고 그랬나? 마지막까지 따라붙어 웬수를 갚는구먼. 모르지, 순박한 자기 뉘우침일 수도 있겠지. 아니면 미우나 고우나 한때 부부였으니 마지막 가는 길에 배웅이라도 하려는 참회의 행동일 수도 있지. 아냐 아냐! 이것도 의도적일 것 같애. 주위의 눈과 귀를 의식하고 자신의 위신을 생각한, 이것마저도 각본에 의한 자기 주도적 위장

쑈일 수도 있지. 저 덩어리 여편네 심장을 꿰뚫어볼 수도 없고, 생각 같아서는 탐구 삼아 저 여편넬 내가 한 번 데리고 살어봤으면 그 속내를 알 것 같다. 이 녀석이 어디서 낮도깨비 같은 소릴 하구 있어? 그렇다는 얘기야. 에이~ 아닌 것 같은데? 너 예전에 그랬잖냐? 말라깽이 여자보다는 물컹물컹한 살찐 여자가 좋다고. 내가 은제 그랬냐? 또 또 오리발 내민다. 한 번 그랬으면 영원히 그런 거야. 그런 거도 안 했다는 건 뽄 때야. 그냥 뻣대 보는 소리야.

어째 마음이 동에 서에 번쩍번쩍 마음이 중구난방 흩어진 보리쌀이야? 아사 내가 그러면 쓰나? 기면 기고 아니면 아니지, 너 시방 나한테 내 인생관에 훈장질허냐? 하늘천 따따지 가마솥에 누룽지 박박 긁어서 너 먹고 나 먹고 그저 말만 하면 꽈배기를 꽈? 꼬는 데 이골난 윗대 조상이 있냐? 이래 놔서 씨종자는 못 말리는 거란 말이시. 뭬야? 이놈의 자식이 뭔 콩 볶아먹는 소리여? 이 산으로 가면 꾀꼴 꾀꾀꼴~ 저 산으로 가면 꾀괴괴꾁꽥골 어허~ 으히~ 으호으러으히~ 이봐, 엉아 혼자 내비두고 어디 가냐? 덩어리 뭣 허구 있나 염탐하러 간다! 내 예상이 양낙같이 빛을 발하는구나. 저늠이 저따우로 속이 거무죽죽한 줄은 내 미처 몰랐느니라. 머지 않아 제 마누라한테 고양이가 할퀴듯 얼굴에 손톱자국 남게 생겼구먼. 여자는 꽃이랍니다. 혼자 두지 말아요. 그래 주워 가져라 가져. 임자 없는 과부 줍는데 그것도 능력이니 누구라 뭐라고 하겠느냐? 나는 그대 가슴에 별이 될 테야 10분 내로. 얼씨구~ 일이 잘 돼가나벼? 이보셔~ 계시니껴? 뉘기여? 음마 아자씨가 야밤에 뭔 일이시당가요이? 아이구, 활짝 웃으시며 환영해주시네? 이렇게 좋을 수가. 무심코 지나가는데 노래소리가 하도 구슬퍼 그냥 지나기가 뭐해 겸사겸사 들렀는디 실례나 안 될래나 싶어 안절부절이구만요. 걱정들들 마시고 냉큼 오르시지요. 이 대장의 집에 식칼이 놀드라고 혼자 몸땡이 살다봉께 게을러 터지기가 한량없이 돼지우리모냥 너저분허요. 원 별말씀을! 다 이해해주셔이? 그럴구마니라. 뭐가 어떠간디요. 시골 살림 다 그렇지 뭐. 더 쭝뿔 나간디요.

그나저나 예전보다 몸이 많이 홀쭉해지셨네요? 워디 아픈 데라도? 그간 이런저런 일로 근심 걱정이 크셨던가 보네. 그러실 테지. 정처럼 치사한 게 또 있겠습니까? 미워도 한세상 고와도 한세상 바늘과 실이 되어 살 붙이고 살다가 이런 변고를 겪었으니 그 심정인들 오죽했겠습니까? 세상에 즐거움이 없었을 것이요, 일손이 잡힐 일 없을 거고, 좌절에 좌절을 겪는 심오한 현실에 뭔 흥이 있어 사는 데에 재미를 붙이간디요. 시방껏 잘 살아옹께 고맙구마니라. 그간 누구 하나 얼씬거려 외로운 나에게 어떤 빈둥 맞은 소리 하나 없었는디 느닷없이 나타난 아자씨가 이토록 위안을 주시니 먼저 간 그니가 살아온 듯 기쁘구만요. 얼른 이리 앙그시지요. 그래도 될래나? 어흐흐흐흠~ 차 한 잔 드릴까요? 차는 뭔 귀찮게스리. 그럼 술을 한 잔? 그러시든가. 잠시만요. 계란 좀 지저부쳐 안

주꺼리 마련할팅게 쪼깨만 지둘리시요이. 으이이잇차~ 발딱 인나기가 힘드시누만요? 누룩돼지모냥 살만 쪄서리 좀 거들어드릴껄. 이 기운 찬 두 팔때기로 납쭉 안어 일우켜 세우면 될 것을 워낙 눈치 코치가 제로이다봉께 한발 늦었구마니라. 눈치가 빨러야 절에 가서도 비린 젖국을 얻어 먹는디. 아, 그라면 나가 다시 주저 앙글라니께 그 억씬 팔때기로 날 안어 일으켜보셔이? 나가 워낙 근수가 많이 나강께 아자씨 기운으로는 힘들 것이에. 에이~ 아니죠 아녀라!

그럼 한 번 해보셔! 허리 다치면 안 됭께 조심혀서 날 안어 일으켜 보소. 정말이당가요? 아, 그렇다니께. 그럼 시범 들어갑니다. 아이구~ 묵작허네. 역시 사내는 사내내이. 인제 일어섰으니 이 손 놓으시지요. 아녀라. 이대로 쬐꾀만 있어 주셔. 아, 누구라도 보면 으쩔라고라. 야밤에 누가 본다요. 음마! 아짐씨, 저리 가시랑께. 이러면 안 돼요이. 안 되기는! 아자씨 맴 나가 이미 읽었는디 뭣 헐러고 왔까디요. 새침 부리지 마쇼. 한강에 배 지나가기지 귀신인들 알겠남요. 워매워매 황홀헌 거! 어 흐흐흥~ 아자씨, 나 좀 어떻게 좀! 그랴그랴, 염려 말어! 자, 그람 화다닥 나의 가슴에 앙겨 브러! 옳치 말 잘 듣는 아그들은 워디가 모르게 이쁜기여. 아이그 본 대로 느낀 대로 살이 덩얼덩얼 허구매라. 나넌 아짐씨모냥 푸짐한 여자가 참말로 좋은깨. 오널밤 아이 몰라라요. 따르르릉~ 까르릉~ 아니, 어떤 오사랄늠이 나의 결정적인 순간에 전화하고 지

이 시대의 자화상 • 75

랄이냐? 아줌씨가 대구 보채쌋느만. 이보시여 누구당가? 이 나요, 빨랑빨랑 전화 안 받고 뭣혀? 시방 어디여? 집이지 어디야. 능청 떨지 마, 이 자식아. 그지 뿌렁도 자주 허다 보면 프로가 돼야.

어릴 적 버르장머리가 여든 간다더니 이 녀석이 그 짝이네. 네 집이라고? 네 마누라 좀 바꿔봐. 우리 여보 시방 변소간에 간다고 금방 나갔는디. 아마도 쳇마리 까고 한참 시방 볼일 보고 있을 텐 디. 그래? 그럼 볼일 보고 오는 대로 날름 바꿔줘. 아니, 이 야심한 밤중에 남의 부인에게 헐 말이 뭐여? 너 우리 여보 사랑허냐? 사 랑은 안 해도 너늠이 시방 어디 있나 확인을 해보려구 그런다 왜? 앗따 그놈! 아직도 날 못 믿는 가비에. 헛소리 말고 전화 끊어. 고 단해서 누울란다. 야! 까지 말고 이실직고 털어놔. 알고 죽는 해소 병 되지 말고 안주 차려 술 처먹다 일 낼려고 들러붙어 씩씩거리 다가 따르릉 전화소리에 질급을 해 오줌을 지렸지? 네놈의 행세 보따리 1호! 안 봐도 딱 보여! 미쳐도 쬐끔만 미쳐라이! 활딱 가지 말고. 나는 시방 우리 각시랑 토끼가 절구질하는 달구경 나왔지 롱. 무드가 끝내주는군. 그러는 넌 아주 죽여주는 달밤이 되겠다. 우화 우화 우화아~ 어우어우우~

대접 커피

●● 어허허~ 마담! 오랜만이그만. 그간 많이 이뻐졌구만. 다방 분위기도 확 달라졌구. 빤따롱 같은 싱싱 메들리 풋처녀 아리랑이 셋에 장사 끝발나나봐. 아이 참, 모처럼 오셔서 놀리시기에요? 놀리기는? 사실이 그러하므로 그 사실을 놀라움에 견주어 사통활달 느낌 그대로를 피력하는 것뿐 뭐 별뜻이 있간? 잔소리랑은 낭중에 끓여붓고, 우선 왔으니 마담 얼굴도 보고 그럴려고 그냥 못 지나가고 내가 이렇게 들어오지 않았는가. 우선 껍정물부터 시원하게 해서 한탕키 줘봐. 왜 아니겠습니까? 왕 때

롱 큰 손 커피 마니아가 아니 오시니까 커피가 줄지를 않아서 곰팡이 날까 걱정을 했는디. 얘! 양양아, 여기 이 어르신 니 와서들 인사드려라. 안녕하시어요? 오호호~ 명숙이에요. 전 인자구요. 저는 지숙이랍니다. 오~ 그래그래 이리 앙거. 옷깃만 스쳐도 인연이라는디 오늘 이렇게 통성명을 나누고 보니 내가 지갑을 안 열 수가 있나. 제일 비싼 놈으로 석 잔 쟈들한테 앵기고 마담은 뺄려고 했는데 서운하고 왕따 기분에 울까봐 울며 겨자를 먹으며 끼워주너만. 차는 뭘로? 어머 제 것도 사주실려구요? 아, 그야 내 껄랑은 큰 자백이에다가 얼음 동동 띄워서 휘휘 젓어 찐하게 블랙으로 하되 프림 NO~ 설탕 NO~ 특별히 왕소금 한 숟갈 팍 투여! 잘 알겠지만 빨대 큰 걸로 꽂아 나와바. 단번에 왈칵 마셔 뿔고 잽싸게 일어나는 스피드 커피가 나으 주특기여.

어머~ 멋지시다. 뜬금없이 느닷없이 나가 자주 올 것이네. 그러다 보면 차차 내가 어떤 사람인가를 느그들도 알게 될 거야. 자 이만 초장 인사는 이 정도면 됐고, 차 식기 전에 원샷! 어이덜 마셔. 근디 내 껀 왜 이리 늦어부냐? 늦을 수밖에 없지요. 물만 끓이자 혀도 넉근이 30~40분 가량은 잡아먹어야 하니께. 마담, 언능 드셔. 오늘 이놈의 지갑 부도나네. 낄낄낄~ 어머! 웃으시는 매무새도 절도가 있으시네. 난 본래 그런 년이야. 까르르르~ 오빠, 코메디 하세요? 날 더러 좀상좀상한 아그들 모여놓고 그 앞에서 재롱 떨어야. 왕오빠 왕커피 나갑니다요! 커피가 대접 안에서 펄펄 끓는구나. 뚝배기에서 우렁 된장 풀떡풀떡 끓듯이. 얘들아, 이 대접 커피의 아리아리한 향기 내 손부채로 이리이리 부쳐 느그들에게 이 향기를 날려보낼 테니 개코모냥 흠흠거리며 물씬 맡아두렴. 휘리리리~ 어떠냐? 향기가 고소무리한데요? 그래, 5천 원 되겠습니다. 오호호호~ 쟤 배꼽 뽈록허게 내미는 거 봐라. 배꼽장수 같애. 그 배꼽이 남 몰래 덜래덜래 춤추고 있는 거 아니냐? 까르르르~ 불쑥 내민 배꼽에 따귀 한 번 올려 붙혀봐라. 울먹이는 그 배꼽 풍경을 관람허게. 이번엔 음흉하고 야한 레퍼토리가 나오시네. 그 해석 풀이는 최고참 미숙이 네가 좀 해라. 아이~ 오빠는. 아이구~ 으른이구 오빠가 까라면 까는 게지 뭔 받구 채는 앙탈이냐 앙탈이! 발정난 암고양이모냥. 내가 널 한두 번 골려 먹냐? 이미 단골일 텐데, 단골로 먹고사는 장사에 단골 해골에 뿔나게 하면 말짱 황인 거 알지? 이거냐 저거냐 이미 주사위는 던져졌응께 이 대접 커피가 식기 전에 행동 실시!

　　미숙이 뭐하냐? 똥 누러 갔남? 메리크리스마스도 코앞인데 뭐 갖고 싶은 것도 많을 테지. 갖고자프면 재롱 좀 떨어봐라. 이 오빠는 빈말은 안 허지. 이뻐 좀 해줘봐라. 왈칵! 워매 뜨끈헌 거! 유쾌 상쾌 통쾌 삼쾌가 맞아떨어지니 미숙이 손이 그야말로 약손이로구나. 아유~ 좋다. 삭신이 다 녹는구나. 스르르르~ 아니 마담은 왜 그리 날 째려보는 게야? 시방 질투허남? 너무 저 기지배가 야설을 떨어 뽕간 오빠가 한심스러워 그러죠. 미숙아, 이자 널랑은 대켠으로 멀찌감치 물러나 있고 대타 마담 언니 이리와 봐요. 흥! 미숙이만 이뻐함시롱 난 왜 불러싸? 아유~ 니 넉살 늙은 소가 콩은 더 좋아한다더니 얘들아, 너희들 변소간에 안 가냐? 마셨으면 빼버려야지. 이렇게들 눈치가 없어서야. 꼭 내가 언질을 줘야만이 집을 비우냐? 절간에 가서 비린 생선 얻어먹기는 애시당초 글러 먹은 애들이야. 저 미숙이 눈꼬리 봐라. 저 정도로 뚝심이 있어야 그러니께 내가 쟤를 이뻐허지. 미숙아, 이리 온. 용돈 얼마나 줄까? 오빠 지갑이 오늘은 홀쭉허지만 이거면 되겠냐? 꼭 쓸 때 써라. 어머! 오빠는 나의 로맨스 빠빠야. 그리고 느그들 둘, 이리 와봐. 고기 사먹어라. 많이는 못 주고 날 만진 댓가로 10만 원씩만 줄게 둘이 고기파티혀. 고마워요, 오빠. 야야~ 느그들한티 오빠 소리가 왜 이리 오싹허냐? 에헤~ 솜털이 다 곤두서네 그려! 난 농담을 좋아해. 웃기기로 말하면 못생긴 주일이보다 내가 더 엉아지. 개천의 용을 못 알아보고 묻어두는 바람에 겨우 사장밖에 못 됐어. 무슨 회사 하시는 사장님이신데요? 주식회사 배사장! 통통통 만삭, 산월이 내일모레야. 커피가 사발째 들어가는 이 똥배 사장이 나여. 이거 잘 먹어 나온 배가 아녀. 본래 우리 조상이 걸대가 커. 유전인자가 그렇다 보니 어쩔겨. 생겨 먹은 대로 살아야지. 구성없는 여편네, 느느니 심술만 늘더라구. 나야말로 불러오느니 배만 불러와 고민이 크구먼그랴.

마담처럼 얄상하니 적당한 체격이었으면 얼마나 좋을까 하네만 잡놈에 나온 배 땜시 아랫도리 거시기 본 지가 언젠가 모르겄네. 거시기라니 고것이 뭐당가요? 이 그거 남근! 빨개 벗고 서서 눈을 아래로 내리까고 그놈을 한 번 보고자퍼도 볼록 나온 배 땜시 보고파도 못 본당개. 완전히 비무장 지대여. 그건 봐서 뭐하시게? 마담 얼굴이 보고 싶듯 그늠도 보고 싶지 그럼. 소원이신가 봐? 소원까지는 아니드래두 내 몸뚱아리의 일부분이니께 못 보면 그리운 것 아닌감? 꼭 보고 싶다면 제가 보여드릴까? 마담이 그런 재주가 있어? 뭘루 어떻게 봐? 아이큐가 별로이신가봐. 거울을 큰 거 하나 사서 세워놓고 그놈을 빳빳이 세워놓고 거울 앞에서 눈을 뜨셔. 자 보이죠? 잘 보이죠? 싱싱하고 물 좋은 고등어 토막 같은 아유~ 그간 잘 있었어? 안녕? 새까만 눈동자로 보게 된 도대체 이게 얼마 만에 보는 거야? 그래 그동안 어머니 아버지 안녕하시고, 가네 두루두루 별고는 없으신지 타향객지 이 불초 소생 생전에 씻을 수 없는 뱃떼기살이 지은 죄로 뒤늦게나마 한 줄기 빛처럼 큰 거울 앞에 거시길 들여다보는 이 감회란! 한 번 보여줘요! 을랄라랄라~ 제발 보여줘요. 을랄라랄라~ 마담, 으찌 이리 이뻐요. 나가 아조 마담만 보믄 삭신이 사르르 녹아 내림시로 가심이 펄떡펄떡 사족을 못 쓰네. 용돈 좀 줄거나? 나으 마음은 항상 열려 있어. 은제든지 들어와, 무방항께.

난 용기 있는 여자를 좋아혀. 오라버니, 아니 사장님. 으이 차다 마셨으면 이제 일어나셔! 마나님이 오징어국 끓여놓구 기다리셔. 날 더러 가라구? 어허~ 야속시럽기도 허다. 내가 여기 머물수록 매상이 팍팍 오르는겨. 젊어 크게 벌어놓은 돈 이렇게 저렇게 안 쓰면 그거 언제 다 쓰겠는가? 오라버니, 물장사를 할망정 나는 남들과 달라요. 남정네들 이런데 나오면 열에 아홉은 다 부자고 넉넉해요. 뻥인 줄 알면서도 받아넘기긴 하지만 사네들의 허영심, 이 허영심을 미끼로 애들 꼬셔 재미나 볼려는 속셈 눈에 다 보이지만 그게 그리 쉽게 넘어갈 아이들이 아니에요. 팁으로 커피값 외에 주는 거 주니까 받지만 받고 나서 입을 삐죽거리고 비웃는 게 요즘 아이들이에여. 어렵게 고생해서 번 돈 이런 곳에 오셔서 함부로 돈 쓰고 아이들 비위나 맞추려고 하지 마시고 그 돈 그 정성을 마나님한테 써보세요. 아침상이 달라져 늘 우리 영이 아부지, 영이 아부지 사랑이 넘쳐 웬수가 귀인으로 보이고, 믿지 못했던 일이 신뢰가 되면서 그 사랑이 배가 되어 밖에서는 개나리 진달래가 되고, 안에서는 행복한 웃음꽃이 핀다구요. 알았네, 알았어. 성인군자 같은 한마디 한마디가 내 가심을 후벼 파누만. 그리고 건강을 생각허셔. 양재기 커피 줄이시고 시적으로 음미하듯 작고 깜찍한 커피잔에 한 모금 커피로 음미하며 커피의 진한 향에 취해보시도록.

퇴물 인생

●● 이거 봐, 자네 시방 나이가 얼마나 됐다구 벌써부터 슬슬 기구 그래? 사돈 남 말 하시네. 그러는 자네는 왜 다릴 끄는데? 아, 그거야 내 안의 고질병인 유전자로 인한 우리 가문의 계승병으로 철칙 같은 것으로 1대에 하나씩은 의무적인 것 같은 것이니 으쩌겠는가? 가문의 전통도 좀 쓸만한 게 아니고 웬 못된 잡 되물림이니. 그거 어디 그런 가문의 자손으로 태어났냐 그래? 이나마 인제는 일도 못해먹게 생겨서 벌써 마누라 눙깔이 모두 씰구적허니 동자가 허얘가지고 째려본다야. 웃는 걸 못

봐. 볼때기가 불룩허니 골이 잔뜩 나가지고 손에 닿는 건 죄 집어 팽개치며 무언의 시비조야. 내 속은 있는 대로 부글거리고 드러워서 밑이 빠지게 여짓껏 벌어 이만큼 살 게 만든 게 누군데 이 창알머리 없는 잡것이 쩔뚝거리는 서방 불쌍한 줄은 모르고 돈 안 버는 이유를 들어 골탱이가 나서 눈에 띄게 공격을 가해 오면서 날 윽박지르는 모냥새인데 이게 뚜두려 패자니 동네가 시끄럽고, 내 꼴 남 뵈는 꼴이니 내가 아주 요즘 가시방석이 따로 없네 그려. 아, 그걸 내비두냐? 번쩍 들어 일광단 청단 홍단 이거나 먹어 메다꼰아태질을 한 번 쳐봐. 이 잡년이 어디서 서방 알기를 낙동강 오리알로 알어? 어디서 굴러 처먹던 행세 보따리야? 너 인생 마치고 싶냐? 아니꼽구 드러워도 집안에서 큰소리 안 내고 그냥그냥 넘어가자 하니 이건 점점 더 여편네가 날 완전 엿으로 보구 있어! 당장 옷 보따리 싸! 세상에 널린 게 계집이야. 아무 데나 가서 주워와도 네 년보다는 낫겠지.

    천상 쪽제비같이 생겨가지고는 그여나 꼴깝은 하누먼. 나가, 이년아! 이러면서 쌩쇼 한 번 해. 푸닥거리 한 판 걸지게 해브러. 그러면 아마 이럴 거다. 에그머니나, 순자 아부지, 순자 아부지, 왜 이래? 왜 이러능겨. 손바닥에서 닭똥 냄새가 나도록 빌고 조아리고 자라 모가지가 될 것이구만. 이거는 네미~ 장가도 안 가본 홀아비로 늙은 녀석이 개좆이나 뭘 안다고 날 더러 이러구 저러구 훈계허냐? 아주 똑똑하게 알려주느먼. 시방이 어떤 시대여! 여성 상위시대 아녀? 그란디 느닷없이 달겨들어 볼때기를 잡아 뜯으며 씨발 좆팔을 찾으며 안 때려본 마누랄 패대기 치라구? 얘가 얘가 남의 가정 무너지는 게 재미가 나나? 얌마! 그 수법은 나중에라도 시시할 법하나 으더 걸려 같이 둥실둥실 살 때 너나 써먹고 나한테는 해당 무! 노 갓뎀이여. 아이노꼬왕. 물 뼉따귀 찌르르르! 이거 봐, 이럴 게 아니라 수월하면서도 돈벌이 되는 뭔 껀수 하나 후려칠 거 없을까? 있지! 있구말그. 밑천 없는 무일푼으로 시작할 수 있는 사업이라고나 할까? 그게 뭐여? 늘그막에 부자 되세요~ 그런 거 한 번 해볼텨? 골라잡어 땡! 그게 뭐고 하니 방금 내 머리에서 쏟아진 알자배기 노하우여. 그게 뭐고 하니 아하학~ 카악 퉤~ 웬 가래가 이리 들끓라 몰라. 고뿔도 아니거만. 담배를 너무 많이 빨아서 그런가? 아이거오~ 드러! 누런 가래를 남의 담벼락에다 이겨 붙이냐? 참 심통머리도! 개소리 말고 들어. 천사가 되는 타이밍의 교회, 물론 교주는 내가 허고, 널랑은 신도 모집책으로 일딴은 알바식으로 우선 개척교회니까 엉성하게나마 허울은 있어야 사람이 와도 오는 거 아니냐. 아, 그야해서 네 기둥만 세우고 판자 쪼가리 주워다가 뚜덕뚜덕 하꼬방을 짓는 거야.

　그리고 그 위에 십자가를 세우는데 뭔가 달라도 달라야 사람들이 호감을 사는 거기에 십자가 밑에 임금(王)자를 하나 붙여 교회 이름을 십자왕 교회라 이름하는 거야. 그리고 밤이나 낮이나 삑까뻔쩍 빛이 나게 조명장치를 해가지고 밤무대처럼 꾸며 늙은이 애덜 서건 한데 어울려 신명나게 놀게 해주는 거야. 시네마 총천연색으로! 누가 그렇게 꾸며? 아, 그거야 네가 꾸며야지. 이걸 어떻게 해야 크게 일어날 수 있는가를 연구해야 할 내가 언제 뭘 어떻게 허냐? 천상 네가 해야지. 그래야 나중에 잘 되면 국물이라도 얻어먹지. 평생 지지허게 짱구처럼 살래? 그러지 말라고 했자? 일일이 다 네가 코치하고 가르쳐 주면 난 뭐 네 꼬붕이냐? 난 교주! 일단은 말이야 달력을 찢어가지고 뒷면 백지에 이렇게 써. '개척교회 신축 무료봉사 목수 구함' 큼지막하게 써서 여기저기 붙혀. 그러면 그거 보고 우르르 개미떼처럼 온다고. 요즘엔 봉사하는 애들이 쎄구쎄서 대강 다 뚜리려 지어 놓으면 얼랠루야~ 할랠루야가 아니냐? 에이 이런~ 우리 교회는 딴 교회와 다르다고 했지? 그러니까 할래루야가 아닌 얼랠루야~ 그러면서 무릎을 딱 꿇어. 대가리는 숙이고 양손은 비비적거리면서 높이 처들어 싹싹 빌잖냐? 다신 안 그런다고. 그런 식으로 빌면서 믿슈미니다! 믿슈미니다를 연발하는 거야. 남남묘호랑개교 남묘호랑개교 하듯이 천사 같은 어린양들의 수고로움으로 주님을 모실 빈천한 교회를 지었나이다. 영광된 주님의 은총 입어 하늘에서 이쁜 영화배우 같은 천사들이 내려와 복된 성전을 외워 쌓고 치마를 펄럭이며 한 마리의 학이 되어 춤을 출 것입니다.

주여~ 감사하나이당. 땀을 뻘뻘 흘리며 주님의 전당을 선축한 이 어린양들을 저마다 밥 벤또를 싸가지고 와서 언 밥을 먹어가며 으으으흑 눈물이 왜 이 지랄로 나노 그래. 별로 슬프지도 않구만. 나중에 지금 지은 하꼬방 교회에서 천막으로, 천막에서 조립식으로, 조립식에서 빨간 벽돌로 교회다운 교회가 지어졌을 때 다 그대들에게 오늘의 이 수고를 보상하리라는 말을 꼭 해야 한다. 그래야 애들이 뒷소리가 없는 게야. 장사 한두 번 하냐? 하나 하면 둘을 짚고 넘어가는 급발진 아이디어가 톡 튀어나와야 좋은 대골빡이라 하는 거야. 사람마다 생각과 취향이 달라 나중에라도 빡빡 우기면서 하꼬방 지을 때 몇 날 며칠 일한 거 품값 달라고 깽판치며 교회 기둥뿌리 때려 부실려고 오함마로 디리 조지면 그땐 어쩔껀지 네 현명한 소견을 나에게 브리핑해봐. 만약에 깽판치면, "야 이~ 짜식들아! 느그들이 봉사한다니까 썼지 일당 달라고 했으면 썼건냐? 아니거든. 그리고 하나님을 섬기는 추종자들이라면 외골수 한마음이어야지 이랫다 저랫다 이거 하나님을 모욕하는 아주 질 나쁜 행동 머리에요." 알갔시야? 이 정도로 뻥을 까놓으면 아! 맞는 말씀이셔. 전지전능하신 하나님께 무료봉사해 놓구 욕심이 발동해 일당 달라고 깽판치는 건 잘못된 거야. 신도도 몇 명 안 돼 매미채를 이리저리 후들러봤자 겨우 껌값 정도 1,000원짜리 몇 장인 것을.

누가 헌금을 뭉텅이로 좀 냈으면 하나 전부 그지들만 있어가지고 부자 마누라들로 신도 교체를 하던가 해야지. 너무 배가 곯아 교회 팔아먹게 생겼으니 내가 내내 먹은 술값도 못 갚아 노냥 마담년이 찾아와 교회 문앞에서 앙앙대다 가는데, "외상장부 디리 댄다구 없는 돈이 어디서 안녕하시어요? 요러면서 뿔쑥 팝콘이 튀듯 돈다발이 나오남? 그러니께 그지 적선했다 치고 힘은 들었지만 지나간 일이니 잊어주고 그냥덜 가셔. 그리고 일요일마다 교회에 나오셔. 복 받으실 거야." 이러면서 이 판국에 웬 오줌이 이렇게 나오려고 해. 에이~ 귀찮아. 변소에 가는 척허구 뒤로 토끼면 되는 거 아냐? 시방처럼 그런 식으로 진저리가 나게 요령 몇 번만 부리면 절대 돈 받으러 안 와. 저 말이야~ 백지 몇 장허구 가위 좀 가져와. 그건 어디에 쓰게? 묻지 말고 가져와. 뭘 허려는지 보면 알어. 초등학교 1학년 입학식 때 왼쪽 핲지락에 콧수건 매달잖어? 그거랑 똑같이 3개만 오려놔. 붓 벼루 대령하고 내가 부르는 대로 써. 교회신축 축하헌금 기부자 명단 방명록 김개똥 150만, 허일만이 350만, 김간난 3,000만, 감나무집 무쇠엄마 700만 원, 무당집 아들 홍길이 500만 원, 주태백이 이상구 5,000원, 술 먹고 거스름돈 복개천 돼지네 2,000원, 오봉구 어린이 10원, 길남이 외할머니 속고쟁이에서 나온 돈 700원, 그밖에 현물이나 곡물로 후원해주신 쌀 김치 나무새 푸성귀 계란 빵떡 누름적 수수북개미 되비지 순두부 어리굴젓 교주를 위한 신도들의 거륵정신으로 보내진 생굴 해구신 장어 해삼 헝삼 백도라지 비아그라 용봉탕 능구렁이. 야~ 이거 너무 구라치는 거 아냐? 구라구 나발이고 깩소리 말고 시키는 대로 적어 받아써. 우리 성전을 위해 물심양면으로 베푸시는 성도 어린양들이여. 주님의 이름으로 감사드리나이다. 이는 곧

주님의 뜻이요. 주님의 허락되심이 님들의 마음속 깊이 성찰의 영험이 깃든 전지전능이라는 의미심장한 계시가 아니고 무엇이겠습니까?

　주님이 기뻐하십니다. 요심을 버려라. 함께 나눠라. 나의 성전을 크게 더 크게 세워라. 그리하면 너 종래 복 받으리라. 주님은 이렇게 말씀하십니다. 아맹! 아맹이 아니고 아멘인데? 아이~ 그냥 놔둬. 말 하나 하나마저도 딴 교회와 차별된 그 무엇이 있어야 된다고. 누가 네가? 그래. 내가 그렇게 말했어? 그러니까 아멘도 맞고 아맹도 맞는 거야. 딴 교회에선 아멘, 우리 교회에서는 아맹. 듣고 보니 그러네. 이 정도로 앗쌀하게 방을 붙이면 돈이 그냥 시글버글 빌게이츠가 부럽냐? 중국 부자 마윈이 부럽냐? 수입은 반반 뿜빠이하는 거지? 누가 그래? 너 푼수냐? 너 왜 그래? 그러는 게 아냐. 주인하고 머슴하고 똑같냐? 이건 계급도 모르고 사나봐. 더하지도 빼지도 말고 7 : 3! 에게~ 에게라니? 일일이 내가 다 머리 써서 너는 그냥 내 하수인에 뽀이 아니냐? 겨우 시키는 심부름이나 하는데 똑같이 뿜빠이허자구? 참 넉살도 수준급일세. 아니, 어수룩한 놈들 등쳐 뺏어먹기만 했나? 웬 욕심이 그렇게 많아 그래? 너 이거 하나님이 알면 너 가만 놔둘 거 같애? 여차하면 뒤지는 거야. 쬐끔만 받고 안 되지는 게 낫지 그나마도 되지면 안 받는 것만도 못하잖아? 사람이 빨리빨리 돌아가야지 그렇게 느려서야. 컴퓨터 포맷을 해 원기를 북돋아주듯 너도 골청소 좀 해야 내 속

이 시대의 자화상 • 89

이 안 썩겠다. 2020년 근로법으로 조정된 시급 8,350원으로 할까 하다가 아는 처지에 야박하니 그럴 수 없어 그나마도 크게 선심 쓴 것인데 씩씩거린다고 돈 더 나오냐?

　너 도장 찍어 여기다가. 앞으로는 주는 대로 받되 심술이나 땡깡 따윈 깡패들이나 하는 거라고 직접 쓰고 영어로 싸인해. 영어 모르는데? 왜 몰라? 꼬부랑 글씨를 모르면 아무렇게나 찍찍 긁어 버려. 도장 찍으려면 인주가 어디 있더라? 아, 없지! 네 마누라 입술에 바르는 핑크빛 아일러부유 루즈 그거 달라고 해서 가져와. 그걸루 인주 대신 쓰게. 왜 남의 화장품 가져갈려구 그러냐구 승질 부리면 한 번 내질러버리구 뺏어와. 못 뺏어오면 무조건 너는 오늘부로 아웃! 다 늙어 직장 떨어져 담배꽁초나 줏으러 다니지 말구 정신 빳빳하게 차려 요놈아. 명절 보너스, 김장 보너스, 추석 보너스, 만근수당, 월차, 퇴직금은 다 있지? 일절 무! 없음이다. 이것두 안 주구, 저것두 안 주구! 너 그 돈 다 뭐허냐? 가끔 소고기는 사줄 거지? 그거는 내가 먹고 싶을 때만 같이 먹는 거야. 그 외에는 얄짤 없음. 나중에 다 생각할 테니까 근심 붙들어매고 시키는 일이나 고분고분 허란 말이시. 알겠냐? 앙! 앙이라니? 너 나한테 갑질허냐? 눈깔에 뵈는 게 없구만? 하꼬방에 불을 싸질러 없애버릴까 보다. 어디서 앙이야? 앙이! 썅! 너래 피양 박치기로 이마빡 한 번 깨져보간? 야! 휘발유 한 통이면 너 쪽박차고 그지 돼. 터진 아가리라고 함부로 놀리는데 오늘은 물러나지만 내일은 국물도 없다. 너 사람이 말이야 친밀할수록 서로 존경하는 마음을 갖어야지. 내가 너 종이냐? 벌태지를 내질러 버릴라. 놈 새끼 너 진짜 그따위로 하면 일요일날 예배보러 오는 신도 골목에서 지켜섰다가 까만 라이방 쓰고 몽댕이 질질 끌며 침 찍찍 뱉어 겁줘 죄 쫓아버린다! 알아서 기어. 눈에는 눈, 이에는 이! 넌 인마 내 신경 건드려 이로울 거 하나 없어. 매일 술이나 처먹고 마누라가 얼른 들어오라고 그러면 철야기도가 있어 못 들어가니 얼른 불 끄고 자라고, 암컷들과 술 먹으며 화투치는 게 철야기도냐?

이 씹새야. 내가 여기 있는 한은 정통한 소식통이야. 조심해. 다 까는 수가 있어. 그때 쩔쩔매며 나한테 대갈통 조아리지 말고 있을 때 잘혀 알겄냐? 야쓰 중간에 짜르면 그땐 송장 치우고 살인 난다이. 범죄라는 건 앗차 하는 순간에 하는 실수이기 때문에 한 치 앞이 어두운 게 범죄의 실상이라구. 사람과 사람은 서로 조화로움이 관건이므로 배가 하늘로 올라가지 않으려면 사공이 일치단결하여 열심히 노를 저었을 때만이 목적지 항에 도달할 수 있다. 이게 철칙 아닌감? 이 지혜의 작품이 누구의 작품인고 허니 인류 최초로 신대륙을 발견한 탐험가 안문현이든가? 콜럼버스인가 둘 중에 한 놈이 감격에 젖어 웅얼거린 용각산은 소리가 나질 않습니다. 이 소리도 아닙니다. 저 소리도 아닙니다. 용각산은 가래약입니다. 목구멍이 컬컬하고 갸랑갸랑 가래가 폴떡거릴 때 먹어봐. 진짜 용각산 산산산~ 어마 용각산 하울링링링~ 이게 가끔 돌아버리냐? 안문현은 어떤 놈이구? 콜럼버스는 또 어떤 놈이야? 아이그으~ 무식허기도 허다. 유치원도 아는 탐험가를 모르다니 참 대갈통 한 번 어지간허다. 내가 맨날 잠을 안 자고 널 위해 기도할 테니께 나한테 그러지 마러. 이래서 동업은 안 된다니까. 웬만하면 하꼬방 신설교회 나한테 저가로 넘기던가. 야, 뱃떼기에서 싸이렌 소리가 난다. 때 됐나 보다. 밥이나 먹자. 흥~ 오늘 배꼽에 때 뽑게 생겼네. 고기 먹을 거지? 신도가 없어 망하기 일보직전에 뭔 신이 나서 네미 고길 먹어? 굶어! 오늘은 따로국밥에 김치찌개야. 쇠주 한 병 정돈는 서비스 되나? 믿는 사람이 뭔 술을 먹어? 그러는 넌 왜 맨날 먹냐? 아이거 증말! 너랑 나랑 같냐구? 안 같으면 너는 처먹어도 되고 나는 안 되신다? 그게 어느 나라 주도법이야? 그리고 쇠주 한 병에 수퍼에 가면 1,200원이면 얼른 주는 걸 여기서 먹으면 한 병 먹고 5,000원 주면 내 지갑이 홀쭉해지는데 정 먹고 싶으면 개인 프레이해. 네가 네 돈 주고 사먹어. 안 그래도 날 못마땅해 금방 쏘나기 쏟아질 쌍퉁이면서 여기에 술이 들어가면 술김에 감정난다고 하꼬방 교회에 불이라도 지르면 늘그막에 기함해 죽을 일 있냐? 한 병 사가지고 가서 네 마누라랑 둘이 처먹어. 아, 고새끼 고거 말하는 게 점점 뭣 같네!

효도

●● 엄니, 엄니, 때 됐슈. 식사허셔야쥬. 너나 먹어. 난 생각 없어. 하이고오~ 우리 엄니 나이만 드시고 진지는 안 드시니 이 자식 가심이 천 갈래 만 갈래 찍찍 찢어져 주요. 으짜 밥을 안 드신당가요? 참말로 산통이구만요. 이 오라질 노무 코로난지 개뼉따군지 염병 떠는 병 때문시 사람이 여그 저그서 뗄꺽뗄꺽 밥숟갈 놓는 소리가 처량히 들리는 이때에 불시 하나님이 돌보시는가 우리 엄니 무탈하신 건 다 전지전능하신 주님의 은총인 것을 부인 안 혀요. 헌디 코로나에게 지고 이기는 문제일랑은

오로지 건강허게 살아 움직일 때 가능한 거인디 요로콤 식음을 전폐하시고 누워 계신다면 아요~ 징글징글한 귀신 단지 같은 것이 착 달라붙었다 하면 바로 일나버리죠이. 여짓껏 배불때기 놋주발에 고봉밥만 잡숫던 우리 엄마 여섯 식구 내 갈겨 싸는 오줌 요강 단지만 한 밥그릇에 고봉때기 밥 게눈 감추드끼 후닥 해칠 수 있게끄름 입맛을 돋구어 주신다면 매달 한 번밖에 안 나간 교회에 줄창 나갈 수 있게끔 금번 부활절을 기해 감사기도 올릴까 그러는 중입니다. 하나님께서는 믿는 자나 안 믿느 자나 편견 없이 차별 없는 사랑을 충만함으로 베푸시는 세상의 빛이요, 영원 아니십니까? 고로 나는 믿쓰무니다. 세상을 격 없이 어려운 환경 속에서도 사람 人을 생각하며 바르게 착하게 정의롭게 인간답게. 이 몸은 그런 신조로 세상을 사는 주님의 종, 어린양이옵니다.

굽어 살펴서 우리 엄마 배시대기에 새하얀 쌀밥이 미련 없이 스스럼 없이 올인하야 허기져 떨어진 근력에 힘의 원천이 된다면 따다따다땅! 에그머니나! 웬 마른 하늘에서 천둥 번개가? 이게 무슨 일이래? 그래 기도가 부족했나? 주님이 골이 났나? 주님을 빙자한 욕심의 잉태! 웬 못된 구나방이 이 어린양을 차라리 채찍으로 다루실 것이지 만천하에 즉발적으로 나으 구원을 세상에 요런 나쁜 중생이 또 있다냐라는 식으로 공개망신을 주시다니, 자기 미워이~ 겨우 달래는 건 안 주고 날벼락으로 가슴 조리게 하시니 이렇게 땡깡을 부리셔도 되는 겁니까? 마는 겁니까? 정 그러시다면 말구요. 하늘의 예쁜 천사 왕년에 내가 보장거려 정이 푹 든 선녀한테 뜨르르르 삐삐 쳐서 야! 나야 나! 나라구! 아 그 옛날 있잖어? 그래그래 맞어 나라구. 얼마나 변했냐구? 많이 늙었어. 왜 넌 시집 갔냐? 안 갔다구? 왜? 아, 나 때문에 정을 못 잊어 평생 수절 과부로 살겠다구 안 갔구먼. 아유~ 이쁜 거! 끝꺼정 날 믿고 기다렸구먼. 많이 늙었어. 그 새하얗고 말랑말랑하던 살결이 쪼골쪼골하구 눈꺼풀이 내려 앉어 와이셔츠 단추 구멍만 하구 이빨이 서너 개 입 속에 뻣질러 서 있고 마치 초소 근무하는 쫄다구 폼새여. 눈은 잘 뵈남? 뭐라구? 귀할래 먹었냐구? 야야~ 먹을 게 없어 귀을 뜯어 먹냐! 어머 어머 미쳤나봐! 아니 아니 그런 게 아니구 귀가 잘 안 들리냐구? 안 들리지. 어쩐지 동문서답 이 얘길 허면 저 얘길 허드라니.

똥은 잘 싸남? 그럼 여지껏 한 번도 싼 적은 없어. 똥구멍 괄약근이 안적은 뺑뺑이 조여 있어. 물똥 한 모금 샐 틈이 전혀 없거든. 똥구멍 하난 아직 쓸 만허구먼. 장모님도 안녕하시고 잘 자라시지? 이런이런 말따귀허구는? 아니 우리 엄마가 키 크는 열일곱 살에 사춘기인 줄 아나? 내년 설 쇠면 아흔아홉이야. 흠, 머지않아 사자가 이리 오시오~ 그러겠다. 그치! 아직 나 말고 딴놈한테 줄 거 다 준 거 아니지? 아유~ 그럼. 그거 믿어도 되냐? 나도 너랑 헤어지고 나서 20년째 홀애비다. 그 홀애비가 뭔 일로 과부한테 전화질인데? 세상이 뒤숭숭하고 삶에 애환을 겪다 보니 사는 재미가

노 갓뗌이네. 그래서 이런저런 궁리 끝에 자기가 생각나. 야, 자기 소리 빼! 어디서 되지 못하게 자기야? 내가 왜 네 자기야? 아니거든! 성희롱으로 고발할 거야! 해라, 누가 말려? 네미 암수가 다 그런 거지 뭐. 뭔 앙큼이니, 숫큼이니 씨불이냐? 아니면 말지. 같이 연애질할 때 한 번도 안 때렸더니 야가 아주 넉살이 개차반, 애 아주 완전히 버렸네. 옛날의 금순이가 아니야. 개구 사람이구 풀어놓으면 좆 된다더니 그 말이 명언이네. 접시와 계집은 내둘리면 깨진다더니 이 느무 종자가 그 짝이 됐네 그려. 계집하고 북어 대가리는 늘 방망이로 뚜디려 부셔야 되는 건데. 야, 나 급해. 뭐가 그리 급허냐? WC. 뭘 그리 잘 처먹었길래 설사가 나와? 설사엔 구아나 찡 떫은 땡감 주식회사 멈춤제약 설사 뚝이라는 약이 있어. 그걸 사먹어. 그러면 즉시 똥구멍이 빡빡하니 꽉 막혀.

됐고, 나 우리 엄니 땜시 연락했는데 요즈음 거기 경기는 어때? 바닥이야. 여기나 거기나 사는 거 재미가 안 난다구. 요새 하나님 기분이 영 제로지? 음, 약간 부어 있어. 그런 거 같애. 우리 엄마 밥 좀 잘 먹게 해달라고 했는데 아직 기별이 없네. 아주 건방져졌어. 어쨌던 꿩 대신 닭이라고 네가 옛정을 생각해 나한테 와라. 옛날보다 더 곱빼기로 사랑해줄게. 내가 이 나이에 거기 내려가 느그 엄마 치다꺼리할 일 있냐? 잊어줘. 왜 이랴? 생명을 담보하는 이 시대 코로나 역경 속에서도 무사하신 우리 엄마에게 며느리라는 사명감으로 와서 신경 좀 써라. 그러면 내가 다시 널 많이 이뻐해줄게. 싫어! 여기도 싱싱하고 물 좋은 영감들이 무진장이거든! 허리가 아파 못 주워 쌔고 쌨다는 이야기군! 암만 그래도 니랑 첫사랑인데 웬만하면 나랑 잘해보지 그래? 더 꼬부라지기 전에 이번이 기회야. 이 시간이 지나고 나면 다시는 올 수 없는 영원의 시간. 이보세, 홀아비 영감! 내가 지금 바빠. 술 먹으러 가야 하거든. 올 거야, 말 거야? 앙 가! 디리릭~ 에이 드러~ 잡년이 말을 안 들어 처먹네. 찌릉찌릉 찌릉~ 옹야! 내다. 나한테 온다꼬? 그래 와라. 그대 위한 나으 지극 정성이 정통으로 감동 먹었나 보네. 우리 엄마의 사랑스런 며느리가 돼준다면 난 그만 울어버릴 꺼 같애. 자기 너 여기 오면 오자마자 내가 몸보신 시켜줄게. 뭐가 먹고자퍼 땡기남? 뱀장어 좃. 뱀장어 젖이야? 좃이야? 오~ 그게 먹고 잡다? 자기가 선호하는 생선의 꼬질 때 낭심 하나 구하는 거야 뭐 그리 대단한 일이라고.

　그럼 그렇게 알고 짐 챙겨 새벽녘에 별똥별을 타고 내려가 너랑 검정머리 파뿌리될 때꺼정 애기 낳고 살아줄게. 애기는 네미~ 환갑진갑 다 넘어 죽을 날이 내일모레인데 뭔 애새끼를 낳아? 그 누무 애새끼는 늙은이도 들어서나? 그건 모르는 거지. 생기면 낳고 안 생기면 말고 뭐 그딴 걸 신경 쓰고 그래. 이쁜 날 보고 사는 거지. 그 잘난 새끼 낳아 뭘 허게? 길러봤자 별거 아녀. 괜시리 신욕만 고되지. 애는 말이야, 젊어서 낳아야 탱글탱글 씽씽하지. 늙은이 자지는 훌훌해서 씨종자로는 빠꾸야. 물도 잘 안 나옴시로 뭔 애여, 애가. 앗따! 당신이 원한다면 나가 뽑뿌질을 해서라도 하나 맹글라니까 그렇게 알어. 나 아직 슈퍼맨이야. 알았어. 어째끄나 사내 구경도 못하고 이대로 늙어 죽나 서글프고 억울했는데 그나마 뒤늦게 웬수를 만나듯 만났으니 팔자가 기구한 년은 아닌가봐. 조건이 하나 있는데 뭐고 허니 니네 엄마 나이가 시방 몇이지? 구십다섯. 상태는 아직 꾸정꾸정 바시락 바시락 엄청 부지런함. 됐고, 나한테 올 때 장모님하고 같이 올 거 아니냐? 아, 그야 당근이지. 그러면 오는 즉시 양로원에 보내고 우리 둘이만 재미나게 사는 거다. 그래? 그렇다면 생각 다시 해야겠는데? 설사 딴곳에 계신다 해도 데리고 올 판인데, 늙고 병든 장모 하나 건사하기 싫다? 내가 좋으면 장모도 좋아야 하는데 나만 좋아할 거야? 그게 어느 나라 늙은이 대접이 그래? 여기는 동방예의지국 웃사람을 존경하는 백의민족이 누구냐! 효만이 자식 된 도리라는 거, 이거 삼강오륜에도 있는 거야.

나는 늙은이 치다꺼리는 질색인데 내가 말년에 팔자 고치듯 갖는 희망은 그지같이 살아도 단둘이만 콧노래하면서 살고 싶은 건데 내 희망에 찬물을 끼얹으면 글쎄 이게 어디 인연이 되겠나. 안 되면 말어. 난 우리 엄니 싫은 서방은 돈 아니 금덩어릴 추럭으로 갖다 줘도 싫다 싫어! 딴데 알아봐. 내가 시집 못 가 안달 공알이 마르는 줄 아나? 여기도 너보다 백 번 나은 물 좋은 영감들 수북해 골라 잡어 살어. 결정해. 동행해? 말어? 알았쩌. 일단은 같이 내려와. 싫어도 너랑 콩 볶을라면 용빼는 재주 없지. 치매와 망령은? 아, 그런 거 없어. 100점 만점에 65점! 우리 만남의 축하주는 뭘로 할까? 소주야? 막걸리야? 술이 그거밖에 없남? 양주도 있잖아? 조니워커, 찐 위스키, 칠래산 백포도주, 꼬냑 어쨋거나 만나면 씨종자를 받아야 하니께 아랫도리에 효과 직방인 산딸기루 일명 복분자 그게 좋겠어. 각각 두 병씩 4병만 까자구. 안주는 뭘로 할까? 안주? 안주는 필요없어. 내 붉은 입술은 뒀다 뭘 허구. 한 잔 홀짝 허구 안주 대신 내 입술 쪽 빨면 되지. 알뜰하게 해서 잘 살아야 될 거 아냐?

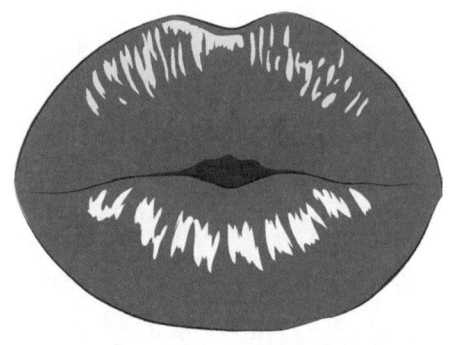

먹어야 양반이지

●● 요리 요리 가갔고 맞다 닥 장야 군야. 장군 받아라! 장기꾼 어디 갔나? 뭘 꾸물거리는 게야? 아이쿠~ 이거 야단났네. 외통술세. 요놈 좀 물려주지 그래? 안 돼! 일수불퇴. 아이구~ 제기럴! 빡빡하기는 사람이. 을랑 노고래기가 좀 있어야지. 꿔박은 대로 무슨 부귀와 영화를 누리겠다구 참나무 등걸모냥 뻣뻣해 그려! 한 통수만 물려! 칫, 하도 애걸을 하니 한 수만 물려준다. 옛다! 인제 숨 좀 쉬겠구만. 어디로 내빼야 기사회생이냐? 고것이 문제로다. 어허~ 이거 뛰어봤자 벼룩일세. 이히히히~ 움직

여봤자 이미 해는 기울었느니라. 여기는 가시밭길, 저기는 쇠철조망. 땅~ 양장 받아랏! 으이크! 이런 이마빡을 칠 일이 있나? 차, 포를 떼어도 넌 날 이길 재간이 없어, 이 사람아. 아장마당 장기 내기에 날 이긴 놈은 대한 건국이래 한 놈두 없어. 여북하면 입소문에 장기귀신인가. 장기왕 허면 양반의 고장 충청권에서는 허봉만이 허면 자타공인이지. 자네 체면 봐서 우물쭈물 견뎌주니까 맞대거리할 만한 그런 녀석인가 했을 테지? 알고도 못 본 척 느믈느믈 넘어갔으니 망정이지 안 구랬으면 장기 벌써 끝났네. 세 번만 움직이면 장기 끝이야. 눈먼 소경 행세를 했구먼.

겨우 장기말 가는 길만 아는 아마추어가 프로급 고수에 도전장을 내민 격이니 집하구 마누라까지 걸구 둔 장기였다면 자넨 벌써 그지 됐네. 나한테 큰 실수했어. 부끄럽게도시리 아마추어가 고수에게 겨루자고 달겨들었으니 게란으로 바윗덩어리를 내리치는 격이지. 사람은 말이야, 보는 눈이 있어야 똑똑한 사람인 게야. 시방 몇 시나 됐나? 어디 보자! 잉~ 딱 12시 정오 때구먼. 어쩐지 배 창세기가 꾹꾹 소리를 지른다 싶더니 뭐래도 좀 욱여넣어야 쓰겠구먼. 먹어야 살지 수염이 석 자면 뭐허는가? 먹어야 양반이지 안 먹으면 속 빈 강정 젬병이구먼. 밥알갱이 씹어 먹는 건 허구헌 날 다 반사니 좀 별난 걸 좀 먹어야 되나 원. 걸쭉한 막걸리에 두부찌개나 콸콸콸 들이킬까? 그것도 먹고 저것도 먹으면 되지 걱정이 뭐라. 오늘 장기 내기에 진 녀석이 누구더라? 왜 곁눈질로 날 째려

보냐? 내가 째려봤나? 아이그 이거 미안스러워서. 안 그래도 내가 설사가 나도록 멕여주마. 어디 보자! 잔돈푼이 얼마나 되나? 지갑부터 조사를 해보구. 아악! 깜빡하고 지갑을 두고 왔네 그려. 아, 이런 변이 있나! 오늘랑은 천상 자네가 밥 사야겠네. 장기 이겨주고 밥 사주고 이게 무슨 경우가 이 모냥이냐 그래? 장기에 져, 지갑마저 안 가져와 그저 맨입으로 처량맞게 앉찔러설랑은 갈비니 두부찌개니 씨브릴께 아니라 집구석에 마누라더러 누룽개나 끓여 달래서 먹을 일이지. 아, 내 지갑은 노냥 열리는 동네 지갑이냐? 천주악 떨지 말고 발딱 일어나 꺼져! 이건 염치도 없어, 그냥. 아니 부자 양반이 왜 지갑을 안 가지고 다녀? 속 빈 지갑을 폼으로 가지고 다니남? 자식놈은 여럿이면서 용돈두 안 주남? 아, 주지 왜 안 줘. 아무 소리 말어. 내가 들어서 다 알고 있어.

자식 흉 덮으려는 자네 심정. 낳아 길러 공부시켜 사회생활하게 만들었으면 늙은 부모 공양할 줄도 알아야지. 이것들은 쌩판 제 냥턱밖에 모르고 사니 자식이 여럿이면 무슨 소용이야. 같은 부모 입장에서 에미애비 나 몰라라 푸대접하는 자네 자식놈들이 원망스러워 화가 나 하는 소리니 서운케는 생각 말어. 부모 노릇 당당하게 해! 달달이 용돈 내놓으라구 일침을 줘. 꼭 받아야 맛은 아니지만 자식의 도리를 일깨우는 경각심을 주란 말일세. 자, 그럼 이만 가세. 공연한 일인가는 모르나 사생활에 제3자가 뛰어들어 귀한 자식 혼꾸녕을 내 미안허이. 금천 과부댁 식당으로 가세.

얼큰한 육개장에 밥 한 그릇 해치우러. 그럼 가구 말구. 오늘도 또 염치를 불구하고. 어려워할 거 없어. 우리가 뭐 한두 해 친구인가? 있으면 사고 나누는 거지.

　어서 오셔! 왜 이리 드문드문 오신다냐? 좀 자주 오셔. 나두 좀 보고 술도 먹고 님도 보고 뽕도 따고. 앗따! 금천댁 말 하나는 청산유수일세. 술만 팔지 절개가 대나무 통이면서. 살가워야 올 거 아냐? 홀려놓구 얼싸얼싸하면 손님이 문전성시이련만 아, 때 시간에 파리만 우글거리니 나 이거야 원~ 장살 하는 거야? 마는 게야? 잔소릴랑은 먼저 세상 뜬 서방 제삿날 즈냑에 하고 냉큼 뭣 좀 내오지? 아유~ 내 이 정신머리하고는. 내 급살로 푸르르 끓여 대령하리다. 그간 농이나 까구 계셔. 앗따! 잔소리 끓여 붓다가 해 지겠다. 여보게~ 이, 그려. 여편네가 숫제 용돈 하나 안 주는 게야? 달래지를 않는 게야? 사내는 말이야, 더구나 늙은이는 쓸 일이 있거나 읍거나 지갑에 약간의 여유는 가지고 다녀야 경우에 따라 체면치레도 하고 정도 나눌 수 있는 게야. 돈 쓸 일에 궁색하게 우물쭈물 똥 마려운 강아지모냥 안절부절하는 경우 자신이 을마나 초라해지는지 경험으로 알 텐데. 왜 마누라가 용돈 좀 안 줘? 말하기 전에 승질부터 나네! 이 늙은 년이 으찌나 줏대가 대단하고 자린고비인지 지갑에 용돈 몇 푼 넣어달라고 내밀면 가재미눈을 해가지고는 지갑을 뺏어 확 벽에다 여부치며 하는 소리가 오만가지 알아 들을 수도 없는 말을 씨부렁대며 한참 공박을 주다가 치맛자락을 탁탁 털면서 일어나 밖으로 휭허니 내빼는 거 있지? 못 주겠다 이거지. 이 순간은 내가 천당에 갈려고 발버둥치는 격이야. 그 모욕감에 혀라도 깨물고 싶지만 집안이 시끄럽지 않게 하려다 보니 썩느니 내 속만 썩고 참을 忍을 되뇌이며 주먹을 쥐고 참아내는 일이 정말 힘이 들었어. 늘 내가 사초리에 꼬랑지 말아 넣은 강아지꼴이 된 셈이지.

쯧쯧쯧~ 그렇게 앙당 공알이 마르게 움키고 쥐어짜서 땅마지기나 샀남? 흥! 땅을 사? 불알을 사지. 통장에 잔고는 어지간하겠구만? 그것도 아냐. 엇따 어디에 쓰는지 그 내막을 난 몰라. 참견하기조차 싫고, 노냥 돈이 없대. 젊어 직장생활할 때도 봉투째 사모님 월급봉투 올립니다. 그러면서 갖다 주면 그날은 고기 한 점 얻어먹는 날이야. 제주도 흑돼지래나 뭐래나 검정털이 듬성듬성 박힌 고길 사가지고 와서 지지고 볶고 시금치 콩나물 나브랭이, 술 한 병 주욱 늘어놓구 자기 수고했어 빨랑 먹어. 맛있쪄? 갖은 애교를 치던 여자였건만 돈 벌어 제대로 한 번 써보지도 못하다가 늙어버려 허무하기가 이를 데 없건만 그나마 이젠 큰소리도 못 칠 백수에 늙기까지 했으니 사는 게 허망하고 고역일세. 여기까지가 오늘날 내 현실일세. 초년에 못 고친 버르장머리 고대로 굳어져 버렸구먼. 마누라 원망할 일도 아니구먼. 네가 네 무덤을 스스로 팠으니 누굴 원망하랴. 이 지지리로 늙은 청춘아, 오늘 그간 굶주리고 못 먹은 한풀이 뱃떼기가 꾀지도록 먹여줘? 똥이 나올 때까지 멕여줄 테니까 실컷 먹고 곤드레가 되어 40년 맺힌 원한을 풀어라. 턱쭈가릴 한 번 날려버려! 빠지고 남은 이빨 몇 개 마저 뽑아버려. 왜 때려! 왜 때려! 이를 응! 물고 달려들면 붕~ 날르면서 두 발 장구로 이단옆차기 좌바바박! 아유 옆구리야, 아이고 나 죽네. 눙깔을 홀랑 까뒤집고 나가 자빠져 버리적거리게 쌍 되알지게 치도구니를 주란 말이야.

그러면서 잇빨 새에 박힌 고기 찌꺼기를 이쑤시개로 빼내면서 오늘 아주 고기맛이 죽여주네, 아주 잘 먹었네. 끄르르륵~ 쩝쩝! 음 40년 원한을 오늘에서야 풀 수 있어 기분 쭈우타아. 으하하하~ 캬악 퉤! 가래를 면상에 이겨 붙이면서 천신이 날 버리지 않으셨어. 이래서 세상은 살만해. 오라질느무 여편네, 오늘부터 나는 이 집안의 가장으로 전권을 장악한다. 할멈은 동행인으로 모든 권한을 실격, 억울하다거나 원통하다거나 트릿하다 생각되면 고소 내지 부부로서의 결별 안녕 빠이빠이 수준까지 차고 올라간다. 명심 자각! 이상 가장의 권한에 서명하랏! 그러면서 밥상을 드러 엎어. 자근자근 밟아 겁을 주란 말이야. 꼭 그렇게 해야 한다! 너 그래야 40년 한을 풀 것이요. 내가 술 사준 보람도 있는 거고. 이런 걸 일석이조라고 하는 게야. 돌멩이 한 개로 두 마리의 참새를 잡는다 이 말이야. 모르는 건 배워야 하고 가르치는 데는 스승이 따로 없느니라. 그런 것 같애. 됐고, 넌 어디서 누가 용돈을 푸지게 주길래 노냥 지갑이 애 밴 산모 배떼기모냥 뚱뚱허냐? 난 자식이 없어.

무자식이 상팔자라고 늘 그러잖어. 누가 용돈을 주겠어. 나는 놀
구 먹는 건달이고 마누라가 걸대가 큰 데다가 자연산 뱀장어를 많
이 처먹고 자랐는지 기운이 황소 아니냐? 치마만 둘러 여자지, 어
설픈 사내는 똥구녕도 못 따라가느니. 예 간다 제 간다 팔남봉이
냐? 나는 가끔 버는 쥐벌이고 마누라는 알바를 다녀도 일을 잘해
품값이 남 두 배야. 한 달 내내 하루도 안 빠지고 연속 출타 중 돈
냥이냐 모았지. 그건 내가 알어. 알부자인 거. 그래서 노냥 지갑이
빵빵했구먼? 노 노!

  용돈을 많이 자주 주는 게 아냐. 무조건 쓰나 안 쓰나 한 달 용
돈 기본이 하루 만 원씩 계산해서 30일 기준으로 30만 원 딱 그걸
루 입 닦어. 두말하면 멍멍 짖어. 너도 알다시피 내가 기분파 아
니더냐? 이것저것 안 따지고 부자 부럽지 않게 돈 쓴다는 거. 30
만 원이 내게는 늘 부족해. 그래서 얼마 전에 꾀를 하나 냈지. 울
지 않는 아이는 젖을 안 물리는 게 어머니야. 이 속담을 미끼로 세
계 제2차대전 노르망디 상륙작전처럼 전술을 폈지. 임자, 오늘도
고생했구먼. 먼저 민심을 살핀 다음 지갑을 내팽개치면서 에이 돈
두 없는 빈 지갑 버려, 이깐 느무거. 그러면서 벽에 확 내팽겨쳤드
니, 당신 작은 마누라 있어? 웬 돈이 그리 헤퍼? 돈 30이 적어서
한 달도 못 써? 앗따~ 영감 통 크네이. 통 큰 게 아니라 친구들 만
나면 째보 노릇을 해 사내 체면이 개골이여. 요새 식당에서 술 한
병 시키면 5,000원이야. 거기에 되지 못한 안주 하나 시키다 보면

돈 10만 원은 훅까닥 날러가지. 돈 쓸 게 뭐 있어? 게다가 담배 태우지. 담배값이나 좀 비싸? 도대체 사내 구실을 못허구 다니네. 아주 아예 바깥출입을 올스톱시키던가 뭔 결정을 내야지. 제 꼴 남뵈고 나 참 창피해서. 창피한 줄 알면 돈 좀 벌지? 마누라 앞세워놓구 먹는 주제에 시방 땡깡 놓남? 머여? 느닷없이 여편네 멱살을 움켜잡고 흔들면서 너 저승 가고 잡냐? 왼손으로는 봉때기를 꽉 꼬집으며 오른 다리로 사타구니를 걷어찼지. 그랬더니 으으윽 그러면서 나가 동그라지드라구. 겁이 덜컥 나는 거야. 되질까봐. 아 그런데 워낙 기운이 장사라 그런지 뻘딱 일어나두라구. 아프리카 초원의 하이에나가 고기를 뜯어 먹듯이 이빨을 응 물고 내 모가지를 낚어채더라구. 내가 뭔 힘이 있간? 그냥 그대로 벌렁이지. 그러나 사나히가 체면이 있지 여자에게 휘둘려 똥자루 팽겨치듯 나가떨어지는 건 가문의 수치가 아니겠어?

TV 스맥다운 레스링 선수가 기운을 차려 찌지근히 일어나 반격을 하듯 나도 그걸 모방한 거야. 씨릿씨릿 정신이 혼미한 척 비척대다가 느닷없이 열린 면상 광대뼈를 향하여 로만이가 내리치듯 내질렀어. 그랬더니 눙갈을 허옇게 뒤집어 까고 깍찌동 넘어가듯 쿵 하고 나가떨어지던 걸. 그러면서 하이타이 게거품을 뿌걱뿌걱 내뿜으며 버리적거리길래 이때 얼른 마누라 속고쟁이 비밀주머니에 손을 갖다 넣었더니 돈이 뭉태기로 있는 거 있지? 고속으로 돈을 지갑에 쑤셔놓고 그 길로 걸음아 나 살려라 그대로 내 튀

이 시대의 자화상 · 107

어나온 거지. 야! 너 간도 크다. 뒷감당을 어찌헐려고? 뒷감당이라니? 까무라쳐 자빠진 년이 돈을 씨비해갔는지 지가 잊어버렸는지 뭘 알어? 오리발 내밀면 그만이거든. 안 그냐 이치가? 그렇게 정신이 없을까? 나 이렇게 아둔허긴. 넌 으더 맞지 않고 쫄기만 해도 어디서 누구랑 마셨는지 생각조차 안 난다고 한 사람이 누구야? 너지? 그거 봐! 모르잖어? 안 얻어맞고도 그 따우로 생각이 안 나는데 치명타에 정신줄 놓은 종간나가 알게 뭐야? 시치미 떼고 한 사흘 나가 돌아다나면 기별이 오지. 우리 여보가 그런 건 있거든. 앗쌀한 거 하나. 그럴 땐 못 이기는 척 시치미 떼고 들어가는 거야. 왜 서방이 없으니까 걱정되남? 나 봇따리 싸러 왔어. 가방 내놔. 드러워서 못 살겠다. 내가 콱 새끼줄에 목이라도 매던가 해야지. 여편네한테 휘둘려 사는 게 어디 사낸감? 못난 인생은 일찌감치 사자 불러 가야지. 그나저나 당신 내 주머니 돈 털어갔어? 무슨 소리야? 그 난리통에 주머니에 뭐가 들었는지 돈이 있는지 내가 돈 냄새 맡는 돈벌레냐? 어디다 덮어 씌울려고 지랄이야? 그런 일 없어. 어디서 잊어 처먹고는 서방에게 바가질 씌워? 원 별 드러운 인간을 다 보겠네. 서방을 아주 잡범으로 취급을 허나? 웬 못된 여편네 같으니. 경찰에 연락할까? 사람 때려뉘고 실신한 새에 주머니 털어갔다구.

고대로 있어. 현장 보전해둬. 내가 파출소 갔다 올 테니깐. 이이는 무슨 큰 사건 났어? 파출소까지 들먹거리게. 아냐, 아냐! 이

대로 끝나면 아니 되지. 어떤 놈인지 잡아서 치도구니를 줘야 두 번 다시 야바위짓을 안 하지. 나도 민주시민인데 그냥 두고 볼 수만은 없지. 민중의 지팡이인 경찰을 나 몰라라 하는 건 법치주의를 등한시하는 일등 시민의 자세가 아니지. 그러면서 슬며시 피하는 거야. 어디 가서 한참 놀다가 저녁이나 먹으러 쓱 들어가면 파출소에 갔다 오는 거냐구 분명히 물어볼 거야. 그러면 그러는 거야. 파출소가 오늘 놀아. 문 잠그고 아무도 없고 길바닥에 자동차만 오락가락하든 걸? 이렇게 얼버무리다 보면 용돈두 올려주고 화해도 되고 그 덕분에 기분 풀이한다고 복분자 한 병 얻어먹는 거구. 사건 종료, 빨래 끝! 야! 놀랠 노자! 꿈보다 해몽, 이 정도 언변이면 귀신도 나한테는 두 손 들걸? 그러게. 야, 너 조선판 괴도 루팡 해라. 형사 콜롬보 해도 되겠어. 앞으로 용돈 더 올릴려면 한 번 더 해라. 미쳤냐? 내가 두 번 써먹게? 너나 잘하세요. 한 번 울궈 먹은 수법은 즉시 폐기하는 게 나아. 하물며 마누라 대가리가 빛이 나구 요물에 귀신이래두 속이는 서방 대가리와는 차원이 다르니라. 고로 내가 누군지 짐작이 가남? 이놈 짜슥아, 말리는 열 놈이 하려는 한 놈 못 당한다는 말, 이 말이 날 두고 이르는 말일세. 아시겠는가? 지갑에 돈 없는 친구야.

박수무당 허씨

●● 얘~ 상년아, 다음 분 들여보내라. 흐음~ 오늘 일진은 운수대통이야. 맨날 파리만 날리구 복채 구경한 지가 꽤 여러 날인데 오늘따라 이게 웬일이야? 그래 그간 못 번 벌충을 해야 쓰것구먼. 손님 들어가십니다 보살님. 옹야~ 어서 오셔, 이리 편히 앙거. 척 보니 근심, 걱정이 몰골에 씌여 있구만. 이런~ 이런~ 엠병에 굽살을 맞을 일이 있나? 온갖 잡귀가 시글버글 득시글이야. 똥뒷간 오뉴월 구더기는 이유도 아니구먼. 전생에 뭔 죄를 그리 지어 집안이 이 난리 북새통이야? 쉬이~ 휘이~ 봉달귀신, 정

지귀신, 치간귀신, 마당귀신, 장독귀신, 선산에 봉분귀신까지 와글와글 북적북적 그렇게 온갖 귀신에 들볶이면서도 목숨 부지하고 사는 걸 보면 당알지고 찰지고 암팡져 어지간한 귀신은 범접이 어려워 주위에서 뱅뱅 돌며 시와 때만 기다리는구나아. 얼굴에 그려진 복을 보노라면 백석천석 재물운이 사방팔방 지천인데 인덕이 부족하야 제 구실을 못하니 안타깝고 불쌍하구나. 천수만수 목숨 하난 타고난 질긴 인연 그 끝은 알 수 없어도 살다 보면 언젠가는 타고난 복에 천석꾼 만석꾼 하인을 두고 큰소리치며 곳간이 알곡으로 가득 채워져 이름나고 명날 하늘이 내린 귀한 인재일세. 감히 귀신인들 나를 칠소냐? 어림없다, 어림없어. 기가 센 사람이니 온갖 귀신 무용지물이구나야. 아, 남경 수비, 북경 수비구 능한 수비들아. 어깨에는 총을 메고 허리에는 칼을 차고 동족상잔의 살육현장에서 억울하게 간 한 서린 총각귀신이 늘 눈물을 흘리며 슬퍼한다. 무시루떡 얹혀놓고 마른 북어 찢어놓고 막걸리 부어 원혼을 달래줘야 하느니라.

옛기이~ 훠이~ 훠이~ 아서라, 아서, 동서남북 사방귀신은 멀찌감치 물러나라. 물러나. 어려서 조실부모하고 형제지간 떨어져 그리워하고 산 그 세월이 몇몇 해이던가? 30년 세월 저 하늘에 슬픔이 쇠구역신 눈물로 사는 인생 돕지는 못할망정 산목숨 뺏어 무엇에 쓰려는지 그러지 마라. 마당귀신 맷돌귀신 헛청귀신 부뚜막 귀신 밤낮없이 덤벼봐야 떡 한 쪼가리 못 얻어 처먹으면서 뱃때기도 안 고프더냐? 기운이 천하장사 이만기도 아닐 테고, 헛깨비 귀신으로 구천을 떠도니 가련하고 불쌍허다. 이거 봐, 여기 좀 봐. 재수 없이 눙깔 밑에 쥐새끼 눙깔만 한 검은 점 빼버려라. 빼버려! 슬픈 눈물점이니라. 내일일랑은 떡 찌고 술을 부어 허기져 악마구리로 들러붙는 배고픈 안달귀신에게 있는 것 없는 것 적선하여 주린 창자를 채워줘 멀리멀리 보내버려. 그래야만 구만리 앞날에 쨍하고 해 뜰 일을 만들지어다. 아침저녁 조상님께 사배드리고 온 정성을 다해 빌고 빌어 액운을 쫓고 행운 삼만리에 깃대를 꽂아 뻥 뚫린 기찻길처럼 화통한 삶을 영위해야 할지어다. 어디 복채는 얼마나 가져오셨나? 어디 지갑 좀 열어보셔, 보살님이 보시재네. 어이 까봐. 에게? 대장부 살림살이가 궁핍하기가 그지 밥 굶은 것처럼 빈 깡통일세. 복채가 적으면 점괘가 잘 안 나오구 시시껄렁한 거 알지? 신령님이 노하시면 되는 일이 있나? 신령님 존엄 상하시기 전에 다른 데 꼬불친 비자금 아끼지 말구 꺼내 바쳐. 다 들여다보구 계시니라. 싼 게 비지떡, 복채가 적으면 신명이 안 나. 그냥 되는 대로 막 지껄여서 이게 뭐야? 알 게 뭐야? 괜한 돈만 태질치는 모양새라. 지갑이 빵빵해야 효험을 보는 것이니라. 어때? 알아 먹겠느냐? 예~ 예, 신령님. 앗따! 막동이모냥 대답하난 시원해 좋다.

양말 바닥에 깔아 꼬불친 꼬랑내 나는 퍼런 배춧잎 차곡차곡 챙겨 밟고 있는 거 나 여기 없어요~ 까꿍~ 그러지만 내 눈에는 다 보이느니 지체 말고 냉큼 꺼내서 다소곳이 공손하게 두 손으로 바치면 노하셨던 신령님의 노기가 춘삼월 눈 녹듯 스르르르 해갈 날 거야. 술을 사도 기분이 나이스면 2차, 3차 막 사잖어? 세상 이치가 다 그렇듯 신령님도 심기가 가뿐하시면 예라~ 기분이다! 나 하나 잘 되게 구제하는 것쯤이야 누워서 오줌누기지. 아 이러시면서 기뻐하신다니께. 뭔 말인지 기별이 가남? 총각, 장가를 갔나? 못 갔나? 못 갔습죠. 시방 밥그릇 수가 몇 개야? 마흔두 그릇 반이올습니다, 보살님. 에에엥~ 인연이 수없이 비켜갔구먼. 팔자치고는 드러워. 아예 계집복은 온데간데 없구 액운만 가득해. 총각귀신 면하기가 쉽질 않겠어. 어쩌다 나타나는 년 꼬랑지가 아홉 개 구미호야. 그년한테 말려들면 신세 조져. 뭔 뾰족한 수라도? 있지, 보여! 아 그렇다마다. 천만다행으로 천지신명이 아직 자넬 버리지 않으셨어. 짚신도 짝이 있고, 구멍 난 고무신도 짝이 있는 법! 아, 이름나고 명날 귀재가 짝이 없어서야 산중에 금수만도 못한 셈이지. 암수가 만나 자식 난장하고 사는 이치는 태고적부터 생명이면 타고나는 운명이 아니겠는가? 절대 실망 말어. 여우가 돌아봐도 돌아봐주는 자는 끝이 있게 마련이야. 나만 믿어. 하나는 외로워 둘이랍니다. 아니 되는지고, 아니 되는지고. 신령님이 가르치는 대로, 내가 이르는 대로 한 치도 어긋남 없이 행하려느냐? 믿겠느냐? 이쁜 처자가 걸려 장가만 갈 수 있다면야 뭔 짓거린들 못하겠소이까? 돈 달래는 것만 빼놓고는 죽는 시늉까지 다 합죠. 네네네~ 젊으디 젊은 것이 웬 그리 돈타령이냐? 돈이 제갈량이라지만 가릴 땐 가려야지. 죽고 사는 문제에 웅크리고 아까워 일을 그르치면 죽어도 상관이 없으렷다? 아, 죽기는요. 아직 펄펄하게 젊은 데다가 술 잘 먹고 밥 잘 먹고 건강이 넘쳐 흐르는데 청년이 그만 살고 가는 거 보고 잡소? 이 냥반이 돌팔이 박수 아냐? 아이고오~ 원귀들아, 저 인간 안 잡아가고 다들 뭐허냐? 냉큼 붙들어 가려므나. 하나, 둘, 스이, 느이, 다스, 여스, 일곱, 야들 무진장 귀신이 몰려오는구나.

훤한 대낮에 먹구름이 끼어 돌풍이 휘몰아칠 기세니 신령님이 노하셨다아~ 노하셨어! 머리 풀어 산발한 처녀귀신, 자동차에 치여 해골이 두 쪽 난 대갈귀신, 얼굴 없는 달걀귀신, 도깨비 방망이 든 인상 드런 깡패귀신. 아, 이걸 어쩌면 좋아. 승패는 5분 전이야. 네가 죽고 사는 문제 아으~ 뜨셔! 내가 아직 사자 따라갈 나이는 아니지. 알았어요! 까짓꺼 신령님 전에 쐬푼께나 쓰지 뭐. 대신 운수대통 장가가는 거는 받아놓은 밥상이어야 합니다. 뺏뚜르 나가면 낭중에들 때려 부시고 아작납니다. 난 책임 안 집니다. 도장 찍을 수 있습니까? 암! 찍구 말구. 어떻게 하면 되겠습니까? 흥정은 나중에 내 점괘에 버금가는 복채로 셈하기로 하고 착실한 준비가 되면 하자 없어. 수표는 안 받어. 현금 박치기야. 신령님은 돈 냄새가 안 나는 수표는 일절 거절하시걸랑. 워낙 까다로우셔서 내가 아주 골치가 아퍼. 왜 점점 갈수록 그러시는가 몰라. 내가 이 짓거리를 때려치든가 무슨 구정을 내야지 내 원 참. 신령님은 그만 패시고 본론으로 들어가시지요? 아아악! 내 정신머리 좀 보게. 어디 보자? 구시월에 뜬금없는 구설수에 휘말리겠어. 설령 휘말리고 나면 헤어날 수 없는 엄청난 혼란에 몸뚱이가 피폐해질 일이며, 낙상할 수가 있어. 자고로 한만 남긴 채 저세상 인연을 만날 수 있는 요지부동 점찍고 맞춰놓은 듯 액운이 독난 뱀 대가리가 고개를 처들고 혀를 날름거리며 갖은 흉계로 훼방을 놓게 생겼어. 동짓달 11월, 12월 한 해가 가는 31일자 마지막 날까지 입조심, 몸조심 출타를 경계할 일이요. 빼도 박도 못할 삼살방이 자넬 기다리고 있어. 그 안에 푸짐하게 차려 큰 굿으로 씻은 듯 부신 듯 낮게 치성을 드려 봉덕을 입을 일이야. 이 성대한 치성이 끝나면 서쪽에서 백년해로할 귀인이 나타날 게야. 그럼 그 귀인이 누구냐? 자네가 원하는 총각귀신 면할 신령님이 점지한 아리따운 선녀가 나타나는데 자네가 늦은 장가지만 자식복이 있어 아들딸 3남매 아버지가 되어 다복한 행복의 요람이 그짓말처럼 다가온단 말이야.

에이~ 내 복에 그런 행운이 설마 오겠어요? 안 믿어지지? 큰돈 들여 굿은 왜 하는데? 돈이 남아돌아 제물 차려 수백만 원씩 쓰는 줄 아남? 100만 원 들여 치성을 드리고 나면 그에 열 배의 값어치가 있는 게 분명한데 어느 누군 너만도 못해 굿허는 줄 아냐? 두고 보면 알아. 날 찾아와 큰절할 일이 생길 것이니 내 심신을 위해 철통방위 안전 무비 믿는 자에게 복이 오나니 보살님은 요술쟁이야. 으쩌구 그러면서 질질 짜지 말구 내 말 들어야 꽃 피고 새 우는 내

년 춘삼월에 양귀비를 닮은 암여우 한 마리가 꼬랑시를 사리고 널 바라다보는 모습이 설렁설렁 보인다아. 그 암여우가 너 천생연분인데 그래도 싫어? 아주 복을 차요, 복을. 진짜에요? 그 말 믿어도 되나요? 당신의 마음을 내 마음을 날 믿을 게 아니라 신령님을 믿어야지. 이거 봐, 이것저것 의심나고 돈 아까우면 다 개박살내고 지금 당장 이 법당에서 나가! 복채고 나발이고 안 받을 테니까. 참 나~ 박수무당 30년 베테랑에 너같이 깐족거리구 의심하고 겁내는 쫌팽이 손님은 너밖에 없다. 에이~ 더는 얘기하고 싶지 않으니까 나가! 다만 네 운명이 박살나는 건 네 팔자니 알아서 하고. 평생 좋은 일만 있고, 액운을 막아준다니까 말귀를 못 알아먹는 거야? 의심이 많은 거야? 야~ 여기 손님 나가신다! 다음 손님 들여라 ~ 아이구! 왜 이러세요? 보살님 할께요, 한다구요. 몇 백 아니 몇 천이더라두 내 안일한 인생에 영화만 생긴다면야. 그래? 그럼 계약서 써! 이것도 계약을 해야 돼요? 아, 그럼! 우리들 박수도 협회가 있어. 내 맘대로 하는 게 아냐. 굿은 소자로 할 거야? 대자로 할 거야? 그건 또 무슨 소린지? 작은 굿이냐? 큰 굿이냐? 그걸 말하는 게야. 작은 거와 큰 거 차이점은요? 차이점? 작은 것은 정성이 들 들어가. 효험이 40프로 정도 나오고 큰 굿은 액수가 크기도 하지만 100프로 효과를 보지. 그러니까 여기 계약서에 약정행사 조약서에 큰(大)자로 쓰던가 작을 소(小)를 쓰든가 네 베짱에 맞게 써.

무당협회 규칙상 액수는 본인 의사에 맡기는 것으로 되어 있으니깨. 얼른 써, 시간 없어. 손님이 쭈욱 늘어서 차례를 기다리시는데. 나 글씨 잘 못 쓰는데. 아니, 돼지 인물 보구 잡아먹냐? 글씨 못 쓰면 어때? 액수만 맞으면 되지. 작은 굿 2,000, 큰 굿 3,000! 아, 왜 멀거니 섯어? 쓰래니까. 생각 좀 더해보고 다음에 다시 올께요. 그럴 줄 알았어. 뜸들이는 게 껄쩍찌근허다 했더니 아니다 달러? 갑니다. 아이구~ 오줌 마려. 오줌 마려운 것도 참고 큰 거 한 구찌 할까 하고 붙잡고 늘어졌드니만 아, 고노무 새끼가 깐죽거리다가 그냥 갈 게 뭐야? 생각해보고 다시 와? 너 까짓 거 오거나 말거나! 돼지거나 꺼꾸러지거나! 장가 좋아하시네? CE8 초우 카치이 문 닫어! 바람 들어와! 안녕히 계세요. 인사 안 받어! 다음 사람 할머니 한 분 들어가십니다 보살님. 야~ 보살인지 내남 보살인지 그놈의 보살 소리 집어치우고 그냥 들여보내면 어디가 쁘러지냐? 승질 뻗혀 졸도 하겠구만. 그 새끼 나갈 때 소금 뿌렸지? 보살이 돼가지고 저 따우로 심뽀가 좆 같으니 손님이 없지. 다 때려치우고 동사무소 공공근로나 다니던가, 뒷박 성냥장사를 하던가, 아니면 노점 구루마 놓구 호떡이나 굽던지 그게 천성에 맞으련만, 되지 못허게 박수는! 네미 신도 내리다 말어서 얼치기로 맨날 똑같은 소리로 손님을 맞으니 맞긴 부랄을 맞어? 맞거나 말거나 제 맘대로 지껄여 돈만 받으면 된다 이런 식이니 내가 해도 그 정도는 너보다 낫겠다. 그저 아는 게 운수대통! 그 소리뿐이야. 말하다 막히면 우물우물 그냥 넘어가고 신령님이 화가 나시나봐, 점괘가 잘 안 나와 답답해 그러면서 능청이나 떨구. 이것두 모르고 점 보

이 시대의 자화상 • 117

러온 여편네는 두 눈을 감고 그저 두 손만 비비적거리며 빌어대고 눈을 떠라, 눈을 떠. 그냥 집에서 냉수 떠놓구 빌면 돈이나 굳지. 참 얼빠진 여편네들 많어. 이러니까 사기꾼 돌팔이들이 먹고살지.

할머니, 이거 드셔. 곶감 냄새나는 할마씨가 뭔 속 끓는 일이 있길래 오셨을까? 왜 늙은이는 점 보러 오면 안 되남? 이거 왜 이랴? 오나가나 맨 이따위만 있어? 내가 어때서? 왜 왔는가는 알어 뭐하게? 그냥 점만 봐. 복채 내잖어. 에이~ 할마씨도. 나는 신의 몸이에요. 답답하고 암울한 사람들 속을 후련하게 뚫어주는 귀한 몸으로 알 껀 알아야 해서. 다 알려주면 미쳤다고 돈 줘가며 점 보냐? 할머니, 괜히 회초리 들고 말 안 듣는 손주놈 매질하려 듯 딱딱거리지 말고 이거나 드셔. 이게 뭐여? 삶은 돼지코 살인데 드셔봐. 꼬소옴하니 아삭아삭 쫀득쫀득 난 점 보며 이걸 즐겨 먹어요. 아니, 먹으랴 점 보랴 헷갈리지 않남? 습관이 돼서 안 먹으면 오히려 점괘가 안 나오등걸요. 그래? 한 점 줘봐. 찔기지 않남? 찔기긴요. 파삭파삭해요. 새우깡보다 더 빠삭빠삭해? 그 정도는 아니지만 이~ 해보셔. 아, 점 보러 온 늙은이 이빨 조사까지 해야 점괘가 나오나? 이빨을 왜 보여달래? 봐봤자 이빨 합이 셋이야. 이 세 개로 마구 조저 먹을 수가 있을까? 안 되겠는데요. 그렇지? 못 처먹을 꺼니께 날 주지. 안 그러면 감춰두고 먹을 텐데. 이빨 세 개로 날 더러 이걸 먹으라고? 차라리 날 잡아 먹어라. 에이~ 하나만 잡사봐. 안 먹어! 먹을 게 그렇게 읍냐? 하필 돼지코를 삶아 처먹게.

식성도 별난 박수군. 박수구 삼삼칠 박스고 일딴 먹어 보셔. 안 먹어! 아~ 허셔. 안 먹는데두. 드셔 보라니께 그러시네. 싫다니께 왜 못 멕여 안달이라냐? 아, 신경질 나. 신경질은 보살인 내가 나요.

왜 굳이 안 먹겠다는 거야? 난 죽어도 멕여야 되겠아. 자~ 받어드셔. 싫다구! 보살님이나 아~ 허셔! 내가 멕여줄게. 아~ 어허! 한 손으로 건방지게스리. 난 신이야! 신! 신이라구! 이년아! 아악~ 실수! 너 방금 내뿜은 말 대가리가 뭔 뜻이라냐? 나한테 욕했냐? 아닌데요. 안 받어 먹으니까 열방맹이가 치밀어 말발이 헛나와서 오발했슈. 70년대 영화 오발탄 소리가 여기서 왜 나와? 구시대 발상이 해골 속에 꽉 찼나봐. 원~ 점 보러 와서 핏대 올려보기는 해골에 털 나고는 처음일세. 아까 그 총각모냥 생각해보고 다시 올겨. 박수인지 수박인지 이거 걷어치고 시장 바닥에 나가 돼지 부산물 국밥장사나 하시지. 돈 덩어리가 거저 굴러와도 시비 걸어 그냥 가게 만들구. 야야~ 무당질 때려치고 국밥장사가 싫으면 우리 집에 와서 하우스 뽀이나 해. 그 좋아한다는 돼지코는 매끼마다 궈주고 끓여주고 삶아주고 볶아줄 테니 오랠 때 와. 폼으로 가지고 있는 꽹과리, 징, 장구, 한 번도 쓰지 않아 녹이 뻘겋게 선 작두 다 엿장사 줘버리고 몸땡이만 들어와. 하는 일은 별거 아냐. 내 등이나 긁어주고 팔다리나 주물러주는 거 외엔 할 일이 없어. 우리 집에 개 세 마리가 있어. 개가 똥 싸면 개 똥구멍이나 닦어주면 일과 끝. 그냥 만고강산이지 뭐.

구라도 엄청 까네

●● 이봐, 병원에 안 가도 되겠어? 엇째 사람이 이 정도로 약골일 수가 있나 그래? 아니, 어쨌게? 나가 친구를 오랜만에 만나서 모처럼 돼지괴기에 밥 한 끼를 먹고 이 사이에 낀 밥띠기를 쑤셔내고 이쑤시개를 버린다는 게 하필 제 발 뒤꿈치에 집어 던졌어? 중국 영화에 보면 표창 던지는 무사 있잖아? 쉬익~ 하면 쭉~ 뻗는 거. 하필 그 누무 이쑤시개가 발 뒤꿈치에 깊숙이 박혀 피가 그냥 콸콸콸~ 병원에 가자고 그랬지. 그런데 어설픈 자식이 그래도 불알 단 사내라고 위선은 떨고 싶었던가 이까

짓 것 가지고 병원은 무슨 병원이냐고 그러더니 한다는 소리가 명품이야. 이따만 한 코딱지가 떨어져 발등을 짓이겼어도 병원에 안 간 게 난데 걱정 마시어요. 정말 안 가도 되겠어? 뒷말 없지? 그러믄입쇼. 어우야~ 이 사람 아주 파워맨이야. 난 우리 마누라랑 쌈질하다가 매니큐어 바른 긴 손톱으로 빡 긁으려고 달려드는 걸 스리살짝 피하면서 약간 긁힌 것도 병원에 가서 일당 까먹고 가재 붙이고 나와서, 마누라가 또 쫑알거리길래 진로 소주병으로 마누라 대가릴 후려 쌔렸는데 병만 깨지고 멀쩡한 것 같았는데도 고소하느니, 구리나 살라느니 지랄을 하다가 쓰러져 애새끼 때쓰듯이 자빠져 버리적거리며 지랄염병을 떨길래, 야~ 이년아! 빤스 다 보여. 얼른 일어나! 이게 어디서 챙피한 줄도 모르고 가랭일 벌리고 버리적대? 맨 홀아비 투성이구만. 겁도 없이 기지배가. 아, 요러면서 그깟 쇠주병에 얻어맞고 되질 연약한 여자라면 일찌감치 1,000원짜리 쥐약 한 병 마시고 저 하늘에 슬픔이 모두 모두 안녕~ 먼 훗날 하늘에서 만나요. 아멘 꼬르륵~ 그게 좋겠다, 그게 좋겠다. 그 정도로 여자도 강한데 너도 우리 마누라 못지않게 깡다구가 있나봐.

아무튼 굳세어라, 금순아. 야! 난 성깔이 좀 별나. 욱하면 쥑이는 성질이걸랑. 다행히 네가 아무 소리 없이 괜찮다고 그러면서 그냥 지나갔으니까 망정이지 엉까는 소리나 하면서 기어 붙으면 너는 벌써 이 손에 이 세상 사람이 아니지. 나는 승질이 나면 눈에 뵈는 게 없어. 주먹부터 나가. 닥치는 대로 아무거나 집어 들어 머리 치는 아무도 못 말리는 고질병이 잠재한 사나히걸랑. 날 아는 사람들은 저 자식은 건드리면 병이야. 아예 모르는 척, 못 본 척 모르쇠가 답이야. 재 건드려서 이득 본 놈 여지껏 있으면 나와 보라구 그래. 지 마누라 엄마 늙은 장모도 내질르는 승질머리가 재야. 그 뒤로는 장모가 사위 무서워 처가집에 가겠다고 하면 벌벌 떨며 닭부터 잡아 삶는댄다. 어쩌다 재가 장모한테 전화 걸어 장모님 건강 생각해서 염소고기 디리 구으는 중인데 오셔서 몸보신 좀 하시죠. 염소가 여자분들한테는 엄청 보약이라고 그러든데 빨랑 오세요. 그러면 벌벌 떠느라고 전화를 못 받는데. 그러면서 장모가 이런대. 아이구~ 여보게, 염소탕 먹구 건강해져 100년을 더 산다고 해도 난 싫으이. 사위한테 맞아 죽을 일 있나? 고양이 쥐 생각 말고 자네나 열나게 뜯어 먹게. 난 싫으이. 주먹질이나 삼가시게. 세상에 장모 쥐어질르는 사위놈이 사람이간? 산골짝 금수만도 못한 저런 놈이 내 사위라니 처죽일 수도 없고 내 새끼만 아니면 그냥 단칼에 요절을 내겠구먼. 새끼 과부 만들까봐 내가 참고 말지.

이가 박박 갈리는 이 마당에 꼴에 염소 고아놓고 날 더러 와서 먹어라? 야유~ 오라질 녀석! 니놈이나 맛나게 처먹고 쇠주병으로 마누라 대갈통이나 까는 버르장머리나 고치라고 하지. 엠병막을 홀라당 뒤집어쓸 위인 같으니. 너 시방은 내가 내비두지만 너도 나처럼 나이 처먹고 늙어 흘흘하면 그때나 보자. 내가 너 으흐흐 우리 사위 그럴 꺼 같냐? 참나무 몽둥이로 잘근잘근 연한 살만 골라 찔러가며 팰 거야. 빌어먹을 녀석, 생겨 처먹은 게 그따위니 슬하에 새끼 하나 못 내지르지. 쓰지도 못하는 불알 저게 고자인 줄 알았으면 이쁜 내 새끼를 마누라로 줬을까? 하이고오~ 불쌍한 내 새끼. 이년의 팔자를 어찌하면 좋을고. 술병에 영감탱이 일지간히 되지고 젊은 초년에 과부 되어 애지중지 금이야, 옥이야 키워온 내 새끼 팔자가 감나무에 외롭게 매달려 찢어진 연꼴 신세가 되아부랐으니 이 노릇을 으찌 할끄나. 이러한 제 여편네 한 서린 마음은 못 알아줄망정 일 년 열두 달 삼백예순 날 배때기 속에 술만 들이붓고 흔들고 다니니 살림인지 나발인지 집구석이 쪽박이 나도 나 몰라라 정신을 못 차리고 흔들고 돌아다니는 저 화상 덩어리를 저승사자는 뭘 하고 자빠져 저런 거 안 잡아가고 놔두는지. 엄마, 왜 그래? 이년아, 너만 생각하면 내가 아주 그냥 자다가도 벌떡 일어나 눈물과 한숨으로 날밤을 새. 네년이 썩는 이 에미 속을 알간?

서방인지 괴방인지 저 인간 잡아가라고 염라대왕한테 탄원서 한 통 올려봐. 무슨 구정을 내야지 진짜루 못 살겠당게. 어련하겠냐? 네 말마따나 뭔 구정을 내야지 속이 팍팍 썩어 미치고 팔짝 뛰겠다. 엄마, 슬프고 구성지게 두어 장 써서 염라대왕인지 옥황상제인지한테 보내볼까봐. 이년 봐라? 이년이 에미가 한 소리가 진짠지 가짠지 구분도 못하고 어디다 편지를 써? 이렇게 모자라는 년이니 그런 흉물단지하고 살을 맞대고 살지. 들떨어진 년, 왜 사니? 왜 살어! 혹시나 하고 사냐? 아나이 개떡이다. 엄마가 한 번 쓰던가? 엄마 사춘기 때 로망이 문학소녀였다며? 이 기회에 실력 발휘 한 번 해보시지. 누가 알우? 천지신명이 돌아다봐 딸을 향한 엄마의 소망 하나 들어줄지. 울지 않는 새끼 젖 안 빨려요. 시작이 반이고 출발이 거리를 좁히는 거여. 그래도 이년이 시방 농담 따먹기할 때여? 이년이 참말로 창새기가 있는 년이여? 없는 년이여? 그렇게 네년이 소원한다면 못 쓸 것도 없지. 그러나 보내는 건 불가야. 알어, 알어! 아는 년이 제 앞가림도 못허구 늙은 어미마저 실성허게 만드냐? 얼릉 써. 알었어, 이년아. 아거~ 꽤나 이년 저년 하네. 애도 못 낳는 년이 무슨 어른이라고 우대해주냐? 애는 뭐 혼자 낳냐? 밭만 있으면 뭐해? 씨앗이 없는 걸. 떠들지 마, 이년아. 헷갈려!

오랜만에 연필을 잡으니께 손이 부들부들 떨린다야. 몇 년 만이야? 몇 년이 뭐야? 무려 40년 만에 연필을 잡으니께 손에 쥐가 다 난다야. 첫 문장부터 염라대왕의 마음을 사로잡아야 할 텐데 글발이 나올래나? 자, 그러면 친애하는 염라대왕님! 아니! 은제 봤다고 친애하는이야? 경애하는 수령님! 저 북쪽 누구 닮아가나 왜 이랴? 앗따! 겨우 시작인디 옆에서 갠살이 놓냐? 그간도 안녕하신게라, 미천한 이년이 시상에 태어나 엄니 밑에 커서 곱살 나이 열일곱에 시집 가 일백 년 이 몸 받아줄 서방 하나 만나 오물조물 살

맛나게 살다가 그놈에 술 먹으면 지랄하는 엠병주 도깨비 국물 소주에 창새기가 녹아 서방은 일찌감치 되져 불고 죽자니 살아있는디. 그렇키 써! 그냥 써. 불쌍하게 쓰면 안 될 것도 되는 수가 있응께. 그렇구마니라이, 알어서 쓰셔. 눈물로 세월을 살면서 금이야, 옥이야 과부의 몸으로 길러낸 눈에 넣어도 아프지 않은 딸년 하나, 천년만년 서방 덕으로 행복만을 기억하며 살라고 썩 내줬더니 세상에 뭔 죄가 많아 골라골라 골라서 잡은 놈이 사람이 아닌 밥벌레에 주태백이 백수건달! 게다가 고자까지! 강산이 두 번 변한 세월을 살 건만 토끼 새끼 같은 자식 하나 못 얻고 저리 청승과부가 되어 푸른 하늘 은하수나 바라다보는 신세가 된 데다가 제 계집 귀한 줄 모르고 쇠주병으로 대갈통을 까질 않나? 지가 무슨 세계적인 권투선수 알리를 닮았다고 마누라 옆구리를 쥐어 질르질 않나? 밤낮 행동머리가 개차반에 제 여편네 낳아 길러준 소위 장모인 날 어퍼트 훅, 라이트 훅으로 짓이겨 내가 아주 죽다 살아나 생각만 하면 나니, 눈만 뜨면 이가 뿌드득 뿌드득 갈리는데 이게 날 더러 염소고기 고아놓고 와서 몸보신허라고 뜨르르르~ 전화질을 했쌌치 뭐유?

그래도 좋은 게 좋다구 딸 생각을 해 내 사위거니 못 이기는 척 가서 염소탕이나 한 사발 먹고 기운이나 차릴까 하다가 괘씸한 생각이 들어 에라~ 말자! 달달한 엿가락에 녹으면 연약한 과부로서 체면이 아니지! 엄니는 강하다! 여자는 강하다! 이러면서 자신을 다독이며 고심하던 차 명석한 나으 두뇌가 가르침이 있었능 기라. 딸의 이런 현실을 고발 삼으면 새로운 어떠한 광명의 길을 찾을까 하는 어미의 심정을 앞세워 졸필로 대왕님께 성토하오니 알아먹고 깨달음이 폭발하면 아주 내 사위 자식을 이참에 물불 가리지 말고 방식도 마다하고 아작을 내어 꼴딱서니를 고쳐주십사 하는 간절한 염원 담아 과부로서 어머니로서 강력히 주창하는 바이올씨다. 이번 기회에 처치만 잘 해주신다면 염라대왕님과 데이트를 한 번 하고 쏭쏭 러브도 프러센트할 용의가 되어 있응게 참작하야 개가를 내주시지요. 그럼 이만 줄이겠시유. 뒤가 급항게 나 시방 똥 누러 갈라네. 사흘 안으로 답장 부탁허요이. 자 약속! 엄지 손도장 찍고 서울 부산 대구 찍고! 엄니, 다 썼나베? 그려, 다 썼다. 사흘 안으로 답신이 올 것잉께, 우체부 아자씨 오나 잘 봐라이? 사흘 후, 편지 왔습니다. 왔다! 왔구나, 왔어! 배뱅이가 아닌 편지가 왔어. 딩가 딩가~ 엄니! 찔뚝거림시로 춤춰요이? 찔뚝발이 춤이면 으뗘? 이년아. 기쁘면 흔드는 거지. 언능 꺼내뵈야. 잘 안 뜯어지네. 언능 확 찢어버려야. 앗따! 엄니도 참 개거품까지 물고 왜 이려? 설레이는 건 엄니 딸인 난디.

아집과 번민이 우글거리는 지상의 애절한 한 사람의 과부에게
염라대왕으로부터

과부~ 안뇽? 나야~ 나, 염라대왕. 딸년 땜시 노냥 속이 부글부

글 두부찌개 끓듯이 끓는다구? 쯧쯧쯧~ 어찌다 그 지경이! 내가 자네 편지를 내리 쭉 세 번을 읽었네만 그 사연 내용이 너무나 황량하고 배은망덕에 도를 넘은 괘망을 치뤘구먼. 사위놈이 아주 싸가지에다 이기만 가득한 웬 못된 구나방이야. 기막히고 억울한 심정 헤아리고도 남음새. 해서 나름대로 깊은 시름에 젖어 날밤을 새워 보내만 정신줄 놓은 몰지각패들이 어찌 자네 사위놈 하나뿐이겠는가? 그보다도 더한 인간의 가죽만 뒤집어쓴 흉악범이 수북하다네. 본래 인간은 사악한 종자가 아닌데 문명의 이기에 사는 데 각박함을 느끼고 남의 인생을 자신과 비교하고, 자신의 약점을 망각의 자세로 분풀이에 혈안이 되다 보니 그런 것이 도리를 벗어나는 이물질 같은 퇴적물이 전두엽을 어지럽게 해. 순간 발작적인 인간 특유의 행실이 파괴거나 함몰로 이어져 제삼자도 간접적 피해로 이어져 정신적인 고통을 겪게 되는 것이니 이래서 산다는 게 고행이라 아니하던가? 인생사 새옹지마 사람 사는 게 다 그 모냥일세. 세상사 본래 복잡다양한 고로, 쓸어 덮고 풀면서 사는 것일세. 오죽 답답하고 억울하면 감히 나에게까지 이런 항소 문헌을 보냈겠냐만 내 누차 그런 기막힌 사연을 접하는 게 일사 예사라서 크게 놀랄 일은 아니나 자네의 뜻이 애석하여 내 어찌 모르는 채 망견만 하고 있겠는가? 사연 속에 날 더러 송쏭 러브의 유혹까지 기꺼이라는 문구를 넣은 걸 보면 그 심각성에 열녀처럼 지켜온 정조마저 바칠 양이니라는 호소문에 매료돼 자네 사위는 치도구니로 반쯤 죽여놓을 수 있게 마음을 먹었으니 약속한 러브 송쏭은 변함이 없으렸다? 내가 요즘 식욕이 왕성해 주는 대로 다 먹어. 500년 산 능구렁이를 잡아 고아 먹는 중이라 체력이 100프로야. 꿩 먹고 알 먹고 일석이조라는 게 있잖어? 하날 주고 둘을 얻는 거. 그럼 이만 못다 먹은 구렁이 꽁무니살이 김이 무럭무럭 뜨거울 때 얼른 먹어야 살로 가지. 술은 뱀술인데 비룡이라구 땅속에서 천년 지상에서 천년 도합 2,000년 만에 용이 되어 하늘에 오르는 놈을 잡아채 담근 술에 한 잔 빨려고.

얘 용녀 진실이 홍아야~ 냉큼 이리 와 사발에 술 좀 덜떨떨 따라 올리렸다. 예에으이입~ 그나저나 송쑝 커플 사위는 혼구녕을 내겠노라고 철통같이 약속을 해놨다만 어드른 방식으로 그놈을 때려잡나 그래? 공처가모냥 큰소리를 땅땅 쳐놓구 산목숨 일찌감치 꼴태꼴 가게 하는 건 너무 잔인하고 애걸복걸 애절한 마음의 과부를 생각하면 인정사정 둬선 안 되겠고 아, 그거 참! 시방 내가 한가하게 뱀술이나 걸어 먹을 때가 아닌데 어쨌건 따러! 먹어주고 나서 뭘 해도 해야지. 애, 앵숙아~ 뱀살 한 점 떼어다오. 간장 찍어서 줘. 짭짤해야 간이 맞지. 이리 바짝! 술에는 여자가 제격이니라. 거 살코기 좀 뜯어서 내 입에 쏙 넣어주며 드시어요. 아, 그러면서 볼때기에 쪽 하트! 애가 웬 눈치가 읍냐? 너 그래가지고 내 곁에서 오래오래 나랑 같이 있겠냐? 요즈음엔 퇴출이 유행이던데, 네 퇴출이 그 명단에 떨지 마라. 인사부에서 하는 일이니 나로서도 성춘향이를 봐. 이도령 땜시 정조를 지키려다 포도대장이 따먹으려고 날름거렸으나 절대 안 돼! 이게 어디서 이러다가 모가지에 목칼을 차지 않았느냐?

　요즘 성추행죄가 번창하는 거 아시지요? 여자들 가지고 찌분덕거린 탐관오리들이나 양반놈들 다 걸렸어요. 잡은 놈들은 망나니가 긴 칼로 다 뎅강 짤른다지 아마? 그러냐? 저만큼 떨어져 앙거. 난 그전부터 암컷이 옆에 있으면 만지는 재주가 있어서. 점잖은 척 양반인 척 고고한 척 거드름 피던 구렁이 고관들이 줄줄이 오랏줄에 몸이 묶여 포도청으로 나래비 줄을 잇는다네요. 그려? 야단났네. 나도 어지간히 쪼물딱거렸는데 그 여파 불똥이 나에게도 튀는 게 아닌가 몰러? 그저 사내들이란 배부르고 편안하면 오로지 그 생각뿐이지. 아오~ 고것이 사나히의 본능이란다. 이 여편네는 그것도 모르나봐. 에이 무식한 것! 나 처녀거든요? 몇 살인데? 오십다섯. 뭐야? 엄마뻘이야! 화장빨이 쩐해서 그런가? 난 여지껏 널 20대로 봤느니라. 어머, 눙깔이 삐셨나봐? 뭐야? 뭐시? 눙깔이 뭐 어떻다고? 눈병이 유행이라구요. 눈병에는 애새끼 오줌이 최고야. 이리 와 술이나 따러 55세 노처녀. 다 잡아먹어도 널랑은 절대 안 건드릴 테니까. 딸년 땜시 애간장이 녹아 과부랑 만나기로 약조한 것에 질투허냐? 왜 이런다니? 내가 널 을매나 이뻐하는디. 자, 뱀 괴기 들어갑니다. 아, 허셔~ 꽉꽉 씹어 꼴깍 삼키셔. 체해서 되지시지 마시고.

아니 벌써 내가

●● 아니 벌써 해가 솟았나? 정말 시간 가는 줄 몰랐네. 근데 이거 왜 모가지가 뻣뻣한 것이 개운치 않고 똥 누고 밑 안 씻은 거모냥 무지룩한 게 영 오늘 이러다 꼴태꼴 가는 거 아닌가 모르겠네. 아하하~ 우두두둑! 앗따~ 뻑따구가 다 부러지나 보다. 빠지직 소리가 다 나고. 기지개 한 번 요란허네. 잠자고 난 개모냥 쭉쭉 늘여서 펴야 신체기능이 원활해지지. 아직 환갑 전에 이 모냥새면 나도 다 됐다는 신호인데 야단났네. 이거 안 되겠다. 하! 그거 참, 세월에 장사 없다더니만 믿어도 될 명언이야. 난 평

생 안 늙을 줄 알았건만. 늘 탱글탱글하고 야무지던 피부가 어느 날 거울 앞에서 보니 활력이 넘치던 뽀얀 살비름은 간 곳이 없고, 누렇게 황달기 어린 칙칙한 몰골에 여덟 팔자주름하며, 드문드문 징검다리 같은 검버섯이 피고 수염은 하얗게 세어 할배 티가 역력하고 초췌해진 몰골은 아무리 들여다봐도 내가 아니야. 초저녁 잠이 늘면서 복잡한 일이 있어 판단이 흐려지고 어리벙벙 짜증과 분통이 앞서가고 무의식중에 발견하게 되는 얼띤 행동거지에서 느낄 수 있는 일들, 부메랑처럼 되돌아올 수는 없을까? 잊고 묵인하던 무관심의 내 젊음의 첫 희생자는 뒤집어 보일 수 없는 마음일 터, 거울 앞에 비춰보지 않은 어제의 내 모습은 보기 이전에 알토란 같은 희망이거나 꿈 하나하나가 순식간에 모래성이 무너지듯 빈 거울 앞에서 나는 망연자실 방향 잃은 나그네꼴이 된다. 불모, 그리고 냉기류와 함세 무참히 내 이상이 가을 들풀처럼 스러지는 순간이다.

　모든 게 낯선 타인의 금기가 운명인양 나에게 온 것이다. 생애 처음 느끼는 절망이다. 예전에 미처 몰랐던 세상이 아득하다. 밤이 온 듯 백야의 대낮이 밤처럼 어둡다. 참으로 낯선 충격이다. 거울 앞에 서기 전까지만 해도 나는 세상을 다 가진 듯이 나이에도 꿈이 있어 행복했고 그 꿈을 쫓는 5월의 호랑나비였다. 긍정이 순식간에 무지와 탄식으로 먹먹하고, 몸의 균형이 깨진 듯 휘청거리는 준비되지 않은 오늘을 맞은 어느 날 아침의 실상황을 나는 기억해두고 싶은 것이다. 사람이 이렇게 늙어가는구나. 좀 더 깊이 철학 속으로 들어가자. 태어나 성장하고 꿈을 키우며 그 길을 간다. 아니, 전혀 다른 길을 걸으며 갈 수도 있다. 세상과 내 꿈과 마음이 일치할 수 없는, 그래서 마음처럼 살 수 없는 것이 우리네 인생사이런가? 인생과 세월은 맥락을 같이 한다는 현실을 직시하지 못한 내 부정적 심적 오류, 내가 이 세상에 등장한 변함없는 인간의 기본 조건은 그냥 살아가는 그 자체이리라. 다만, 내가 느끼고 행하고 원함에 따라 삶의 질과 방향이 다르다는 것뿐 심사숙고하지 않으면 참으로 즐거운 것이 인생이라고 정의한다.

죽음을 극복할 수 없는 인류는 늙음을 최대한 지연하거나 사라지게 하려는 노력을 진행 중이다. 근래 조간신문에 사람을 늙게 하는 세포를 찾아냈다는 경이로운 발견을 읽었다. 원인을 찾았으면 규명은 쉽지 않을까? 영원히 죽지 않고 살 수 있는 그런 시대를 만들기 위한 두뇌가 숨 가쁘게 어디에선가 진행 중인 것이다. 그러나 이미 우리 나이라면 그 혜택은 꿈의 일부분일 뿐 설사 그날이 기어코 올지언정 예외 대상일 수밖에 없어 엉터리 알량한 계산법으로 오늘날 80세가 20년 전 40대라면 20년 후 예순 살이 오늘날 10대, 20대이지 않을까? 미래는 분명 아이 같아지는 어른의 세상이 가능해진다. 생명 연장의 꿈을 찾아 도전하는 학자들의 숨은 노력으로 사람이 늙게 되는 세포를 찾아낸 꿈결 같은 과학적 사실이 공표됐다. 적어도 누구나 150년은 더 살 수 있는 기대 이상의 시대가 눈앞에 도래했다고 보면 된다. 문명의 이기와 첨단과학의 기술로 승화한 인류 두뇌에 승복하는 쾌거가 기정사실화된 이 시대 마치 어른이 되기를 거부하는 피터팬 같은 간지러움은 결코 거짓이 아닐 것을 오늘의 과학을 믿고 싶음이다. 허나, 환타지 같은 미래의 기쁨을 맞이하기 전 하나의 우려가 있다면 영원히 죽지 않는 그런 날일 때 한 끼 없이 넘쳐날 인간 군상은 어쩌란 말이냐? 솎음배추 솎아내듯 탄생의 조율적 고민은 끊임없는 연구가 지속되어야 할 하나의 숙제로 남을 것이니 참! 오래 살려는 욕심이 어느 연구의 특정인을 지겹도록 괴롭힐 일이다.

    세상의 모든 살아있는 것들의 이치는 낳고 자라서 씨앗을 남기고 스러지는 것이 자연이요, 순리인 것을. 세상이 끝나는 날 한을 남기고 가슴 아파하며 운명을 놓기보다는 그럭저럭 한세상 잘 살다가 가노라고 미소 하나 남기면서 기꺼이 눈감을 일인 것을. 겨우 늙음 앞에 희망을 잃다니 이거 이거 허 서방 안 되겠구만! 간댕이가 좁살만 해 좁쌀이야. 더 늙어 죽기 전에 자네 안달에 조기에 사자가 데려가겠다. 살 만큼 살았으면 가는 것도 반길 일이지. 언제 몇 살까지 살고 싶어? 이런 오라질! 숨겨진 운명을 알면 이러구 사냐? 여차하면 약이라도 먹고 그냥! 앗따~ 터진 아가리로 말도 참 시원시원하게 한다. 어디가 쬐끔만 뭘 해도 생전 병원엘 가나? 약을 먹나? 생명 존중에 인색한 놈이 오래는 살고픈가벼? 되지려거든 일찌감치 가거라. 밤낮 사흘 초상집에서 고스톱이나 쳐

이 시대의 자화상 • 133

서 수입 좀 올려 쇠고기나 몇 근 사먹게. 나도 못 먹고 죽을 소고기를 네가 먹어? 요놈이 아주 흉칙한 놈이 아냐? 부줏돈은 너 죽고 나면 딴 사람이 쓸 테니까 체면상 안 낼 수는 없고 체면치레로 2만 원이면 되지? 방명록엔 아무개 15만 원이라고 쓸게. 장부까지 사기 치냐? 씻뻘건 도둑놈! 밤새 치는 고스톱은 자금이 든든혀야 되니께 쩜당 일만 원씩 해서 대번에 쇼부 보고 손 탁탁 털구 오줌 누로 간다며 발근 일어나 저쪽으로 가서 술상 받아 진탕 마시다가 새벽녘에 집에 와 한숨 자고 또 와서 술에 밥에 얻어 먹고 한 판 붙어 볼까나 그러면서 쓰윽 끼어들어 곁눈질로 옆에 놈 패도 보고 그러다 걸리면 술상이 날러 가는데, 에이~ 앞뒤로 껄떡이면 눈은 반은 감은 눈이 오는지 마는지 그거 아냐?

　게다가 눙깔은 빨개져 더 안 뵐 텐데. 이게 흑싸리인지 뻘건 싸리인지 얼보여 아무거나 픽픽 내던지는데 100프로 다 내 꺼지 뭐. 이렇게 두어 시간 훑어가지고 마누라랑 등갈비집에 가서 따끈한 정종하구 마시며 뜯으면서 너의 불행을 슬퍼하면 아는 처지에 더 이상 뭘 바래? 나 같은 일편단심도 드물지. 내가 이런 사람이야. 낭중에 네가 어느 날 갑자기 급살을 맞어 운명을 달리하더래도 아무런 걱정 같은 건 하들들 마르으. 혼자 된 미망인 네 마누라도 내가 다 어루만지고 더듬으면서 보살펴줄게. 너는 살아서나 죽어서나 귀인을 만난 셈이야. 그게 누구냐? 나야 나 창식이 애비 주봉이! 아이구~ 느른허다. 개뿔도 모르는 녀석에게 신경 좀 썼더니 고단했나? 온몸이 뻐적지근한 것이 영 맥아리가 늙어서 그런 가? 쟤는 먼저 보내드래도 날랑은 좀 더 오래 살아 아까 한 약속을 이룩할 수가 있으련만 누가 먼저 칠성판에 누워 하늘 위 별을 쳐 다보려는지 하느님은 아시려나? 이거 봐, 나랑 내기헐려나? 뭔 내 기? 장깨뽀 해서 지는 놈이 에헤라 달공 저 하늘에 슬픔이 이제 가 면 언제 오나 어허~ 어허~ 내가 먼저냐? 네가 먼저냐? 순번을 정 하자는 거지. 이런 뜰땅을 봤나? 짱깨뽀 해서 지는 놈이 즉석에서 죽는 걸루. 왕년에도 장깨뽀 하면 나였잖어? 허나마나 내가 이길 걸? 내가 이겨.

당장 죽어, 그러면 즉석에서 쭉 뻗을 수 있어? 그래, 그냥 컥! 아주 이럴 땐 제 배때기에 칼 꽂는 야마고다 사무라이야. 그래 허 자, 덤벼! 가위, 바위, 보! 보! 보! 야~ 안 되겠다. 너나 나나 죽기 싫은가 보다. 둘이 계속 보만 나오니 그냥 다 때려치고 명대로 복 대로 살자. 누가 아냐? 또 우리가 사는 동안 오래 사는 약이 나와 네 말마따나 150살꺼정 살게 될지 누가 알간? 서울대 나온 우리 큰아들이 그러드라. 인생은 성적순이 아니잖아요라구. 그 소리 어 디서 많이 듣던 단골메뉴 같은데? 그 소리가 여기에 해당되는 소 리 맞어? 맞으면 그만이구 안 맞어도 그만이지. 난 머리가 아둔해 서 대학물 먹은 놈은 통 이해 불가라서 맞으면 좋구, 틀리면 말구 이런 식이야. 아무튼 니 아들놈 똥 굵다! 이거는 네미 누가 뭐래면 빈정거리기는! 대학 나온 우리 아들 똥이 굵으면 박사가 되면 그

똥덩어리가 어마어마하겠네? 네 아들놈은 국졸이니까 똥이 아주 실같이 가늘겠는데? 가늘기는 네미~ 똥구녕 자체가 뻥 뚫렸는데 왜 가늘어? 무더기로 콸콸 나오는데. 대학 나온 놈이나 국졸이나 똥구멍 크기는 거기서 거기 쌤쌤이야. 500원짜리 동전 지름하고 1mm도 안 틀리고 딱이야. 동전 500원 만들 때도 사람 똥구멍을 기준으로 만들었을 거 같애. 느그 마나님은 풍채가 넉넉해 똥자루도 엄청 허지? 내가 봤을 땐 6.25사변 때 낙동강 모래밭에 떨어져 불발되어 안 터진 댕구알 굵기가 그 정도 될걸 아마? 재봤어? 재기는! 올려다본 눈대중으로 어림잡아 보는 거지. 구린내 맡으며 거기 들여다볼 일 있냐? 개소리엔 똥이 약이야! 그만 너줄대고 꺼져! 마누라가 오징어국 끓여놓구 기다리고 있어. 맛나게 먹구 똥 줄 굵게 눠봐. 똥구멍 괄약근이 아야아야~ 하게.

오줌 사태와 코뼈 부러진 사연

●● 이거 봐! 키 큰애 꺽다리, 길쭉이! 저 부르셨슈? 너 아니면 여기 누가 또 있냐? 너 왜 일하기 싫어? 왜 왔다 갔다 똥 마려운 강아지모냥 거기를 부둥켜 잡고 안절부절 뺑뺑이질이야? 왜 그래? 나올려고 그래서요. 뭐가 나와? 물이요. 물이 왜 거기서 나와? 아니 그럼 물이 위로 뿜나요? 아, 오줌! 오줌은 아래 거기로 나오지. 내가 널 시방 아까부터 가만히 지켜보고 있는데 화장실이 가깝기나 허냐? 멀잖어? 벌써 세 번 갔다 왔지? 또 갈려고? 가야죠, 나오는데. 일은 언제 허구? 일도 일이지만 뺄 건 빼

야 일을 하죠. 나두 아주 귀찮아 죽갔시다. 아니 밤새 술을 얼마나 펐길래 하수도 통이 줄줄 새? 술을 먹어 끈질기게 나오는 게 아니라 저기 골목에 에그머니나 식당 아시죠? 알지. 그럼 거기 아주머니가 이쁘잖아요? 나도 그렇게 보고 있어. 깔깜하고 냠냠하게 생겼지. 그런데 그 여편네와 네 오줌발이 뭔 상관인데? 그 상관이 시방 이런 내 현실을 유발했다 이거 아닙니까? 도대체 무슨 소리야? 자다가 봉창을 뜯게. 봉창이구 활짝이고 남이 말을 하면 다소곳하니 경청을 해야 말뜻머리를 알아먹는 법이지 남의 중대한 발언의 중등을 뚝뚝 끊어 덧붙이기를 하면 내가 하고자 하는 결말은 언제 납니까? 알았어, 괜히 지랄이야? 사장은 종업원 데리고 그렇게 말하는 게 아닙니다. 알었다구! 아, 고새끼 고거! 그 에그머니나 식당 아줌씨가 내가 맘에 드는지 여자가 주책맞아서 그런지 쌍까풀 진 그 아름다운 눈동자 중 왼눈 하나가 찡끗하면서 실실 웃으며 총각 오늘 국이 참 맛나게 끓여졌어, 먹어봐? 그러면서 큰 양푼에 고기랑 국물을 이빠이 퍼서 주던 걸. 김이 무럭무럭 소고기 냄새가 그냥! 야, 인마! 김이 뜨거운 국이 김이 무럭무럭 나지 연기가 나냐? 말을 짧게 핵심만 하는 얘기가 잘허는 얘기야. 말두 재미도 없이 늘어만 놓구! 어떤 게 하는 말인지 버릴 건지 말 건지도 모르고, 애새끼 똥 벌겨놓은 것모냥 질질 흘리는 말 그런 사람보다는 넌 쬐금 낫다야. 짧게 절대적인 말만 하라구.

그래서 아아~ 웬 국을 이렇게 많이 주셔요? 이렇게 퍼주고 남는 거 있어요? 어쨌던 고맙시다. 그러면서 뜨거운 걸 후후 불어가며 그 많은 걸 국물 할래 싹싹 먹어줬더니 뱃떼기가 터질려고 움쩍움쩍 화산에 마그마가 출렁거리듯 참 너무 배불러 헐떡거리는 짓도 참 못할 노릇입니다. 어쨌거나 비비 뒤틀고 이리 꿈적, 저리 꿈적 용트림하다가 국 많이 준 이쁜 아주머니가 민망해할까봐 안 그런 척 이를 악물고 가까스로 일어나 어기적어기적 오긴 왔는데 연속 방송국으로 오줌이 나와 쓰라린 고통 속에 사경을 헤매이는 중이올씨다. 음~ 그렇고 그런 사연이 있었고나. 그 웬 못된 잡사장이 나는 국을 쬐끔밖에 안 주더니 얘는 뭔 배짱으로 많이 퍼멕여 애를 반쯤 죽여놔? 참 너는 여자 복도 많다. 갖은 주접을 다 떨며 잡아먹으려고 애를 써도 씨알도 안 먹히던 마누라쟁이가 총각놈이라 그런가? 왜 그리 들러붙으려고 시비를 걸어와? 부럽다, 부러워. 맛있는 단호박이 넝쿨째 굴러오니. 에이그~ 사장님은 지는 해요, 나는 떠오르는 햇살! 세대 차이와 얼굴 모지방 차이와 성격, 왜 차별화가 없겠습니까? 그래 인마! 너 혼자 다 주워 처먹어라. 쌍느무 여편네, 차별을 해? 내일은 시비를 걸어 밥상을 뒤집어엎어 양은냄비 양재기 있는 대로 다 찌그려 밟아버려야지. 그래도 분이 안 풀리면 뾰족한 스뎅 쇠젓가락으로 살찐 궁뎅이를 그냥 콱 찔러버릴 거야. 그나저나 너 전립선이 안 좋아 후딱 하면 비뇨기과에 가는 놈이 많이 먹은 국 국물 언제 다 쏟아버리냐? 오줌이 나올 둥 말 둥 지붕초시락 낙숫물 떨어지듯 똑똑똑 떨어진다며? 시방도 그러냐? 여전하죠. 약은 먹냐? 약도 끊었어요. 낫지도 않는

이 시대의 자화상 · 139

거 돈이 아까워 먼지 구덩이에서 존나게 벌어 약국 부자 만들 일 있습니까?

사장님이 보우하사 내 전립선 고칠 개별 수당을 따로 주면 모를까? 야! 어느 회사에서 종업원 전립선 고치라고 개별 수당 나오는 회사가 어디 있어? 이 자식이 아주 이거 엄청 음흉한 놈일세? 칠칠치 못한 네 거시기에 내가 왜 투자를 해? 월급 제대로 타먹으려거든 얼른 고쳐. 일에 지장을 주지 말아야지. 하루 종일 치간에 드나들고 일은 언제 허냐? 나 너 놀리구 월급 줄 정도로 부자 아니다. 너 존나게 해도 맨날 적자 운영인데 너 연속 그런 식이면 너 우리 집에서 방 빼야 해. 차라리 그게 좋겠다. 아주 잘 됐네. 에그머니나 식당 마담이 눙깔까지 씰룩이며 꼬신다며? 이참에 아주 밥집 처가살이로 아주 살림 차려라. 옛정을 생각해서 네가 밥은 계속 팔아줄 테니까. 아주 노골적이시네 쥔장. 쥔장? 사장더러 쥔장이라고? 왜 안 돼? 당신이 방 빼라고 할 때부터 난 이미 당신 회사 종업원이 아니야. 그러니까 쥔장이나 여보지. 왜 뚫우? 짐 싸고 누룽지나 먹고 얘기나 해봐라. 쫄쫄거리는 오줌발 생리현상으로 하여금 회사에 지장이 있으니 해고한다? 그게 노동법 몇 조에 해당하는 법이요? 아, 이놈시키 보게! 완전 안면몰수 시건방진 말발로 깐족거려싸? 야! 야라니! 애새끼만 길러봤나? 야, 사장인지 개 똥덩어리인지 갑질로 해결하냐? 남의 인권은 어디다 팔아먹었어? 알았어, 내가 나갈 꺼 같으지? 안 나가! 오기루 내가 기저귀 차고 일할 테니까 기저귀 사다놔. 웃껴부러! 내가 네 니노지 가리개까지 해결해주면서까지 널 고용할 마음은 전혀 없어. 허구헌 날 여러 놈 밑씻개 화장지 사대는 것도 지출이 쏠쏠한데 기저귀까지 헌납해라? 이거 아주 싯뻘건 도둑놈이네. 수입보다 지출이 늘면 그 집구석 절단나는 거 순식간이야.

또순이질을 해도 운영상 어려움이 많은데 내가 살아야 회사가 있고, 회사가 있어야 너희들이 밥을 먹는 거 아니냐? 아, 그거야 허나마나한 소리지만, 열 번 지당한 말씀입죠. 압니다. 알면! 그걸 알면 그냥 싸면서 일해? 나에게 지장 주지 말고, 다만 오늘까지만 여유를 준다. 심사숙고 방향 전환하길. 여기에 남느냐? 에그머니나 식당에 가느냐? 둘 중에 하나, 이 코뼈가 삐뚤어진 남자야. 아니 이 싸움과 내 코뼈가 무슨 상관이 있어 아픈 곳을 어루만지는데? 이 삐뚤어진 코에는 다 이유가 있어. 쥔장 취미가 알고 보니 아주 고급스러우네. 그 사연이 궁금하지 않으십니까? 이유가 길으냐? 아니, 짧아! 보시다시피 아시다시피 본 대로 내 코뼈가 건방지게 뺏뿌루하지 않습니까? 이게 왜 그러냐? 내가 쇠주 14병을 병나발 불구 벌벌 기어 곧바로 이불 깔고 누워 잠이 들었다가 깨어보니 깔고 덮었던 이불이 방 안에서 둥둥 떠다니는 거 있죠? 방 안은 온통 소주 냄새로 북새통을 이루고, 이거 야단났다 싶어 씨릿시릿하는 몸땡일 추실러 일어나 바짓가랭이를 걷어붙이고 첨벙거리며 창문을 열어 재끼는 순간에 때마침 새우젓을 팔고 헐레벌떡 들어

온 마누라가 이걸 보구는, 니게미 개 작대기 같은 위인이 을마나 퍼쳐 먹었길래 오줌으로 강물을 이루어 방 안이 한강이야! 아주 그냥 미꾸라지, 붕어, 뱀장어, 고등어, 꼴뚜기가 신나게 논다 놀아!

　남들은 죽기도 잘하더만 저 웬수는 그렇게 드리부어도 되지지 않는 걸 보면 으쩌면 창자가 그리 튼튼허냐? 그러면서 새우젓 양은다라를 내팽겨치면서 붕 날르더니 돌려차기로 콧장댕일 하필 정통으로 날려버리는 바람에 그때 즉시 쏟아지는 선지를 닦으면서 병원에 가야 하는 건데, 그땐 정신도 없고 술도 덜 깬 상태에서 아픈지 쓰라린지 아무 느낌도 없길래 흐흐 등신모냥 히죽거리며 쇠주 몇 병만 더 먹으면 다 낫게 되어 있어, 그러면서 이쑈드리 막소주 여섯 병을 빨은 거야. 결국은 술 먹느라고 병원 갈 시간이 없었지. 그러다 그게 그냥 굳어버려 이 모냥이 된 데다가 그때 전광석화모냥 빠른 발길질에 챈 어질병이 벌써 3년째 말도 못하고 죽갔시다. 이런 판국에 멀쩡하게 바지에 오줌을 쌌다 그러면 나는 마누라 구타에 제 명에 못 죽죠. 너 마누라 있는 유부남이냐? 아녀, 20년 전 이야기예요. 에이~ 총각은 아니네. 그때도 전립선 땜에 애먹었냐? 아니, 이 양반이 농담 따먹길 허냐? 애덜이 무슨 전립선이 생겨? 여보, 애덜은 전립선이 안 생기는 거야? 그랴! 여지껏 그런 것도 모르면서 환갑 나이 먹었냐? 사모님 말씀이 당근이네. 사장인지, 된장인지 공장일밖에 아는 게 없구먼. 아유~ 나 지금 나올려구 그러는데요. 얼른 가서 내 질르구 와. 힘줘서 얼른 쭉 빼고 와. 한 10분 걸릴 꺼 같은데요. 오줌 누구 아예 퇴근해라. 아유~ 또 왜 그래? 배를 꾹꾹 눌러가며 비비꽈? 배가 아파서요. 뭘 먹었게? 되야지 비계를 뭉청뭉청 썰어놓구 두부 한 모 첨벙 집어놓구 김치 한 포기 썰어 넣어 부글부글 맛나게 먹었는데 그게 잘못됐나?

너 비계 좋아허냐? 아뇨. 안 좋아하는데 왜 비계를 사다가 지져 먹어? 살코기 놔두고. 아유~ 사장님도 참! 비계는 내버리는 거니까 싸게 살 수 있지만 살코기는 비싸잖아요? 그렇다고 안 먹던 비계를 끓여먹어? 그건 뱃때기가 돼지기름에 놀랜 거야. 네가 눠야 하는 건 된똥이 아니라 설사일 테고. 아유~ WC 갔다 올께요. 이번엔 시간이 얼마나 걸릴 거 같애? 그거는 가서 응댕일 까봐야 계산이 될 거 같은데요. 설사가 나오면 대번에 쫘아악 내쏟으시게. 바로 바지를 추키면 되는데 된똥이 나올 경우에는 끙끙대며 힘주고. 모가지 힘줄이 뻗치고 맥이 쭉 빠질 때까지 끙끙거릴려면 얼굴도 싯뻘개지고 다리 꼬쟁이는 얼마나 아프다구요. 알어 알어! 나두 똥 싸봐서 다 알어. 설명은 오라져서 허냐? 아주 저만 똥 싸는 줄 아나봐. 나두 똥 싼다! 이놈아. 같이 싸서 미안허다, 이 자식아! 놈새끼 같으니라고. 얀마! 우리 마누라는 변소간에 가면 최하 시간 반은 종문 소식 뚝이다. 새 똥을 제조하는지 애를 낳는지 똥 시를 지으시는지 어떤 때는 뚜딱거리면서 3/4박자 장단도 쳐요.

똥 싸면서 무슨 지랄인지? 왜 그러는지 CCTV를 달아야 할까봐. 어떤 때는 또 으아악~ 소리를 지를 때도 있는데 내가 알기로는 무지허게 딱딱한 된똥덩어리가 꾸역꾸역 나오느라고 그 고통의 단발마인 거 같어. 여보, 내 말 맞어? 으이그~ 주책바가지! 내가 괜한 소리 했나? 미안혀. 으히히~ 별 지 마누라 똥 싸는 거 중계방송 하는 사장도 다 있네 그려.

또라이 사장, 사장님 아이큐가 얼마세요? 잘 모르는데. 1+2=3, 4×2=8, 77은 뺑기칠, 팔팔은 곰백팔, 06은 새삼육, 28이 15오리 꽥꽥, 참새 짹짹! 너렁거는 이거나 먹어 조지나 뱅뱅~ 네꾸샤꾸 아이구 죽갔다야. 어머머 사사사 곰보 엄마 곰보 아노리 땡! 와! 영리허네. 아이큐가 100. 사장이니까 100으로 점프한 겁니다. 테스트 100! 어디 하나 나사 빠진 데가 없는데 챙피한 건 전혀 모르네. 지 마누라 똥 싸는 걸 죄 나발 불고. 2×8=15냐? 이 멀때야! 뭐, 날 더러 나가라고? 웃겨 진짜! 뭔 꼬뚜리를 잡아서라도 내 모욕에 앙갚음을 해 명예를 회복시켜야 하는데 뭔 좋은 아이디어 없을까? 이미 찍힌 거 잘해봤자 알어주지도 않을 거고, 여기까지는 종업원 코뼈 부러진 애, 암투적 생각이고. 지금부터는 2×8=15, 1 하나가 모자라는 구구법 15 틀린 답의 사장의 속셈. 이놈은 이제 회사에서 종업원으로서의 기능을 상실한 퇴출자로서 무단해고는 할 수 없고, 또한 생리현상인 똥오줌에 대한 권리가 사장의 입장으로 간섭하여 그런 이유를 들어 너 나가! 할 수는 없고, 이유야 어떻든 한두 해도 아닌 여러 해를 근로자로 인정상이나, 법적으로나 무단 시비로 내보내는 건 노동법상 이유가 안 되므로 만일 내 임의대로 내쫓았다가는 고소장이라도 발부하면 내가 100프로 불리하니께 뭔 꼬투리를 잡아 흉계로 내보내는 합법적 이유를 만들어야 하는데 꼬리가 안 잡힌단 말씀이야. 저놈 누러 다니는 오줌 똥에 내가 아주 졸아 복산이가 돼 애간장이 녹는당께.

돈 주고 깡패를 사 저놈 자연스럽게 혼꾸녕을 한 번 내봐? 되지지 않을 정도로만 패동구려 자빠져 버리적거리게? 그때 내가 딱 나타나서 아니 이게 웬일이야? 너 코 삐뚤이 아니냐? 누구신데 애를 패고 이러셔? 누구세요? 잘 아세요? 알다마다요. 우리 회사 종업원인데 이 사람 아주 착실허고, 똑똑허구, 영리하고, 일 잘하고, 예의 바르고, 으른, 애 분명히 알아보는 세상에 둘도 없는 김씨 종가 후손으로 타에 모범이 되는 젊은이임이 틀림없고, 가정으로 돌아가 아내를 끔찍이도 위하는 일등공신 가장 공처가라 참 어디 하나 버릴 때 없는 착한 사람에게 이게 웬 행패십니까? 얼른덜 가세요. 나라에서 상을 안 줘서 그렇지 상을 준다면 다 이 사람을 줘야 할 만큼 성실 근면한 사람을 이 지경으로 깨트려 피를 흘리게 하면 이게 어디 민주주의 사회입니까? 미안한 줄 아세요. 조폭은 의리도 없습니까? 이 사람에게 다만 흠이 하나 있다면 애새끼모냥 똥오줌을 못 가리는 통에 그거 하나가 화근이지. 이런 관계를 자진해서 그만둘 양심적인 사람이니께 더는 때리지들 마셔이! 알갔시다. 야, 가자! 찡끗! 냉큼 인나! 옷에 묻은 흙 털어야. 가뜩이나 삐뚜러진 코가 한 번 더 얻어 맞는 통에 더 삐뚜러졌나 보네이. 워처켜? 워처켜? 야 엉금아, 넌 어차피 여길 떠나야 쓰것다. 저놈들이 또 와서 잡아 팰 텐데 그땐 네 몸땡이 뼉따귀는 있는 그대로 아작이 날껴.

은제 떠날껴? 내일이래도 그만두고 딴데 알아봐야죠. 잘 생각했어. 보상도 없는 매 맞고 다리 옹드라지게 부러져 평생 쩔뚝거리며 껌 씹고 다니지 말고 쇠뿔도 단김에 빼랬다고 이참에 막 나오는 오줌똥 전립선 치료도 할 겸 집에서 누룽갱이나 글거 먹으면서 치료허구 다 나아 OK 사인이 떨어지면 그때 내가 다시 널 쓰던가 말던가 할 테니까 일단은 나가는 걸루 하자이? 엇때? 땡큐? 콜, 노콜 중 어느 거야? 노? 굿! 아오아오~ 참 잘했어요. 역시 자네는 첨단 AI야. 너 같은 유능한 인잰 아이티계에서 놀아야 상업 발달에 큰 별이 될 인물이 이런 후질근한 노동판에서 썩어서야 말이 안 되지. 깡패에게 매타작 후 선택한 네 현명함은 분명히 네 인생에 커다란 전환점이 될 거야. 그간 고마웠어. 너가 없는 회사가 잘 돌아갈려는지 걱정이 앞서지만 너의 이적의 뜻을 기려 본보기로 회사 잘 운영할껴. 무엇을 어디에서 어떤 일을 하던 간에 열정을 갖고 내 일처럼 열과 성의를 다해줘. 쥐어 터진 광대뼈 까진 거에 약 좀 바르고 힘내! 요즘 젊은이들은 씩씩하잖어. 엇때! 내 말이 맞지? 쳇! 조옷 까아네!

새벽에 부르는 난리 부르스

●● 쯧쯧쯧~ 검둥아, 벌써 일어났쪄? 참 부지런도 하다. 조반운동 해야지? 시이작! 하낫 둘! 앞다리! 뒷다리! 허리 쭈욱~ 늘리고 비계질 시작! 모가지 쳐들고 70° 빨랑 하늘 올려다보며 목젖이 빤히 보이게 입 크게 벌리고 아우우욱~ 혓바닥 낼름 할찌작 할찌작 꼬랑지 살랑살랑, 살찐 뒷다리 쭈욱 허리통 S자로 팅겨버렷. 까우~ 쩌금쩌금 뒷다리 번쩍 기둥뿌리에 오줌 발사! 이상 조반체조 끝! 나가 놀아. 대문 열어놨어. 보리밭에 가서 똥 싸구 와. 쥐약 먹으면 죽는다. 먹거리라고 아무거나 주워 먹는

거 조심하고. 얘, 셋째 딸 영자야, 안 일어나냐? 저건 어째 개만도 못해? 검둥이는 벌써 체조까지 끝내고 산보 나갔구먼 해가 똥구멍에 치닿도록 코나 골구 뭔 계집애가 심란이 없어? 저 지랄로 게을러터지니 저게 시집가서 서방 거느리고 제대로 살려나 몰라? 지금으로 봐선 으더 터져 노냥 날계란이나 굴릴 텐데. 하이고오~ 조상님은 으쩌다가 이런 화근 덩어릴 자식으로 권해주셨는지 불망이 하외로소이다. 세월아~ 네월아~ 하염없는 아프리카 나무늘보가 널 더러 사촌 하자고 들러붙겠다. 이년아, 이런 그지가 집어갈! 저것 봐라, 저거 검둥이 암캐 장댕이에 앞다리 척 걸치고 장가간다 장가가. 아이 개도 저리 살림을 차리는데 이 기지배는 연애질도 못허냐? 시집갈 생각을 도대체 안 허니 끝까지 날 더러 먹여 살리라는 게야? 뭬야? 암캐가 장댕이가 가렵다고 하니까 저 검둥이가 뒤쪽으로 가서 등어리 긁어주는구먼!

아니 등어리는 앞발로 긁지 허리를 꿈쩍거리며 헐레벌떡거리며 긁고, 눙깔을 크게 입빠이 벌기고 내다봐! 아부지, 저거 보셔. 암캐가 무진장 가려우니까 검둥이가 힘주어 빡빡 긁느라고 체력은 국력, 온몸을 흔들면서 성의를 보이는 저 모습이 너무나 아름다워. 원, 기지배! 해석하는 것도 어쩌면 그렇게 봉건적이냐? 아날로그 말고 디지털로 해석을 해. 시국이 시국이니만큼 사람이 보는 눈도 수준급이어야지. 지금도 개 눈엔 똥만 보인다던 이 시대에 똥 먹는 개 있으면 나와 보라고 그래? 아마 네가 개를 기르면 동네 똥은 죄 주워다가 배불리 멕일 게야. 똥은 영양분 빼낸 찌꺼기로 그걸 오물이라고 해. 학식적으로 볼 때 똥엔 인이라는 물질이 있어. 그놈을 무, 배추밭에 한 바가지씩 퍼주면 얼씨구나 무, 배추가 싹싹 빨아 먹고 무럭무럭 자라. 미끄덩한 아가씨 쭉 뻗은 다리통만 한 무가 그냥 장정 팔뚝만 해. 똥이 그렇게 좋은 거야. 그래서 일찍이 예수 그리스도가 이르기를 똥은 똥이지만 버려서는 아니 되는 좋은 비료로 똥값을 한다라고 가르침을 주셨을 거 같애. 성경에 지저분한 글귀가 감히 비집고 들어갈 틈이 있을까요? 그건 모르지. 성경을 한 번 들춰봐. 괜히 보지도 않으면서 옆구리에 끼고 폼만 잡지 말고 내용을 봐야지. 그런 말씀이 없을 땐 집어 넣으면 있는 거구. 그 글귀가 세월이 가고, 역사가 바뀌고 나면 얼떨결에 알게 모르게 구절의 하나가 될 수도 있다는 내 얘기야. 그냥 그러다 보면 그것이 명언이 되고 성인의 말씀이 되는 믿을 수 없는 사실이 될 수 있을까?

글쎄 그게 아닌가? 현명하시고 똑똑하신 어머님 아버님은 이미 북망산천에 뗏장집 지으시고 사시고, 살아서 멀뚱거리는 이 아비와 저 게을러터진 기지배는 전생에 무슨 죄가 많아 남의 집 문간방에 사글세 살면서 그 설움이 하늘에 닿으니 이 노릇을 으쩌면 좋을 끄나. 딸랑 기지배 하나 있는 거 잘 가르쳐 낭중에 딸 덕에 범군한다고 여치기 지차는 지기지기지차 쿵더쿵 있는 성의, 없는 성의 다해 먹고 싶은 술도 못 먹어가면서 뜰름허니 대학까지 가르쳐 났더니만 돈두 안 벌구 시집도 안 가고 다른 게 웬수가 아니라 이런 게 웬수지. 대학 보내지 말고 그 돈으로 소고기나 사서 먹고 싶은 술이나 실컷 먹을걸. 내가 아주 일생에 크나큰 실수를 하고 말았어. 이건 나를 떠나 가문의 수치다. 미련스러우리만큼 우직하고 순한 소처럼 닮아 세상을 호령하는 귀인이 되어야 하노라고 혓바닥이 도르르 말리도록 지꺼려 쌌건만 귓구멍에 말뚝을 뚜디려 박았는지 그야말로 쇠귀에 경 읽기야. 하나에서 열까지 지 에미의 웬 못된 행세 봇따리 어느 것 하나 안 놓치고 죄 빼닮아 끝내 홀아비 딸년 소리를 듣게 생겼으니 주지스님이 백지 위에 덩그러니 금물로 그린 달마야 놀자 너는 으찌 생각하느냐? 저 화상을 대변하야 객쩍은 소리나마 늘어놔 보련. 아, 이러게 생겼으니 미치고 팔딱 뛸 일이지. 마누라 복이 없으면 새끼 복두 없다 했는디 이제 내 팔자 내가 알아서 해야 할 꺼구먼. 못생긴 여편네라도 하나 얻어 뒤늦게나마 내 행복을 찾아야지 쟤를 믿다간 밥 빌어먹게 생겼다.

　이대로는 아니지. 암, 아니고 말고. 내 마누라는 어데 있나? 서울에 있나? 부산에 있나? 이천에 있나? 대구 부산 찍고 스리 살짝 돌아 설랑에 아무 데나 또 찍고 찍다 보면 미친년 하나라도 걸릴 꺼 아냐. 흥~ 아부지, 나 있을 때 정신 차려. 믿음직한 대학물 먹은 딸년을 뭘루 보고 딴생각을 해싸! 여자 얻을 생각 말고 먹이고 입히고 치다꺼리할 돈으로 안주 갖춰 술 사먹어. 고기, 술은 누가 그냥 주냐? 내가 벌잖어. 쪼깨만 기달려. 나는 아부지 큰딸이야. 내가 아부지 때문에 모든 걸 다 버렸어. 난 아부지를 위해서 살 거야. 내가 누구 딸이간? 아부지 딸 아녀? 맹부삼천지교 아는가 몰러? 아부지는 날 기르고 가르친 나의 은인이고 스승이여. 부모, 자식 간에 미움이 있어선 아니 되고 사랑만이 있는겨. 그 아부지에 그 자식, 이게 나의 신조여. 날 나무라고 역겨워하는 아부지의 역성을 내가 미워서가 아닌 자각지심으로 결국은 딸을 위한 근심과 걱정이라는 거. 참말로 이 자식은 아버지의 부성애를 아네. 아는 만큼 깊어지는 것이네. 아부지! 날 믿제? 못난 기지배 이뻐하고 공부시키느라 오랜 세월 일에 묻혀 고단한 세상을 사셨어. 오늘 특별휴가라 생각하고 모처럼 읍내에 나가 한동안 굶주린 좋아하던 술 오늘만큼은 내가 허락할 테니까 양껏 기분 좋게 드셔이. 쪼깨밖에 못 담았어. 이늠 가지면 그야말로 코가 삐뚤어질 것잉게 기분 좋게 한 잔 찌그리고 오셔이.

워매워매~ 요것이 꿈이여 생시여? 요런 우리 딸 알량하나 헤아리지 못하고 이웃집 늙은이 대하듯 몽리를 부렸으니 못 배운 놈은 어디가 티가 나도 나는 벱인가 비네. 미안타, 우리 새끼. 그랴~ 오랜만에 기분풀이 좀 하고 오마. 어머나~ 이게 누구셔? 딸 손 잡고 가끔 나와 안주 없이 소주 두어 병 까고 가는 그 유명한 박씨 아자씨 아닌 게라? 그려 나여. 그간 별일 없었는가? 김천댁! 별일 없었응께 요로콤 살아 빨딱거리제이. 김천댁도 인자 많이 늙었다이? 세월 따라 살다 보니 으짤기고 늙어야제. 그나저나 어쩐 일로 우리 집엔 다 오셨오? 기분 좋응께 한 잔 찌그리러 왔네. 안주 좀 갖춰 술상 좀 보지? 술값은 여기 넉넉히 있응께 입에 맞는 안주로 지지고 볶아보지 그래? 살살 기는 무안 뻘낙지 먼저 토막쳐 내와. 아이구~ 아주 목구멍에서 갈퀴질을 해쌌네. 얘~ 옥선아! 네, 언니~ 오늘 네가 좀 붙어 매상 좀 올려라이. 술값을 봉투째 가지고 왔다. 저 영감이 그전부터 쫄짱부는 아녀. 술이 거나하면 잘 써. 친구들과 동행하면 저 인간이 물주야. 죄 뺏고 빨개 벗겨 내보내야 한다. 알어 먹었냐? 언니! 내가 누구요? 내 최면술에 안 걸린 화상 봤수? 열이면 열! 백이면 백! 언니, 나만 믿어! 살살 긁어 오늘 나 부자 좀 맹글어줘야. 알었대두!

내 가녀린 눈웃음에 안 넘어간 놈팽이 있으면 나와 보라구 그래. 그래 그래, 내가 너 때문에 먹고 산다. 딴년들은 죄 하나같이 밥만 죽이지 제 밥값도 못해. 어디서 못난이들만 모여들어 가지구서는 다 내쫓구 네 월급 세 배로 올려줄 테니 애구 늙은이고 오는 족족 아이스크림 녹듯 녹여 모험 한 번 해볼 테냐? 오늘 왔다 간 손님이 내일도 오구 모레도 오구 또 오게 하여 스티브 잡스보다 돈을 더 많이 벌어 전 세계에 니나노 지점을 수백 개 내어 주체 술집을 만들어보자! 어때? 구미 당기는 일이지요. 1호 본점은 지금 우리 집으로 하고, 매년 지점 하나씩 내기로. 너는 살살거리는 거 하며 눈웃음, 아주 술상 작부로 타고난 여색이여. 조선의 명기 황진이가 쟤 앞에 서면 홀리는 탁월성에 오줌을 질금 지렸을 거야.

너는 우리 집 니나노 복덩이여. 어느 놈도 쟤한테 걸리면 벗어날 수 없는 올가미지. 쟤 본래 얼굴은 사팔뜨기에다가 갈고리의 눈으로 흘기면 사나운 고양이가 오줌을 싸며 기급을 해 내뺄 정도의 칼눈인데 전국 니나노 집을 전전하며 모으고 모은 돈으로 성형외과에서 돈 처들여 뜯어고친 리모델링 쌍판데기여. 어쨌거나 뭐 일딴은 홀리는 얼굴이고, 보면 칼을 댔는지 뜯어고쳤는지 알어? 게다가 뻥끼를 찐하게 발러대니까 아주 밤에 보면 영화배우지. 여기에 뭍잡놈들이 침을 주루루루 흘리며 갤갤거리는 거지. 미친 녀석들, 술집에 홀려 갖다 바치는 돈을 모아 제 마누라 얘모냥 수술시켜 딴 사람을 만들어 데리고 놀 생각은 안 허구 헛물만 키면서 헛돈을 써대니 참 처량한 게 사내야.

 그저 남의 떡이 더 맛있는 건 알아가지고 암수 세상의 살아있는 모든 것들의 본능이니까 나무랄 일만은 아니지만도 닳고 닳은 인생에 기생하려 하니 왕초보가 프로 에로에 명함이나 디밀겠는가? 안 되끼께 되게 하려고 오기도 심술도 아닌 그저 끌림에 쏙 빠져 하지 말아야 할 행동반경에 이르노니 참으로 야단이 날 일일세. 그저 세 끼 밥에 제 마누라면 그걸로 족할 일을 웬 주전부리가 그리 심한지 지갑이 노냥 홀쭉해가지고 다니면서 그래도 체면은 구기지 않으려고 뻥만 디리 까고 흔한 소리만 하면 뭘 하는가? 속 빈 강정이니 내 계집이 아닌 년이 바라는 게 뭔지 뻔하잖어? 여지껏 한 이야기를 거꾸로 뒤집어보면 제 서방 놔두고 남의 서방에게

이 시대의 자화상 • 153

마음 쓰는 그지 가차 갈 행동머릴 하는 에로에 미친 허랑 망통이 있다는 사실. 그러고 보면 암수의 일이란 못 말리는 고질병이면서도 어쩔 수 없다는 결론에 도달하게 되지. 이래서 인생이 즐겁다고 하는 것이지. 우리네 안방 샌님들로서는 이해 불가인 오늘날의 애로들. 요즘 십대, 이십대 젊은 것들은 어떤지 한말씀 하셔? 말하자면 이팔청춘이 지나 애아범 된 중년 늙은이꺼정 호르몬이 시키는 대로 주체를 모르고 난리를 피지만 한참 패기 왕성한 젊은 것이야 오죽하겠수.

말하면 신경질만 폭주하지. 다 그렇다고는 할 수 없고, 그중에도 옳고 그름을 이해할 줄 아는 귀한 손들은 어수선한 혼란기를 무사히 넘겨 지나치지만 되지 못하게 응댕이에 뿔부터 난 열칠팔세 물불을 안 가리고 연애가 뭔지는 크리스마스도 아닌데 아무나 프로센트하는 에미 애비가 이 사실을 알면 땅바닥에 해골을 짖찔 일이지. 그렇게 일찌간에 애기 어멈이 되는 기똥찬 야그들이 비일비재여. 내가 니나노 주전자 뚜디리게 술 팔고 산 인연의 세월이 수십 해. 간 쓸개 다 빼버리고 뭍잡놈들 술 시중들며 밥 먹고 살지만, 기본 양심은 변함이 없다우. 허나 목구멍이 포도청이라 경우에 따라선 야비하거나 비겁한 수단을 받아들여 밥 먹고 살지만, 솔직히 정직해가지고서는 술장사 절대 못합니다. 이해 못할 그런 게 있습니다. 술 먹는 주태백이조차도 의례 그러려니 인정해주고 하는 것이 음주가무의 세계입지요. 여어 말이 필요 없지만 어쩌다 제 마누라가 여보 돈이 필요한데 돈 좀 주지 하면 눈을 있는 대로 똥그랗게 잡아먹을 듯 볼탱이 터지는 소리로이 여편네가 돈독이 올랐나? 내가 무슨 돈이 있다구 노냥 손 벌기는 거여? 그저 돈! 돈! 돈! 자! 가져라, 가져! 그러면서 어제 술집에서 영자한테 다 털린 빈 지갑을 마누라 앞에 패대기치며 광기를 부리는 허세.

실제 지갑에 돈이 있으면 절대 마누라 앞에 안 팽개칩니다. 있으면서도 안 주면 마누라는 주댕이가 댓발은 나와 가지고 쫑알거릴 것이오. 이에 화난 서방은 에이이쌍~ 그여나 할키기 대회나 하는 드재비나 안 허면 다행이지. 술장사 십수 년에 남은 거라곤 찌그러진 주전자와 남정네들의 심리, 철학밖에 남은 게 없다우. 나가 고향이 전라도 갯땅쇠여라. 처녀 때 보리밥도 세 끼 끄니까 간 데없이 헐떡거릴 때 내 나이가 열아홉이어라. 서울에 입성하자고 큰맘 먹고 때를 기다리다 야물딱지게 살려면 이 가난 구덩이에서 해방이 되어야만 우리가 남처럼 살 수 있다는 남다른 각오로 어느 날 밤 엄니, 아부지 잠든 심야에 눈물을 삼키며 내뛴 년이 나여. 참말이당께. 청맹관이나 다름없는 촌것이 빠금한 서울살이에 적응하려니 을매나 벅찼겄슈? 누구 하나 아는 이 없고 모두가 낯선 것뿐인 것을 연 사흘을 미친년 맹이로 길거리를 헤멨슈. 아무 생각도 없이 오직 두려운 마음 하나뿐으로 배는 고프고 하루해는 왜 그리 짧던지 다행히 5월이라 한 데서 밤을 설쳐도 추위로 떨 일은 없으니 속이 빈 배고픔에는 미치고 팔짝 뛰겠습디다. 에라~ 모르겠다 꼬깃꼬깃 꼼춰둔 돈을 꺼내 허름한 식당으로 들어가 밥 한 상을 시켜 먹었습니다. 때마침 손님은 없어 한가한 터라 시골티가 펄펄 나는 식당 아줌씨의 시선이 나에게 꽂혔는지 나에게 와서는 처녀, 천천히 먹어. 보아하니 시골서 갓 올라온 것 같은데 맞지? 입에 밥을 잔뜩 문 채 어눌하게 네. 대답을 했어.

어디 갈 데는 있구? 고개를 흔들어 없다고. 대뜸 그 아짐씨가 우리 집이 큰 손님은 없어, 어쩌다 바쁠 때도 있지만 그럴 땐 나 혼자 손이 모자랄 때가 더러 있거든. 웬만하면 자리 찾을 때까지 여기서 날 언니처럼 생각하고 거들어주면 좋을 성싶은데 그리할 테냐? 이렇게 내 서울생활은 시작이 되었지. 그 언니는 지금도 나에겐 은인이었어. 오래도록 그 언니 집에서 동고동락하며 음식하는 것도 배우고 익혀 내 수중에 얼마간의 여유도 생겨 언니의 도움으로 처음 식당 하날 내 손으로 운영하게 됐지. 서울살이 3년 만에 큰 성공을 거둔 셈이지. 번거로운 식당 석삼 년 만에 술장사가 이윤이 괜찮은 걸 알았어. 그때 식당을 접고 술장사를 개업한 이래 지금까지 이어온 생업이지만 돈도 많이 벌어 시골 엄니, 아버지 논밭 전답 수백 평 사드리고, 새집 지어드리고 하나 있는 남동생 장가까지 내가 신경을 썼어. 술장사를 하다 보니 웬 잡것들의 유혹도 있었지만 다 뿌리치고 정말 내 자신의 의리를 지키며 살았어. 끝내 홀몸으로 살지만 그 이유에 한 가지를 덧붙여 이르자면 술 취한 객들의 남자 심리에 식상해 질려버린 탓일까? 평생을 혼자 살기로 자신과 약속을 했지. 그래서 요로콤 늦게 과부로 살지만 후회하거나 아쉬움 따윈 없으니께 이만허면 세상 잘 살아 온 거 아닌가? 개같이 벌어 정승같이 쓰라고 한 말은 있다만 돈만 벌면 되지 신분이 무슨 명분이 됩디요? 술장사하면 색안경 끼고 보는 게 일반인데 그건 나의 인생을 볼 줄 모르는 역량 부족한 인간들이 내려다보는 하나의 히스테리고, 조선시대 황진이가 기생 일망정 뭇 사내들에게 정조를 준 적이 없거든. 웬갖 뭇 사내들이 황진이의 미모나 인격에 매료되어 줄을 서 그녀를 모략해보지만 신념 어린 정조로 치마 벗은 일 없으니 나에게 있어 황진이는 나의 롤모델이여. 고 정도만 알아먹고 우리 집으로 술 먹으러 오셔. 주전자 넘치게 꾹꾹 밟아 줄께으이.

분노의 계절

●● 태산은 높고, 하늘은 푸르고, 술은 먹고 싶고, 돈은 없고, 푸른 저 바다는 출렁이누나. 마누라 장롱에 숨겨둔 순금 약혼반지 열 돈 그늘이나 쌔비해다가 팔아서 지갑 좀 빵빵하게 한 다음 폼나게 한 잔 빨어야 할 텐데 영 기회가 안 나네. 저건 어디 놀러 가지도 않고 노냥 집구석에서 안방에서 부엌으로, 부엌에서 WC로 가는 데가 세 군데뿐야. 저걸 밖으로 유인해낼 방법을 찾아야 할 텐데. 아, 이노꼬 남바 왕사탕 물고 빨아대는 연초 맛이란 왕갈비맛이 어쩌고 저쩌고 고라고라~ 저 아래 움막집 칠

성이, 셋째아들 놈 꺼벙이 아니냐? 오늘은 피리 안 부냐? 노냥 삐리삐리삣 삐리삐~ 육갑을 떨고 다니드만 피리가 고장났어? 웬일로 잠잠허냐? 피리는 유일한 나으 친구요, 벗이자 일상이요, 취미이거늘 장가도 못 가 아랫도리가 화끈거려 안달이 말라 죽을 판에 피리마저 못 불게 우리 아빤지 깨비인지가 입에 문 피리를 시끄럽다고 낚아채 똥 밟은 검정고무신 바닥으로 비비고 짓이겨 개박살을 냄시로 요녀래 저석! 이 애비가 시끄럽다고 몇 번이나 야그했냐? 앙 그래도 되는 일 없어 나날이 약이 오르는 판에 불난 집에 휘발유 붓는 놈이 너여! 너 같은 건 없어도 무방혀! 어디서 꾀질러 나와 가지고는! 누가 만들었는디 고로콤 당알지게 야그해뿌러요? 나 원 참내! 너 애비한테 반항허냐? 웬 못된 구나방! 차라리 죽는 게 나아! 누가 죽어? 나 죽어도 좋은디 죽기 전에 장가는 가야 쓰겄소. 장가가 네미 뉘집 새끼 이름이더냐? 아, 똑똑한 놈도 장갈 못 가 길길거리는데 너모냥 빠져도 한참 빠지고, 모자라도 한참 모자라는 화상이 장갈 가야? 기지배들이 눙깔이 모두 깨졌나 보다.

이번에 예비군 훈련 가면 불알 좀 짤라버리고 와. 아니, 왜 생으로 내시를 만들려구 그래? 안 돼야! 소주 한 개 앵겨주고 가볼테니께 쬐깨만 기둘려보셔이. 단단한 나으 체력으로 한 번에 쌍둥이 생산해낼 팅께. 마누라 될 각시나 한 개 데불고 오랑께 이놈 시키야! 애비 술 먹을 시간도 없는디 술 안 먹고 며눌년 찾아 삼만리를 내뛰라구? 이 애비가 널 위해 뛸 만큼 네놈이 애빌 위해 한 일이 뭐여? 그저 밥만 축이고 속만 썩였지 개부랄이나 보태준 게 있으야 은혜를 갚지 나는 밑지는 장사는 안 헌다. 야! 이 양반아. 싸질러 놓기만 허면 아빠고, 내질러 놓기만 허면 어머니냐? 멕이고 키워 공부시켜야 아버지로서의 자격이 있지. ABCDEFG 우물우물 일렬로 낳아놓구 국민핵교 졸업도 못 시킨 말뿐인 애비가 뭔 할 말이 있다고 당당하게 나서 나에게 삿대질이여? 삿대질이! 오는 거 있으면 가는 것도 있는 법! 주지도 않고 받기만 할려구? 그런 아부지 노릇은 소꿉장난 유치원도 그보다는 낫겠다. 새끼는 굶거나 말거나 노가다로 돈 벌어 집구석 새끼들 멕이고 입히고 공부시킬 생각은 없지? 번 돈 니나노 점순이랑 어우러져 육갑을 떤 게 누군데 아빠 좋아허네? 내 사전에 그런 아빠는 없음. 따로따로 놀자구! 그게 명답! 지 마누라 자식새끼 치다꺼리 하나 못하는 처신머리가 가부장질은 하고 싶은가베. 정작 밥숟갈 놓아야 할 인재는 당신이여! 오죽 못난 아비가 자식놈에게 쿠사리나 맞고 개망신을 당하노?

비련이 뭔 줄 아시남? 공분이란 것이 비련이여. 공분에 치가 떨려요? 이 문디야! 늙고 돈 못 벌어 흘흘허니까 점순이한테 배신으로 쫓겨나 오갈 데 없으니까 이리로 기어 와 애비 노릇 하겠다고? 좁쌀이 아깝구만. 이런 배라나 먹을 녀석을 봤나? 명색이 애비더러 세상에 없는 악담을 씨부려? 이리 오너라. 메가지를 확! 주접 떨지 말고 데켠으로 물러나시지요 주접 어르신. 여기는 신성한 내 집, 불쌍한 영감 따위 구제는 안 하오. 딴 데 가보슈. 태질쳐 등뼈를 부러뜨리기 전에. 이 정도 분풀이가 우리 칠남매 희망사항이외다. 다치기 전에 얼른 붕 뜨슈. 가문의 윗대 조상님이 땅을 치고 통곡을 할 일이니 족보에서조차 통성명 빼. 속 끓이다 제 명에 못 죽은 엄니 영전에 똥 뿌리지 말구! 인두껍을 썼으니 사람이지 시궁창 쥐새끼만도 못한 인간이라면 할 말 없지? 말해 뭘 해! 기막힌 얘기 하나 하고 넘어갈까? 나 낳았을 때 하도 먹을 것이 없어 산모만큼은 뭐라도 먹여야 젖 더 나올 것이었으나 이를 보다 못한 이웃이 쌀 한 웅큼과 미역 한 닢을 주면서 해산 어미 국 끓여 먹이라고 준 미역 술집년 점순이 갖다준 게 누구여? 날 해산한 엄니 먹을 것이 없어 못 먹다 보니 부황이 나 얼굴이 잘 익은 늦가을 호박처럼 부어 죽을 걸 이웃이 살렸어. 그 바람에 우리 형제들도 살고! 다 나 몰라라 했으면 우리 형제들 아무도 지금 여기에 없어. 비정한 인간 철면피 천하에 거적! 그런 와중에도 언제 어느새 기어 들어와 새끼들을 주욱 만들었어? 야! 이놈아, 느그 엄니가 야밤이면 날 그리워허니께 어쩌냐?

아니, 그럼 엄니가 색골이란 얘기여? 뭐여? 입은 삐뚤어졌어도 말은 바로 하랬는디 진짜 믿어도 됩니까? 맞습니까? 맞지, 그럼 맞고여. 그러랬다는 색정가 엄니의 증거 있습니까? 증거가 어디 있어? 인마, 너희들 일곱 녀석이 증거지 또 다른 증거는 없어 인마! 그 시절에 몰래카메라가 있었냐? 누가 경비를 섰냐? 눈이 카메라이고 안 봤으면 안 찍고 빈 테이프지. 유일한 증인이라면 어두운 구석에서 잔뜩 긴장한 채 뜨거운 현장을 몰래 지켜본 바퀴벌레라고나 할까? 그러나 바퀴도 세월이 많이 갔으니 다 되져 물증이라고는 씨붙인 바퀴의 똥뿐인데 그 유일한 똥마저도 석삼 년 전 네 형이 오징어 구워 소주 처먹는다구 오징어 굽다가 화다닥 불이 나 죄 태워 먹고 남은 건 재뿐이니 그 똥이 불타면서 뭐랬는지 알어? 아유 뜨거! 그러드랜다. 그럼 그 똥이 살아있네? 야! 이 얼간아, 진짜 증인은 네가 밀어내려는 느그 애미여. 나가 산 증인이 아닌감? 느그 애미 술 사멕이고 살살 구실러봐. 취중에 하는 말이 진담이라는 거 이거 재판관도 까맣게 모르는 일이다. 너 느그 애미 꼴대꼴 가기 전에 캐내야 할 일 아녀? 그랑깨 언능 술 받어다가 날 멕이고 술 취하면 살살 구실러 알고픈 걸 캐내야! 아, 이놈 시키! 등신인 줄 알았드만 아주 알깍쟁이여. 일곱 놈 중에 제일 똑똑한 놈 같어. 내 널 인정할랑께 냉큼 술 받어 오니라. 흥! 홧김에 서방질한다고 멕여놓고 취하면 옛날 땡깡까지 즉시 나올 텐데 날 더러 그 징글징글한 추태를 또 보라구? 여보셔! 됐거든!

너 왜 그랴? 나가 느그 아부지여. 아부지도 아부지다워야 아부지여! 냅둬, 난 싫응께. 웬수처럼 밉살머리스러워도 유일한 증인은 웬수인 나여. 이 애비라거라거라. 느그 엄니 비밀 열쇠는 난께 꼭 알고 자프면 날 곱게 받아들이고 안 그러면 선택은 너 몫인께 다섯 셀 동안 결정 찬스 ABCDE~ 컷! 스톱! 알아야쓰겄슈. 일단은 여기 앙거 하염없는 노친네 잠시 쪼깨 보자고요이. 애비 눈물 빼며 걸어가는 자갈 밭길에 뭔 볼일루 밀어 제칠 듯 날뛰던 놈이 보자는 이유가 뭐여? 급살로 알어볼게 있슈. 엄니 명예회복에 주안점을 두고 몇 가지 물을 게 있응께 거지쁘렁하면 일 납니다. 말해라. 기왕에 판은 깔렸으니 질문만 하면 다 답해주마. 우선 한 병 마셨으면 하는데? 좋시다. 진실만 밝힐 수 있다면 소고긴들 못 사겠소. 대신 묻는 말에 진정성이 있어야지 가식은 금물입니다. 알어 안다고! 우선 음복 한 잔 찌그리고 크아아~ 술맛 좋고, 안주 땡기고, 속이 찌르르허니 이제야 기분이 북북 트더지누만. 1번 질문이 뭐여? 왕년에 엄니랑 살 때 팔굽혀펴기 총수가 몇 번이었슈? 내가 엎드려 뻗쳐놓구 요구한 팔굽혀펴기 숫자는 총 20번. 그런데 가까스로 세 번밖에 못해 명령 개수를 못 채울 시엔 스무 번에 반 빳따 열 대를 맞기로 약조하고 행한 규율이라 열 대 팼다. 그리고는 죽 뻗드라.

왜 잘못됐냐? 어디까지나 부부지간의 약속이자 아이들을 기르는 데 훈육상 로얄젤리 같은 효과를 생각한 결국은 마누라가 미워서 팬 게 아니라 자식을 위한 훈육 차원의 일이었지. 교육 차원 치고는 좆 같네. 그렇다고 연약한 엄니를 엎어놓구 볼기짝을 찰싹찰싹 때려? 이건 동서고금을 뒤져도 없는 무식한 아프리카 니글러 사회에서도 없는 당신 혼자만의 독선적 가정 폭력이었어. 술이 넘어가냐? 넘어가? 맛만 좋다야. 안주가 좀 짜다. 나넌 고혈압 또래 싱겁게 먹어야 하는데. 가지가지허네. 그러면서 매끼마다 이렁 거 저렁 거 살림 들러 엎으며 겁줘, 서방 거둘지도 모르는 년이라며 쥐어박고 몸보신 좀 하게 소리 지르며 아랫도리에 좋은 생굴, 장어, 살모사, 능구렁이, 해구신 자라탕, 추어탕, 심지어는 배가 아프다며 비아그라를 사오라구 하고, 비아그라가 배 아픈 데 먹는 거여? 이렇게 강장식품만 걷어 먹고 니나노 집 점순인지 개년인지한테 빠져 헤갈을 하고! 느그 엄니는 맹탕이여, 을랑 노고래기가 없고 장작개비여. 석녀란 말이시. 그랬으면서 자식을 칠남매씩 까? 고것은 쌩까지 않고 있는 그대로 말을 허자면 술이 그랬지. 얼큰하면 밤도깨비모냥 이리저리 헤매다가 집에 불쑥불쑥 찾아들어 가다봉께 그리 됐다 안 허냐? 그 다음 소릴랑은 자식과 애비 간에 쪼개 야한 소릿께 요기꺼정만. 술김에 일내다 보니 새끼가 주욱 생겼다? 허긴 뭐 나도 대낮엔 아부질 본 적이 없응께. 한밤중에만 보았으니께. 그랑께 제비처럼 날아들었다가 볼일 보구 쪽제비처럼 홀따닥 튀어 나간 거네, 그렇치? 그렇지. 흥! 퉤퉤~ 하면서도 먹을 건 다 찾아 먹고 즐길 건 다 즐겼구먼. 밑진 장사는 안 했어. 모루 가도 서울만 가면 되드라구 갑질 같지만, 서방 노릇은 제대로 했네.

사명감이 투철한 사내야. 취중에도 마누라 눌러 새끼 만들 정신은 있었으니 참말로 뒤집어 업어치기 할 영감쟁이다. 그 기개가

마치 이순신 장군 같어. 박수! 에잇~ 이거나 먹어 아부지야! 그래, 날 때려눕히고 싶을 테지. 그러나 어쩌냐? 미운 놈 떡 하나 더 주는 법이니 내가 면목은 없다만 미우나 고우나 너희들을 낳아준 부모 아니냐? 그릇된 잘못 인생으로 인간답지 않게, 가장답지 않게 막 산 인생이지만 자식이란 이름으로 방종했던 이 아비 후회막심하므로 이를 용서하여 날 받아줄 의향은 있는지 묻고 싶구나. 오른뺨을 치거든 왼뺨도 내밀라는 예수의 말씀처럼 잘못된 아비 하나의 업이려니 생각하고 받아들여 개과천선하는 애비다운 애비로 거듭나게 하는 일도 자식 된 도리로 인내해야 할 일이니 그리하겠느냐? 불쌍한 형제, 형이 있고 동생이 있으니 나 혼자 결정할 일이 아니니 그렇게 하리라는 대답을 이 자리에서 못하고 칠남매 모여 결정을 본 후 차후 이야기니 그리 아시고 20년 강산이 두 번 변한 세월도 안 보고 산 입장에 형제들도 이미 아버지라는 세 글자마저도 기억에서 지워진 후일 테니 기대는 안 하는 게 좋을 것입니다. 끈질긴 설득과 고민할 시간이 많이 필요할 겁니다. 20년 세월 동안 어느 누구의 입에서도 아버지 소리를 꺼낸 형제는 없었으니까 지금의 아버지는 우리들에게 부담스러운 짐일 뿐일 테니까요.

네 착잡한 심정 내 이해하마. 애비가 돼가지고 자식에게 소홀했던 지난 과거사를 볼 때 지금 이 순간 도저히 용납될 수 없는 오늘이겠지만 천륜이 뭔지 용서받고 너희들 곁에 머물며 남은 생을 함께하고 싶은 건 내 숨김없는 솔직함이다. 이런 이야기가 작금의 궁여지책의 일환으로 하는 얘기는 아니다만 구전소설 임꺽정을 쓴 홍명휘 작가, 그의 소설 속 임꺽정은 소, 돼지를 도살하는 백정의 아들로 신분이 사적이지. 도둑의 우두머리로 양민의 재물을 털며 살아간 인생이었지만 그의 부모는 늘 약탈을 일삼는 아들을 생각하며 걱정을 했더란다. 백정의 아들이라는 오명으로 사람들에게 천대를 받으며 살면 어쩌나 하는 걱정이 한이 되어 깊어지다 보니 꺽쩡이 꺽정이가 됐다는 일화와 함께 이 소설을 쓴 홍명휘의 고향땅 충북 괴산의 냇가에 지독하게도 못생긴 물고기 이름이 꺽정이라는데 그 꺽정이 이름에 '임'이라는 꺽정이의 성을 앞에 붙여 소설 속 묘사를 유머조로 승화한 게 아닐까 하면서도 몰골이 아주 꺽쩡이만큼이나 못생겼다고나 아비는 소백정이요, 자식놈은 도적놈으로 인격적 모욕을 꺽쩡이에 비유한 전개의 이야기가 아닐까 하는데 이 애비가 꺽쩡이나 백정보다도 더 못한 이유라면 이 유일 테지만 소설 속 그 인물 꺽정이는 계급 혁명의 불길을 품고 당대 부정사회에 반기를 든 인물로 본래 이름은 성은 임씨요, 이름은 거정! 임거정이 꺽정이로 탈바꿈한 홍명휘의 재치가 소설 속 재미를 한껏 업그레이드한 것이 아닌가? 이런 판단이 나오거늘 역사의식은 이렇듯 이름 하나에도 깊은 뜻이 화적패 패거리 대장 임거정, 천민의 자식일 망정 정의구현에 자신을 불사른 홍익인간의 화적떼 두목 임거정을 닮은 듯 통 큰 사내 기질로 이 아비에 물심양면의 기질로 자식 노릇 한 번 안 하려느냐? 용서를 구하마. 아버지의 이름으로 구천에서도 방탕한 내 인생을 원망할 느그 어미에게도 용서를 구하고자 한다. 여러분! 부도덕하고 방종한 웬 못된 우리 깨비 용서해도 되남요? 안 된다구요? 술 다 먹고 나면 즉시 보내라구요? 자격 미달! 불합격! 제 버릇 개 못 준다구요? 여러분~ 부자 되세요.

쪽바리

●● 찌르르륵~ 찌르르륵~ 찍찍~ 0008282 첸지 교환! 아, 모시모시? 쿄토 TEL 빵빵빵~ 철커덩! 오예~ NO 갓뎀이 와우~ 국제전화 이거 잘 안 되무니다. 신경질이노 박박 나무니다. 환장이노 하겠스무니다. 에에잇! 다시 시도해봐야 하겠스무니다. 일곱 번 쓰러져도 다시 일어나는 오뚜기처럼 인내는 쓰다. 그러나 그 열매는 달다. 내일 당장 지구가 멸망한다 해도 나는 오늘 한 그루의 사과나무를 심을 것이다. 실패는 성공의 오마니! 사랑에는 국경이 없다. 가다 못 가면 아니 간만 못하다. 그래서 속

담처럼 꿋꿋이 다시 해보는 것이무니다. 뿌루르룩~ 뿌뿌~ 쁘르르릉~ 철커덩! 와~ 딱 걸렸어! 아, 또 안 걸렸쓰무니다. 아, 진짜 씨팔이무니다. 그래 다시 한번 해보는 거야. 백전팔기 일보전진을 위한 2보 후퇴, 찰거머리 전법! 아, 교환! 모시모시 으쩌구 저쩌구 첸지 하이 아리고다 고자이마스. 지글지글 지지글~ 아, 또 안 되무니까? 말 시키지 마시라니깐요. 다시 죽어도 고! 멧뚜기 작전 절신 장전 엎드렷 쏴! 신주꼬노 TEL 첸지 NO 불통 해갈 OK 땡큐! 아, 쓰바알 日本 통신 개판이노 이거 되겠쓰무니까? 통화가 하늘에 별따기이무니다. 통신사를 바꿔 시도해보아야 될 것 같쓰무니다. 에이~ 씨부랄! 속 터지무니다. 노마니 쌍! 아이오꼬왕 새우젓 말고 곤쟁이젓이 먹고 싶쓰무니다. 하얀 쌀밥에 조센 기무치랑 한 사발 꿀꺽! 아, 뱃데지 뿡뿡 기분이 나이스! 입이 째지무니다. 끄르르륵~ 개트림에 방구 뿡 아홈, 단무지 냄새 아주 그냥 죽여주무니다. 식후 연초 아리랑 뻑끔담배 퓨~ 구름과자 신선 호랑나비 소변발 콸콸 식후 WC 뿌지고 달달 커피 꼴깍~ 와! 상큼하무니다. 다시 시작해보겠쓰무니다.

누가 이기나 숨바꼭질 릴레이 정신으로 다시 시도해보무니다. 꽈르르릉 뵤르르릉 찌리링 콸콸콸~ 딸깍 교토 통신 불통 임시 신규 통신 개시! 상담원 유기꼬 교환이무니다. 무엇을 도와드릴까요? 나와바리 교토 모시모시 0008282 우까시 아끼고 기지배 연결 큐! 알겠쓰무니다. 잠시만 기다려주십시오. 하이! 지금 빠른 연결 중이무니다. 철커더더덩~ 후까시 아끼고 와우~ 아리고다 고사이마쓰. 하이! 엄청 반갑쓰무니다. 아, 저는 당신이 통화하고픈 아끼꼬가 아니고 아끼꼬는 시방 WC에 끙끙 중이무니다. 아, 변소 깐 똥 깔기시무니까? 하이! 그럼 잠시 기다릴 테니 차분하게 슬로우로 넉넉히 빼고 슬로슬로 통화하자고 전해주시면 감사하겠습니다. 3분 기다리겠쓰무니다. 3분이면 밑 닦을 시간이 없을 텐데요? 아, 그러면 2분 추가 도합 5분 시간 드리무니다. 빠듯하기는 해도 그 정도 시간이면 똥 닦고 팬티 추켜올릴 시간은 충분하겠스무니다. 지금 국제전화라 계속 머니 요금 올라가무니다. 하이, 누구시무니까? 아끼꼬 바꿨쓰무니다. 오우~ 내 사랑 조지꼬상 엄청 반갑쓰무니다. 웬일이시무니까? 이 시간에 당신이 너무너무 보고 싶어 염치없이 전화하무니다. 별일 없지요? 나 잘 있쓰무니다. 행복하구요. 다 아끼꼬가 있기에 가능한 일이무니다.

마마 안녕하시고 건강하시무니까? 웬걸요. 마마 작년에 사요나라 꼴까닥 하늘 기도원에 한 마리 나비 되어 훨훨 날아가셨쓰무니다. 우우~ 매우 가슴 아픈 일이무니다. 하늘나라 마마 둥둥 이승보다 더 행복했으면 하는 마음이누무니다. 아끼꼬! 나 아끼꼬 진정 좋아하고 사랑하무니다. 만나지 못하고 그리움 연민으로 설레이는 마음 행복하무니다. 나 조지꼬상이 그대 아끼꼬에게 하나님께 기도드리고 싶은 게 하나 있쓰무니다. 들어보시겠쓰무니까? 자, 그럼 지그시 눈을 감고 침묵해주면 좋겠쓰무니다. 전지전능하신 주 예수 그리스도여, 강물 거센 현해탄 바다 건너 섬의 나라 日本땅 내 사랑 아끼꼬가 살고 있쓰무니다. 현명한 사람, 예쁜 사람, 지혜가 넘치고 사랑이 충만한 천사 같은 사람, 충효사상 남다르고 조국을 사랑하는 사람, 우리 두 사람 애틋한 사랑이 마음과 마음으로 이어져 오늘에 이르렀쓰무니다. 하나의 하늘 아래 두 마음이 함께하니 내 사랑 아끼꼬에게 늘 아름다운 세상이, 행복한 일상이 따뜻한 남쪽 나라의 봄바람처럼 솜사탕처럼 불어와 늘 그녀의 삶을 축복해주길 간절한 소망으로 주님께 부탁의 기도드리무니다. 아멘. 아끼꼬 울지 말아요. 아파하지 말아요. 끈끈한 우리 두 사람의 사랑은 영원할 거이무니다.

　당신의 마음속에는 늘 이 조지꼬상이 자리하고 있쓰무니다. 닭이 계란을 품듯이 따뜻하게 안아주께요. 아, 지금 통화 중이지만 당신을 직접 만난 거와 진배없이 따뜻한 행복감으로 너무너무 기뻐요. 눈물이 나올려구 하무니다. 당신 아끼꼬를 향한 내 사랑이 이토록 클 줄이야? 이제야 알 것 같쓰무니다. 어느 누구의 사랑이 우리 두 사람 사랑만 하겠스무니까? 우리 두 사람 선택된 아주 특별한 인연의 사랑이무니다. 신께 감사드려야 할 운명적 두 사람이누니다. 여기 한국생활이 익숙치 않아 불편하지만 내일의 성공과 아끼꼬와 나와의 행복을 위한 이런 고생쯤이야 하는 대단한 생각으로 일관하며 고난을 희열로, 대성공의 전환점으로 환호, 굳은 의지와 자긍으로 또 한 번 행복해지무니다. 우리 일본 사람이노

강한 민족이무니다. 이런 날 낳아주신 부모님께 감사드리고, 나를 사랑해주는 아끼꼬에게 감사하무니다. 타국에서의 외로움 같은 건 이제 아끼꼬 생각으로 대신할 꺼무니다. 당신이 사랑하는 나, 조지꼬상에게 힘과 용기를 주는 마음의 기도를 부탁드리무니다. 아끼꼬, 내 사랑! 아끼꼬 백 번 천 번을 부른들 싫증나지 않는 이름 아끼꼬! 당신을 사랑하무니다. 당신을 위해 기도하무니다. 주여, 내 사랑 아끼꼬에게 신의 가호가!

아유~ 일본 총각, 웬 전화질이 그리 길어싸? 국제 통화료가 소올차니 나올 것인디 감당허겄남? 타 관객지 남의 나라에 돈 벌러 왔으면 알뜰해야지 열나절 전화질에 요금이 팍팍 올라가면 저금 통장이 가벼워지잖어? 뭔 사랑 어쩌고 지저귀드만 연애질하는 가시내라도 하나 있남? 있으면 뜸들이지 말고 냉큼 데려다가 도장 콱 찍고 살림 차려브러. 볼 게 뭐라? 어차피 맘먹은 내 사람 반려자라면 지체할 필요가 뭐여? 쇠뿔도 단김에 빼라고 일은 저질러야 결과가 보이는 게야. 몇 살이나 처먹은 지지배여? 동갑내기라구? 내가 보기로는 잘 만난 듯하구먼. 같이 자봤어? 그런 소리 말라구? 뭐 어때! 앞으로 안 자구 살 것도 아닌데 미리 가불을 했나, 안 했나 궁금헌께 묻는겨. 짝이 생기면 바라볼 것이 아니라 박아야 내 꺼지 아끼면 찌루 간당깨. 여자 맴은 갈대여. 은제 어느 날 앵할는지 모르는 낮도깨비 같은 게 여자랑께. 산전수전 노전백장 두루 섭렵한 나가 인생 장군이여라. 늙은이 말 싱겁게 듣들 말구 잘

새겨들어야 나중에 코 풀고 눈물 뺄 일 없게 매사는 불여튼튼 돌다리도 탕탕 두들겨 보구 건너라구 아니하던감? 우리나라와 일본은 서로 간 문화와 생각의 차이는 있다만 사람 사는 이치는 도 아니면 개, 거기서 거기! 밥 먹고 똥 싸는 일, 일하고 잠자고 싸우고 때리고 연애질하고 사는 일 인생 그게 다여. 여자 나이 70세 팔자가 드러워 일찌감치 서방 되지고, 살림은 풍비박산 나고, 새끼들은 우루루 배고파 울고, 쌀독에 쌀 담아본 건 오래전이고, 들에 나가 쑥 캐고 풀뿌리 캐 멀겋게 좁쌀 한 주먹 넣어 죽을 끓여 새끼들 입에 떠넣으며 울던 세월이 몇몇 날이었던가? 그 악몽 같은 지옥의 나날인 이년의 속을 누가 알리오.

세상에 안 해본 일 없이 세상을 극터듬어 한 푼 두 푼 남몰래 모아둔 돈이 여러 해를 걸려 두둑한 하나의 밑천이 되길래 미친년 볼기짝만 한 땅뙈기를 사서 나무판자로 하꼬방을 지어, 내 집이라고 마련한 다음 집 앞마당에 만물장사를 벌렸지. 벼락으로 사려 드는 사람이 있었간? 아니지, 이웃집 늙은이 쳐다보드끼 힐끗 쳐다보고는 다들 제 갈 길만 가드라고. 지나치는 그 사람들이 얼마나 밉고 야속스럽든지 그때부터 또 다른 고민이 생기는 거야. 자질구레한 잡동사니길 망정 이게 전 재산인데 으쩌나 싶어 안달이 나더구만. 그나마 헐값이라도 흔들어 팔려다가 본전이 아까워 좀 더 버텨보자는 심산으로 파리만 날릴 망정 썩는 물건 아니니 뺏찔러보자 하는 오기가 생기던 걸. 그런데 세상엔 기적이라는 것이

이 시대의 자화상 · 173

있기는 있더구만. 주위의 신천지가 머지않아 아파트촌이 형성된다는 소문이 파다한 거 있지? 그러더니 웬걸! 투기꾼들이 몰려들면서 복덕방이 여기저기 생기고, 사람들의 발길이 잦아지면서 오고 가는 인파가 많아지던 걸. 그러다 보니 안 팔리던 만물이 쏠쏠히 팔리고 1,000여 평 거저 줍다시피 한 내 땅에 흥정이 들어오고, 어제와 오늘이 다르게 땅값이 덮어놓고 팔았어. 더 있어봤자 땅값도 한계가 있을 거라는 내 판단이 들어맞았어.

큰돈이 생기길래 시내로 나와 변변치는 않지만 스무 개 남짓 되는 여관방을 샀어. 그때 산 집이 이 집이야. 무슨 복덩이를 샀는지 저녁이면 스무 개의 방이 모자라게 손님이 들어오고 장기투숙자에게는 밥장사까지 하게 되던 걸. 신욕은 고되지만 내 억척이 굴러 들어오는 돈다발을 내남보살 할 수 없어 지독하게 머리도 굴리며 또 다른 일도 벌이고 젊은 날 얘기지만 지금 생각하면 억척스런 일상이 끔찍했어 끔찍해. 젊어 고생은 사서도 한다는 말은 있다만 그건 사내들의 이야기지 여자의 몸으로서는 도저히 어울릴 수 없는 악마의 속삭임 같은 것이지. 내 자신이 날 생각해도 나는 내 인생에 너무나 모진 학대와 채찍을 들었어. 결국은 자수성가한 셈인데 내가 이 세상을 뜰 때까지 밥 걱정은 안 해도 될 재산도 있고, 아직은 살 날이 쬐깨 남긴 남았는디 가끔 외로워 젊어서 갖은 고행이 표정으로 남는 것인가 허전하고 쓸쓸할 때가 가끔 있더라구. 이봐, 일본 총각! 내 맘에 착 달라붙는 늙은 일본 홀아비

하나 없을까? 나이는 내 또래로 세 살 턱어리도 상관없어. 아무것도 바라는 건 없고, 가끔 연락이나 주고받고, 어쩌다 한 번 얼굴이나 보는 친구 정도? 영감, 마누라 사이는 거북하고, 그저 서로 정담 나눌 수 있는 막연한 사이의 친구 정도.

있긴 있쓰무니다만 돈 버는 재주가 없어 생활이 좀 빈곤한 아저씨가 한 분 있긴 한데 인간성 하나는 정말 성자 같은 분이시무니다. 나이는 66세! 나보다 네 살 연하 남자로구먼. 건강은? 아예 스무 살 청년 정도이시무니다. 늘 운동을 해서 팔다리 알통이 이리 삐지고 저리 삐져 뿔룩뿔룩 멋지신 분이시무니다. 얼굴도 사나히답게 생겼고, 제일 제 마음에 드는 건 그분의 성품이무니다. 왕년에 면 소재 공무원으로 평생을 나랏일한 심지 깊은 모범 노인이시무니다. 그분의 존함은 오카모토 슈우이찌 겐노꼬. 내 고종사촌 동생의 이웃사촌으로 가문도 대단한 집안이죠. 제2차 세계대전 당시 하와이 해전에서 전투기 조종사인 가미가재 자폭정신으로 일본을 위해 산화한 부친하며 신사참배 12인 중 한 사람인 증조부 내리까 고바야시 등 집안 어른들 중 현 정계에 입문한 여러 어른이 있는 걸로 저는 알고 있쓰무니다. 집구석 내력은 아주 화려한 오리지널 일본이로구먼. 허지만 그딴 거와 나와는 상관없고 그저 평범한 영감이면 되니께 하나 끌어다가 붙혀봐. 성사만 시켜주면 여관방은 한국에 있는 동안 무료로 써도 돼. 그게 추사금이야. 엇때? 죄깨 땡겨브지이? 싸움은 말리고 흥정은 붙이는 것이네. 일이 잘 되면 그럭저럭 만나다가 어지간히 정이라도 들면 내 인생을 척 허니 맡길 수도 있을 것이네. 장담은 아니나 두고 볼 일이지만 가난한 인생을 구제하는 셈치고 평생을 같이 할 인연의 가능이 크다면 큰 것이고.

　아주 말씀을 잘하시무니다. 아, 나가 면허증이 없어 그렇치 변호사랑께. 억 하면 척이네. 수십 년 인간 연립에 느느니 말빨만 늘어 어지간한 놈은 나으 세 치 혀 밑에서 달까불르며 놀아브러. 은제 총각 일본 갈랑가? 얼릉 서둘려야 할 틴디. 싸게싸게 움직여봐야? 나가 요즘 그 말이 나옴시로부터는 밤에 잠을 못 잔당개 병 나불겄어라. 따끈따끈할 때 마시는 숭늉이 구수하게 식으면 미지근하니 개털이여. 중매라는 게 본래 소개할 때 없는 것도 있는 것처럼 보태는 게 중매의 특징이여. 그러나 나으 형편이나 입장은 일본 총각이 본 그대로이니 숨기고 감출 것이 뭐여. 그 영감보다는 두 살 위지만 어디 하나 늙은이 티가 많이 나남? 아직 피부도 탱탱하고 얼굴도 계란형으로 갸름하니 기생 타입 미인 아닌감. 해사한 얼굴에 아름다움이 그득하고 요요~ 우수어린 실눈썹 하며 옹담샘 같은 옴팡한 까만 눈망울을 동영상을 찍어 보낼까? 사진 한 장을 품고 갈겨? 고것은 일본 총각 맴잉께, 나가 이러고 저러고는 안 할 테니까 일본 총각 맘대로 혀이. 현해탄 바다 건너는 노자도 왕복 다 나가 서비스할랑께. 몸댕이만 갔다 와. 가는 길에 죽고 못 사는 연인 아끼꼰지 꾀매긴지도 만나고 참말로 일거양득 아녀? 유일한 빅 찬스여. 오늘부터 방값은 물론 식사비도 다 공짜여. 일본 총각 땜시 꿈에서조차 생각지 않던 잘하면 시집을 가게 생겼는디 밥값이 뭔 급살맞을 느무 밥값이여? 사장님, 좋으시무니까? 아, 좋다마다. 좃두마대상이지. 그게 무슨 말이시무니까? 그냥 나오길래 해본 소리여. 뭔 소린지도 모르고. 하하하하~ 사장님, 개그맨이시무니다.

내일 당장 일본 가겠쓰무니다. 날 위해서 가는겨? 그렇쓰무니다. 아리가또 고자이마스. 하이! 일본 총각 덕분에 긴긴 40년 과부 면하게 생겼으니 경사났네! 경사났어! 동해물과 백두산이 마르고 닳도록 잘 데리고 살껴. 어머나! 미쳤나봐. 시집은 가지도 않고 에둘러 없을 포대기부터 마련한다고 아직 말도 안 꺼낸 판국에 우물에 와서 숭늉 달라는 격이지 아유~ 요느무 주댕이 입방아! 일본 총각 부끄부끄~ 아니무니다. 늙어도 사랑의 감정은 있는 것이무니다. 본능이고, 그런 특징적 유전자를 갖고 있는 것이 인간이니 그건 숨길 수 없는 진실이무니다. 감정표현 참 잘하셨쓰무니다. 부끄럽거나 감출 일이 아니무니다. 표현의 자유이고 생각의 자유이무니다. 이 조지꼬상, 열정을 솔직히 표현한 사장님의 용기에 감동 받었쓰무니다. 사장님! 누구야? 병덕이구나? 왜 불러쌌냐? 청소 다 했냐? 야, 근디 일본말도 한 개도 못하시면서 일본 사람과 뭔 말을 그리 오래하시는 거에요? 그건 알어 뭘 허게? 일본말도 모르시면서 하이, 하이 그러시는데 알긴 아시는 겁니까? 알긴 임마! 불알을 알어? 그냥 주워들은 대로 맞거나 말거나 얼버무리고 눈치로 때려 잡고 표정으로 알아차리는 거지. 도끼로 이마가 피 받어 바께스상 우짤기노 나나상 되나마나 지껄여 보는거. 사장님, 되게 웃긴다이. 이놈 시키! 너 월급 안 줄꺼. 까불구 있어. 그나저나 그 연세에 돈 있겠다, 그냥 슬슬 사시지 뒤늦게 살림 차리실려구요? 왜 이 나이에 짝이 되어 이불 같이 덮으면 큰일이라도 난다더냐? 망할 새끼 옆구리에서 초치구 자빠졌어. 젊은 날 못다 누린 사랑의 감정을 이제 왕창 써버릴려구 그런다 왜? 아, 누가 뭐랩니까? 가셔 일본 쪽빠리 영감한테 홀려 이나마 잘 먹고살다가 늘그막에 있는 거 없는 거 죄 날리고 노숙자 되려고 깨방정을 떠시는구만. 난 모르갔시다. 알아서 허시게. 난 퇴직금 받고 나가면 그만잉께. 잘 사나 어디 두고 봅시다.

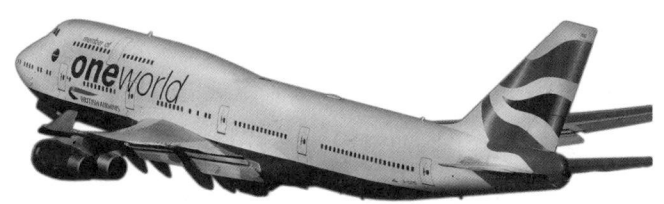

코로나19

●● 할아부지! 할아부지는 옛날에 공부 잘했어요? 그건 왜 묻냐? 잘했지. 100점 맞아봤어? 100점은 못 맞아봤지. 할아부지 기본 점수는 10점. 통신표는 수우미양가 중에 가가 제일 좋아서 노냥 가가가~ 할아부지는 공부가 하기 싫어서 노냥 땡땡이치고 점심시간 12시도 안 돼서 도시락 까먹는 재미로 소풍이라 생각하고 다녔어. 공부는 정말 싫었어. 왜? 졸려서. 왜 졸려? 그냥 밥 먹고 나면 그냥 자. 선생님이 종아리를 노냥 때려 피멍이 걷힐 날이 없었어. 매 맞는 게 이골이 나. 으레 으더맞으려니 했으

니까 매도 단골이 되니까 맞아도 아프지도 않던 걸? 그런 걸 맷집이라고 하는 거란다. 뭐 모르는 거 있남? 뭔지 말혀봐. 알면 맞출 꺼고, 모르는 거면 모를 것이니께. 요거다 조거다 캐묻들 말고 지껄려봐. 이 할아부지가 공부는 안 했어도 밥그릇 숫자가 어마어마 허니께 듣고 배우고 본 것이 많으니께 깨꾸루 맞출 수도 있제. 뭔 문제여? 아주 어려운 과학 문제인데 할아부지가 맞출랑가 모르겄네. 아, 혀보랑께! 우주 최초 달나라에 첫발을 내딛은 우주인은 누굴까요? 아, 그야 루이 암스트롱이라는 미국 양키지. 맞습니다! 맞고요~ 두 번째, 달나라를 밟은 사람은 누구게요 할아부지? 예끼이~ 요 녀석, 할아부지를 놀려 먹네. 나는 똥은 밟아봤어도 달나라 땅은 못 밟아봤지. 말은 바로 말이지.

그럼 이번엔 정치 문제! 큐! 2021년 단임제 대통령 임기 며칠 남기고 재선에서 낙지국 먹고 행패 부리고 탄핵이다, 깜빵이다 그지 같은 이슈를 남기고 불명예로 빠나나 껍질에 미끄러진 그 사람 이름은? 으~ 캬캬캬 도람푸제~ 트럼프, 트럼프! 알어, 알어! 네깐 놈이 아나 모르나 일부로 그렇게 헌 것이여. 알두 못허구 어린 것이 감히 할아부지를 골려 먹어? 거 자식, 며눌년이 새끼 교육을 어떻게 시켰길래 주먹만 한 게 할애비를 데리고 놀아 그래. 나 이거야 원, 잡아 팰 수도 없고 나 이런 오줌을 쌀! 너 할아부지가 문제 하나 낼 테니 맞춰보련? 아주 쉬운 걸루 전 세계 어린이가 다 아는 문제야. 문제가 나가자마자 급쌀로 맞출 수 있는 거야. 얼굴은 달덩이요, 몸뚱아리는 도라무통, 걸음걸이는 아장아장 문명의 이기가 하늘까지 닿아 더 이상 그 무엇도 만들 건 다 만든 이 시대에 아직도 쌀밥에 고깃국 타령이나 하고 계급을 떼었다 붙였다 끽하면 야! 쏴버려! 내래 뭐 볼 꺼 있간? 이보라오 동무, 뭐하고 있어? 쏘라니깐이! 자력갱생 우리는 우리 식대로 혁명고수 위대한 조선민주주의 혁명공화국 북조선은 양코백이의 꼭두각시가 아니다. 위대한 수령 아바이 만세! 오로지 살 길은 핵! 꽈꽈꽝뿐을 외친 유명한 외고집 우두머리는 누구게? 이만갑! 땡! 그건 TV프로그램이구 이놈아. 이만갑의 대표 이름이 뭐냐니깐? 모르겄는디? 자빠져 자다 문창호지 찢냐? 어린 대갈통이 이토록 무디니 집구석에 교수 하나 길러내리라 했더니 일찌감치 마음 접어야 쓰겄다. 정답을 뛰어넘어 가르쳐 줘도 어림짐작도 못허고 눙깔만 뱅글뱅글 굴리고 있으니 눙깔을 굴릴 게 아니라 대가리를 굴려야 하는디 거꾸로 굴리니 정말 모르겄냐? 네, 할아버지! 이만갑 외엔 도리도리 짝짜꿍이라 이거지?

됐고, 그럼 이번엔 먹는 거 문제 하나 내마. 넌 시방 딴 아이들보다 비만이지? 왜 비만일까요? 많이 먹어서요. 딩동댕! 이번엔 맛있는 문제 하나! 야밤에 할아부지 몰래 너희들끼리 자주 시켜 처먹는 게 뭐게? 돈까스, 꼬꼬댁 프드득 지글지글 통닭! 딩동댕! 잘했어. 아주 요것들이 애비 몰래 이것저것 뭘 시켜 처먹나 했더니 맛난 거는 죄 시켜 먹으면서 냄새만 풍기고 날 쏙 빼놓구 즈

그덜만 뱃때기가 꾀지게 처먹어? 오늘 아주 앓던 이를 쏙 뺐구먼. 어쩐지 살들이 날로 피둥피둥하더라니! 똥은 을마나덜 퍼질러 내놓을까? 내가 지놈 새끼를 을마나 이뻐하며 사랑으로 키웠건만 제 목구멍, 제 여편네, 제 새끼만 챙겨 애비는 이웃집 늙은이 취급해? 할아부지, 나 중화요리 얼큰한 짬뽕 먹고 싶어요. 그래서 날 더러 어쩌라고? 느그 애비 졸라 시켜 먹어. 할아버지는 돈 없다. 아니, 요강단지만 한 합주발에 고봉떼기 밥 한 그릇 훌딱 허시구 밥숟갈 놓은 지가 이제 겨우 한 시간 남짓 지났건만 그새 또 목구멍에서 들어와 들어와 그러남? 그 느무 배때기는 언제나 풍년이 드나 그래? 노냥 궁허대? 똥구멍이 미안허지두 않냐? 안 사주면 말지 뭔 말이 그리 길쭉해. 할아버지 미워! 나두 너 미워! 언제는 인마 네가 날 이뻐했냐? 아, 까딱했으면 첫 마디에 꼬불친 비상금 털릴 뻔했네 그려. 자식 며느리가 미우니께 손주놈도 미워지네 그랴. 엥? 까르르 꺄르르~ 여보시여? 누구야? 아, 영자냐! 아, 그럼 잘 있지. 펄펄해! 아, 내가 누구냐? 말죽거리 마당쇠 백가 하면 인왕산이 우르르르 울지 않던? 이 오빠가 보고파? 원, 저런! 아, 그토록 아롱거리면 택시라도 잡아타고 날 찾아올 일이지 사무치게 보고파지도록 참구 있었그먼!

오빠가 급히 달려가 뜨겁게 얼싸 안아줄게 기달려라. 전화도 없구, 새해가 돼두 세배도 안 오구, 세배값 주려고 50,000원짜리 빠각빠각한 걸루 장편소설책 한 권 두께로 준비해 놓구 기다렸드만, 뜸한 이유가 뭐야? 설마 딴놈이랑 찌꾸 까부르는 건 아닐 테지? 뭐여? 코로나에 걸려? 격리 수용되어 오라버니도 못 보고 죽는 줄 알고 얼마나 떨었는데. 아이구 저런~ 염병할 느무 코로나! 사랑하는 나의 깔치 영자에게 덤벼들어 잡아먹을 느무 코로나 때려죽여 버려? 그 뭔 싸가지 없는 개소리여 시방! 십 년 아성을 순식간에 무너뜨리는 거여 뭐여? 오빠, 오빠를 너무 사랑해서 자유롭게 내 사랑 속에서 자유롭게 놓아주려고. 오빠, 사랑은 주는 거야. 구속하는 게 아니라구. 고것이 어느 나라 사랑법이냐? 육갑을 떨어요 육갑을! 병원에서 코로나 핑계로 어느 놈팽이와 눈이 맞어 연애질만 하다가 퇴원해설랑에 겨우 한다는 소리가. 뭐하는 영감이야? 돈은 좀 있어? 잘생겼어? 미남이야? 몇 살이야? 60대에 작은 기업을 하는 사장이래. 아무튼 내가 완전히 빠져버린 남자. 빠지구 삐지구 간에 날 사랑한다며 날 버리고 딴놈에게 가는 게 날 자유롭게 해주는 거냐? 그렇게는 못하지. 네가 날 을마나 빨어 먹었냐? 영원히 오빠는 내 사랑이야. 이런 야설을 떤 년이 찢어진 고무신짝 팽개치듯 날 버려? 흥! 세상 이별하고자픈 모양이로구먼. 앙 그래도 시방 뿔딱서니가 뿔끈 일어 해골 꼭대기에서 라면이 끓는데 깔깔하게 있다가 겨우 튀어나와 한다는 소리가 날 잊어달라구? 내가 물렁 팥죽이냐? 딱딱한 참나무 등걸이여? 확 하면 일 벌어진다 너!

알어두 소용 없다구! 이미 오빠와의 게임은 종료라구! 그 남자랑 조용히 이 바닥 뜬 지 벌써 한참 됐어. 모른 체하다가 옛정을 생각해서 양심선언으로 오빠에게 용기를 낸 거야. 멀리 떠나 전원에서 한평생 같이하기로 한 운명적 만남이야. 너 거기 시방 어디야? 여기 바다 건너 토오꾜. 둘이 여행 왔어. 오빠 미안해. 오빠 그동안 고마웠고 행복했어. 오빠는 어엿한 가정이 있는 유부남이 아니야? 유부남? 마누라 거꾸러진 지가 언젠데 유부남이야? 홀애비야. 안 그래도 살림 차릴가 고민하던 중인데 이게 웬 날벼락이여? 잘못된 만남, 그것이 늘 내 마음속 그늘이었어. 이제 오빠와의 인연은 여기까지야. 전화도 바꿀 꺼고, 두 번 다시 전화도 안 할 거야. 오빠의 남은 인생 행복하길 바래. 안녕~ 뗄거덕! 와~ 돌아버리겠네. 말죽거리 백가가 과부한테 채이다니! 얼마나 년놈이 잘 살다 되지는지 내가 두고 볼 꺼다. CE8 때갈년아, 못 믿을 건 여자의 마음이라더니 에라~ 엎질러진 물이니 도량 넓은 사나히 백가가 떠난 계집 때문에 고민을 해서야 쓰간? 인생사는 만남과 헤어짐, 갈등과 미움이 존재하나니 그걸 인내로 감내해야지. 이제 난 자유의 남자다. 어제는 잊자. 내일이 있을 뿐이다. 마지막 이별이라 축배가 필요하지, 암~ 술이 필요해. 어머~ 백 사장님, 오랜만에 오셨네요? 웬일이셔? 웬일은? 술꾼이 단골술집이 여기만 있가디? 발길 닿는 대로 마음이 멈추는 대로 주저앉으면 거기가 내 주점이지. 하긴 뭐.

그런데 오늘은 왜 혼자서? 하나는 외로워 둘이라는데 그렇게 됐네. 혼자가 더 어울리는데요? 그건 왜? 제가 있으니까요. 허허~ 마담도 농담할 줄 아네. 어머~ 술장사 10년에 불여우 된 거 모르세요? 불여시라 걸리면 확 잡습니다. 어 그래? 나 한 번 잡아보지 그래? 잡아도 뺨 맞을 일 없다면야. 음~ 한 자락을 조심성 있게 깔고 행차하신다. 매사 불여튼튼이라구 자렴을 갖고 연애하는 것도 괜찮은 방법이지. 마담, 내 옆구리 한 번 찔러봐. 움찔허나? 자요. 에이~ 뜨끔하게 콱 찔러. 인정사정 없이 내가 느끼도록. 이보셔, 인왕산 우르르 백씨 양반 그렇게 아무 데나 디리대는 게 아니야. 그러는 게 아니야. 늙어도 호랑이는 호랑이지! 술장사 10년에 찌분닥거리는 뭇 사내들 수없이 겪어 이젠 사내들 낯반대기만 봐도 모양새를 읽어내거든. 백씨도 이쯤에서 정신 차리고 당신 하나 믿고 사는 조강지처 마나님한테 충성하셔. 더 늙은 후 구박에 천대받지 말구. 후회하고 미안함을 느낄 땐 이미 수족 못 쓸 물 먹고 흐늘흐늘해진 창호지꼴 안 되려거든 마나님 챙기셔. 술에 미쳐 여자에 미쳐 쭝뿔난 헛깨비들 주머니 터는 술장사 년이지만 진실이 뭔지 인생살이가 뭔지는 분명히 알고 사니까. 백씨, 이왕 오신 거니까 적당히 기분 좋게 마시고 내일부터는 우리 집에 오지 마셔. 대신 오늘 술은 내가 쏠게. 마담 왜 이래? 술맛 떨어지게. 술맛 떨어지면 입맛으로 드셔. 술은 그렇게 마시는 거라구요. 오늘 아주 말죽거리 백가 쉬어 터진 보리밥 신세로구만. 알싸한 이 백가의 심사를 마담마저도 몰라주니 아이구~ 하나님 왜 이러셔요?

고구려 장수 허지문덕

●● 나는 고구려의 장수 을지문덕이다. 제군은 들으라. 사나히는 나라를 위해 목숨을 바친다. 두려워 말라. 결전이 눈앞이다. 돌격하라! 종자 하나 남기지 말고 오랑캐를 싹쓸이 하라! 아니 되옵니다, 장군! 이 조그마한 땅덩어리에는 고구려, 신라, 백제라는 엄연한 3국이 존재하는 쥐방울만 한 나라가 아니 옵니까? 서로 이웃한 형제국으로서 다스림의 역할만 다를 뿐 의리와 상호존중적 의미가 큰고로 다투고 살육하는 천인공노할 비련은 불가하옵니다. 장군, 부디 헤아려 이 난국을 안정시키소서. 싸

움은 처절할 뿐더러 가족과 가족의 불운으로 슬픔과 눈물을 잉태하는 원흉으로 민심은 흉흉해지고, 서로가 서로를 불신하며 경계하는 원한의 잃어버린 30년을 왜 자초하려 하십니까? 야야~ 여기 대장이 누구냐? 아, 그야 을지문덕 아니 허지문덕 장군입죠. 잘 암씨롱 고따우 으더 터질 소리를 씨브렁대는겨? 군대에서 이의는 명령 불복이며 죽음을 자초하는 어리석은 짓이다. 까라면 깐다. 살려고 하는 자 죽을 것이요, 죽기를 각오하면 기꺼이 살 것이다. 왜장의 가슴에 불화살을 박아라! 으으으윽 사요나라~ 그러면서 꺼꾸러지게. 장군, 무슨 언어가 그리 포악스러우십니까? 우리 사돈이 일본인인데 국호만 다를 뿐 그들도 사람이거늘 무식하게 꺼꾸러지네, 대갈통이 깨졌네 그러지 마시라구요. 적은 총칼을 휘두르며 싸울 때 적이지 그들은 가만히 있는데 왜 장군 혼자 이러구저러구 녹난 칼을 휘두르며 뻔쩍거리십니까? 승질나면 자기 뱃때기에 자기가 스스로 칼 꽂는 사무라이 정신, 그들의 인간성을 아십니까? 벌통 잘못 건드리면 벌에게 쏘여 된장 바르는 거 아시죠? 그런 애덜이 독이 나면 그 감당을 어찌 막아낼려고 춤벙대시냐구요?

얘가 얘가 쪽바리한테 뇌물을 먹었나 왜 이런다니? 야, 염탐꾼 놈아! 너 얘한테 뭐 아는 거 없냐? 자꾸 걔네 편만 들고 날 자꾸 가로막는다. 얘 왜 이러냐? 아는 건 읍구요. 그냥 사람 좋다는 것 외엔 아무것도 탐지 못했습죠 장군. 장군이고 멍군이고 하나같이 죄 그냥! 그냥 아유~ 이런 밥벌레들 같으니! 이런 뜰땅들만 우글거리니 고구려가 승승장구할 수가 있나? 쇠퇴하는 고구려를 위해 나는 오늘 승전을 위해 공격의 끝을 늦추지 않으리라! 싸움에는 무조건 이겨야 한다. 그것이 장수가 할 일이며 사명이다. 전쟁에 있어 인정과 사정 따위는 사사로운 감정이므로 절대 불가하다. 상대를 쓰러뜨려야 내가 존재할 것이니 쳐라! 찔러라! 사납게 용맹스런 불독이 되어라! 금방 내 번개처럼 스친 깜짝 아이디어 전술에 숨겨진 급습 비방책이 떠올랐다. 이건 나 혼자만이 알아야 할 것으로 쫄다구는 알 거 없고, 군사기밀인 관계로 누설은 금물이다. 내 앞길을 막는 자 군법회의에 입각하여 엄벌에 처할 것이니 목숨을 버리려는 자 나의 길을 막아도 좋다. 다만, 첩자로 인정하여 처단할 것이다. 아까부터 나으 말에 반기를 들며 말을 달려 적진을 향할 오늘의 전술에 가리를 놓으며 자제를 가해온 너! 왜놈 첩자가 아니더냐? 원, 별소리를 다 듣네. 장군이랑 한솥밥 먹은 지가 10년 이상인데 그렇게 나를 몰라? 별 지랄 같은 소릴 다 듣네. 쌍말로 CE8이네. 정말 자기 부하인지 첩자인지 구분도 못하는 게 뭐 장군이라고! 똥장군, 긴 창만 휘두르면 다야? 그 정도는 나도 휘둘러.

이 알통을 보라고! 계란 두 개가 뽈록 나왔지? 이걸 알통장군이라고 하는 거야. 그렇게도 이웃나라 몽골인지 해골인지 거길 통일시킨대나 안 돼 합친대나 우쭐대면서 처들어갔다가 내가 선봉이

다 날 따르라! 그러면서 말 옆구리를 발로 뻥 차면서 앞으로 달려 나가 긴 창을 춤벙거리며 휘두르다가 창을 놓쳐 그걸 주우러 말에서 내려가다가 발 뒷꿈치에 화살을 맞고 되지다 산 주제에 호령은 네미! 누굴 닮어가는지? 용감을 떨며 달려나가면 뭘 해? 긴 창 몇 번 휘두르다가 지쳐 핵핵거리다가 아이고 죽갔다 그러면서 말머리를 돌려 좆나게 내뺀 게 누군데? 창피한 것도 모르시나봐? 요즘 조정에서 장군 교체설이 나도는데 그게 다 부하들이 장군을 신임하지 않기 때문에 신고가 들어가 그런 소문이 자자한 걸 저 화상은 아직 그것도 모르구 병법 연구를 한답시구 같잖게 지도만 들여다보구 있어요. 머리가 잘 돌아가 싸워서 이겨내야 훌륭한 장군이지 노냥 헛발질만 하구 내빼는 데만 이력이 나니 나 이거야 원! 장군, 장군이 쓰는 그 긴 창 좀 이리 줘보슈. 그건 왜? 내 체격에 맞나 한 번 휘둘러보게. 으히이~ 얘들아, 얘 왜 이러냐? 지가 이 창을 들어보겠대. 너까짓 건 한쪽 귀퉁이도 못 들어. 아, 글쎄 드나 못 드나 이리 줘보랑께. 나가 요래 봬도 강단이 변강쇠여! 이 팔뚝을 봐봐, 통뼈여 통뼈! 보는 김에 이 손두 좀 봐봐. 손이 두툼하니 장군보다 더 큰 두꺼비 등짝 같지? 기운 차 보이고, 이 손으로 이야~ 얍! 에게? 오줌 요강 하나 든 무게여! 기럭지만 길었지 무게는 고무풍선이네. 난 또 엄청 무거운 줄 알고 역시 장군은 장군이구나, 저 무지한 팔뚝의 힘은 어디서 나오는 거야? 역시 장군은 장군이네! 그러면서 부러워했는데 오늘 체험해보니까 빛 좋은 개살구 허꺼뱅이! 진짜 아니꼬와 못 보겠네. 아이~ 드러워. 괜히 부러워하고 쫄았잖아!

  이래서 실전이 필요한 게야. 안 들어봤으면 평생 속고 우러러 봤을 거 아냐? 어쩐지 휘두르는 걸 보노라면 마치 공깃돌 가지고 놀 듯하더라니, 이래서 이놈이 절대 못 만지게 한 이유가 여기에 있었어. 애나 어른이나 잘난 체하는 것들 배끼고 뜯으면 빠진 나사가 하나둘 빠져 나온다니께. 해서 세상에 완벽이라는 건 없습니다. 정교한 AI도 오작동할 때가 있어요. 사람 돌아버리게 하는 실수, 마누라 몰래 여보, 자기 하는 감춰둔 여자, 외부 주전부리 2호, 쉬쉬하지만 어라? 이게 뭔 일이라냐? 감쪽같이 했는데 뽀롱이 나다니 확실함은 결코 없다는 뜻! 헛꺼뻥이 장군께 아뢰오. 목소리 톤이 갑자기 아름답고 명랑해졌구나. 흠모하던 날 경멸하는 듯이 비비 꼬는 말투 같은데 에에이~ 불쾌하도다. 감히 내 창을 들어보구 경멸의 제스쳐를 쓰다니! 에에이~ 그게 아니라 장군밖에 못 들 것 같은 긴 창을 내가 감히 들었다는 자만심에 도취되어 가져보는 성취감 그런 거라고나 할까? 뭐 그 정도여서 내가 그만. 사람이 본래 그런 게 있지 않슈? 상대가 잘하는 거 내가 했을 때 똑같이 잘할 때 두 배 되는 기쁨이 흐드러질 때 기분 나이스! 잘 암시롱? 장군, 이제 웬만하면 쳐들어가시지요! 어딜 쳐들어가? 너 땜시 내 사기가 땅에 떨어져 형편 낙가오리가 된 마당에 뭔 신명이 나서 돌격 앞으로 나아가자! 이러면서 소리 지르냐? 싸움도 기분이야 인마! 우울한 마음으로 승질이 나서 싸우면 실수 연발에 재수 없으면 운명하셨습니다야. 나는 뭐 아무런 감정도 없이 매일 터프하기만 한 줄 아냐?

전쟁이라는 거는 인마, 때와 기회가 있는 거야. 이번 출전은 포기했어. 포기한 전적 책임은 너에게 있으니까 알아서 해! 순전히 네가 내 기상을 확 다운시킨 그 절망감이 이 중대한 시기에 상처가 되어 심기불편이라는 미명하에 출격을 멈추기로 했다. 다음을 기약할 수밖에. 그렇다고 휴식은 아니다. 일보전진을 위한 이보후퇴로 이 공간의 날들을 강도 높은 훈련과 창칼을 갈고 악을 기를 것이며, 칼을 대신할 주먹을 다질 것이로되 끈기와 용기, 인내로 함께 훈련하여 기발난 강군 고구려의 위용 있는 병졸로 거듭나게 할 것이다. 진정 훌륭한 너희들을 어느 누구 하나 희생으로 잃고 싶지 않아. 강해야만 살아남을 수 있는 것이 비정한 전쟁의 실체다. 모두 살아서 함께 승리를 자축할 수 있는 역대 무적의 고구려 병사가 되길 바란다. 오늘은 특별한 날이다. 내일을 위해 고단한 훈련으로 몸과 마음이 지쳐 있을 테니 태산처럼 쌓인 술과 고기가 있으니 양껏 먹고 마시며 즐기길 바란다. 이에 더불어민주당이 아니라 더불어 1인 1깔치로 한 사람당 여자 하나씩 프레센트 최고조로 트더지는 기분을 내기 바란다. 다만, 그대들의 직분은 병사로서 잡스런 행동은 금물이다. 군인정신을 극복하며 젠틀맨다운 면모를 보여주길 바란다. 그리구 말야, 나 오늘 출전 못하게 기분 잡친 너! 헤헤헤~ 간신 너는 저쪽 옆으로 가서 요강 들고 서 있어라!

요강엔 오줌이 가득하다. 몸을 비비 틀거나 요령 피우려고 함부로 움직였다가는 오줌벼락을 맞을 테니 알아서 하도록! 오줌 요강 들어 올려 그 자세로 보건체조 시작! 엇둘 엇둘 그쳐! 크게 한숨 한 번 쉬고 올려! 고정! 애덜 술 먹고 여자 꾀차고 나가나 안 나가나 파악한다.

네 몫의 술과 괴기는 불행하게도 없다. 누굴 원망할 일도 아니며 세 치 혀의 나불거림의 죗값이 어느 정도라는 걸 실감하는 술과 안주와 여자가 있는 밤이다. 잘할 수 있냐? 절대 부러워할 일이 아니다. 네 잘못이 네 발등을 자진해서 찍은 꼴이니 가벼운 주댕이가 얼마만큼의 시련을 나에게 준다는 걸 실감으로 알 일이다. 야! 잡동산이 병졸! 네으입, 장군! 장군이고 홍군이구 너 술 몇 병 먹었냐? 고참 고기 찢어주느라구 아직 입맛도 안 다셨는데요? 그게 쫄다구의 비애다. 허면 맨정신이라는 거 아냐? 그렇습죠. 그럼 말야, 저 개울 건너 일진수퍼 점빵에 가서 술 좀 가져와. 안주는 골뱅이에다가 드러 부으면 목젖이 뜨끈한 독주 꼬량주, 조니워커, 진토닉, 라폴레옹, 보드카, 입가심으로는 진로, 포도주, 맥주는 카스로! OB도 괜찮은데요? 안 먹어 인마! 요새는 카스가 대세야. 그리고 서비스로 배추 묵은지 한 포기만 얻어와. 있어도 안 줄 텐데요? 왜 안 줘! 묵은지는 군둥내가 남시로 맛있응깨. 술을 얼마나 팔어주는데 안 줘? 내가 달랜다구 그러면 준다. 저번에도 오징어 사러 갔다가 핀잔만 듣고 그냥 왔는데. 왜 그냥 와? 외상값이 장난이 아니래요. 이거 언제 다 갚을 거냐고 장부를 내팽개치면서 가래를 칵~ 뱉든 걸요. 그게 다 장군님 외상값이라면서요? 우린 뭐 땅 파서 장사하는 줄 아냐며 마누라더러 소금 뿌리라 그러든 걸요. 일단 한 번 가봐. 누가 아냐? 또 술 처먹고 기분이 좋아 흥얼거리는지. 아마 줄 거야. 외상값 으쩌구 그러면 금방 내 다 청산한다구 그러더라구 그러라구. 만약에 안 주면 외상값 포기하는 걸로 간주한다고 내가 그러드라고 그러라구.

지까진 게 안 주고 배겨? 소비자는 왕! 낚시에 물리면 끌려오게 되어 있어. 안 준다고 뻐티면 다른 가게로 옮긴다구 내가 그러드라구 그러라구, 알았지? 네, 장군. 장군! 넌 또 뭐야? 골뱅이도 하나 추가하시죠? 나 골뱅이 안 먹는다고 했지? 제가 먹을게요. 내가 안 먹는 건 너도 못 먹어. 아유~ 골뱅이 체면 좀 살려주시지! 그래 하나 가져와라. 그런데 저놈은 어째 뒷통수가 삣뚜러졌냐? 대장, 장군! 왜 또? 나도 좀 먹자. 먹을 때는 개도 안 건드린다는데 모처럼 다리 뻗고 허리띠 끌러놓고 술 좀 먹자는데 왜덜 이렇게 불러쌓고 지랄들이야? 그래, 용건이 뭐야? 기지배들은 왜 안 오는 거예요? 술과 여자는 한 떨기 장미인데 안주는 없어도 여자는 있어야지, 장군이 약속한 기지배들이 안 오니까 이거 어디 술맛 떨어져 마시겠습니까? 야마, 기달려. 걔덜 지금 화장하고 있을 거야. 이쁘게 꾸미는 중인데 고새를 못 참구 날 더러 없는 기지배를 만들어 달라는 거야, 뭐야? 찍어 발르고 꾸밀려면 여유가 있어야 할 꺼 아냐? 맨얼굴에 볼 게 뭐 있다구 졸라대? 못생긴 새끼덜이 더 지랄야. 원 드러워 제에미~ 기지배들이 와도 인마 네 껀 없어. 왜요? 내가 을마나 쌈을 잘하는데 기지배를 안 줘? 빨간 코에 복분자가 디리 매달린 주태백일 어떤 년이 냉큼 안기냐? 꿈도 야무져 아주! 장군! 왜 그랴 시방? 내 쌍판대기 가지고 술 먹습니까? 그건 아니지. 다들 가만히 자빠져 있는데 유별나게 네놈이 대표로 나서서 촐싹거리니까 아니꼬아서 그런다, 왜? 그새 몇 병이나 깠기에 벌써 해롱해롱이야? 야! 줄반장! 네, 장군. 쟤 더 이상 술 주지 마. 쟤 몇 병이나 먹었냐? 럭키 세븐, 일곱 병인데요. 고기는 제 볼기짝만 한 고깃덩어릴 휙 허더니 집어가지고 내튀던 걸요. 그 많은 걸 다 처먹고 뱃때기 부른 소리를 나한테 와서 앙앙대?

그 새끼 어디 소속이냐? 잡자식 같으니라고. 장군! 왜 그랴? 넌 또 뭐야? 안주가 동났는데요. 그래서 날 더러 어쩌라고? 나도 내 목아치는 먹어 치울 줄 알거든? 다 먹었으면 그걸로 됐어. 똥구멍에서 욕해. 뱃때기에 그지가 들어 앉아 있나? 처먹는 데는 아주 일가견이 있어. 싸움을 그렇게 용감히 좀 하지. 이보셔, 대장, 아니 장군! 아, 먹을 때 진탕 먹고 근육 좀 길러놔야 왜놈인지 잡놈인지 때려잡지 못 먹고 비실대며 싸우러 나갔다가 빈혈로 쓰러지면? 아따~ 이 자식 말하는 거봐라? 남 두 배는 처먹는 놈이 빈혈? 을마나 더 처먹어야 빈혈이 안 일어나냐? 빈혈 같은 소리 하구 있네. 너 자꾸 이러면 오늘부터 밥 안 준다. 왜요? 빈혈로 쓰러져 뒤지게.

안 주면 말어. 빈혈에 되지나, 왜놈한테 칼 맞아 뒤지나 되지는 건 매 일반이야. 얘 완전히 갔구나? 가기는 네미, 이제 겨우 간에 기별이 갔구먼. 겨우 세 곱뿌 먹었어. 세 고뿌 먹고 취해? 그저 그냥 어림짐작으로 도매급으로 넘겨? 내가 술 주량이 얼만지 알우? 4홉드리 막소주 기본이 럭키 세븐이야. 알기나 하구 꼴았네, 갔네 하시라구요. 장군, 술도 없구 안주도 없구 계속 돌아다니면서 얻어먹어야지 어휴~ 저건 웬 애가 저렇게 반죽이 좋으냐? 저렇게 처먹는 것만 밝히는 놈은 군량미만 축내지. 다음번 싸움 때나 한 번 써먹고 집으로 보내버려야겠어. 야, 적발 퇴출 명단에 쟤 이름 올려놔라. 괜히 싸움도 못허는 게 시끄럽게 와와~ 소리만 지르고 후퇴! 그러면 제일 먼저 토끼는 게 저놈이야. 장군이 나에 대한 관심이 대단하셔. 한 계급 더 올려 취사반 반장 하나 시켜 줄래나 보지? 계속 내 얘기만 하는 거 보면. 고맙시다, 장군! 다음번엔 일 계급 특진이나 시켜주셔.

너 인마! 영원한 일등병이야. 상철로 만든 칼도 두 손으로 잡고 내둘르는 놈이 처먹는 건 다 똥으로 나가냐? 으째 그렇게 애가 꺼벙해 그래. 이거봐, 적발. 네, 장군. 쟤 1달치 월급이 얼마냐? 1원 10전인데요. 쟤 오늘 먹은 거 죄 적어놔. 월급에서 다 까고 봉급 때 빈 봉투만 줘. 혹시 가불은? 5전 했는뎁쇼? 거기에 이자 붙혀가지구 청구서 보내. 돈 없어 못 낸다구 그러면 1달간 뒷간에 똥 퍼내구 가라그 그래. 에이~ 너무한 거 아닙니까? 계급 여하를 따지기 전에 앞서 한솥밥 먹는 군인으로서 동료 병사로서 전우인데 유난히 왜 저놈한테만 꼬투리를 잡아 달달 볶습니까요? 야! 장군이 까라면 까는 거지. 아아~ 알았시다. 야~ 너 전쟁 나기 전에 미리 나가라. 이리 가까이 귀 좀 대봐. 장군이? 뭐야? 이런 씨이바알~ 지금이 장군의 마지막 배려야. 배려는 무슨 배려! 나는 끝까지 여기서 얻어먹다 죽을 거야. 쫄자로 말뚝 박은 병사라구. 내가 가긴 어딜 가? 때 되면 밥 주고, 술 주고, 고기 멕이고, 옷 주는데 내가 어딜 가? 집에 가봤자 미친년 볼기짝만 한 땅뙈기 한 평 없는 그진데 굶어 죽을 일 있남? 이러지 말어, 전두환이처럼. 왜 나만 가지구 그래!

조국의 수호자 허 대위

●● 차렷! 열중 쉬엇! 눈깔 돌아가는 소리가 들린다. 눈 알갱이 고정! 열중 쉬엇! 제군들은 들으라. 이번 군 작전명은 코브라다. 맹점은 신속 정확이다. 뻐끔 담배 피우며 하염없이 두는 멍군, 장군에 구경하던 옆 사람이 훈수 두는 바람에 싸움질로 둘러 엎는 장기판 놀음이 아니다. 이번 필승 작전은 생사가 달린 살아남느냐, 적이 괴멸하느냐 하는 중대사로 생과 사의 기로에 선 작전이며, 이 나라의 운명과 국방의 강력한 군인정신 철통방어적 훈련의 성과를 보여줄 오타 없는 정밀타격을 시험할

중대사의 한 판인 만큼 피나는 훈련으로 쌓은 전력을 유감없이 발휘해주길 바란다. 이제 몇 십 분 앞이다. 비장한 각오로 창공을 날아올라 강한 한 마리의 매가 되어 오늘의 작전 수행을 마칠 헬기는 우리 군의 기술로 만들어진 신형 아파치 가디언 헬기다. 오늘 출전의 기장은 남다른 군인정신과 몸을 바쳐 조국을 수호하리 다짐하는 그 이름도 빛나는 허 대위로 만약을 대비한 사랑하는 가족에게 이 당의 군으로서 마지막일지도 모를 차후를 대비한 유서까지 써온 비장함이 있다. 그럼 여기서 잠시 허 대위가 이번에 써놓은 어쩌면 마지막 필적일 수도 있는 그의 유서 내용을 여러분들은 잠시 암독할 일이다. 차려엇! 편히 쉬어! 야~ 아나운서 출신 이등병, 이리 나와 유서 읽어라.

나에게는 사랑하는 본처와 가끔 가다 주전부리 새마누라가 있으며, 슬하에 자식놈이 둘이다. 진저리나게 말 안 듣는 미운 일곱 살짜리와 네 살배기 도끼로 콱 찍은 기지배 하나 도합 남매의 아빠. 그의 취미는 코가 삐뚤어지게 빨아대는 술병이며, 나쁜 버릇이라고 하면 여자병이 걸렸는지 그저 여자! 여자! 여자! 설운도 노래 가사 같은 그저 여자! 여자! 여자! 흉이라면 주머니가 노냥 빈 털터리라는 거. 늘 지갑이 홀쭉해 여자를 그리 밝히니 팁 주랴, 병주댕이 빨으랴 돈이 붙어 있겠습니까? 얼굴을 매일 마누라한테 할퀴어 손톱자국이 닌자의 칼 맞은 사무라이처럼 일직선으로 빨건 줄이 그어지고 가만히 보면 못 말리는 애인데 군인정신 하나만은 끝내주걸랑여. 그래서 나는 이번 작전에 얘를 선택했다. 꼭 성공할 것이다. 저 자신도 호언장담했고, 나 역시 믿고 싶은 사람이며, 크게 걱정은 안 하리라 생각한다. 그러나, 불운이라는 것도 피할 수 없는 일이므로 만약이라는 운명적 실체에 상관으로서 무운을 빌 뿐이다. 부디 성공하고 돌아오라, 허 대위. 자, 허 대위의 무운을 위하여 묵념! 아니다, 묵념은 사라진 전우한테 하는 거지. 내가 가끔 까막까막한다니께. 다시 허 대위를 위하여 경례! 군가 시작! 사나히로 태어나서 할 일도 많다만 너와 나~ 나라 지키는 영광에 살았다! 으아으아~ 술만 먹고 돈만 내라! 엽전 열닷 냥~ 언니 낙찌한 사라~ 김양아! 허 사장님 오셨다아~

　마지막 가는 길일 줄도 모를 허 대위의 작전에 힘과 용기를 주기 위해 잠시 유머가 있는 분위기를 위하여 가사를 바꿔 불렀다. 이유 있나? 없습니다! 척! 역시 군대는 사나히다. 허 대위! 잠시 후면 이륙이다. 전선에 만전은 이상 없나? 그럼여. 허 대위, 부디 뒤지지 말구 살아서 돌아와야 한다. 하문여! 내사마, 여우 같은 마누라쟁이랑 새끼보다 자기를 두고 으찌 눈을 감겠능교. 사랑하는 깔치를 두고 내사마 몬 죽습니다. 경상도 문댕이 민들레 아입니꺼. 자! 작전 출격 5분 전이다. 허 대위를 기점으로 전원 출격 준비하라. 1, 2, 3, 4호기 준비됐나? 넷! 이상 없습니다. 명령만 내리십시오. 충성! 충성! 좋다! 1, 2, 3비행대 부디 무운을 빈다. 쓰리, 투, 완, 제로! 출격! 투투투투투~ 타타타타~ 붕 떴다~ 떴다~ 비행기 날아라~ 날아라~ 날아라~ 하늘 높이 날아라~ 우리 비행기~ 아아~ 1, 2, 3호기 출격! 비행대 선봉장 허 대위다. 작전 비행에 편승한 대원은 들어라. 우리는 지금 5,000m 상공을 날고 있다. 아직은 우리 영토 위에 있다. 우리의 작전 목표가 가까워지고 있다. 호랑이를 잡으려면 호랑이굴로 들어가야 한다. 우리의 목숨은 이미 초계다. 조국에 이 한 목숨 던질 것을 각오로 서명한 기꺼이 죽어야 할 의무가 있다. 두려워 말고 모두 침착하라. 우리의 작전은 훈련한 그대로다. 치고 빠지면서 정확한 총구로 적을 괴멸하는 것만이 살길이요, 고향의 부모 형제 곁으로 돌아갈 수 있는 최후의 보루이다. 알았나? 저 멀리 적진이 눈에 들어온다. 각자 시계방향으로 비행하며 흩어져 타격 지점에 총구를 맞춘다. 전원 내 명령에 따른다. 일촉즉발 위험상황일 땐 명령 외 개인작전에 임할 수 있음을 간과하라. 이 방법은 유사시 최악일 때만이 허용한다. 이상!

목표 지점 상공 아래 우리의 목표물이 보인다. 편대 전원 타격 5초 전! 장전! 타격 개시! 타타타~ 투투투~ 두두두두~ 삐융삐융~ 꽈과과광~ 잠깐! 그만 터트려라. 뭔가 이상하다. 놈들의 반격이 없다. 함정인가 보다. 지금 시각은 정각 12시, 얘네들이 밥 먹으러 갔나 보다. 워낙 배가 고픈 애들이라 때가 되면 총알이 안 보이고 밥만 보이나 어째 조용한 것이 맛대가리가 없다. 여기 인민군 대대 맞어? 야! 큰 걸루 한 방만 더 내질러봐. 꽈다당꽝! 어라? 그래도 벙어리야? 부대가 떠났나? 아아악! 이제사 저쪽에서 아새끼들이 쏟아져 나옵니다. 따따따따~ 따발총을 난사하며 달려옵니다. 조심하십시오, 허 대위님! 이 위급한 상황 속에서도 날 걱정해주는구나. 임무를 마치고 무사히 귀대하면 쓰레기 골목 영자네 주점에 가서 내가 한 턱 쏠게. 알았지? 힘내! 예, 허 대위님. 영자가 이쁩니까? 야~ 살짝 윗입술이 들리면서 실눈을 뜨면 화 줵인다, 줵여! 내가 그년 땜시 늘 빵빵한 지갑이 홀쭉해지걸랑. 오우~ 그 정도예요? 그래 낭중에 봐. 장난이 아냐! 실제상황이라니께. 야! 위험한 상황에 기지배 얘기를 하구 자빠졌어. 허 대위나 쫄다귀나 똑같애 똑같애. 얼른 쏴대! 박살나기 전에. 살아야 영자도 보고 만저도 보지. 얘가 얘가 아주 훈련이 덜 됐구만? 말 시킨 게 누군데요? 허 대위님 아닙니까? 내가 그랬냐? 안 그런 거 같은데? 농담하면서 싸우는 놈 있으면 나와 보라고 그래! 야, 그쵸, 그쵸. 3호! 실탄은 넉넉한가? 무지하게 땡기던데 한 데다 다 쏜 거 아냐? 목표물에만 쏴! 총알 떨어지면 가는 거 알지? 작전 남은 시간 5분! 완전히 때려부셔야만 우리의 임무가 끝나는 거야.

1, 2, 3기 동시다발 투하한다! 쏴! 디리 쏴! 좋아 좋아! 종간나 이 새끼들이 여기저기서 깩깩 디져 쓰러지고 잔챙이 몇 놈이 악착같이 총질하는데요? 짜식들 같으니! 갸네들 거시길 겨냥해 갈겨봐. 붙들고 움켜쥐고 팔팔 뛰다 거꾸러지는 것 좀 보게. 굿! 탕! 탕! 설렁탕! 추어탕! 아구탕! 대구탕! 곰탕! 으하하하하~ 저놈은 거시기 끄트머리를 스쳤나봐. 아이구~ 소리가 여기까지 들리는데

요. 야! 그짓말도 적당히 좀 해라. 작전 퇴임 1분 전이다. 남았던 서너 놈이 꽁지가 빠지게 내튀는데요. 됐어! 살려줘라. 비겁하게 등 돌린 적의 등에 총알을 박고 싶진 않으니까. 에이~ 그냥 쏴버려요. 안 돼, 오늘의 적이기 전에 한민족의 자손이야. 이만 끝! 일망타진! 기수를 돌려 본대로 귀대한다. 편대 송신 잘 들리냐? 아 예, 잘 들립니다. 가자! 돌아가자, 수고들 했다. 한 명의 낙오나 부상 없이 작전 성공이니 동료 병사들이 우릴 대대적으로 반길 것이다. 저 아래를 보라! 우리의 귀환을 기다리는 병사들이 도열해 있다. 이제 안심이다. 그렇습니다, 허 대위님! 작전 편대 전원 무사히 돌아와 정말 고맙다. 오늘 이 시간을 영원히 잊지 않을 것이다. 살아 돌아와줘 정말 고맙다. 그대들의 이번 공로에 훈장이 내려질 것이다. 무사귀환을 축하하는 동료의 조촐한 파티가 있을 예정이다. 긴장과 진땀으로 더러워진 몸을 씻고 홀가분한 마음으로 자리하길 바란다. 즐거운 맘이 되길 바란다. 이상이다. 충성!

허 대위님! 상공에서의 약속 잊으시면 안 됩니다! 영자 보러 가서 한 잔 빨아야죠. 영자는 내일 보고, 오늘은 얘네들이 준비한 파티 열어준대잖아? 영자는 보기도 전에 미치기부터 했냐? 미친 새끼모냥 날뛰어? 저는여, 똥 마려운 건 참아도 이성은 못 참걸랑요. 영자가 얼마나 샐샐거리는 여우인데 너렁 거한테 넘어가냐? 내 지갑이 석삼 년은 털렸어도 궁뎅이 한 번 찰싹 쌔려버린 게 다야. 걔 참 어렵다. 너 일찌감치 접어라. 아직 어린 것이 그러다가 걸려들어 집문서 갖다가 바치지 말구. 고것이 아주 사내 간 빼먹는 데는 도가 터서 여러 사내 잡아먹었어. 속속들이 그 기지배 뱃뽀를 현미경처럼 들여다보는 허 대위님은 왜 3년씩 골탕을 먹었다면서 단념을 못하시는데요? 아, 그건 사나히 오기와 기백, 백전불퇴 내친 걸음에 목적지까지 일명 내가 찍은 여자 네 까짓 게 쎄봐야 얼마나 쎄겠냐? 강적은 강하게 밀어붙여야 승리하는 법! 끈기와 인내, 참는 자에게 복이 오나니 인간은 감정의 동물이거든. 은혜를 알고 정성을 알고 상대를 헤아릴 줄 아는 영특함을 소유한 것이 인간이거든. 남녀는 본능상 음양의 이치로 붙게 되어 있어. 다만 때가 아니어서 100m 앞 그녀이지만 나는 도를 닦는 심정으로 그 날을 기다리겠다 이거야. 스스로 달라붙게. 오늘 전투의 작전처럼 철저하게 머리를 쓰다 보면 가만히 오세요 요리 조리로, 당신만 오세요. 버드나무 아래로 그러니께 그 아이 영자 임자는 나다! 그러니까 침 삼키지 말구 곁눈질로 반쯤 죽여주는 실눈 웃음이나 봐봐. 이번 기회에 못 보면 네 평생에 다시 볼 기회는 내일부로 종료야. 스마트폰이 업데이트하시겠습니까 그러면서 X표나 종료가 나오잖어? 그럴 땐 X표를 꾹 눌러 다시보기 하듯이 그런 거와는 닮은 꼴이 아니라는 것이지.

아니? 똥 누러 갈 때 다르고, 싸고 와서 다르다더니 아까 공중전 총질할 때 저에게 잔뜩 희망을 준 그 말씀에 죽을지도 모르고 신이 나서 쏴 죄 죽여버렸는데 이제 와서 영원히 내 꺼라고 못을 박으면 나는 닭 쫓던 개 지붕 쳐다보기 아닙니까? 얘가 얘가 큰일 날 소리하구 있네. 너만 봤냐? 나도 디리 봤다. 서로 협력해서 죽여놓구는. 그리고 왜 꼭 내가 찍은 영자만을 보겠다는 고집은 뭐야? 딴 기지배들도 영자 못지않게 샐샐거려. 영자는 이미 나으 유부녀여. 임자 있는 기지배랑께. 우리의 임무가 뭐냐? 초토화 아니냐? 욕심은 젊은 녀석이 아직 솜털도 덜 빠진 미성년자가 주책맞게 웬 여자 욕심이 그리 많어 그래. 어련히 제대하면 장가보내 줄까봐. 그러시는 대위님은 노장에 주전부리에 이골난 양반이 하필 영자를 찍어놓구 그러시나 몰라. 아무튼 영자는 절대 안 된다. 내 여자니까. 도장만 안 찍었을 뿐 이미 내 마음의 꼬냑이야. 아무튼 약속은 약속이니께 내일 같이 보러 가는데 딱 보구 뽕 가가지구 숨소리가 거칠어지거나 눙깔이 씻뻘게져 헐떡거리면 안 된다.

오늘의 전투처럼 침착하게, 의연하게, 대장부답게 조용히 한 번 바라다보는 걸로 곧바로 잊어야 하느니라. 안 그러면 전우이기 전에 원수가 되고, 적이 되는 사자가 쫓아가서 잡은 임팔라를 서로 먹겠다고 으르렁대며 쫓고 쫓기는 사자와 하이에나의 먹이를 다투는 혈전처럼 너와 나 사이에 눈에 불을 켜고 영자 뺏기에 혈안이 되다 보면 총칼보다도 더 무서운 영적 암투가 벌어진다 이말여. 더구나 너와 나의 군대밥 계급의 차이가 하늘과 땅 아니냐? 그런 것도 그렇고, 니와 나이를 따져도 내가 엉아이고, 너는 애새끼 아니냐? 어느 것 하나도 영자와 너는 맞거나 어울리는 게 하나도 없어. 이럴진대 네가 나한테 앙심 먹고 대들어봐라. 내가 을마나 핏대가 나냐? 나 혈압이 180에 40이야. 잘못 건드리면 딸까닥 쾍~ 내가 죽음으로 너는 씻을 수 없는 살인죄명으로 젊은 날을 감방에서 불알이나 긁으며 나날을 보낼 테니 을마나 슬픈 일이냐? 그깟 여자 하나 때문에! 잊어라 접어라! 그깐 여자 하나 땜시 너와 나 사이에 금이 가서야 쓰겠냐? 내가 너에게 맞는 입뻬뚜리 여자 하나 소개할게. 개조심, 불조심, 여자는 남자 조심, 꺼진 불은 볼 것 없다. 자나 깨나 앙알앙알 땡! 종료하시겠습니까? 닫기를 눌러주세요. CE8 눌러버려!

환경 지키미

●● 이보셔, 아짐씨! 시방 까만 봉지 싸서 버린 게 뭐여? 그건 왜 물으셔? 기냥요. 남이야 쓰레길 버리든, 태질을 치던 뭔 상관으로 쏜난 독사모냥 대가리를 쳐들고 노려보고 그러시는겨? 정체가 뭐여? 쓰레기 조사꾼인감? 당근이지! 이 완장 보면 몰러? 청소, 바로 맞추셨어. 쓰레기 분리수거 기동순찰반 아무개 김개똥이요. 카메라 찍습니다. 찰카닥! 아니, 머리도 흐트러지고 입술도 안 발랐는디 느닷없이 사진기를 디리대면 내 체면이 말이 아니지? 쪼개만 시간을 주면 쪼깨 구루무 좀 바르고 분세수

도 곱게 하면 찍을 것이지 그지모냥 구진한 모습을 달래들어 찍으면 이건 여자 더구나 낯모르는 여자를 낼름 찍는 건 법에 걸리는디? 법은 아주머니가 걸렸어요. 쓰레기 노상방치, 벌금 20만 원입니다. 뭣이라거라고라! 이! 십! 만! 원! 워매~ 똑똑하게도 알려주네. 아, 20만 원이면 나가 석 달은 BOX를 주워야 맹그는 돈인디. 아니, 칼만 안 들었지 완전 강도질이구먼! 나가 문재인이헌티 이를껴! 늙은이 등쳐먹는다고. 아아~ 골탕 좀 먹어봐라! 사골이고 골뱅이고 통반, 성명, 주소 대세요. 고지서 발송할 거구요. 지로용지 안 나가고 온라인으로 입금해야 합니다. 온라인은 또 뭐여? 그런 게 있어요. 이거 벌금 빨리 안 내면 아주머니 사는 집 집달리 나가 빨간 딱지 붙여요. 하다 못해 고무줄 없는 빤스까지 다 붙여요. 빨개 벗고 살고 싶지 않으시면 빨리 내세요. 그래도 안 내고 요리 빼지고 조리 빼지고 질질 끌면 100프로 가산금 이자 붙이고, 무단투기죄, 바락바락 덤빈 죄, 사진값 적용하여 500년 징역 아시죠? 아이고~ 왜 이러시오? 늙은이가 모처럼 한 번 실수로 개똥 담은 비닐봉지를 아무도 없길래 휙 집어 던진 걸 가지고. 고물이나 주워 팔아먹고 산다고 요로콤 사람 무시허도 되남요? 법이 그래요, 법이. 법은 내미! 나랏님들은 더 안 지키드라. 그래도 안 붙잡아가면서 백성이 뭔 큰 죄라고 벌금 물리고 감옥 가? 아짐씨, 대통령도 가는 델 왜 아주머니가 안 가? BOX를 줍고 있어? 거길 가서 편안히 얻어먹고 있지?

거, 젊은 양반이 아량을 베풀어 늙은이 한 번 봐주시오. 개똥밭에 굴러도 이승이 좋다고 놀구 잘 얻어먹어도 BOX 줍는 게 더 좋으니께. 다음부턴 절대 이런 일이 없을 것이니 초범인 만큼 선심 좀 쓰시구랴. 아니, 이 노친네가 시방 시대가 어느 땐데 박카스를 줘가면서 봐달래? 우선 주는 거니까 그거는 먹되 봐주는 건 안 돼. 박카스 주면서 애걸한다고 그럽시다, 까짓것 뭐. 이럴 줄 아슈? 그러다가 걸리면 난 그날로 깨갱~ 모가지가 달아나는 판인데. 그려, 자네 시방 뇌물로 박카스 받아 마셨응께 뇌물 먹은 적발 공무원이라고 맞고소하지 뭐. 봐줄껴? 안 돼요. 봐주긴 뭘 봐줘? 지금이 이승만 정권 자유당 시절인 줄 아시나봐. 지금은요 국녹 먹는 자가 비리를 저질렀다가는 그날로 해고. 이봐! 누룽지나 먹고 애기나 봐! 이런다구요. 아니, 많이도 아니고 똥 한 번 싼 거 버린 걸 가지구 그 난리를 피네 그거. 일수불퇴, 이유불문 한 번 해병은 영원한 해병, 나라의 녹을 먹는 공무원은 원칙을 고수하는 청렴결백이라는 소신과 철칙이라는 개념이 우선이라는 것이 대한민국 국가 공무원 나 이개똥이의 사명이므로 법을 어길 수는 없다. 만일 우리 아빠가 이런 식으로 나한테 걸려도 나는 결코 봐주는 일은 없을 것이며, 원리원칙을 따져 이 나라 국가 공무원으로서의 주어진 공무에 최선을 다하는 모범공무원 모델이 나인 만큼 당신은 꼼짝 마! 제대로 걸린 거야. 그까짓 박카스 누가 달랬어? 병마개 따서 입에 디리대길래 억지로 마셨지. 내가 자발적으로 받아 마신 건 아니잖아? 그나마 자꾸 디리대며 먹으라고 그러는 바람에 죄 흘리고 와이셔츠만 버리고 목구멍에 넘어간 건 병아리 오줌만큼인데 그게 먹은 거라고 맞고소를 한다고? 야야~ 뭐 이런 쪽제비 같은 노친네가 다 있어?

　이봐, 나는 이 나라 민법에 국민의 한 사람으로서 소신을 다해 지킬 것이라는 소망 하나와 계도 차원에 일등 국민 법치주의에 세계적인 열망 받는 국민을 만드는 것이 나 개인의 사명일 뿐더러 법과 거리가 먼 저층민들의 고민과 해결에 앞장서 민원 해결에 앞장서고 싶은 사람이라는 걸 이 자리에서 강력히 주창하는 바이올씨다. 그럼 끝났다는 얘기네? 앗따! 눈치 하난 끗발 나시네. 아, 요렇게 상큼한 분이 고 따우로 잘못된 짓거리를 하시다가 하필이면 용서 없는 나한테 직통으로 걸려 관재수를 입게 됐으니 예의상으로는 굉장히 미안스럽소이다. 기면 기고, 아니면 한 번도 봐준 일이 없으니까. 그럼 연습으로다가 한 번 봐주라니깐? 싫다니깐! 고려인삼 빨아 먹고 빈 병 하나라면 경고 차원으로 못 본 체 넘어갈 수도 있지만, 이게 뭐야? 똥할래! 밥 알갱이 김치 뿌다귀 콩나물 대가리 삶은 북어 대가리는 왜 먹지도 않고 짬뽕으로 버리는 거야? 이것만 버렸으면 몰라. 똥이 들었길래, 똥은 안 돼! 그리고 거두절미허구 생선은 대가리가 제일 맛난 건데 그걸 왜 버려? 생선을 잘 모르시나봐. 그리고 이건 또 뭐야? 아유~ 남사스러워. 이건 빤스 아냐? 마나님 빤스구먼, 이런 건 재활용으로 버려야지. 그래야 저 먼 나라 미국 어려운 사람들 구호물자로 재활용될 꺼 아냐?

6.25사변까지만 해도 우리가 구질구질한 구호물자를 갸네들한테 받어다 양키 물건이라고 드럽거나 말거나 USA 꺼라면 환장을 하고 받기만 하다가 이젠 우리가 주기만 하는 나라가 된 거예요. 이렇게 함부로 버리면 멀쩡한 걸 우리 마누라가 보면 얼른 집어갈 텐데 이 아까운 걸 잡쓰레기와 함께 버리다니 노인네가 아주 망령 났어.

언젠가 한 번 그러니까 작년 그맘때쯤이구먼. 우리 그대, 여보 집사람이 쓰레기 봉지를 들고 나오면서 뭔가 둘둘 말어 쓰레기 봉지에 구겨 박지르길래 난 별 뜻 없이 들구 나와 펼쳐봤지. 갑자기 똥을 쌌나 멀쩡허니 구멍도 안 난 빤쓰를 버려? 아니 이년이 살림을 어떻게 하는 거야? 이 따위로 씀씀이가 펑펑거리니 지갑에 잔돈푼이 남어 나겠어? 내 이년을 그냥 이빨을 뿌드득 갈면서 쓰레기 봉지를 도로 들고 들어와설랑에 야! 이게 뭐야? 응, 다 해져 너덜거리길래 아깝지만 버렸어. 야, 넌 눙깔이 빵꾸가 난 거야? 빤쓰가 빵꾸가 난 거냐? 아니 빤쓰는 멀쩡한데 왜 빵꾸가 났다고 버려? 이게 아주 살림을 엿같이 하구 자빠졌네. 네가 이렇게 허랑방탕 후둘르면 내 등골만 빼먹는거. 무슨 등꼴을 빼구 장댕일 후려갈겨? 이이가 증말 창알머리 없이 왜 이러나 몰라? 사내가 돼가지고 왜 그리 조잡시럽게 군다냐? 당신 그거 집안 내력 아녀? 뭣이여? 가만 있는 조상은 왜 들먹거려싸? 아, 요거요거 배라먹을 년이네. 내가 벌어다 준 돈으로 저는 흔전만전 쓰고 어쩌다 술 한 잔

먹게 돈 좀 달라고 하면 눙깔을 허옇게 뒤집어 치켜뜨고 아니, 돈 맡겼어? 저번에 돈 가져갔잖아? 그새 다 썼어? 내가 돈나무야? 뻑 하면 손 벌리게? 이이가 왜 이러나 몰라? 그러는 년이 새 빤쓰를 버려? 앗따! 살이 쪄서 작아서 궁뎅이가 들어가야 입지? 그러니까 버렸지. 뒀다 살 빠지면 그때 또 입으면 되지 왜 버려? 이 여자 아주 부잣집 사모님인가봐.

　잔소리랑은 제삿날 저녁에 하고 얼른 갔다버려. 아니, 왜 어깨가 축 처져 등신모냥 풀떼기가 돼서 들어와? 걸렸다야. 뭐가 걸려? 그냥 휙 집어 던진 걸 사진 찍혔어. 또 돈 벌었구먼. 뭐 하나 제대로 하는 게 있어야 살지. 뭔 지랄루 분리수거 안 하고 집어던져 버려? 지 마누라 아랫도리 광고했구먼? 하여간 이 작자 도움이 안 돼요, 도움이. 이거 봐, 화딱지 술 한 잔 허게 만 원 한 장만 줘봐. 읍다니께. 없으면 꿔서라도 가져와. 이 이가 정말! 앗쭈리, 잘하면 한 대 때리겠네. 어디서 이 여편네가 눙깔이 부엉이 눙깔이 돼가지고 째려봐? 하늘이 두 쪽이 나도 오늘은 마셔야겠어. 만 원에 1만 원 더 업그레이드 2만 원, 내 눈에서 레이저 나오기 전에 서방이 말을 끝내면 발목아지가 뵈지 않게 달려 달려 쌩~ 휘파람 소리 나게 움직여야지. 잠자리 잡냐? 야아! 아유~ 깜짝이야. 안 그래도 요실금이 생겨 기침만 해도 찔꺽찔꺽 나오는데 왜 놀래켜? 아유~ 척척해. 사리마다 또 갈아입어야겠네. 요실금인지 똥을 싸는지 말 안 하는데 내가 그걸 어떻게 알아? 오호라~ 인제 알았다.

오줌 찔끔거리는 병 때문에 빨기는 귀찮고 싸면 훌렁 벗어 쓰레기에 쑤셔 박았구만? 벌금 100만 원 나오게 생겼으니 대박났다, 대박! 그렇게 큰일은 저질러 놓구 술 먹게 돈 달래? 자, 여기 옆집 영길이 어멈한테 빌렸어. 얼마나? 1만 5,000원. 환장! 그걸 가지구 먹다 마냐? 안주 질러 먹어야지 깡술에 간 절단날 일 있남? 무슨 여자가 쎈스가 무야? 그러다 쓰러지면 119 불러 앵앵거리며 병원 가야 하는데 그러다가 끄르륵 가면 과부되고 좋겠다 이년아! 남편 알기를 홍어 좆으로 보냐?

이게 아주 뭘 몰라도 한참 몰라가지고 어떻게 이 험난한 세상을 살아 나갈려나 몰라. 그렇게 주변머리가 노골허게 되니게 존나게 벌어다 줘도 살림이 늘지는 않구 점점 오그라들잖어? 그걸 쪼그랑 방태기라고 하는겨. 이 여자야, 멀쩡한 빤스 오줌방울에 젖어 척척하다구 휙 벗어 던지면 현금을 집어 던지는 거야. 이래 놓으니 살림이 느냐? 쯔쯧쯧쯧~ 여보! 자기 술집에 가지 말구 나랑 동태찌개 끓여 서로 마주 앉아 얼굴 쳐다보면서 주거니 받거니 그러면 안 될까? 나 이거야 원, 너는 맨날 보는 얼굴이구 짜증이 나도록 보는 얼굴에 멋대가리라고는 눈 씻고 볼래야 볼 수도 없을 뿐더러 아무 재미도 없이 마시기만 하잖어? 그 지경에 뭔 술맛이 나냐? 술이라는 건 낯선 얼굴 이리저리 얼싸안고 만져 가면서 정자야~ 화자야~ 말재간도 부려가면서 쪽쪽 소리가 나게 빨어야 제대로 된 술맛이지. 카~ 하면서 동태찌개나 떠먹으면 아유~ 야야!

관둬라, 관둬. 앓느니 되지지! 드러워 안 먹고 말지. 서방 기분을 이렇게 엉망진창으로 만드는 여편네가 뭔 조강지처야? 차라리 이웃 과부 할매랑 사는 게 낫겠다. 이 남자 진짜 내 서방 맞어? 안 맞으니께 시방 말씨름 중이잖어? 사베스 정신이 있어야 살가운 여자지 참나무 장작개비모냥 뻣뻣해가지구는 그러니 요실금이 안 생길 수가 있나? 아니, 요실금하고 멋대가리하고 무슨 상관이 있다구 오줌 흘리는 일을 자꾸 거기다가 끌어다 붙혀? 별 그지 깡깽이 같은 꼬락서니를 다 보네. 그지꼴이 싫으면 보따리 싸! 더 늙기 전에 딴놈 해갈려면 서둘러야 혀. 자고 나면 하루가 다르게 쪼글쪼글 짜브러지는 판에 화장만 짓이겨 붙여봐야 그 모양새는 변함없이 그 모양새니 조금이라도 통통할 때 맘 고쳐먹어. 날랑은 가는 년은 안 붙잡응께. 그러니께 개소리엔 똥이 약이라구. 갈 거야? 줄 거야? 안 주면 내일부터 놀구 먹구 나이롱뻥이나 치면서 경로당에서 잔심부름이나 하면서 그럭저럭 지내야지.

아, 그러면 밥은 안 먹어? 밥! 아, 그 까짓 거야 줄만 서면 밥퍼가 밥 주는데 굶어 죽을까봐? 교회에 가도 밥 줘, 지자체에서 운영하는 데에서도 밥 줘, 줄만 서면 먹어. 그러니까 알아서 해. 내가 잘 됐을 때 사모님 소리 들으려면 시키는 대로 고분고분해야 된다는 거 그런 걸 내조라구 안 허냐? 그런 거 저런 거 모르면 완전히 병신 같은 년이지, 안 그래? 여보, 알았쪄요. 잠시만 기다리셔요. 으흐~ 역시 미우나 고우나 조강지처가 왕짱이랑께. 양숙아, 기다려라! 오빠가 간다. 두 시간만 놀다가 집에 와서 또 놀아야지. 가만가만! 흩어진 머리 하이칼라 좀 하고 야쌈하니 하고 가야 기지배들이 날 우습게 안 보지. 굵은 10돈짜리 금반지도 찾아 끼고, 목걸이 하며 꾀죄죄허니 노가다 복장으로 가면 체면이 아니지. 됐어 이 정도면! 이봐, 영선댁! 하이고오~ 백씨 아자씨 웬일이셔? 쫙 빼입고 완전한 젠틀맨이구만. 그란디 몬 바람이 이쪽으로 불어 한동안 뜸허드니 별안간 번개처럼 왔다요? 저 아래 볼일 좀 보러 왔다가 영선댁 생각도 나고 혀서 겸사겸사 잠시 들렀구만. 뭔 불만 있는가? 하이고오~ 무신 소릴 허셔? 환영이제. 아무렴 나가 그래도 옛적엔 단골인디 내박질르는 건 주법 예의가 아녀. 그라지라이~ 아무튼 반갑구마니라. 이 그려 반갑소이. 아이고~ 손이 아주 그냥 보들보들허네. 난 이런 손이 이쁘고 좋아. 그냥 눈이 스르르 감기네. 아니! 웬 개가 이렇게 살이 쪘어? 술장수해서 개만 퍼 먹였나? 살이 그냥 살랑거리는 꼬랑지만 뽑아 고아도 사흘 술안주는 되겠구먼. 아유~ 징그러운 소리도 하시네. 이 이쁜 것이 들으면 어쩔려구 개 먹는 소릴 허셔? 아, 지금이 개 먹는 시대에유? 어디 가서 그런 소리 마셔. 쥐어뜯기지 말구.

그나저나 크게 한 상 차릴까 백씨? 아냐, 지갑도 홀쭉하고 볼일이 또 있어. 한가하게 술상받고 기지배들이랑 닐리리 헐 시간이 어디 있간? 다음에 한 상 때려받고 오늘랑은 입가심이나 하고 가지 뭐. 간소하게 안주 하나 하고 막소주 서너 병 더밀어. 그거면 될걸세. 후딱 마시고 차분히 갈라네. 새로 꾀질러 온 기지배 있으면 대령하고 맞선 한 번 봐야지. 나이가 소올찬 과부 하나 있는디 박씨 마음에 들려나? 여기 봐라 봉자야! 여그 10년 단골 우리 백사장님 왔는디 얼굴 좀 내밀어봐야? 아, 뭣 허냐? 냉큼 안 나오구. 시방 나가요이. 애가 좀 느려터져. 인물은 새초롬헌디 동작은 굼뱅이 사촌이여 느물느물~ 그래도 손님 비위는 잘 맞춰줘. 매상이 조것이 오구부터 쭉쭉 올라간당게. 쟤랑 입술 박치기 한 번 하는디 50,000원이여. 뽀뽀 골든타임은 딱 5분 아녀? 5분씩 빨면 입술이 견뎌나간? 1분여, 1분! 그러니께 대자마자 쪽하면 끝이여. 더 들러붙어 빨려고 하다가는 지갑이 통통하지 않고서는 안 돼야. 조것이 시계를 재가면서 여우질을 허는 통에 손님을 더 끌려면 저년의 주둥이에 반값 세일 딱지를 붙여야 쓰겄어. 아, 저년은 입술 하나로 내가 주는 월급보담 두세 곱쟁이나 번당께. 그건 순전히 제 수입이니께 난 아무 소용이 없당께. 쟤는 떰핑이나 서비스 빅세일 같은 건 안 하는 애여. 순간접착제라니께. 서울 바닥 술집을 쟤가 다 훑고 지나다녀. 유명한 영화배우보다 쟤가 더 인기짱이랑께. 입술은 임자 없는 나룻배인디 놀라운 사실이 하나 있어라오. 고것이 뭐여? 앗다 궁금해브여요이. 아, 그럼 비록 주전자 뚜디리는 술집 작부일 망정 정조관념은 21세기 열녀분이랑께. 오로지 주댕이 외엔 넘볼 수 없다는 사실 하난 내가 10년 단골 백씨나 허니께 미리 알려주는 것이니 실수해서 망신당하지 말란 말이시. 그러니께 점잖게 따라주는 술이나 받아먹고 수작은 절대 불가하다는 거. 저년 입술이 돈 끌어들이는 은행문이여.

    지난번에 쓸개 빠진 녀석이 입술을 떠나 가슴으로 손이 가다 귓퉁배기 얻어맞고 내빼더니 그 이튿날 또 오더라구. 그래서 내가 물었지. 아, 어제 그 수모를 당하고도 또 왔수? 총각이유? 아자씨유? 50 총각이래. 아니 그 모욕을 당하고도 여길 또오우? 그랬더니 그 작자 하는 말이 본전 찾으려면 백 번이래도 와야지. 열 번 찍어 안 넘어가는 나무 있습니까? 아이구~ 저런, 열 번 아냐! 백 번을 찍어도 쟤는 안 넘어가. 괜히 스트레스 받으며 술 먹어봤자 골른 건 총각이여. 괜히 몸댕이 기름 빼지 말구 냉수 먹고 속 차리라니께. 내 말이 너네 엄마의 말씀이다 생각하고 기분 좋게 한 주전자만 마시고 냉큼 가봐. 일단은 걔 좀 불러요. 어허~ 50 총각! 으른의 말을 개방구로 아누만? 그렇다면 그런 줄 알고 그냥 갈 것이지 그여나 못 먹을 감을 한 번 찔러라도 보시겠다 이거구먼? 요거다, 조거다 말씀 마시고 아줌니는 저 구석쟁이에 쭈구리구 앉아 구경이나 하시고 내 일엔 관심 끄셔. 엇찌 황새가 봉황의 깊은 뜻을 알리오. 앗따, 꼴에 문자까지 쓰고 직업이 땅꾼이라며? 징그러운 뱀이나 잡아 팔아서 연명하는 처지에 한 구녁에 다 씰어 박으려고 안달복달이구먼. 야! 너도 떵떵거리며 살긴 틀렸다! 하는 품새 하며 안 될 일에 투자를 하다가 말년에 깡통이나 차려고 오버랩쇼를 하고 있어? 깡통을 차든 양아치가 되든 상관마시라니께. 불난 집에 휘발유를 뿌리나 왜 이래 진짜! 그냥 술하고 안주하고 쟤만 내놔. 그러자 까짓꺼. 나는 술 팔으니 좋고 너는 마시고 취하여 좋을 일이니 갸는 네 호주머니 털어서 좋고. 아, 그렇게 하면 누구라 눈을 흘기간 이 간뎅이가 왔다 갔다 하는 잡사람아, 네 꾀가 어느 정도인가는 모르나 네 재주로 쟤를 홀리면 이 손에 장을 지지마.

어허, 이러이러해서야 어디! 도덕시간에 배운 기억 하나, 스승의 그림자는 밟지도 마라. 이 소리는 5~60년대에다 먹혔던 그때 그 시절 하늘인양 우러러보던 은사 선생님을 예수님 이상으로 존경해 맞이하던 우리들 어린 시절 귀 따갑게 듣던 생각 속의 자화상 스승의 은혜는 하늘 같아서 우러러 볼수록 높아만 지네. 웬걸 이젠 이 노래가사 자체를 뜯어고쳐야 옳습니다요. 맞군, 맞습니다. 맞고여. 요즘은 스승님 으쩌구 그랬다간 16세기 촌놈 취급 당합니다. 왜냐구요? 아, 그거야 뻔할 뻔 아닙니까? 내가 애새끼한테 물었죠. 야, 요즘 애들도 선생님을 우러러보며 존경의 대상으로 생각허냐? 이랬더니 에이~ 선생이랑 농담 따먹기는 물론이거니와 맞담배질에 술잔까지 부딛쳐 브라보하는 시대에 누가 선생을 존경합니까? 뻿딱하면 뚜디려 패는데 선생이 먼저 슬슬 피해요. 으더 맞을까봐. 요즘은요 자식들을 놔 길러놓는 바람에 버르장머리라고는 눈깔 뒤집고 봐야 볼 수 없는 막가파 학폭이라고나 할까? 소비자가 왕이라고 선생보다 학생이 위라니까요. 그러냐? 술과 떡을 빚어 고사 좀 지내야겠구나. 성격도 중구난방 개방

이 시대의 자화상 • 217

은 물론 개성이 뭔지 양담배 꼬나물고 뻐끔거리며 에쓰꼬뗌쁘 라이나 찾고 에미애비 성화도 개 앨랠래로 아는 판국에 그깐 선생이 뭔 대수라고 우러러봅니까? 역시 아빠는 지게 작대기 뚜디리던 시절의 사람이라 그런가 한참 무디네 무뎌. 휙 하면 저어기 빛보다 로켓보다 말발이 더 빨라요. 성질머리는 초음속이구. 제 맘에 안 들면 순식간에 이무기가 돼가지구설랑에 선생님을 내 질르드라구요.

뉘 집 새끼인 걸 알 것도 없고, 그걸 새끼라고 낳은 어머님께옵서 미역국을 왜 잡수셨나 몰라. 아악~ 잠깐! 새끼가 개판이면 억지 춘향이로 욕먹는 건 부모에요. 잘들 아시지요? 새끼는 귀엽게 금이야, 옥이야 으허게 키우면 고노무 새끼는 그여나 빠짐 없이 깽판을 쳐요. 이런 걸로 인해서 얼마나 어머님, 아버님들이 가슴을 칩니까? 자식은 엄하게 키워야 제대로 된 자식 노릇을 하고 부모님은 세간에 한층 업그레이드되어 자식교육 잘 가르쳤네, 비행기를 타게 되어 있습니다. 여기까지가 기르는 방법이고, 가정교육이며, 돈 처들여 많이 가르친다구 다 사회에 소금이 되어 한 자리 하는 벼슬아치 다 되는 거 아니라는 사실 아시지요. 새끼 보리밥조차 먹기 버겁던 보릿고개, 그때 그 시절 논밭 팔고, 소 팔아 어렵사리 대학물 먹여놓으면 배운 만큼 주가를 올리던 그때 잘 배운 당사자보다는 가르쳐낸 부모가 더 신뢰와 찬사를 받던 그때 그 시절 어느 날 암운의 그늘이 "계십니까?" 뉘신지? 아, 네. 경찰입니다. 경찰이요? 경찰이 뭣 땜시 날 찾아쌌소이? 아무개 아버님 되시지요? 그렇소만 어인 일로? 아드님이 고3이구요? 그렇소이다. 야가 제 담임 선생님을 발길질에 쥐어질러 옥수수 아니 이빨이 자그마치 여섯 대나 빼놨어요. 그뿐인가요? 갈비뼈가 네 개나 부러져 전치 12주 진단이 나왔어요. 아니 무슨 소리요? 우리 아이는 개미새끼 한 마리 해하지 않는 착하고 순하기가 순두부 같은 녀석이 우리 아이인데 경찰 당신들 뭘 잘못 알구 날 찾은 게 아니요? 무슨 소리입니까? 나쁜 새끼들 잡는 게 직업인 우리가 범인을 혼동하구 옆구리 찔르러 다닌다는 겁니까?

교사폭행 살인미수로 아들 연행합니다. 변호사 선임할 수 있고, 묵비권 행사 가능합니다. 야야! 땡벌, 너 이리 나와봐. 너 오늘 딴 날보다 일찍 집에 왔는데 너 학교에서 선생 팼냐? 아, 왜 대답이 없어? 진짜 팼어? 진짜 매다꽂아 내질렀어? 이빨에 갈비까지 성한 데가 하나도 없대. 니 패대기도 쳤다며? 진짜야? 응, 아빠. 요런 싹퉁머리 없는 느무 새끼 500년 무애무덕 흠 하나 없는 우리 가문에 이 잡녀래새끼 하나가 빨간 줄을 긋는구먼! 이유가 뭐여? 뭔 쪼간으로 선생을 둘러매쳐 아가리 옆구리 석건 죄 절단내 그 도끼 주먹으로 내갈겼으니 얼마나 깨방정을 떨며 아이구 소리를 쳤을거나! 걷어 차고 갈길 이유가 도대체 뭐여? 수업시간에 니코틴이 부족해 잽싸게 칠판에 뭐 쓸 때 한 모금 빨아 땡긴다구 빨다가 구름과자 방울방울 네 개째 피어 올리는데 뭐야 담배냄새가 난다 싶어 돌아봤더니 너 지금 담배 피우냐? 이런 대가리에 피도 안 마른 새끼가 더구나 수업시간에 담배를 꼰아물어? 그러면서 대가릴 쥐어박길래 홧김에 그냥 의자를 내던지며 붕 날러오르면서 여기저기 콱콱 때리구 쥐어질르구 매다 꽂구 태질치고 빙빙 돌리다 내던지고 공기돌 가지고 놀 듯했걸랑. 그것도 길게 빨아들인 첫 모금에 걸려서 그만. 잘했다, 이 웬수 덩어리야! 아, 걸렸으면 죽을죄를 지었다구 무릎 꿇고 살살 빌어도 용서가 안 될 판국에 선방으로 내질러 자빠트렸다며? 인제 어떻헐려? 선생 멱살을 들켜쥐고 잡아 흔들어 와이셔츠 단추가 죄 떨어지고 선혈이 낭자해 난리가 났다니 이게 무슨 전설따라 삼천리 피 흘리는 여름 납양특집 그 영화를 찍었다니 네놈 새끼가 주연 액션 배우냐? 후려 갈기고 나서도 선생 앞에서 침을 탁 뱉고 연속 담배 두 가치를 빨아댔다며?

아주 죽일려다가 아빠 생각해서 그 정도였지 안 그랬으면 초상 났지! 그 와중에도 애비 생각을 했다니 기특하다만 두 번만 더 애빌 생각했다면 장의사도 부를 뻔했구먼. 형사 나리, 요 새끼는 호적상으로만 내 새끼지 이미 내 마음속에서 빼낸 웬 못된 구나방 호로새끼잉께 고랑 채워 끌고 가쇼. 대가리가 하얗게 쉬어서 나오게 한 50년짜리 형벌로 조져대도 무방헝께. 아빠 아빠! 내가 왜 네놈 애비여? 아니거든! 난 너 같은 무식한 새끼는 자식으로 둔 적 없으니 그리 알고 꺼져! 하이고오~ 조상님, 이 일을 으쩌면 좋습니까요? 우리 가문에 이런 흉물이 있다니 당장 내일 아침 조간신문에 제자가 담임교사 수업 중 폭행! 천인공노! 이렇게 대서특필 호외로 뿌려질 텐데 벼락출세했구나! 우리 아들놈 일찍간히 어린 나이에 깡패 조폭 신세로 감옥에 가니 코로나 스페셜에 예방주사 잘못 맞아 정신이 이상해졌나? 뜨르르~ 뜨르르~ 아 네, 모모 고등학교 교무실입니다. 안녕하십니까? 학부형님. 안녕은 못하고라 요로콤 전화를 넣었는디 거그 3학년 담임선상님 입원 병실이 어느 병원 몇 호실인지? 누구십니까? 아 네, 가해학생 애비 되는 사람이 옳습니다. 아 네, 잘 좀 키우시지 애를 왜 그 지경으로 밥만 먹였어? 기가 막혀! 선생 한 분은 수업하다 말구 책상을 치며 대성통곡을 합니다. 아무리 막 나가는 세상이지만 이거 이거 이래서야 되겠습니까? 학교 전체는 물론 대한민국 교육계가 다 술렁거립니다. 아이구~ 대신 이 애비가 엎드려 사죄드립니다. 이놈이 환장을 헌 게지 그래 이게 말이나 되는 일입니까? 저도 애비 된 입장에서 혀라도 깨물고 죽고자픈 심정인디 으쩔라구 이놈이 앰블런스에 담임은 실신한 채 피투성이가 되어 실려가고, 가해학생인 놈은 빙글빙글 선웃음치며 담뱃 빨아대고! 이거 어느 나라에서 이런 일이 생기겠습니까? 참 기네스북감입니다.

아유~ 여하를 막론하구 애비인 제가 죽일놈입니다. 새끼 잘못 키운 죄로 이 죄는 제가 치루어야 할 것 같습니다. 담임선생 몰골이 하이에나에 물어뜯긴 임팔라와 같습니다. 세상에 세상에 어찌

다 이 지경까지 죄 지은 놈 애빌 용서하십시오. 이런 일이 한두 번이간요? 그러나 이번 일은 그중에서도 기가 막힐 지경의 사건이라서 모두가 경악한 건 사실이에요. 정말 자식 잘못 키우셨습니다. 도저히 용서가 안 되네요. 선생질 30년에 벌써 네 번째 겪는 연례행사 같은 것이니 근게 심려 안 하셔도 이젠 이골이 나서. 다만 자식 같은 놈한테 명색이 선생인 내가 애들 보는 앞에서 구타를 당했다는 게 생각하면 치가 떨리고, 이가 북북 갈립니다만 다친 마음의 상처만은 제 스스로 감래합니다. 대신 제 놈 인생은 한 번의 잘못으로 평생을 후회할 오를 남겼으니 자업자득이니 어쩔 수 없고, 학교 내 깽판친 놈들 죗값을 치르고 있지만 먼 훗날 사회인이 되어서는 그따위 오만방자한 이유를 안 만들었으면 하는 것이 제 생각입니다. 앞으로도 내가 이 직업을 떠나지 않으면 또 어떤 일들이 벌어질지는 알 순 없지만 이에는 이라는 정의로 1 : 1 나도 총 뺍니다. 미친 개에게는 몽둥이가 약이니까 내가 기운이 없어 제 놈에게 맞아 부러지고 깨지는 게 아니건만 명색이 선생인데 제자놈과 멱살잡이로 을르고 뺨치면 그게 무슨 꼬락서니이며 체면이 어찌 되겠습니까? 알고 죽는 해소병이지요. 안타깝지만 어쩔 수가 없습니다. 죗값은 받아야 하니까요.

선처 그건 임시변통에 지나지 않는 꺼내놓고 보는 임시웅변이에요. 벌 받으면서 반성하고 뉘우쳐 자신의 잘못을 인정해야만이 개과천선의 전철을 받게 될 겁니다. 깜빵 간 녀석 아버님. 예에~

선상님. 꼬바리 있으면 한 대 얻읍시다. 그러하시지요. 담배가 싸구려라. 아무거면 어떻습니까? 빨면 타는 게 담배인데 파랑새 봉초면 어떻습니까? 자, 지금부터 제 입꼬리를 잘 보세요. 잘난 아드님이 한 태도 고대로 재연합니다. 잠시 영화배우가 되겠습니다. 자, 액션 슛타! 끄트머리를 입꼬리에 살짝 물고 이리 돌리고 저리 돌려 뱅글뱅글거리다가 라이터를 팍 불을 그 어데 폐부 깊숙이 빨어들이 마신 다음 10초경 흠~ 날숨 들숨을 쉬면 양쪽 콧구멍으로 청솔가지를 때는 것모냥 흰 담배연기가 그냥 나이롱 하얀 빨대같이 슈슈슉~ 나와요. 그리고 앞니 이빨 새로 니코틴 침을 찍~ 하고 쏘면 그 침이 한 5메다 나가. 그리고는 이어 뭉글뭉글한 토박이 누런 가래를 카아악~ 퉤 뱉어요. 그리고는 비굴하게 웃으면서 다가와서는 야, 선생! 내가 아직 당신보다는 어리지만 프라이드는 당신보다 위야! 선생이면 다야! 선생이 그리 대단한 존재라구 갑질이야? 담배는 기호식품이야. 하도 니코틴이 땡기길래 참기 어려워 당신이 칠판에 글씨 쓸 때 딱 한 모금만 빨려고 했다가 당신한테 걸렸는데 그게 무슨 큰 이슈거리라구 여러 애들 앞에 눈총거릴 만드냐? 당신 선생 맞어? 제자의 잘못이면 감싸지를 못할망정 공개 망신으로 나쁜 놈을 만들어! 그건 교육자로서의 할 일이 아니지. 교육부 월급만 축내는 날파리거든. 어때? 한 대 맞고 정신 차릴래? 안 맞고 잘헐래? 3초 대답 줘. 쓰리 투 완 제로 파바바박~ 3초 경과! 눈에서 빛과 그림자가 왔다 갔다 그게 홍콩 가는 맛이고, 전광석화라는 스피드 주먹발 이름하야 쓰리 뻥 아야~

세상에 성인군자는 없어. 나로 말할 것 같으면 맞는 데에는 너그러울지는 모르나 거두어 들이대는 데는 아주 인색하지. 크게 한 장 쓰면 일찍 나올 수도 있고, 싫으면 말든가. 때렸으면 치료비는 줘야지. 그게 도덕적이요, 인간적이 아닌가요? 돈이야 있다가도 없는 거고, 벌면 또 생기는 게 돈이니까 이만한 힌트를 드렸으면 알아서 허셔. 우리 마누라 입장으로서는 돈이구 명예구 다 바닥에 깔구 준 만큼 받게 하는 게 민주법치주의에 합당한 처사라며 뿌드득 뿌드득 이를 갈며 분개하구 있걸랑. 이건 어디까지나 내 생각일 뿐이고, 마누라가 알면 고소 취하는 어림도 없는 소리고, 마누라에게 시달릴 나로서는 내가 동네북도 아니고, 매 맞고 돈이나 받아먹는 치사한 인간이라며 명색이 선생이 돼가지고 그러고 싶냐며 외려 내가 때린 놈보다 미움의 대상이 나일 수도 있어. 내가 이러는 건 나 혼자만의 생각이라고 젊은 놈 앞날을 생각해서 크게 배려하는 입장이니 알아서 하시오. 안에서 깨지고 밖에서 깨지면 그거 사나히 자존심 감내하겠소이까? 법에서는 쌍방합의라는 게 꽤나 중요해요. 내가 지금 그 합의를 이야기하고 있는 중입니다. 아야야야~ 아유~ 쑤셔. 좃만한 노무새끼 주먹이 왜 그리 쎄? 전자에 세 번 맞아봤지만 이 정도로는 아니었건만 이번엔 아주 KO펀치였어. 아주 그냥 진짜 백이 된통 주먹에 장의사 부를 뻔했어.

　맹랑한 노무새끼 같으니라구. 킥복서 세계 1위 쌈 허나마나 필리핀 선수랑 맞먹는 핵주먹인 거 같애. 으휴~ 무셔! 환자는 주사 맞으셔야죠? 응. 어서 와. 언능 한 방 놔줘. 간호사 눈에 내가 죽을 것 같지는 않지? 죽기는요? 요 정도 가지구 죽는 사람 없어요. 왜 떨리세요? 에이, 뭔 소리야! 떨기는 제기럴! 이 체력 알통을 봐봐! 기골이 장대하고 앞뒤 사방팔방을 둘러본들 어디 한 군데 빈틈이 하나나 있나? 이런 내가 애새끼한테 맞고 병원 신세를 진다는 게 진짜 슬프다 슬퍼. 철통방위 유비무환 경계철저 정신통일 공사분명한 선상님께서 이 못난 애비 자식놈으로 하여금 정신적, 신체적 위상에 화를 입었으니 을매나 심정이 상했을끄나. 노후 대책으로 묶어놓은 돈, 그거래도 풀어 선상님 상처난 구멍을 메울라니께 그리 아시고 치료나 잘허시랑께요. 알았쩌요? 아, 그렇게 나오면 누구라 눈을 흘기겠스요. 선생님, 그럼 또 뵙겠쉬유. 알었시다. 으흐~ 양주 먹게 생겼네 그랴.

육갑도 수준급

●● 여기 보셔! 이봐 미쓰 김! 양갈래 머리 처녀, 이리 와봐! 왜 그러시는데요? 저 아세요? 알긴 불알을 알어? 생전 처음이야. 왜 그러냐구 느닷없이! 묻들 말고 냉큼 이리 와봐. 거그 의자에 앙거. 이 아자씨가 왜이래? 별꼴이네. 자여~ 앉겄어요. 어쩔래요? 어쩌긴 뭘 어째? 아, 내가 이 나이에 아가씨가 맘에 들어 넓적다리래도 훌툴까봐 망상을 떠는겨? 나 그러고 자퍼도 그리 할 수 없는 내시 이상이여. 기능이 왕창 마비된 고자나 마찬가진 게 마음만은 굴뚝이지만 안 되는 건 안 되는 거 아냐? 그랑깨

맴 풀 놓고 아름다운 자태로 살포시 앙거. 옳치! 그렇게 오른쪽 넓적다리와 왼쪽 넓적다리가 5mm 간격을 두고 달랑달랑하게 쪼그리구 앙거야. 어염집 아낙네가 될 자격이 있는 것이네. 하문, 그렇고 말고. 아유~ 이 아자씨 입에 발동기를 달으셨나봐? 잡소리지만 빠르고 길고 오목조목 요구석 저구석 말도 많으셔. 우리 엄마가 우리 아빠한테 끌여붓듯이 그런 영감님이 여기도 또 있으시네. 이래서 늙으면 일찌감치 청산에 사자랑 동기동창이 돼야 하는데 아니 뭐야? 안적 죽을 나이가 아녀? 내 한 명이 일백하구도 두 살이래. 엊그제 유명한 박수에게 거금 5만 원 주고 줄 서서 점 보구 나오다가 설사가 급하게 나와 바지에 똥을 싸긴 했지만 백두 살은 넉근히 산다고 하니 을마나 기분이 째지던가? 할멈을 껴안고 뒹굴렀당개. 그건 영감님 로맨스고 뭔 쪼간으로 날 불러세우셨는지? 왜 바뻐? 안 바뻐도 그렇치 빨랑 말하세요. 가야 되는데. 어딜 가? 뒤가 급해서 똥이 마려운 게로군. 똥은 참으면 안 나와.

고개 좀 이리 돌려봐. 살짝만 쳐들어 고대로 어디 보자. 영낙같이 잡아내는 점두점두 점이요 얼굴 점도 점이라. 어허~ 처녀 얼굴에 불행히도 살기가 감도는 게 도화살이 끼었어. 영감님 박수세요? 요 근래에 신기가 오는가 싱숭생숭하고 뭐가 자꾸 눈에 보여. 그래서 연습 삼아 아가씰 불러 아는 소릴 하는 게야. 찌분덕거리는 놈팽이는 있남? 애인 말이야. 있죠. 시방 몇 살이지? 15세요. 애인은? 14세요. 근데 엄마 젖 떨어진 지 을마나 됐다고 뭐가 그리 급해 15세 어린이가 연하의 남자 14세 겨우 젖 떨어진 애송이랑 눈이 맞어 연애질이야? 주민등록증 좀 까봐. 아참, 아직 미성년자라 주민증이 안 나왔지. 둘이 만난 지는 3년 됐는데요. 3년이면 뒤로 빠꾸해 계산하면 아이구~ 겨우 귀저기 빼면서 둘이 백년가약을 맺은 게로군. 이래도 되는 거냐? 안 될 거 없죠. 그래 신랑감어리는 무슨 사업을 하는데? 사업은 무슨 사업! 애덜이 그렇치. 맞어! 아직 과자나 사먹을 나이에 일찌간이도 붙었다. 어때? 서로 죽고 못 사는 사이야? 그 정도는 아니고 그냥 가끔 뽀뽀나 하구, 길거리 오뎅 구루마에서 만나 토마토 케챱 바른 핫도그나 떡볶이, 순대, 국화빵, 붕어빵 정도 나눠먹으며 히히덕거리는 어정쩡한 사이라고나 할까? 그 이상 나간 진도는 아니고, 뭘 더 알고 싶으셔? 양가 부모님들은 아시나? 알면 어떻고 모르면 어때? 내 인생 내가 사는데 일딴 엄마 뱃속에서 나와 젖 떨어지면 행동의 자유는 내 맘야.

참 조숙하기도 허다. 이래서 젖 떨어지면 시집간다는 소리가 나오는 게야. 그게 빈말이 아니구먼. 유행은 돌고 돈다고 이조 500년 전 너더댓 살만 되면 백년해로 언약을 하듯 그 시절이 또 오는 게야. 에미애비는 거적이네. 시집가는 건 네 맘대로구 살림살이 장만 때만 에미애비가 필요하구먼. 잘한다. 잘하다니요? 무슨 소리셔? 자기네들끼리 좋아서 낳아놓았으면 책임져야지 둘이 좋구 나머지 찌끄레기가 난데 내가 왜 그걸 감내해야 해. 아주 똥뱃짱에 뱃떼기 째 이거구나. 그나저나 내가 널 들여다볼 때 너는 도화살은 물론이거니와 사내 여럿 잡아먹게 생겨먹었어. 아주 사내 옆 근처도 안 가는 게 너도 살고 서방도 사는 비결이야. 안 그러면 둘이 다 죽어. 아, 그뿐이야? 평생 관제수에서 헤어날 수 없는 콩밥으로 세상을 마칠 수야. 에이구~ 불쌍하고 가련한 것! 아저씨 진짜 박수무당인가봐. 박수는 아니고 그냥 신기가 쬐깨 있다 봉께 답답한 사람을 보면 아는 척을 해 용돈은 꽤 챙기시겠는데. 아, 그거야 늘 지갑이 빵빵한 게 아홉 달 반야. 설마 지나가는 날 잡아세워 묻지도 않은 소릴 지껄이면서 설마 나한테 복채 달라고 손 벌리는 것은 아닐 테지요? 아, 그거야 주면 받고 안 주면 말고 그렇지. 나도 양심이 있지 유부녀도 아닌 아동인 널 더러 복채 달라고 하겠냐? 알아서 줘야지.

요즘은 애덜두 빠각빠각한 수표만 갖고 다니더라. 지갑 좀 한 번 봐보자. 이 아자씨가 노상강도야? 보이스피싱이야? 지나가는 사람 잡아놓구 뭔 복채타령? 이게 무슨 개풀 뜯어 먹는 소리야? 가만, 숫처녀라구? 아니 알고 지낸 지가 3년이나 된다며 솜사탕 하나씩 들구 빨어 꺾어가면서 모텔 한 번 안 가봤어? 거 참 별일일세. 신랑감이 고자인 게로군. 언제 시간 있걸랑 거사 치르기 전에 거 뭐시냐? 비뇨기과에 한 번 가서 의사선생님의 정확한 진단을 받아보란 말이지. 둘이 죽고 못 살면서 그래도 종자는 하나 받어 놔야 헐꺼 아냐? 어때? 내 가르침이 경지에 이른 듯허지? 오늘은 무료야. 돈 안 받어. 우리 손녀딸 생각해서. 자, 내 말 이제 다 끝났구만. 이제 뒤 보러 가봐. 얼마나 아침을 잘 먹었길래 대낮에 똥을 몇 번씩 눠. 그래 낮똥이 몸에 상당히 해로운 것이니라. 기지배가 뺀들뺀들 하니 알로 까져가지고는!

월이 월이

●● 아니 양씨? 빨래했어? 마누라는 뒀다 뭘 헐려구 자네가 빨래를 혀? 아이구 말두 마십시오. 어디서 술을 떡이 되게 처먹고 새벽녘에 들어와서는 마룻바닥에, 침대 이불에, 개 담요까지 벌천을 해 게워놓구 대한독립 만세를 부르면서 자빠져 자구 있슈. 원~ 저런! 좀 패주지 그랬어? 이 여편네가 어디서 이따위 드런 개수작이냐며 목아지를 움켜쥐고 벌테지를 서너 방 쥐어 질르지 또 가만히 내비뒀남? 술 먹은 개라고 건들이면 뭐합니까? 곤약구가 돼가지고 오줌할래 한강을 이뤄 이불빨래하며 옷

가지 세탁기가 터지게 생겨 제가 주물럭거려 빨었슈. 술 깨면 본 보기루 보여주구 빨거나 말거나 내비둘 일이지 참 사람이 좋은 건지, 배리가 없는건지 화도 안 나남? 아주 지도 사람인디 우짜 화가 안 나겄슈? 일일이 하는 짓거리대로 참견하고 맞대거리하면 벌써 살림 거덜나 때려 치웠죠. 본래 종자가 개판인 걸 어쩌것슈. 똥이 무서워서 피하간요? 더러우니께 피하지. 내가 이러고 삽니다요. 개 이불은 엊그제 빨어 널드니만 또 빨어? 아, 여기다가도 한 박아지는 되게 게워놨으니 안 빨 수가 있간여. 물세, 전기세 한 달이면 꽤 나올 걸 아마. 그라문요. 전기세, 물세는 어디서 돈 주워다 내? 그러게요. 그리구 말이야, 잠잘 때는 마누라랑 자야지 왜 개하고 자는 거야? 개하고 결혼했어? 마누라랑 쪽난 거여?

이제 겨우 환갑을 눈앞에 둔 젊은이가 아랫도리가 히주구리헌가 된서리 맞은 호박잎도 아닐 텐데 벌써 그래서야 쓰나? 자네 집안이 장사 집안 아녀? 난 그렇게 알고 있는데. 그러합죠. 장사 집안이구 말구요. 해마다 벌어지는 군내 씨름대회에서는 우리 집안 장정들이 황소는 싹쓸이했으니까요. 장사 집안은 장사 집안이로구먼. 근데 왜 자넨 벌써 시무룩허니 그 지경이야? 아, 그러니께 마나님이 승질이 나 밖으로 도는 거 아녀? 쯧쯧쯧~ 안됐다. 한참 나이에 개나 끌어안구 코나 골구. 언제부터 순국선열 앞에 묵념이야? 아, 그럴수록 가까이 붙어야 기술이 늘지. 연장은 안 쓰면 녹이 나는 이치는 아시는가? 내가 시키는 대로 헐텨? 아주 핵심적인 진짜만 알려줄 것잉게. 쑥스럽꾸마니라. 쑥스럽기는 네미럴 쓰러지는 거시기가 챙피하고 쑥스럽지 의학적으로는 일차 비뇨기과에 내원해서 원인을 캐 치료에 임할 것이고, 둘째 야관문이라는 풀이 있어. 그놈을 뜯어다 삶아 장복할 일이요. 술도 담궈도 되고 해장에 한 고뿌씩 먹어주란 말여. 그러다 보면 슬그머니 술 잘 먹는 마나님 생각이 나는겨. 그럴 땐 이러란 말이야. 임자, 무슨 일인가는 모르나 오늘은 참 아름다운 밤이구먼. 오랜만에 나랑 쇠주나 한 병 찌끄릴 거나? 그러면서 미리 챙긴 쇠주랑 오징어발을 뜩허니 꺼내놓으며 은은한 눈으로 그윽이 바라다보면서 술은 넘치게 딸어주란 말여. 절묘하게. 그러시구려. 나 망처 나리 앗따 그 소리 연애질할 때 드러보곤 처음이구만. 으흐으~ 사랑시런 거. 우리가 오랫동안 한 지붕 아래서 남남처럼 살았는디 인자는 그리 살지 마세.

　애들 다 시집 장가 가고 제금나 딸랑 남은 게 두 사람 인자 콘크리 바닥이 쩍 갈라지드끼 마누라 영감 사이에 38선이 웬 말이란 말이시? 오늘부털랑 훈훈한 안방에서 한 이불 덮고 홀아비 과부 면하세이. 그러면서 마누라가 뭔 대꾸를 하기 전에 틈새를 주지 말고 어어이 들어 그러면서 쇠주잔을 부딪치며 위하여 원샷! 꽐꽐꽐꽐~ 몇 잔 들어붓고 나면 마누라 하나 녹이는 건 밥띠기 한 알 주워먹는 것보다 더 쉽지. 그러면서 눈을 마주치면 숨이 가빠지는 겨. 그때가 절정이라고 하는 거야. 그땐 눈에 뵈는 게 없어 마누라

밖에. 뭔 소린지 알지? 그 나이에 잘하면 늦둥이 아들놈 하나도 생겨날 수 있어.

　이 사람아, 아, 그런 걸 알어야지 내가 가르쳐줘서 성공 못한 사람 하나도 없어. 날 더러 박사랜다. 개는 대문밖에 붙들어매구 당최 방구석으로 끌어들이지 말어. 낑낑대고 똥오줌을 싸밟아 짓이겨 매닥칠을 쳐도 잔정에 끌리지 말구. 오직 마누라만 끌어 안으란 말이여. 앙 그냐? 이 양가야! 글씨 고것이 성님 말씀 맞다나 고대로 허면 멕힐랑가는 몰러도 말씀대로는 한 번 해보겄슈. 지가 오늘 막걸리 한 종발 살 테니께 저랑 두부김치 안주혀서 한 잔 푸시죠? 나 술 사주려고 하들 말고 자네 마누라나 멕여 자빠트려. 이참에 아주 겸사겸사 집 나가서 술 처먹고 비틀거리며 들어와 퍼질르는 고따위 버르장머릴 싹 뜯어고치란 말여.

　칼을 뺐으면 찔르는 거여. 벌벌 떨지 말구. 개가 쏨이 나면 이빨을 들어내고 으르렁거리듯이 자네도 개모냥 이를 뿌득뿌득 갈며 헐크모냥 우그려 짠 얼굴로 눈깔을 부리부리하게 치켜뜨고 빈 술병을 집어들고 때릴 듯이 들었다 났다 하면서 씩씩거리면 제 아무리 강심장 마누라도 죽이기 일보직전의 화난 영감 얼굴 앞에는 똥마려운 개모냥 뺑뺑 돌며 쩔쩔매게 되어 있어. 이게 다 내 산 경험에서 얻어진 계집 다루는 노하우여. 이거 아무나 안 가르쳐 주는 건데 양씨나 허니께 내가 코치허는거. 그럼 난 이만 가네. 바빠서 쩌그 둘러볼 곳도 있고, 휑 허니 가야 돼. 아, 요로코롬 뻘쩍이 가시면 지가 섭한디요. 으째 쓰까이. 아, 오늘만 날인감. 다음을 기약하세. 그러질 말래두 못 말리는 성님이셔.

간장 한 사발

●● 아이구~ 목 탄다. 목 타. 가을개 가랑잎 모냥 깔깔한 것이 이거 봐, 영식이 어멈, 조반을 짜게 먹었나봐? 왜 이리 조갈이 나나 몰라. 소금을 아끼지 않구 사발루 퍼 넣었나? 국이 짜다 했더니만 그여나 기별이 오누먼. 여기 말이야 물 한 당키 가져와. 왜 대답이 없어? 그새 꼴태꼴 갔나? 늙은이는 시간과 날짜 없이 아무 때나 죽으니께. 이거 봐 임자, 썽자어멈 또 어디로 찔뚝거리며 꾀질러 간 게야? 에이~ 다람쥐 같은 느무 여편네 같으니라구. 천상 내 손목아지로 물 떠먹어야겠구먼. 에이~ 귀찮아!

아이구구구~ 아니 이게 부엌이야? 돼지우리야? 깡패가 한바탕 휩쓸고 갔나? 오방난장 깨장판이니 숟가락 젓가락 몽댕이하며 양은 주발 대접이 써커쓰를 하는지 곤두서 가지고 그저 처먹고 막 집어 던져 놓구 내뺐구먼. 살림 참 드럽게 헌다. 쯧쯧쯧~ 늙을수록 꾀가 나나? 에이~ 빌어먹을 이 껌정물은 또 뭐라? 몰라 아냐 웬 새꼽 빠지게 콜라야? 나 몰래 이런 거 사다 주전부리나 허고. 으쨌거나 오기 전에 홀랑 먹어 치우고 시치미 딱 떼면 알게 뭐야? 꿀꺽꿀꺽 꿀꺽~ 아우 짜~ 요즘 콜라는 이렇게 짠가? 아니 이거 간장 아냐? 진미간장! 이런 오라질느무 일이 있나? 짜게 먹어 조갈이 나 물을 먹으러 와서 또 간장을 한 사발이나 마셨으니 물을 동이로 마시게 생겼구먼. 그랴 이느무 할망구 오기만 해봐라.

　　뜨르르 뜨르르~ 딸깍~ 할멈야? 알면서 왜 물어? 시방 거기가 어디야? 변소간. 변소간에서 푸닥거리를 하나 몇 시간씩 뭤혀? 아, 며늘아이가 덜 익은 떫은 감을 사가지고 왔길래 그늠을 서너 너덧 개 집어 먹었더니만 아래가 꽉 막혀가지구 힘을 주고 발광을 혀도 안 나와. 영감, 어쩌면 좋아 그래? 똥은 마려운디 뻑질르구 안 나와 내가 아주 그냥 식은땀을 철철 흘리며 힘을 너무 주어 똥 대신 똥줄기만 삐져나오고 나 어쩌면 좋우? 영감, 그럴 땐 영감이 필요하구먼. 나올 때까지 그냥 거기서 살어. 그러구 말야, 사발 대접에 웬 간장을 담아놔 가지구 내가 그놈을 콜라로 알구 훌떠덕 다 마셨는데 오장육부가 다 간장게장모냥 절인 거 같어. 아니 그거 조선간장이야. 봉선이 어멈이 먹어보라구 한 사발 준 건데 간장은 다 먹고 사발은 남겨뒀겠지? 영감도 인자 다 됐는갑네. 간장인지 콜라인지 분간도 못하고 첫 모금에 짜면 안 먹으면 되지 그걸 끝까지 다 마시는 경우는 또 뭐야? 쯧쯧쯧~ 쯧쯧쯧이구 쩟쩟이구 냉큼 치마 걷어 올리구 와서 밥이나 차려. 오정 때야. 아니 금방내 숟가락 놓구서 또 먹어? 뱃고래에 그지가 들어앉았나? 아, 전화 끊고 빨랑빨랑 못 나와? 화장실을 뚜디려 부시기 전에 빨랑 나오란 말이시. 못 나가. 다 나와야 나갈껴. 마누라 응가꺼정 참견하고 참말로 오종종하기가 간장 종지네 쳇! 언제부터 마누라 걱정을 깨가 쏟아지게 헌겨? 시집와 50년 만에 처음 느껴보는구먼. 감개가 무량하다.

이 빠꾸샤 영감탱이 같으니! 젊어서 그랬으면 대우나 받고 살었지. 밥상에 생선 꽁댕이 얹어주고 사흘도리 쇠고기국에 조석으로 즐기는 막걸리 대령하고 그랬으련만 애나 어른이나 말을 잘 들어 처먹어야 시집 장가를 잘 가는 법인디 저 영감은 엑스 X 이거야. 매력이 있나? 멋대가리가 있나? 그렇다고 상냥하길 해? 빈통이 터지는 소리나 허구 곱살 굳은 게 없어 저 영감은 나는 자연인이다처럼 산골짝에 들어가서 혼자 끓여먹고 살아야 할 팔자인데 마누라 잘 만나 호강하고 살지. 내가 평생에 은인인 줄은 모르고서 은인인 나에게 하는 행동머리가 개엘렐레모냥 넙데데해 비러나 먹을 피즈곤내 이 뽀시나 앗쭈구리 홍야홍야 노 갓땜이 꽝! 이

여편네가 칠성판이 그리운가 아주 사자를 미리 부르는구만. 염라대왕이 내 하스뽀이야. 내가 삐삐 한 방이면 사자가 너더댓 명이 우르르 몰려와서는 계십니꺼? 면회 왔쉬다. 여편네 아무개 아무개는 지체 없이 나오슈. 갈 길이 머니 냉큼 나와 오랏을 받으시게. 빨랑 우물떡거리지 말구! 에그머니나! 나가 시방 황천 갈 나이는 아직 아닌디? 뭔 쪼깐으로 날 잡으로 오셨다냐? 언능 가셔. 죽음에는 남녀노소, 나이제한, 순번이 없느니라. 이미 황천 살생부에 네 이름이 등재되어 있는 바 어김없이 가야 하느니라. 어서 떠날 채비를 하라. 하이고오~ 싫여라오! 영식이 아부지, 나 좀 살려주셔.

　내가 아까는 부화가 치밀어 영감을 앞에 놓고 대고진상 까 으바리를 만들었는디 고것이 진심이 아니라는 것을 왜 당신이 모르시어요? 잘못했으니께 날 좀 못 붙드러 가게 몽댕이래도 후둘러 쫓아 보내셔이. 나도 떨려 죽을 판인디 뭔 개풀 뜯어먹는 소리다냐? 인명은 재천이여. 끌려가서 염라대왕이 진술서를 보구 재판에 이기면 돌려보낼 것이고, 안 그러면 기름 가마솥에 펄펄 덜덜덜덜 떨긴 오뉴월에 수전증이 있나봐 이 여자. 자, 시간이 없네. 가세. 아유 영식이 아부지, 옮아랏. 예예의 입. 앗 잠깐 그냥 가슈. 갈 때 되면 내가 알아서 보낼 테니께 순번 명단 일단 보류 미결로 처리하고 그냥 가셔 사자양반. 이 영감이 사자 알길 우습게 보나? 그냥 가라니 빵구내고 빈손으로 돌려보내면 왕복 노자돈은 줘야지. 노자는 마누가라 줄껴. 얼마나 드리면 족할까? 사자 총 5명이니 사자 1명당 5전씩은 줘야지. 그럼 5 × 5 = 25전! 이봐, 마누라! 네 여보! 속고쟁이 비밀주머니에 꼬불친 비자금 꺼내서 노자돈 25전 계산해드려. 네네네네. 앗따~ 그럴 땐 바퀴벌레몬양 재빠르네. 엇때 할멈? 죽다 살아난 혼쭐맛이 기분 째지는 아모르 파티 그 이상인감? 이거 봐! 한 번 여자는 죽을 때까지 여자야. 여자는 기본상 얌전하고 상냥하고 남편 공양하고 시부모 정성으로 뫼시는 현모양처가 되어야 하느니 여기저기 찍어 바르고 멋도 부려가면서 뭔가 좀 변화와 화사함이 있어야 여자지 맨날 꾀죄죄하니 대가리는 뒤엉산이가 되어 용산 까치집이고, 풀어 산발한 걸 보면 영락없는 전설따라 삼천리니 내가 입맛이 다셔지나?

이거 봐, 사자 밥에서 구원한 주인공은 당신 서방인 나야. 나 서방은 하늘이라는 소리! 이제 이해가 가남? 앞으로 날 임금님 뫼시드끼 으허고 받들 수 있겠는가 말혀? 절실히 느꼈슈. 죽으라면 죽고 퍼질르라면 퍼질르고 똥 싸다가도 당신이 부르면 나오던 똥 미결로 남겨두고 0.5초 내로 득달같이 대령하겠슈. 당신 앞에 차렷 자세로 그리 아시고설랑 나가 시방 읍내 화장품 가게에 찍어 바를 이뻐지는 동동구루무 석건 이것저것 사러 가요. 내 뻥허니 단숨에 댕겨올 테니께 점심은 차려드셔. 어허~ 사내대장부가 아 녀자가 드나드는 정지간에 들어가 떨그럭거리며 밥을 퍼먹으라구? 이게 아직도 정신을 못차리구 자빠졌구먼. 삐삐 어디 있어?

사자더러 다시 오라구 삐삐치게. 아유~ 아유~ 왜 이러시어요 아자씨? 아니, 여보! 밥 차려드릴께. 아, 진작 그래야지. 혹시나는 역시나라고 사자가 웬 못된 마누라 고장난 성격을 단단히 고쳐놓은 것 같아 속이다 후련하구만.

며느리 사랑은 시아버지

●● 아버님 어머님, 어디에 계시어요? 엉? 여기 WC. 쉬 하느라구. 아유~ 수고하시네요. 아버님, 얼른 쭉 빼내시고 이것 좀 드시어 보시어요. 뭐냐? 잡채요. 웬 잡채냐? 제가 한 것이 아니구 시누이가 택배로 보내왔어요. 오~ 그래? 그년이 돌았나 안 하던 짓거릴 해싸? 어디 한 점 집어먹어 보자. 고기도 많이 넣고 아주 빽빽하니 물색을 갖춰 제법 아나방창이구먼. 후루루루룹~ 쩝쩝쩝~ 으이, 뭔 맛이 이렇다니? 시금털털한 게 맛이 갔는데? 이리 와 한 접음 시식 좀 해보렴. 내 입이 그런가? 아~ 해라.

내가 먹여주마. 아유~ 아버님두 유치원모냥 장난끼가 심허셔. 어허허허~ 아, 허래니께 앵도라지기는? 아~ 해라. 아~ 째금째금 쩝쩝~ 어머나 쉬어 터졌네요. 미끄덩 미끄덩하고 그러면 그렇지. 비속어로 내 주댕이 미각이 국제 수준급인데 이느무 기지배가 저 처먹다가 먹기 싫으니까 택배로 이리 부친 몬양이로구먼. 어쩐지 평생 안 하던 짓거리를 한다 했더니만 그여나 일을 내는구먼. 그 기지배가 애적부터 싹아지가 박아지드니만 애새낄 여럿 낳아도 행동머리는 여전허구먼. 이래서 제 버릇 개 못 준다고 하는 게야. 살아생전 제 어미가 똥오줌 못 가리고 개판이더니 엇찌 그리 판박인지 원! 어멈아, 전화통 좀 이리다오. 응, 아빠, 웬일이슈? 전화를 다 하시구? 배달된 잡채는 드셔보셨어? 그럼 고기도 많이 넣고 잘 했는데 뻣뻣하니 잡채가 시금털털 개살구모냥 시큼허냐? 아빠, 무슨 소리셔? 금방 해가지구 뜨끈뜨끈한 거 아빠 생각해서 불이 나게 보냈구먼. 아니, 이년아! 금방내 만든 잡채가 뻣뻣하니 시큼해 날씨도 안 더운데 쉬어 잠자리 잡으면서 살금살금 한 사흘 왔남? 어디다 대구 뻥을 까? 이 애비가 호구냐?

저 처먹다가 맛대가리가 없으니까 버리기는 아깝고 날 더러 먹구 배탈이 나 구두 설사나 디리 하라구 날 준 거지? 아이구~ 기가 막혀! 정말 아빠 그거 영하 40도 냉장해둔 겨우 한 닷새나 됐나? 식초 한 방울도 안 썼구먼! 아니 어떤 년은 잡채에 식초 넣는 년이 있더냐? 네 이년! 개소리면 똥이 약이야. 냉큼 와서 가져가 배떼지가 꾀지도록 너나 처먹어라! 난 때려죽여도 못 먹어. 언니 먹으라구 그래. 뭐야? 네 올캐가 음식물 쓰레기통이냐? 빌어먹어도 한참을 빌어먹을 화상덩어리! 언니 좀 바꿔줘. 애야, 이 잡것이 널 더러 전화 받으란다. 네, 아가씨! 언니, 그거 쉴 게 아냐? 아빠가 꼰대라 입맛이 한물 가시니 짜니 그러지 설마 내가 못 먹을 걸 보냈겠슈? 맛있다 맛있다 맛있어져라 두 눈을 질끈 감고 주문을 외어봐. 왜 쉬어 쉬긴? 새콤해서 그렇지 먹을 만할 텐데. 언니, 언니가 다 먹고 인증영상 찍어서 보내줘요. 못 먹는 게 어디 있어? 먹으면 먹어지는 거지. 아빠는 하나두 주지 말고 언니 혼자 이불 뒤집어쓰고 몰래 먹어. 잡채 고기두 수입육인 줄 알우? 홍성 한우살이야! 알두 못하고 노인네가 망령이 들었나봐. 언니도 먹기 싫으면 포장해서 다시 택배로 보내. 나나 먹게. 대신 고기만 건져 먹으면 안 돼. 미국에 사는 언니한테 보내면 되지 뭐. 아가씨, 지금 농담하는 거죠? 농담은 무슨! 언니 내가 지금 농담하는 걸로 보여요? 아니거든. 먹을 거 가지구 이러니 저러니 찌꾸 까부르는 게 아니에요. 복 달아난다구요 복!

아빠더러 일르세요. 말년에 뜨끈한 국물이래도 제대로 얻어 먹으려거든 트집 좀 잡지 말고 조용히 사시라구요. 뭐라고 하든 그러지 마시라는데요. 안 먹으려면 택배로 다시 포장해서 보내라는데요. 미국 사는 시누이한테 보낸다구 그러든 걸요. 미쳤군! 미쳤어! 단단히 미쳤어! 그래서 뭐라구 했냐? 꼼짝두 못하구 말소리만 듣다가 아버님 전화 돌려드렸으니까요. 너는 애가 왜 어째 등신이냐? 머저리냐? 뜨뜻이 미지근하니 아 대고 진상 아가씨 이러는 거 아니죠! 잡채 못 먹어 기가리가 들린 것도 아니고, 겨우 쉬어 터진 거 보내놓구 태연하게 맛이 어떠냐구? 이게 동네요 방구요? 노인네 잡을 일 있어요? 엎드리면 코 닿을 데에 살면서 아빠 생각하는 딸이면 재료 싸가지고 와서 요리해서 뜨끈뜨끈한 거 드릴 일이지 택배라니? 돈두 많어. 아가씨가 보낼 땐 하루지만 그게 돌고 돌아서 배달이 됐으니 불어 터질 대로 불고 쉬어 도대체 며칠째구 머리가 그렇게 안 돌아가? 짱구요, 아가씨? 돌대가리 해골이면 다 해골이 아니에요. 제대로 굴려야 해골이지. 그건 호박이나 하는 짓이라구요. 그 썩은 잡채 한 입 씹어 먹어 보구 구역질이 벌써 두 시간째야. 벌써 아버님은 설사하러 뒷간에 들락날락거리시구 보태주는 건 없드래도 얄미운 짓거리는 하지 말아야지. 생긴 것도 쪽째비지만 어쩌면 마음 씀씀이마저 쪽째비유? 왜 사니? 왜 살어? 사자가 배가 부른가 너렁 거 안 잡아가구 뭣허고 자빠졌는지. 아, 신랑 돈두 잘 버는데 가끔 아버님 용돈두 좀 드리구 자구 괴기끈이나 사가지고 와 들들 볶구 지져 드리면 얼마나 이뻐하실 거야?

그리고 명색이 내가 언니인데 단 한 번이래도 언니 없는 집에 시집와서 고생이 많수. 언니 생각해서 맛나게 드시라구 암퇘지 토시살루 골라 끊어 왔으니께 언니 식성대로 구워먹든 삶아먹든 언니 맘대로 요리해서 드시구랴. 아, 이러면 누가 눈을 흘겨? 이쁘기가 한량없지! 이러면서 설레발이를 쳐 홍꾸녁을 내서 큰 사람 노릇 한 번 해볼 일이지 쑥맥모냥 멍허니 귀 따거운 소리만 듣구 말었구먼. 애가 똑똑한 줄 알았더니 아주 쑥맥이네. 알고 죽는 해소병이라구 네가 머저리모냥 순둥이가 되니까 시누이고, 네 서방이고 널 우습게 보구 눈깔을 부라리고 쥐어박지. 요즘 세상에 오죽 못났으면 서방한테 으더 맞고 사냐? 서로 옥신각신 다투다가도 얼굴 붉히며 봇다리 싸 빠이빠이 하는 세상에 남의 식구가 되어 일부종사도 좋지만 오기를 부릴 땐 부리고, 정의가 아닐 땐 튀는 게 원칙인 것을, 넌 가만히 보면 발랑 까진 이 시대의 자화상은 아니야. 너의 심덕 하나는 이 시애비가 알아주마. 텔레비젼에서 노냥 나오는 노냥 드라마 재탕 또 재탕, 사랑과 전쟁 우렁이 샘구멍 들여다보듯 보면서 느끼는 것도 없냐? 눈만 즐거우면 되는 게야? 마음에 담아서 해골로 전달을 해야지. 아버님. 그랴? 드라마는 어느 작가 한 사람의 생각으로 멋과 낭만과 사랑 3위 일체를 조합한 우리네 인간사를 조명한 재미 위주로의 연출이기 때문에 그저 눈요기로 무료하니까 보는 것뿐이지 배울 건 없어요. 제목만 다를 뿐 스토리는 그 나물에 그 밥!

오히려 생각 없이 보았다간 따라 배울 수 있는 위험천만한 구석이 있는 드라마로 굳이 신뢰하기란 달갑지 않은 구성만을 옮겨 놓은 젊은 애들과 신혼부부들이 봐서는 이로울 게 없는 프로그램이라고 생각이 되어서 그냥 재미 위주로만 생각 없이 봅니다 아버님. 너의 철학적인 그런 거는 난 모르겠고, 난 널 빠라고 봐. 우리 알토란 같은 가문에 어리벙벙 며느리라니 가문엔 똥칠이지. 조상님이 피눈물을 흘리실 게야. 종손 며느리가 이리 당알지지 못하면 가문에 위기가 오지. 암~ 그렇구 말구. 띠리리띠리리~ 왜 또 전화질이야? 이번엔 썩은 갈치 토막 보냈다구 전화질인가? 아빠, 내가 내일 해물탕감 사가지고 가서 둘이 먹다 하나가 꺽 해도 모를 정도로 맛나게 끓여 쇠주 한 잔 대접할 테니까 오늘 쉰 잡채로 인한 오해는 풀으셔. 싫어, 이년아! 해물탕이구 뱀탕이구 안 먹으니까 너희들이나 팍팍 끓여 똥이 나오도록 먹어. 싱싱한 해물만 골라 샀다면서 문정문정 썩어 골골한 맛이 간 싸구려 사다 끓여줄 게 뻔한데 내가 그걸 훌쩍거리며 먹을 것 같냐? 콩으로 메주를 쒀 봐라! 내가 널 믿나? 안 하던 짓거리를 갑자기 하면 생명이 위급한 신호야. 너 어디 아프냐? 청량리 정신병원에 입원해야 하는 거 아니냐? 앞으로 말야, 너는 우리 집에 음식반입 금지야. 알았냐? 네 서방놈한테 내가 호통 한 번 칠 거야. 데리고 사는 마누라 교육 제대로 시켜 살라고! 안 돼 아빠! 나 맞아 죽어. 되지기는 싫은 모양이로구먼. 딱 한 번 반쯤만 되져봐! 그래야 웬 못된 고질병을 고치지.

찌르르~ 찌르르~ 강 서방인가? 아이구~ 아버님, 웬일로 전화를 다 하셨는지요? 그간 편안하시지요? 건강은 여전하시구요? 응, 그랴. 둘 다 OK야. 자네도 이상 무지? 그러문요. 늘 아버님 걱정으로 무애무탈합니다. 자네한테 내가 한마디 할 일이 있어서. 무슨 말씀이신지 하시지요? 전 아버님 사위 아닙니까? 걱정 마시고 전화하시지요. 자네 내 사위 맞지? 나는 자네 장인이고. 사람이 옹쿠린다고 잘 사는 게 아닐세. 사람이 사는 이 사회에는 이민 경계라는 것이 존재하거늘 위아래는 알고 살아야 체면 유지도 되고, 서로 정이 가는 거지. 자네처럼 달 쳐다 보듯 관심이 없어서는 세상 그렇게 사는 게 아니지. 아니 아버님? 그게 무슨 말씀이신지? 저는 통 이해가? 구두쇠도 자네 같은 구두쇠가 대한민국 사위들 중 자네가 아주 으뜸일세. 알뜰하고 좋은 것도 좋지만 세상은 그리 사는 게 아냐. 퇴근하거든 영식이 어멈 닦달 좀 해. 애비한테 모처럼 만에 먹으라고 보낸 쉬어 터진 잡채를 안 보내나? 일전 고련 한 푼 생전 애비 용돈 10원 한 장을 주나? 그렇게 인색하게 살아서 그 돈 다 긁어모아 뭘 허려고? 아이구~ 아버님, 장인으른, 무슨 말씀이세요? 매달 월급 때마다 아버님 용돈 기십만 원씩 떼어드리라고 했고, 저는 어멈이 달달이 드리는 걸로 알고 있는데요.

어느 놈이 줘? 귀신이 줘? 아버님 혼자 외로우실 테니까 자주 찾아뵙구 가끔 외식도 좀 드시게 해드리라고 했는데요. 외식 같은 소리 하고 있네. 내가 외식 한 번을 얻어먹고 용돈 한 장을 받아봤으면 성씨를 갈아버리지. 암~ 그렇구 말구. 먹다 남은 잡채, 그것도 쉬어 터진 걸 택배로 보내는 년이 용돈 주고 외식시켜 주겠다. 내가 못 먹어 서운해서 하는 소리가 아니라 애비 알기를 이웃집 늙은이 취급 같아 서글퍼 하는 소리야. 주고 먹이는 거 달갑지도 않은 게 나여. 하도 행동머리가 같잖아서 거기에 내가 발끈한 걸세. 딴 이유는 없네. 땡이야. 알았습니다, 장인어른. 내 이느무 종자를 부러지지 않을 만큼만 패. 그래야 외식도 하고 용돈도 팍팍 들어오지. 이거 봐 사위, 난 자네만 믿네. 그년은 거적이야. 에이~ 상종못할 망할느무 기지배! 그 왜 기지배가 그따위야 그래! 달달이 내 용돈마저 긁어 챙겼구먼. 이건 딸년이 아니라 도둑년 아냐?

아리랑 8번지 길순이 아범

●● 하이고오~ 저 인간 왜 저러노? 또 염병하고 자빠졌다. 아이 무같이 생겨같고 와 저러노? 그래 할 말이지 얄굿데이! 즈그 마누라가 을매나 쏙이 썩어 문드러지겠노? 아이 내사마 참말로 걱정시브러서 눈 뜨고 못 보겠꾸마. 저 인간 으찌 저리 됐노? 밥을 처묵으야제 술만 허구헌 날 들어부으면 우짤끼고! 남들 없는 새끼는 우물우물 연년생으로 갈겨놓고 노상 저 지랄이면 그 새끼들 앞날은 우이 되겠노? 하무 참말로 남의 일이 아니네. 우짜지? 남의 가정사에 제3자 입장에서 맹렬하게 끼어들 수

도 없고, 길순이 애미를 생각하면 이래 놔둬선 안 될 일이고. 아이구 야야~ 내 심장에서 참말로 불이 난다 야. 이 일을 으짜노! 으이 내사마 저 인간 해꼬지는 몬하고 흉이나 실컷 볼꼬마. 참말로 얄굿데이! 저저 쪽 째진 와이샤츠 단추구멍 눈구멍을 봐라? 졸린 여우가 경계하며 잠이 들까 말까 하는 꼬락서니 하며 앞으로 두 걸음 나아갔다가 세 걸음 빠꾸질을 안 허나? 저저 전봇대에 바지 까고 오줌 싸는 꼬라질 봐라. 에이그으~ 징그러. 그 지경에도 챙피한 건 아나 보다. 여우모냥 흘금흘금 돌아다보게. 저저 좃대가리 내놓고 뺏찔러 섰는 거 봐라. 바지 앞은 다 젖고 꼬추 얼어 이 인간아! 나이 50도 안 된 젊은 것이 대가리 털은 반백으로 영희네 복실 강아지와 사촌간이고, 콧구멍엔 코딱지가 구멍을 막아 말라붙고, 숨은 어디로 쉬는 거야? 안 죽고 살아있는 게 용허다.

　이 인간아, 명줄은 엄청히 긴가봐. 막걸리 두 주전자를 혼자 다 처먹고 술이 취해 쫑알거리는 마누라 레프트 훅 라이트 훅 어퍼컷으로 조저댔다가 즉시 봇다리 싸고 집 나간 지가 벌써 3년짼데 아직 종문소식 우리 옆집 새끼몬양 저것도 그 짝이 나야 으이그으 화상! 사자는 뭐하는 거야? 저런 거 안 잡아가고! 아주 그냥 아리랑 8번지 일대에서 유명세를 타는구나. 스타야 스타! 술 먹고 주접 떠는 연기력 하난 알아주마. 이 오사할 인간머리야. 명감독 임권택 오빠한테 갠사리 넣어 너렁 거 하나 영화배우 만드는 건 이유도 아니지. 아주 공갈 염소똥 1원에 열두 개다. 인마, 이거 엿이

나 먹어! 이 똥물에 해수욕을 할 위인아! 이 사람 저 사람 옆구리 찔러 어렵사리 취직시켜 주면 많이 다녀야 3일! 저게 웬수지 서방이야? 때 되면 새끼들은 뜰뜰 뒤져 처먹을 꺼 찾는 데 혈안이 되어 때리고 할퀴고 아비규환 눈물 없이 볼 수 없는 영화의 한 장면을 저 인간 눈깔엔 그런 것도 안 뵈나봐. 그것도 눈구녕이라고 달고 다니냐? 차라리 앞 못 보는 청맹관이면 이해나 가지. 참 하나님도 무심하시다. 왜 저따위를 안 보살피실까? 목사님이 저 인간 하나님 앞에 무릎 꿇어 온전한 인간 만들고자 자그마치 거짓말 안 보태고 1년 내내 쫓아다니며 설득하려 했으니 갈 때마다 술이 곤약구가 돼 코를 벼락같이 골며 자빠져 자는 통에 매번 말 한 번 못 붙히고 허탕! 구린 입 한 번 떼어보지도 못하고 항복한 거 아냐? 그러면서 주여, 능력 없는 자를 용서하소서 아멘~ 그러면서 손 뗀 거 아냐?

　내장 밥통에 철판이래도 깔았는지 그놈에 밥주머니는 쇠주에 녹지도 않는 걸 보면 주당으로 타고났어. 얼마나 술에 미쳤으면 제 마누라 안 끼고 아끼던 약혼반지 결혼반지 다 쌔비해 팔아 술 퍼먹고 세상에 인간 이하 불한당 놈도 너보다는 낫겠다. 술로 제 뱃때기만 채우면 그만이고, 마누라 새끼는 처먹거나 말거나 저런 걸 서방이라구 참고 받아들인 애미년이나 똑같아 똑같아. 에이~ 열 받쳐! 저거 누가 나서서 본때를 한 번 보여주면 좋겠는데 내비두니까 기가 살어 더 염병을 떠는 거야. 내가 한 번 저 인간을 향해 돌진을 해볼 거나? 손바닥에서 닭똥내가 나도록 쩔쩔매며 빌게 중이 제 머리 못 깎는 법이여. 아이구~ 화딱지 치밀어! 내비둬. 훈시는 오히려 화를 불러와. 뽀오옹 푸쉬쉬쉬 옛다이 내 방귀나 할타 처먹어라. 이 놈에 서방놈아! 잡자식 봐라! 봐라 덕자야, 느그 서방 시방 어디 있는지 아나? 몰라예. 야 봐라? 무사태평이네. 조기 조 길모퉁이 전봇대에 가봐라. 고추 내놔 놓구 오줌 싸다 잘 들었능 기라. 내 다 봤다. 꼬질대 치고 다마는 실하고 괜찮은 기라. 술 처먹는 거는 제로여도 니는 서방 그거 하는 복 받았능 기라. 좋겠다. 니는 언젠가 내가 이래 말한 적 있다. 그때 덕자년이 날 더러 언니 저 인간 물건 탐나우. 무신 소리고? 뭐가 탐나는데? 아, 방금 언니가 그러셨잖우? 니는 좋겠다고 한 그 물건 와 내사 탐하면 빌려줄라꼬? 야야~ 드럽어서 싫다.

　야간작업에 시원치 않은 흐물떼기지만 내 서방이 있는데 이기 미쳤나? 정신 나간 소릴 다 하고. 니 나랑 얼굴 안 볼라꼬 작정했나? 어디서 그런 추잡스런 소릴 함부로 해쌌노? 아무리 농담이래도 우리 가려서 하자이. 알겠나? 그라고 저 인간 더 이상 봐주지 말고 이참에 치워삐리라마. 웬 못됐데이. 인자는 저 인간 버릇 못 곤친다 카이. 알았제? 일단은 저대로 내비두면 빳빳이 얼어 동태가 될 낀데 속이 상해도 우짜노? 집으로 끌고 와봐라. 우선 살려놓고 나서 절판을 내도 낼 일이고, 술 취한 개라니 시방 콩새몬양 지저귄다고 저 인간 귓구멍에 씨알이 전달되겠나? 귓구멍에 말뚝 박아 다 개소리로 들릴 낀데 쇠귀에 경 읽지 말고 차분히 인내하고 그 분통은 내일 맑은 정신일 때 폭발해도 안 늦다. 에고 으찌! 그리 서방복이 없노 그래. 니 참말로 시집 잘못 왔능 기라. 내 가슴이 다 짠하고 마음 아픈 기라. 문대자슥 이리 착한 아를 두고 안점도 없이 으찌 그리 세상을 막 사노. 참말로 기가 차데이. 모가지만 우뚝하면 사람이고? 사람다워야 사람이제. 짐승도 그리는 안 살 낀데 으씨 이리 얄궂나? 그래 춥다. 문 닫아라. 인자 내는 갈 꺼고마. 쏙 끓이지 마라. 팔자인 걸 으찌하노? 내는 인자 더 이상 모르겠다. 느그 부부 문제니까네.

결혼식

●● 우리 이쁜 막내딸 오늘 드디어 남의 사람이 되는구나. 서운해 으쩌지? 눈물이 나올라 카네. 기쁘기도 하지만 실은 서운하고 아쉽고 아깝고 슬프다. 부디 행복하게 잘 살아야 된다. 이 신랑놈이 영 마음에 들진 않지만 느그 둘이 좋다니 용뺄는 수 없고, 갸보다 나은 네가 가르치고 훈계해서 아들딸 손자 낳아 이 애비 실망시키지 마레이. 할 말이 요것뿐이네. 자, 서두르자! 천천히 예식시간이 안 돼가나? 코로나에 손님이 몇 분이나 올랑가는 모르나 이 애비가 평소 관혼상제엔 성의 있게 두루두

루 참석한 정성이 있으니께 위험천만 촌각을 다투는 와중일 망정 날 봐서라도 많이들 찾아줄 것이다. 야, 봐라! 우리 딸 기분 좋으나? 아빠 감사해요, 예쁘게 키워주셔서. 저희 두 사람에게 거는 기대 큰 만큼 아빠 실망시키지 않고 행복하게 잘 살게요. 그래 그리 살면 고맙고 더 바랄 게 없지. 으흐흑~ 아빠 우나? 이쁜 얼굴 베린다. 울지 마라. 울긴 왜 우노? 이리 기쁘고 좋은 날에 눈물이 뭐고? 그래도 기뻐 우는 네 모습이 더 아름다워 보인다. 아빠도 진짜 진짜 기쁘다. 사랑한데이 우리 딸 가자. 신부 아버님 이리 오셔서 화장하시고 머리 손질하셔야지요. 화장은 뭐할라고? 자연 이대로가 좋제. 뭔 얼어죽을 화장! 쪼글쪼글 산골짝 얼굴에 분 이겨 바른다꼬 영화배우 신성일이 되나? 난 우리 딸 애비여. 냅두소. 자연 거 무툭툭 이대로가 좋소. 아이구~ 아버님, 생에 처음 이쁜 딸 시집보내시면서 치장도 하시고 매무새 있게 양복도 입으셨는데 삼위일체는 갖추셔야죠? 손님도 맞으시는데 멋도 좀 부리시고. 뭐 그렇긴 하네. 자, 발러. 머리엔 찐득찐득한 찌꾸다이도 바를 꺼지? 네, 아버님.

내가 왜 당신 아버님이야? 상호 신뢰 존중 차원에서 요즘은 어르신이나 아버님으로 호칭하는 시대라서 멋지지 않습니까? 아저씨보다는 백 번 친근감도 가고, 존경받는 기분도 드실 테고, 노인장이나 자기라고 부를 수도 없구. 시대가 그러하다면야 유행따라 말본새도 달라져야 하니께 임자 마음이야. 땡기는 대로 불러. 허나 겉만 뻔드르한 입술 발림은 아니네. 진심이어야 하지. 네네. 그리구요 아버님, 요즈음은요, 화장품도 다양하게 기술로 만들기 때문에 찌꾸다이는 없구요. 비스무르하게 들러붙지 않고 끈적임 없는 헤어스타 머리짱이라는 신가라 찌꾸가 나온 게로 끈적거리지 않음시로 싹 빗어 넘기면 중구난방 풀어 산발 머리카락이 금방내 착착 말을 잘 듣는 걸 시방부터 이겨붙일 거에요. 이놈을 발르구 나면 하이칼라도 검은 옥진주같이 번쩍번쩍 빛이 나면서 냄새가 아주 저 먼 나라 인도양까지 화화화학~ 피워 시커먼스 애기들이 송장 태우는 인도 갠지스 강변에서 코를 벌름거리며 흠흠 냄새를 맡을 정도로 향이 굿 나이스에요. 나이스가 뭐여? 영어 아녀? 색시는 서울대 영문학과 출신인 게로군. 아, 그렇게 잘 배운 사람이 남에 대가리나 주물르는 일을 하고 있어? 머리가 짱돌인가 보구먼. 요즘은 말야, 어디어디 나와도 대가리가 아둔하면 행세를 못하는 세상이라 정신 차려 살아야 한다구.

　오늘 결혼하는 우리 아이는 최종 학력이 국졸이래도 워낙 지식이 풍부하고 아는 게 많아서 오늘 결혼식 이벤트나 식순과정까지도 다 미국말로 예식이 진행될 께야. 한가하면 이따가 와서 구경해봐. 핸섬한 나도 볼겸 색경 좀 이리 줘봐. 요기요. 코 밑에 검은 반점 요것 좀 감쪽같이 캄프라치할 수 없나? 안 되면 반창고를 딱 붙혀 감춰주든가. 사람들이 점백이 영감이라고 놀릴까봐 그래. 이 좋은 날에 놀림감이 될 순 없잖아? 안 그래? 미용사 처녀. 아이구

이 시대의 자화상 · 257

~ 아버님, 저 처녀 아니에요. 애가 둘이나 있는 엄마예요. 애가 둘이나 있어? 그런데 그렇게 이쁘면서 젊어? 나이를 거꾸로 먹었나? 시방 춘추가 으떻게 되시나? 어멈은 4학년 2반여. 우리 아저씨는 저보다 세 살 연하예요. 그려 동생을 데리고 사는구먼. 산수 문제야. 신랑에 대한 점수를 매긴다면? 60점! 에게~ 점수가 약한 걸 보니 소수점을 찍었구먼. 안 봐도 비디오야. 노냥 찌글대고 쥐어뜯고 싸우지. 가화만사성이 필요한 집구석이구먼. 이혼할 꺼지? 지금 생각 중이에요. 일찌감히 손 털어. 싹이 노란 놈은 구정을 내야지 내비두면 혈압만 올라. 아유~ 내 뒷골이 다 땡기네. 신부 아버님, 곧 예식이 시작됩니다. 냉큼 오셔서 자리에 착석해주세요. 딴딴따다~ 딴따따다~ 신랑 신부 맞절! 와아~ 짝짝짝 볼기짝 삼삼칠 박수! 이어서 오늘의 히로인 신부의 아버님께서 애지중지 키워온 딸을 보내는 서운한 마음을 귀빈 여러분을 뫼신 가운데 아버지로서의 딸에 대한 간곡한 한마디! 딸의 행복을 위한 메세지를 낭독하시겠습니다. 경청 격려의 박수 부탁드립니다. 짜자작~ 짝짝~ 으허허험, 에또~ 그리하야~ 카아악~ 아유~ 이거 가래 뱉을 때가 없구나. 우리 딸 빈 깡통 하나 없냐? 도루 삼켜야지 뭐. 꿀딱~ 아유~ 짜다.

오늘날 요렇게 많은 분들이 나의 딸년 결혼식에 참석해주신 귀빈 여러분들 감사허구 또 감사하구마니라. 오늘 내 곁을 떠날 나쁜 지지배 진절머리 나게도 에미애비 속을 팍팍 썩이다가 비로소 오늘 남의 사람이 되어가는데 기쁘면서도 많이 슬퍼하오. 20년 넘게 길길이 길러 그놈에 정이 뭐간디 이리 맴이 짠한지 모르겠구마니라. 갸가 늘 이럽디다. 평생 시집 안 가고 혼자 살 거라고. 그러던 기지배가 어느 날 뜩허니 병어주댕이모냥 생겨먹은 녀석을 잡아끌고 와서는 한다는 소리가 내 이상형이라며 제 짝이 될 영감 마누라감이 된데냐? 아, 이러면서 디리대던 걸요. 그러면서 엄포를 놓지 뭡니까? 그때 나는 속으로 이것도 기지배라고 들러붙는 놈이 있네. 속으로는 대한민국 만세를 쾌재 대용으로 부르고 헌 고무신도 짝이 있다더니 바늘따라 실이 가는구나. 그때 딱 감이 오는 거 있죠? 코끝이 시큰하면서 내 잘생긴 옹달샘 눈가에 진주알 같은 눈물 덩어리가 아롱아롱 맺히지 뭡니까? 부모로서 자식을 떠나보내는 서운함을 표현했던 바 오늘 이렇게 시집을 갑니다. 하나는 외로워 둘이랍니다. 그 말이 명언이에요. 이게 신의 섭리로구나 생각하니 참으로 시원섭섭합니다. 공사다망하시고 21세기의 괴질 코로나 속에 위험을 마다하시고 찾아주신 귀빈 여러분께 다시 한번 진심으로 감사드리면서 신부 아버지 김억만이 이만 물러납니다. 감사합니다. 아유~ 대인공포증이 있나? 왜 이렇게 사시나무 떨듯 떨리나 몰라? 딸년 시집 보내려다가 내가 지레 죽겠다.

임자, 인자 이 뜰름한 집구석에 딸랑 우리 둘만 남았네. 세월이 말해주겠지만 당분간은 야가 눈에 밟힐 게야. 서운할 테지만 나만 딸년 남 주는 게 아니니 별스럽게 유난 떨일 없이 깜냥깜냥 남은 인생 얼싸얼싸 하면서 그렁저렁 사세나. 에이~ 앓던 이 빠진 것맹이로 속이 다 시원해 좋네. 가만? 맹숭맹숭 이럴 게 아니라 자네랑 나랑 아쉬운 마음 달랠 망향의 술이라도 한 잔 찌끄려야 쓰는 것 아닌감? 임자, 언능 인나 넙죽넙죽하게 돼지괴기 삶아 썰어 돼지괴기 궁합엔 새우젓이여. 파송송~ 다진마늘 깨소금 고춧가루 넣어 버물버물 묻혀서 사기 사발에 걸쭉한 막걸리 따라 서양식으로 부라보~ 그러면서 쨍그랑 부딪치고 뻘떡뻘떡 부드럽게 목 넘김 한 번 하세. 이 기쁘고 서운한 날에.

눈치가 없으면 센스라도 있어야지

●● 아, 이런 보리문둥일 보게? 아, 엉아가 이만큼 얘길 허면 저만큼 알어 먹어야지? 삼천리 금수강산에 유람을 왔나 왜 이렇게 혼이 나가 어리벙벙허냐? 만물이 소생하는 청록색 3월 이 봄에 생기발랄하지는 못할망정 정신머리랄래 오리무중이야. 사람이 센스가 없으면 눈치래도 있어야지 막걸리에 물 탔냐? 매사는 신속 정확 재빠르게 알아먹는 사람이 매우 똑똑한 사람이야. 생각도 눈치도 시대에 뒤떨어지게 놀지 마러. 요즘 애들 봐봐. 끽허면 천태만상의 유행어를 발행하고 직방으로 써먹고

SNS에 유포! 금새 유명세를 타잖어? 그만큼 사람들이 유행에 민감한 거야. 이 시대에 구닥다리는 살아남을 수 있간? 일등은 아니 드래도 뒷꽁무니는 졸졸 따라 다닐 줄은 알아야지. 현대인이야 얼굴 이쁜 애들 보구 뭐라구 그러는 줄 알어? 몰라, 모르는데요. 이게 이게 이래놓으니 현대인이라구 할 수가 있나? 얼짱! 얼짱이라고 하는 거야. 형님은 어떻게 그런 걸 아슈? 아, 인마! 귓구멍은 폼으로 뚫어놨냐? 눈으로 보고 귀로 들어 알지. 늙은이더러는 노땅! 지애비더러는 깨비! 꼰대 넝마라거나 비빔냉면, 물냉면을 미니로 줄여 여기 비냉 하나 물냉 둘 합이 셋이요. 육수 넉넉히! 목구멍 얼어 이녀석아! 경찰더러 짭새 그러잖어? 우리 아이는 남자친구더러 놈씨 그러든 걸요. 그래 바로 그거야. 너나 나나 관심을 안 둬 그렇치 정신만 차리면 배워야 될 거 투성이야. 우리네가 써먹던 구닥다리 언어는 요즘 아이들 하나도 이해 못해.

외계인이 지껄이는 이상한 눈초리도 고개가 갸우뚱거리니까 동등한 입장으로 이 시국을 살아가려면 열심히 귀 기울여 살아야 한다 이 말이시. 어른입네 하고 애들 달 쳐다 보듯 하면 꼰대의 도가니에서 벗어날 수 없다 이러함이지. 요즘은 낯가죽도 두꺼워야 해. 예가 덥적 제가 접덕 너나 애새끼 여자 틈바구니 가릴 것 없이 어울리다 보면 별걸 다 배워. 그걸 알아야지. 그나저나 성님, 저는 요즘 봄을 타는가 식욕이 떨어져 영 밥을 못 먹어 어지러워 씨릿씨릿 왔다 갔다 아주 골이 아파요. 성님, 식사는 잘하시우? 아,

없어 못 먹지. 옛날 놋쇠 합주발 요강 덩어리모냥 생긴 거 그 밥그릇으로 고봉밥 제눈 감추듯 해치고 공기밥 두 개 추가야. 그 정도는 먹어줘야 겨우 배가 뽈록허니 나와 본래 봄엔 없던 식욕도 돌아오는 계절인데 자네같이 문여리 체질은 봄을 타지. 난 그저 못 먹어 안달이지. 쥐약만 빼놓구는 다 맛나게 먹어. 아, 그러니께 이 나이에도 알통이 이렇게 어마어마하게 삘그러져 마치 시금치 뽀빠이는 댈 것도 아닌 이 다리통 하나만 봐도 감이 나와 고래 힘줄 이 근육을 봐봐. 조폭이 떼거지로 몰려와도 눈 하나 까딱하지 않을 뚝심하며, 검둥이 미국 프로레슬러 바비가 날 더러 헬로 꼰대 근육이 장난이 아닌데 나랑 한 번 맞붙어 볼텨 그러면서 도전해온 걸 내가 일격에 노 깟뗌이 샤랍 아가리 닥치고 라스베가스 특설링에서 그것도 일반 링이 아닌 철조망 링에서 내가 야, 조선 사람이야. 네 주특기는 어깨로 뺏때기 들이받는 거지만 난 재주가 열두 가지라 안 돼. 네 실력으로는 그러면서 깔아 뭉갰지. 이러면서 내가 거절한 거 아니냐?

 에이~ 성님, 공갈도 어지간히 하시네. 짜식아, 공갈은! 기네스북에 물어봐? 세상에 두려울 게 없는 내가 비싼 밥 먹고 너한테 실없이 뻥이나 까간! 난 마누라만 무서워하고 다 안 무서워. 얘가 안적도 날 모르네? 내 이름 석 자가 누구냐? 고봉산이 아니냐! 높을 고 뱃부리 봉 멧산 해서 떡허니 고봉산씨! 어때? 이름과 덩치가 딱 어울리는 울산 큰 애기지. 나도 성님모냥 먹는 데에 운명을 걸면

이 시대의 자화상 · 263

내 홀쭉한 몸땡이가 성님모양 우둘두둘 요리 뽈록 조리 뽈록 알통 가다가 될까? 그럼 되지! 그러기 위해서는 낯가죽에 철판 까는 걸 절대 잊지 말어야 해. 누가 뭘 먹잖어? 그러면 아나 모르나 엉뚱한 수작이라도 부리면서 음식 가까이 가서 턱받치는 게걸병이 진행되어야만이 뜻을 이룰 수 있는 과정이 만들어지는 거야. 사람은 말이야, 먹는 거 놓구 모르는 사람이라고 저리 가슈 이러는 게 아니라 뉘신지는 모르나 어차피 벌린 밥상이니 변변치는 않드래도 이리 가까이 오셔서 같이 드시지요. 이게 사람의 심리야. 특히 또 한국 사람은 정이 많은 민족 아니냐? 그걸 이용하는 게야. 푼수짓만 하면 돌아다니며 잘 먹지. 이제 봄철인데 맛있는 것들 싸가지고 들로 바다로 나가는 계절이야. 지금이 클라이막스 시즌 빼빼에서 근육질 아저씨가 되려거든 내가 이른 대로 하란 말이야. 고기에 밥 딱 먹고 이빨 쑤시고 가만히 있으면 식후연호 담배 한 대 태우시죠? 이렇게 나와. 게다가 술까지 복분자, 양주! 그 대신 으더 먹으러 나갈 땐 깔끔하게 하고 나가는 건 기본! 아, 말이 있잖어? 입은 거지는 얻어먹어도 넉마 걸친 거지는 쫓겨난다고.

우리 속담에 염치불구라는 게 있어. 그걸 거꾸로 이용허라 이 말여. 염치는 네미 그러면서 뭉개버려. 그냥 뭐 똥뱃짱이 몸땡이 살 찌우는 노하우야. 내게 아쉬운 게 있으면 이것저것 다 버리면 된다는 뜻이야. 남자나 여자나 애나 어른이나 목구멍이 포도청, 먹어야 사는 거 아냐? 해서 먹는 좌석에서는 눈치 염치 볼 것 없이 무조건 불쌍하게 서서 개기면 뉘신지는 모르나 우리끼리 먹기가 좀 뭐하니 이리 오셔서 합석하시오. 말이 끝나기가 무섭게 아유~ 그래도 되겠습니까? 마침 시장끼가 극에 달해서 그 장점을 노려 얻어먹는 나눔의 미학! 예수 가라사대 똥배짱이 있는 자만이 구할 것이요, 먹게 될지어다. 예수님께서 아니 공자님께서 칭기스칸인가 어쨌건 간에 오뉴월에 쇠불알이 대롱대롱해 짠 빛과 그리고 그림자 우가우가 인마! 청춘은 똥뱃짱과 깡따구가 있어야 늘 목구멍이 즐거운 거란다. 성님, 뭐 하나 더 물어봅시다. 물어보시게 김도령. 도령이구 논두렁이구 도대체 청춘이라는 게 몇 살에서 몇 살 사이를 청춘이라고 하는 거요? 아니 갑자기 청춘 얘기가 왜 나와? 늙은 놈이 알면 으떻고 모르면 으떠냐? 늙어도 생각이 젊으면 청춘이고, 60청년~80청년이지.

그건 알아 뭘 해? 애늙은이도 있는데 나이는 숫자에 불과한 거야. 굳이 알 것도 없고, 굳이 청춘을 내세울 건덕지도 없는 거야. 내 자신이 청춘이면 그게 청춘인 것이고, 더 깊숙이 들어가 보면 靑春 푸를 청에 봄춘 파란 풀잎이 돋아나는 이 봄 춘삼월 이 계절에 올해는 기필코 째보라도 하나 걸려 그 가고자픈 장가를 가야겠다 할 만큼 새로움의 한 해를 의미하는 봄의 찬미를 노래하자는 의미라고나 할까? 이건 내 해석이고 내 방식의 산술법이여. 너나 나나 부모 잘못 만나 일자무식으로 늙었으니 아는 게 불알밖에 더 아냐? 이 정도 해석풀이만 해도 한석봉이가 날 더러 엉아~ 그러지. 정답 들어간다. 청춘이란 간단해. 아랫도리 거시기가 주책없이 밤낮으로 건들거리고 화다닥 일어났다가 벌렁 자빠지는 계절, 아니 그런 기간 동안을 청춘이라고 보면 무방! 너도 다 경험해봐서 알 텐데? 오래전 일이지만 너 옛날에 너네 마당 끝 짚가리 옆에 숨어서 네 꺼 가지구 놀다가 느그 아부지한테 들켜 되게 으더 맞은 걸 내가 기억하고 있는데, 네가 그럴 그때가 청춘 청춘 하는 시기야. 그때 느그 아부지가 따따불로 따귀를 올려부치며 어린 느무새끼가 때가 되면 어련히 장가보내 줄까봐 고새를 못 참고 숨어서 시도 때도 없이 용두질이야? 장가도 가기 전에 다 쏟으면 아들딸은 뭘로 만들려고 청승을 떨어 이노무 자식아!

　그때 네가 이러드라. 씨이~ 장가도 안 들여주면서 왜 이런 걸 막어! 그러다가 서너 대 더 얻어 깨진 기억! 에이그~ 성님도 전설 따라 삼천리 같은 구닥다리 기억은 왜 또 꺼내슈? 물이 끓으면 넘치는 거지. 비 안 온다구 마른 논빼미에 가득 물 잡아두면 논뚝 터지는 거 아니유. 청춘도 그짝인겨. 이봐, 그 기발나던 거시기도 인자는 순국선열에 대하여 묵념 바롯 하면 머릴 들어올려야 하는데 그게 잘 안 되지? 묵념을 5~10년씩 하고 있으면 더는 가망이 없으므로 모든 걸 포기할 때가 된 건데 마음은 아직도 이팔청춘이지? 희망은 금물이야. 천하대장부는 쫄면 안 되는 거야. 못 먹는 감 찔러나 본다고 아니하던가? 묵념은 제쳐놓고라고 1년이 아니면 2번이 있듯이 거시기가 고철이라구 본능까지도 고물은 아니잖어? 도 아니면 개야. 두 손으로 얼싸안어 느낌으로 대리만족하는 스킨쉽이 있어. 아, 그거면 됐지 꼭 박아야 되나? 편견을 버려. 그런 이변을 능수능란, 수단의 방법, 임시변통, 꿩 대신 닭, 윷 아니면 모라고 안 하더냐? 음양은 조화라고 안 허냐? 지남철도 철커덕 남자 숫컷만 껄떡거리는 것이 아냐. 암컷도 본능은 어쩔 수 없음으로 먼저 껄쩍거려 보는 건 배짱이자 사나히의 용맹이요, 여자에 대한 예의야. 열 번 찍어 안 넘어가는 나무 없다고 했지. 사랑은 갈구하고 보채면 되게끔 되어 있어. 조물주가 그리 만들어놨으니까. 그러니까 생긴 대로 놀아라. 이게 정답이야. 누가 데려다 붙혀주길 바래? 내가 알아서 끌어땡기는 거지. 용맹이라는 게 그런 걸 얘기하는 거야.

나는 영웅이다. 내 가고자 하는 길에 브레이크란 없다. 서방 보낸 지 3년 과부가 이젠 어지간히 정도 식어가고 무료하기가 한량없으니 이에 외로움과 고독함에 젖어 알 수 없는 눈물을 흘리는데 객쩍은 자기 신세한탄의 눈물보다는 외로움의 눈물이었으니 문여리 같은 남정네라도 그리워 할라치니 연정이 폭포처럼 괄괄하다. 그야말로 건들이면 톡 하고 터질 듯한 사랑의 물망울 때맞춰 운수대통한 어느 날 은근히 하고도 슬쩍 꺼분덕거려 보면 거저 줏은 횡제로다. 외로운 사람에게 외로움을 거두어주는 것은 그 어느 선물보다도 값진 것이니 달마가 아니 조물주가 왜 짝을 만들어놨게? 그러니 용길 잃들 말고설랑에 디리대. 목마른 꽃나무에 물 주는 게 그것도 죄냐? 안 그런 척 근엄한 척 양전한 척 앙큼 떠는 것들 그거 다 내숭이고 뻥이야. 보리밥 알갱이가 입안에서 이리 왈저리 왈 겉돌듯 내남보살 그리움에 몸을 떠는 갈증난 여인네 프로포즈에 겁이 나 도망질한 사내 구실 못한 머저리 네놈은 죄 많은 인간이여. 받아주고 걷어주면 누이 좋고 매부 좋은 것을 그걸 마다하고 허떠방 짓을 했으니 아깝다. 먼저 간 서방놈이 남긴 재산도 꽤 되더구먼. 아, 그때 오만방자한 처신만 안 했더라면 도랑치고 가재 잡고 마당 쓸고 엽전 줍는 것을 때를 놓쳤으니 시방 네 꼴딱서니가 평생 홀아비로 늙지. 구하려 들면 얻을 것이요. 밤을 잊은 그대가 아니라 때를 놓친 사내야. 노갓땜이 머저리 군상 그냥 할로우 그야말로 굴러온 호박이 넝쿨채 사라진 네 이팔청춘의 낙마야. 이젠 저도 그적도 다 날라간 황새다. 여기까지는 호랭이 콜라 먹던 시대 이야기고, 인제는 아녀. 다 틀린겨. 밤낮없이 문 쳐닫고 사는 세상 서로가 서로를 못 믿는 불신의 시대! 도덕과 인륜이 땅에 떨어지고 기고만장 모의 아집이 난무하는 이 어지러운 세상! 기타 반주로 노래하는 가수 짜리몽당 김수철이 노래가사모냥 정신 차려 이 사람아~ 이거는 이유도 아니지.

야! 네. 왜 눈을 졸리운 눈으로 게슴츠레 뜨고는 병어 주댕이가 되어 뭘 오물거리냐? 너 지금 뭐 먹냐? 아, 땅콩여. 두 달 전에 땅콩 천 원어치 사서 넣고 다니며 먹다가 남았는가 땅콩 한 개가 있길래 얼른 집어넣고 오물거리는데 고소한 맛이 하나도 없네요. 세탁기 하이타이에 때국물과 함께 빨아져서 그런가 맛이 있거나 말거나 콩 반쪽도 나누는 게 인심인데 그걸 너 혼자만 처먹어? 제 주댕이만 알아! 빈말이래도 성님 땅콩 반쪽 잡숴 보실라우? 아, 이러면 누가 눈을 흘기냐? 너만 입이구 나는 주댕이냐? 나는 그래도 어디까지나 제놈이 불쌍해서 호박 풀떼기 같은 계집 하나래도 짝 맞춰줄까 노심초사 애간장을 녹이는데 그런 지난한 나의 성의도 모르고설랑에 그저 원수니 구수니 해도 피를 나눈 동기간이 제일이지 남은 헛것이여. 너는 짜샤 노 갓뗌이야! 내가 내 꺼 먹는데 그게 무슨 불만이라고 피가 엇쩌네 동기간이 엇쩌네 열을 내셔? 그리고 노 갓뗌이는 또 뭐여? 주워들은 풍월은 있어 가지고 공자 앞에 문자 쓰시나봐. 얀마! 어떤 놈은 다 듣고 배워서 아는 거지 형님이 아는 건 아는 게 아니라 얼떨결에 주워들은 귀동냥이에요. 네가 영어를 알어? 음마~ 이 성님 좀 봐! 제가 이래 봬도 미군부대 하우스보이를 10년 남짓 해서 어지간히는 알어요. 인텔리는 못 돼도 떠듬대지는 않을 정도라구요. 잘난 척하는 성님이 아니꼽구 딱해서 제가 한 번 튕겼는데요. 기는 사람 위에 나는 사람이 있다고 사람 무시하면 쓰간요? 어유~ 네가 그런 사람이냐? 아유~ 되게 미안허다.

하나만 묻자. 안녕을 뭐라구 허지? 빠이빠이여. 오케! 땡큐는 좋아, 고마워야. 놀랠 노자야 영어는 나보다 선상님이로구나. 그런 의미에서 내가 오늘 밥 산다. 찹찹 먹으러 가자. 오믈렛, 케밥,

돈까스, 비우스테이크, 함박스테이크, 소시지, 햄 마니마니 닥상 골라 먹어. 오케 에썰! 에유~ 귓퉁배길 그냥 갈겨버릴라! 오냐오냐 받자받자 하니께 계속 기어오르네. 어이~ 먹어도 돼. 잔뜩 먹여놓구 팰 거야. 내 센 주먹을 견뎌내려면 잘 먹어야 버텨. 못 버티면 가는 거구. 이제 만찬이 끝나는 잠시 후 오늘이 네 제삿날이 될 수도 있어. 내이 웅뚱거려 되알지게 내지른 콩알 주먹에 아직까지 일어난 놈이 없걸랑. 동양 미들급 챔피온 김종팔이가 희안한 나으 공알주먹의 비밀을 캐려고 나한테 접근하려는 걸 내가 미리 알고 허공에 바람을 가르는 비수 같은 슈슈슉 주먹의 회오리에 질겁을 하고 꽁무니를 뺀 거 텔레비죤에서 못 봤어? 그날의 증거를 보여주고 싶은 게 그게 그만 어느 날 내가 술이 거나하게 쫄아 으찌나 소피가 급하던지 두 눈을 감고 껏떡거리며 오줌을 발사한다는 것이 하필이면 그 장면이 찍힌 필름에 도수 높은 알콜 오줌을 내갈긴 게야. 너도 알겠지만 오줌이라는 것이 염기가 있어 짜지 않냐? 염기와 알콜과 오줌 3박자가 화학작용을 일으켜 필름이 다 녹아 엿모냥 딴딴하게 들러붙은 거 아니냐? 그날 나는 이빠이 취했기 때문에 내가 그런 줄은 모르구 오해를 한 거야. 마누라더러 야! 이년아! 뭘 어떻게 하다가 여기에 물을 부어 필름이 떡이 된 거야? 이게 어떤 건지 알면서 아유~ 이거 아주 나쁜 년이네. 대가리는 허애가지구 생각이 없이 사냐? 그러면서 벌태지를 서너 번 쥐어질러 입안이 죄 터져 피가 그냥 한강을 이루어 어야디야 배를 둥둥 띄울 정도로 피가 그냥 그때 으더 맞고 집 나간 년이 3년이 되어도 안 오지만 말이야.

　아니 엊그저께 형수님을 봤는데 무슨 소리슈? 이년이 언제 왔나? 진짜 봤어? 봤다니께. 오긴 왔군. 난 인제 알았네. 제갈년이 나 아니면 누가 데리구 살기나 허구. 찝적대며 들러붙는 놈이 없으니까 결국은 왔구먼. 또 으더 맞고 싶어 온 게 분명해. 더 맞어야 또 안 나가지. 아이고~ 성님, 뻥은 세계적이우. 어쩌면 그짓말을 진짜모냥 뻔지르르허게 하우? 재미있잖냐? 본래 구라발이 흥미 있는 거야. 성님, 인자 그만 먹읍시다. 비싼 복분자술이 이게 빈병이 도대체 몇 개유? 하나 둘 스이 느이 에이 셀 거 없어. 이보셔 마담, 계산서! 네네, 여기 있습니다. 웬 똥그라미가 이렇게 많어? 네가 한 번 봐봐 얼마나 나왔나? 32만 7,000원 나왔는데요. 애개~ 더 먹어 더 먹어! 성님, 이거 낼 돈이나 있수? 일딴은 더 먹어. 술값 모자라면 마누라더러 금반지 내놓으라구 하면 돼. 금반지 팔아 술값 낼려거든 난 이만 일어나갔시다. 너랑 갑오식기 할 껀데 왜 이래? 아니 갑오식기라니요? 성님이 산다고 해놓구는 뭔 그리 섭섭한 소릴 허슈? 너는 벌지만 나는 놀잖냐? 버는 놈이 사야지. 내가 산다고 분명히 말은 했는데 사람이 그러는 게 아니야. 선배를 대접할 줄을 알어야지. 아, 기분 좋게 성님이 사신다고 했어도 성님은 백수니께 제가 계산할 테니 허리띠 풀어놓구 마음 놓구 잡수시오. 아, 이렇게는 못할망정 잔뜩 처먹고 휭허니 내뺄려고! 술값은 누가 내라고? 젊은 사람이 경망스럽게. 일딴은 먹어. 가슴 조리지 말구. 먹을 땐 질펀하게 먹어야 하느니. 그래야 한 잔 샀다는 소릴 듣고 덕분에 잘 먹었다는 소릴 듣는 거지. 에라 모르겠다. 성님 의향이 그러하시다니 얻어먹는 주제에 이러니 저러니 훈수 둘 일도 아니고 자~ 한 잔 받으시우. 좋지! 입빠이 콸콸 딸어. 잔은 채워야 맛이고, 님은 품어야 맛이니께. 이렇게 좋은 날 아니 먹고 어쩌리오. 자~ 건배! 캬아아~

오장동 큰 애기

●● 아니 집안에서 웬 잡내가 이리 나냐? 꿉꿉허고 구진한 냄새 청국장 뜨는 냄새도 아니구, 시궁창 냄새도 아니구 송장이 썩을 일도 없으련만 새우젓이 썩나? 오이지 곯은 냄새인가? 도대체 어디서 나는 무슨 냄새인지 골골허니 갈머리를 못 잡겠구먼. 누구네가 똥을 푸나? 이 근처엔 농지가 없으니 똥구덩이도 있을 리 만무고, 필경 이건 방구석에서 나는 냄새여. 애야, 애비 왔다. 해가 중천인데 일어났어? 엇째 대답이 없어 그래. 망할 년 같으니라고. 화르르륵 미닫이가 왜 이리 뻑뻑해 그래. 아 일어

나! 이이 방구석 꼬라지 하고는! 이게 돼지우리야 폭격을 맞은 게 야. 귀신 나오겠다 귀신! 와따매 신다 벗어놓은 양말짝 봐라. 빤스 하며 가만 흠흠흠 으왜애액~ 에서 이리 냄새가 진동을 하는구먼. 아, 기지배가 좀 청결해야지 도대체 이 꼬락서니가 뭐여? 아니 콧 구멍은 양희 콩구리로 틀어막았나? 이 냄새를 맡고도 잠이 와? 아 니 발바닥에 똥을 이겨 묻혀 양말을 신고 발효를 시켰나? 다 되져 도 없을 귀한 냄새가 나니. 아, 이렇게 해놓구도 해가 똥구멍에 치 닫도록 투래질을 하며 씩씩대며 자빠져 자고 있어? 아, 직장 잡어 돈 벌어 거적대기 같은 놈이래도 하나 잡아 옭아 시집 갈 요량은 안 하고 그저 먹구 자구 먹구 자구 저저 뱃살 봐라. 몸땡이는 나날 이 굵어지고 을마나 살이 쪘는가? 눈이 다 옴팡하니 안 보여.

아니 에미애비는 홀쭉하니 불면 날아갈 제비나루 봄냇가 미 루나무 수양버들인양 날씬날씬 부들부들인데 이거는 돌연변이인 가? 당최 닮은 데가 없으니. 이 오라질느무 마누라쟁이가 어디 가 서 딴놈을 봐 애를 났나? 이게 무슨 운명의 장난이냐 그래. 정 주 고 사랑 줘 길러낸 장녀란 년의 품새가 이 모냥새니 쯧쯧쯧~ 동생 들 부끄럽지도 않냐? 열에 한 번이래도 제 동생들에게 귀감이 되 지는 못할망정 이 계집애가 도대체 생각이 있는 거야? 없는 거야? 내 인생은 내가 만드는 거다. 메뚜기도 한철이야. 세월은 자꾸 가 는데 지금 네 나이가 몇이냐? 사회생활도 때가 있고, 취직도 젊 어서 하는 거지. 아, 세상 돌아가는 이치에 걱정도 안 하나봐? 나이 40만 넘어서도 아재라고 직장에서 권고사직, 퇴출이니 내박지르는 세상에 돈은 언제 벌구 시집은 언제 가노? 태평성쇠로 놀구먹고 세월을 공으로 살다가 나이 더 먹어 구제불능되면 나이 많고 애 딸린 홀아비한테 보쌈해서 늙은 놈 치다꺼리나 하다가 인생 마칠래냐? 그래도 자냐? 아비는 화가 치밀어 연달아 대포질을 하면 훌훌 털고 냉큼 일어날 일이지 아, 되진디끼 움적거리지도 않구 자빠질러 있으면 이게 도덕이야? 경우야? 고개 쳐들고 들이받을 질양소모냥 뻣뻣허니 그냥 문대고 있겠다? 야야야~ 아유~ 누구야? 이 밤중에 자는 사람 흔들어 깨우게? 술이 취했나? 어디 와서 행패야 행패가? 흥부가 기가 막혀! 아니 애비가 기가 막혀! 나여 이년아! 느 아범! 아빠, 음냐음냐~ 아, 머리야! 흥~ 밤새 거나하게 자신 게로군.

이 재떨이에 빨다 만 담배꽁초는 네가 먹었냐? 어떤 놈이 왔다 갔냐 말혀! 친구들 만나 밤새 마시다가 곤약구가 되어 새벽에 들어와 겨우 눈 붙여 잠들었는데 뭔 일로 꼭두새벽에 처녀 혼자 사는 집에 쳐들어와 땡감 따먹는 소리를 벅벅 질르구 그러셔. 새벽이라니? 시방 오정 때여 오정 때! 그렇다 치고 왜 왔는데? 네년 보구자퍼 왔다. 애비가 딸년 보러 왔는데 그게 시비거리냐? 달게 자는 거 어거지로 깨우니까 젊은 성질이 가만히 있을 수가 없잖어? 나 지금도 술 취했거든. 험한 말 나올런지도 모르니깐 가셔! 아빠 딸이지만 나 이제 성인이야. 아빠가 이래라 저래라 할 나이도 아니고, 나도 프라이버시가 있고, 자존심도 있다구. 내가 다 알아서 해. 노력하고 있다구! 여기저기 직장도 알아보구, 발품 팔아 구직도 살피고, 알바도 가끔 하고 있거든. 그 돈으로 밥 먹고 술 사먹고 가용돈 써. 내가 언제 아빠더러 용돈 달라구 손 벌린 적 없잖아? 구걸 안 해. 아니잖어? 내 앞가림 내가 해. 내 삶은 내가 꾸려 나간다구요. 엄마아빠 걱정하는 거 알어. 길러준 은혜도 알고, 내 생각대로 일이 안 풀려 딸 노릇을 못할 뿐 나도 미안하고 가슴 아프고 괴롭다구요. 아빠가 생각하는 것만큼 걱정스러운 딸 아니야. 모나지 않거든. 할 수 있다! 할 수 있다! 잘할 수 있다! 늘 이 말로 내 자신을 다독이고 있어. 아빠 딸 절대 무능하지 않아. 아직 때가 아니어서 고전할 뿐이야.

동생들은 나 모르게 색안경을 쓰고 흐물거리고 빈정댈 테지만 그 색안경을 조만간 벗겨줄 거야. 노력하지 않으면 내 인생을 개척할 수 없는 자명함도 알아. 생각도 두 배! 노력도 두 배! 일구월심 나름대로 방방 뛰고 있어. 하늘에 운명을 거는 것은 아니지만 나의 하고자 함에 무심치 않다면 신이 날 도울 거야. 와~ 우리 딸 믿어도 되겠는데. 현명하네. 아빠가 공연한 걱정으로 마당질을 쳤구만. 아이고~ 미안시러워라. 내는 또 니 애미석건 그런 네 속마음도 모르고 순전한 노파심에서였나 보다. 미안하구만 우리 딸! 아빠, 미안한 건 나야. 실망드려 죄송해요. 아빠, 저 높은 푸른 하늘을 올려다보면 거울처럼 내가 보여. 우주를 자유롭게 유영하고 있는 기분이야. 최고의 기분이라구. 아마도 쿨한 아빠의 노여움이 모자라 잠자고 있던 내 생각을 일깨워준 것 같아. 나는 꼭 아빠의 딸로 큰 별이 될 거야. 그렇게 돼야지. 그렇게 될 거야. 잘난 내 딸이니까 끝까지 널 응원한다. 사랑해, 우리 딸!

맹가의 자존심

●● 먹고살기 위함이니 군자가 돼라? 투정하지 마라? 인내하라? 까구 있네! 그리고 수고하라? 까구 있어! 인생살이 다 이런 것이니 얼씨구 주어진 삶에 유정의 미를? 노네 놀아! 이봐 이봐, 맹가야, 1일 급식소에 점심 얻어먹으러 가자. 너나 가시개. 난 안 가네. 왜? 아, 싫으니까. 왜 싫은데? 내 맘야. 공짜는 양잿물도 마다않는다는데 그걸 알면서도 안 가시겠다? 순대가 똥으로 가득 찬 게로군. 뱃때기에서 떨떨떨 소리가 나도 안 먹겠다는 건 아닐 테지? 안 먹네. 잘 들어 양아치야. 나는 말이야, 맹물에

냇가 자갈을 주워다 삶아먹으면 먹었지 거기 가서 길게 줄 서서 기다려 턱 받치고 큼큼거리며 내 차례 기다리는 어중간한 처량은 안 떨고 잡다네. 아, 내가 뉘집 자손이며, 우리 가문이 어떤 가문이라구 동냥아치모냥 밥을 얻어먹으러 가재? 집구석에 남아 도는 쌀이 지천이구먼. 조상님의 인격과 가문의 명예에 똥칠할 일 있더냐? 너나 배지가 꾀지게 으더 처먹고 오너라. 나는 시방 마누라가 소고기 사다가 지지구 볶고 있으니 일 없네 이 사람아, 어흐흐흠~ 아니 저게 언제 적부터 뱃때기 부른 소릴 허는 게야? 보리밥도 없어 하루를 굶었네 이틀을 굶었네 하던 때가 엊그제거늘 운이 좋아 자식놈이 벌이가 좋은 탓에 쌀가마니나 사들여 주니까 눈깔에 뵈는 게 없구만 그래. 개구리 올챙이적 생각 못한다더니 맹가 저늠이 그 짝일세. 뱃때기가 불으면 눈깔도 돌아가나? 옛날 맹가가 아니네. 건방지기가 중구난방이구 돌아도 헥까닥 증증으로 돌아버렸어. 쌀 몇 가마니 쌓아놓으면 저 지랄로 건방져지나봐. 허~ 그거 참! 저게 언제나 사람이 되나 그래?

　나이를 똥구멍으로 먹은 자식 같으니 옥황상제 부하 사자는 뭘 하고 자빠졌기에 저런 쾌씸타도한 해골단지를 내비두고 나무관세음이야! 사자야! 사자야! 뭐하니? 여자 귀신들이랑 엊저녁에 술에 괴기에 너절하게 차려놓구 춤춰가며 너무 잘 먹었더니 설사가 나서 해골이 하가마가 돼 기운이 쏙 빠져 꼼짝 못한다구? 본래 설사를 하면 사람이 초골이 되느니라. 여복하면 탈수증으로 되지냐?

여자들이랑 선을 넘은 이상한 짓은 전혀 없었구? 그거야 모르죠. 술에 이빠이 쫄았으니 무슨 일이 없을 수가 없지. 추행죄로 고발 당해 쇠고랑이나 안 찰래나 모르겠슈. 제발 아무 일도 없어야 할 텐데 이년들이 주접이나 떨면 한 번 건들인 거 가지고 나는 박살 나는데 아, 술이 웬수야! 사팔띠기 사자 한 놈은 싫타는 걸 때려가며 억지로 물구 빨구 옘병 오방난장질을 쳤는데 이 여편네가 간밤에 무슨 생각을 했느냐에 따라 깜빵에 가느냐 마느냐 요게 관건인데 그 놈두 시방 똥줄이 탈 거야. 안 그래도 그 자식은 제 마누라랑 사네 마네 맨날 쥐어뜯고 들러엎어 살림 하나 성한 게 없는데 나보다는 그놈이 더 걱정스럽구만. 아이구~ 속 쓰리다. 어디 보자. 밥때가 임박한 것 같은데 시계 좀 볼끄나. 이거 사위놈이 사준 라도시계인데 뚜껑만 라도인지 하루에 한 번밖에 안 맞어.

뻔쩍거리며 광이 나서 누가 보면 돈냥이나 나가는 외제 최고급 시계를 차셨구나 하고 부러워할 만큼 모지방도 따봉인데 시간이 맞어야지! 겉딱지만 라도지 속은 중국제 메이드인 차이나인가벼. 아, 누가 죄송합니다만 지금 몇 시나 됐습니까? 물어볼까봐 겁난다니까. 사위자식 개자식이라구! 이놈이 이쁜 내 딸 후려갈려고 노점상에 즐비하게 늘어놓고 파는 골라골라 마음대로 골라 싸구려 좌판대에서 5,000원 주고 산 거 같애. 그걸 미끼로 아버님 시계 마음에 드시는지요? 반기는 듯 얼싸안으며 장인어르신 사랑합니다. 아, 요러면서 날 잡아 휘둘러 뽕가게 만들어 놓구 5,000원이면 됐지 뭐. 눈도 잘 안 보일 텐데 이러고 만 거 같애. 이거 얼마 짜리냐구 물어볼 수도 없구 딸년은 이미 만성중고품이 됐고. 야~ 사위, 시계 도로 줄 테니 우리 딸 내놔! 이럴 수도 없구. 받고 나서 즉시 시계방으로 뛰어가 가격, 품질, 시가까지 세밀히 물어보구 나서 결정을 볼걸. 선심에 다이아몬드에 눈이 어두워 심순애가 이수일에게 아낌없이 다 주듯이 내가 알송달송한 라도 시계에 눈이 어두워 이모냥이 되듯이 아, 뇌물이 날 잡아먹었어. 내 사위 합격 날짜 잡어 아버님 한 잔 올리겠습니다. 이~ 그려 이렇게 라도와 쇠주에 녹아 허망한 꼴을 맹그렀으니 내가 더 등신이랑깨. 내둥 똑똑하던 내가 뭐가 씌어 눈이 멀었나 몰라. 마누라가 그놈은 절대 안 된다구 빡빡 우길 때 나도 마누라랑 짝짜꿍이 됐더라면 오늘날 이런 사태로 고민하진 않았으련만 실수 실수! 노냥 실수 실수로 태어난 사나인가봐. 엄니 아부지가 실수를 허다봉께 나꺼정 실수로 일관하는가? 아, 이놈의 실수가 날 계속 실수하게 만드네. 사윗감으로는 영 노노노노~ 아니 아니 아니 되오. 그러고 말걸.

  마누라 말씀을 개방귀로 알고 깔고 뭉개고 금시계에 눈이 어두워 못난 짓거릴 빵 터트려 놨으니 가만히나 있었으면 마누라한테 이쁨이나 받고 밥상에 소고기나 올라오지 웬걸 소고기일랑 새로 소금에 절인 짠지 쪼가리, 그나마도 틱틱거리며 갔다주니 밥을 먹을 수가 있나? 그래서 차라리 영양가 없어 빼빼 말러 죽느니 무료급식소에 가서 따끈한 점심이나 한 끼 해결해야겠다 싶어 일정을 잡았구먼 오라질 느무 맹가가 트는 바람에 옥신각신 싸우다가 밥때를 놓쳐 쫄쫄히 굶고 뭐든 되는 노릇이 있어야 신이 나지. 이건 백 판 꽝이니 개불알이다 썅! 일단은 목구멍이 포도청이니 딴데 의회로나 갈까? 자자~ 새치기 하지 마시고 순서대로 일렬종대 바랍니다. 급식에 앞서 오늘 메뉴는 좀 기름집니다. 돼지고기 비개를 빵가루를 묻혀 튀긴 이름하야 돈까스 찌르르 흐르는 달큰새큰 소스에 양배추 채 당근 보리밥 맛있게 드시고 시원히 방귀 좀 뿡뿡 뀌시라구 특별히 보리밥을 준비했구요. 후식으로는 방울토마토, 사과 반쪽, 말린 분말 뱀가루 뿌린 세기의 토스트, 장어꼬리 볶음, 상어지느러미, 삭스핀구이, 타조알 후라이, 그 외 사골곰국이 제공됩니다. 하나에서 열까지 다 보양식입니다. 아랫도리가 시원치 않으신 어르신들께서는 정말정말 신명나는 기쁜 한 끼의 점심식사가 되겠습니다. 이는 다 전지전능하신 하나님의 성도 사랑으로 이루어지는 기적으로서 감사하는 마음으로 맛나게 드시어와요. 와멘! 자, 그럼 배식 들어갑니다. 하이고오~ 밥 푸시느라 수고 많으십니다. 누구시더라? 아, 오늘 처음 왔는데요. 아, 그러시구나. 인사성도 바르시네.

배식받은 분은 빨랑빨랑 쭉쭉 빠지세요. 아니 왜 안 가시고? 아네, 제가 워낙 먹성이 남달라서 더 좀 퍼주시면 안 될레나? 아, 여기는 일인 정량이 정해져 있어 안다구 더 주고, 모른다고 안 주는 건 없어요. 주는 대로만 드셔. 걸터듬지 마시고 당신 입만 입이구

딴사람은 아가리요? 이거 왜 이러셔? 에이~ 그러지 마시고 쬐끔만 더 주셔. 안 된다니께 그러시네! 안 되면 되게 하라! 군대 안 갔다 오셨나봐? 방위 제대구먼. 내 뒤에 죽 기다리고 있으니 내가 떠나야 내 뒷사람이 밥 얻어먹지. 안 되는 게 어디 있어? 저리 비켜! 내가 퍼갈텨! 이 양반이 진짜 염치가 있는 거야? 없는 거야? 여기는 대중이 모이는 공동 식사장이에요. 예절을 지킵시다. 오늘은 안 지키고 내일부터 잘 지킬게. 더 줘! 안 돼! 못 줘! 이 자식이 진짜 나이도 어린 게 어른이 더 달래면 더 줄 것이지 우기기는 네미 누굴 닮아가나? 네가 재명이냐? 어디서 오리발이야? 빨리 빨리 배식 합시다. 저봐요! 뒷줄 선 사람들이 난리잖아요? 난리를 치거나 염병을 떨거나 난 줘야 가니까 알아서 해. 비키세요! 못 비켜! 어허~ 국 다 식어요. 사골국이 식어서 얼음이 돼도 난 못 비켜! 더 줘. 못 준다구요. 야이~ 쌍놈아! 너만 먹고사냐? 얼른 그거 처먹고 뒤에 가서 줄 서가지고 또 타 처먹으면 되잖어?

지금 날 더러 뭐라고 한 놈이 누구야? 썩 나서! 여기 있다 왜? 아악~ 저 등치 큰일날 뻔했네. 에효효효~ 거 나이 깨나 자신 영감 같구먼 뭐이 그리 빡빡하니 좀 덜 먹으면 되지 더 먹겠다고 실갱이 하구 그래. 저래서 늙으면 죽어야지. 아니 저 인간 밥 탄 지가 언젠데 아직까지 안 먹고 그냥 서 있어? 어느 놈이 새치기허나 보는 게지. 저놈 어깨에 총이나 한 자루 얼러매주고 독일 철모 데스까부다나 하나 뒤집어 쒸어놓으면 영락없는 독일군 패잔병 같을 텐데 거기서 밥퍼 수문장이나 해라! 밥은 실컷 얻어먹을 테니. 밥퍼 사장님, 저건 누군데 저렇게 밥그릇을 들구 먹지도 않구 서 있습니까? 아, 저 양반 밥 들구 오래 버티는 거 기네스북 도전하려고 연습하나 봐요. 별 인간 다 보겠네. 하루 종일 왼종일 밤새도록 그렇게 서 있어라. 얼어죽을 녀석! 세상에 종자가 많다 보니까 별 물건이 다 있당께. 아, 그러니 세상은 요지경이라구 안 허오? 저렇게 다 큰 애덜이 밥투정하는 놈은 서너 명이 들러붙어 꼭 붙잡고 오래된 고물 불알을 깨진 사발 사기조각으로 싸악 그어 알맹일 빼서 살짝 궈서 영이네 바둑이더러 너나 먹어라 귀한 불알이야. 텁텁텁~ 아유 맛나게도 먹네. 바둑이 잘했어. 밥 다 먹고 우리덜이 한 번 해볼터. 신체 붕알 강제 상해죄로 깜빵 가거나 삼청교육대에 끌려가서 못 나올 일 있냐? 애 오늘 점심 잘 멕여놨더니 헛소리허구 자빠졌네 그려. 뱃떼기 불러 헛소리하는 놈은 맞어야 돼. 이리 와! 너 공알주먹으로 콱 아유~ 왜 이러세요? 자, 오늘 배식 끝입니다.

할타먹은 듯이 깨끗하게 싹 쓸어 먹었네. 거기 아저씨, 식판 이리 주세요. 아직 안 먹었는데요. 먹었건 안 먹었건 간에 그건 당신 사정이구 안 줘서 안 먹은 거 아니잖어? 배가 불러 안 먹은 거니까 우리도 얼른 그릇 챙겨가야 돼. 이리 가져와 빨랑! 안주도 좋은데 쇠주 있으면 한 병? 아주 골고루 노네! 꼴값을 떨어요. 여기가 당신 집구석인 줄 알아? 아주 살림을 차려요. 야~ 박군아, 밥그릇 뺏어와라! 말로 해서는 안 되겠다. 때리되 상처 안 나게 때려! 뺏어와! 병 주고 약 주지 않게! 알겠습니다. 형님! 으잉~ 형님, 조폭 아냐? 에그머니나~ 자, 밥그릇 여기 있습니다. 입맛이 없어서 못 먹었어요. 죄송합니다. 그럼 저는 이만 36계 시속 85마력으로 다다다~ 어머? 그새 안 보여. 아주 손 안 대구 코 풀었구나. 의젓지 않은 녀석 같으니라구.

혼돈의 시대

●● 사촌이 땅을 사면 괜히 배가 아프고, 이웃이 잘 되면 괜히 흘금거리고, 친구가 잘 되면 괜히 빈정거리고, 돈 잘 버는 사람이 있으면 괜히 심술이 나고, 좋은 사람 만나 시집 잘 가면 괜히 골이 잔뜩 나 벌떡거리고 인간의 이기심이란 한도 없고, 끝도 없어라. 다 그러랴만 세상은 모나지만 아직은 사람다운 사람이 지천이라 아직은 살만한 세상! 동떨어진 소리 하나 하고 지나갑시다요. 내가 보기엔 같잖아 보여 배리가 꼴려. 그게 뭐네? 도롯가 군데군데 여기저기 하염없이 사고라도 나길 기다리는

듯 섯찔러 있는 저 렉카 견인차들 사고차량을 신속하게 처리하기 위해서 어쩌면 사회질서를 위한 누이 좋고 매부 좋은, 돈도 벌고 사고처리도 하고, 양날의 칼날 같지만 무한정 뻔히 보이는 데서 제발 사고라도 나길 바라고 기다리는 사람들 같아 아주 씁쓸하다. 남의 불행을 간절히 염원하는 듯한 인상에 전두엽이 참을 수가 없었나 꼬집고 넘어가고 싶다. 뻔뻔 번데기 디기디기디기 뻔데기 먹고살아야 하니 어찌하오? 엇찌하고 제발 좀 서로 박아라! 나도 좀 먹고살자! 새벽녘에 나와서 한 건도 못했으니 애덜이 왜 이렇게 조심성이 많어 그래? 그냥 막 달려! 빽미러고 뭐고 보지 말고 지그재그 일차에서 이차로 노선변경 가다가 콱 급브레이크도 좀 밟고! 아, 그래야 부서지고 깨지잖어? 길 좋겠다 왜 살살 다녀? 느리게 다닐려면 왜 비싼 기름 사서 넣고 돈을 태질치냐? 천천히 다닐꺼 같으면 차 고물상에 주고 걸어 다녀! 운동 삼아 그게 꿩 먹고 알 먹는 격 아냐? 다리 달려 좋은 차 가지고 왜 느리게 다녀? 보험은 뒀다 뭐해? 보험은 왜 들었개? 박았을 때 쓰는 게 보험이야. 보험 믿고 막 달려. 안 그래 언니?

양심상 인정상 사람만 안 다치면 돼. 차 세워놓구 어디서 꽝 소리 안 나나 거기에 신경 쓰고 있는 게 얼마나 지겨운 줄 알어? 그런 걸 알면 아마도 일부러 부딛쳐줄걸. 그건 아니지! 어쩌다 실수로 우연히 갑작스레 운이 없어 나는 사고와 딴놈이 뒤에서 박아 나는 사고야 어쩔 수 없어. 당신이 먹고살 수 있는 여건이 되지만 짜고 치는 고스톱 일부러라니? 이거 이거 아니 되오. 생각조차 노 깟뗌이라구요. 아서, 당최 그런 천둥번개에 놀래 자빠질 생각은 당신 돈벌이가 안 돼도 견인이 필요 없는 도로가 되어야 하고, 명랑한 나들이 사고 없는 하루 와와와~ 뛰뛰빵빵~ 비키셔요! 자동차가 나갑니다. 따르르릉~ 사회생활로 분위기를 바꿉시다. 대처승은 결혼한 승녀를 말하는 거구요, 비구니는 남자 중을 이르는 말이래요. 누가 그래? 내가 바라바라 지금 뭐하는 기교? 찌리링 찌리링 하다가 웬 아기 다람쥐 노는 산골짝 절간에 까까중 얘기는 뭐고? 으잉~ 내가 그랬어? 아, 요즘 내가 좀 이상혀. 맛이 갔나? 이 나이에 그럴 만도 하지. 사는 날까지는 제대로 살어. 이렁이렁 하들 말구. 알었슈. 충실한 나의 가정사 이야기라든가, 주위의 사담 말고 환담 내지는 미담, 아름다운 세상 이야기 이런 긍정적인 한 톨 밀알 같은 소금 같은. 알었따니께 자꾸 씨브려싸! 남의 일에 감 나와라 배 나와라 꼽싸리 끼는 것도 민폐여! 너나 잘허세요. 그래라, 네 인생 네가 살구, 내 인생은 내가 사마. 아, 진작 그럴 것이지.

내가 너랑 성씨가 같은 종자이길 허냐? 피 한 방울이 섞였나? 넌 김가고 나는 이가야. 알았쓰? 앞으로 절대 나한테 아쉬운 소리 절대 하지 마라. 알었쯔? 독불장군 해라이! 에 그러니까 내일부터는 일거리도 없으니까 집에서 그냥 푹 쉬어. 그만 둬라 그러지 뭐. 그럼 난 내일부터 백수네. 좋았어! 할 일도 없구 술이나 마시면서 집구석 살림이나 죄 때려 부셔야겠구먼. 고맙다 김가야. 그러고 또 뭘 허냐 허면 성질 드런 마누라랑 같이 들 부신 살림살이 치우면서 이빨을 뿌드득 뿌드득 갈면서 내가 계속 너절거리면 가만히 듣고만 있을 여편네가 아니거든. 그땐 또 한 방 쥐어질르구 이년이 어디서 앙알대! 그러면서 또 한 대 갈길려고 할 때 마누라가 손을 번쩍 들어 내 주먹을 탁 카바할 거 아냐? 나도 체면이 있지 여편네가 감히 서방의 주먹을 가로 막어? 이러면서 고분고분할 수는 없고, 체면상 빠른 템포로 바람을 가르며 나가는 주먹이 최하 앞니 세 개 정도는 날려버려야 되겠지. 마누라 쌩이빨 다시 박아주려면 몇 백 태질쳐야 되는데. 아, 그거 걱정 없어. 친정이 밥술이나 먹으니까 장인이 어련히 알아서 해 박아줄까. 됐고 놀아서 돈 못 벌어 손해, 살림살이 절단 나 손해. 아유~ 그런 소리 말어! 다 깨지고 얽고 뚫어지고 찌그러지고 구멍 난 고물만 집어 던질 텐데 무슨 걱정야? 내가 미리 다 봐두고 싸우는 거야. 저거는 내비두고 저거 저거는 태질치고 어차피 버릴 꺼 에잇~ 살림살이 새것으로 교체도 할겸 우리 그대 여보는 당길심이 많은 여자라 생전 새것을 안 사. 뚫어지면 때워 쓰고, 깨지면 기워 쓰고, 낡고 더러우면 뺑기 발라 쓴다구. 아, 그래서 우리 집 살림살이가 다 알록달록 허잖냐?

이참에 아주 일체 새 살림살이로 바꿀려고 괜찮은 아이디어긴 한데 거 너무한 거 아니냐? 네 마누라 생이빨 빼는 거만큼은 다시

재고해야 할성싶다 이러시겠지만 그게 아니걸랑여. 한 달에 많이 닦으면 세 번 잇빨 새에 낀 밥찌꺼기가 아까운지 이를 안 닦아요. 이렇다 보니 벌러지가 죄 파먹어 건성으로 흔들흔들 의자모냥 건드렁대. 그래도 그늠을 신주단지 뫼시듯 하니까 고급스런 내 눈이 그걸 묵인하겠냐? 해서 밥 본 김에 제사 지낸다고 부르튼 김에 들러엎어 앞니 세 개는 기필코 아작을 낼려고요. 이 없으면 잇몸이라고 하지만 맛있는 삼겹살 처먹을려면 지가 안 해박고 배겨! 그러니 이 없으면 어련히 해박겠습니까? 내가 기회주의자라고 혼내고 싶으시겠지만 마누라 버르장머리 고치는 방법은 오로지 그거 하나 내질러 뽑아내는 게 상책입니다. 그러다가 말년에 그나마 사모님이 이제 우리 이만 끝내자. 그러면서 법원에 가서 도장 찍자 허면 그땐 어쩔려구요? 에이~ 그게 무슨 사건이라구! 그렇게까지야. 우리 마나님은요 뒷심이 없어요. 한 번 꽉 쥐어질르잖아요? 그러면 쪼끔 있다가 실실거리면서 자기 화났어? 나 한 개도 안 아퍼! 요러면서 알랑방구를 끼며 여보 오늘 날씨도 화창한데 바람이나 쐬러 갑시다. 나 당신 처음 만난 그날로 돌아가고 싶어. 아, 이런다니까. 아저씰 엄청 사랑하는구먼. 사랑은 뭐 그냥 이뻐하는 거지. 그렇게 이뻐하는 줄 알면서 사흘 도리로 후디려 패요? 거기엔 또 이유가 있다오. 때리잖어? 그러면 아유우~ 나 죽어브네. 이 신음소리가 난 을마나 듣기가 좋은지 그 신음에 홀딱 반해브러. 해서 오락 삼아 스릴 삼아 그래서 인젠 그게 나의 단골메뉴가 돼브렀당게.

여보, 봄쑥 캐다가 빡빡 씻어서 쑥버무리해서 먹을까나? 쑥갯떡도 찌고, 저녁엔 육고간에 가서 돼지괴기 서너 근 끊어다가 삶아 보쌈해 먹자구. 아랫도리에 참 좋은 복분자 딸기주로 뜨거운 밤을 리드하면서 이히이~ 그러시든가. 자기 맘야. 이러면서 미시시강물 아니 남극의 빙산이 스르르 녹아내리듯 그렇게 밤은 깊어가고 뱃살은 출렁출렁 아이고 죽겠다. 자기 인제 보니까 성질만큼이나 변강쇠네. 어머~ 몰라 몰라이~ 이러거든요. 그건 전적으로 네 착각이야. 그 반대일 땐 어쩔 건데? 거사는 치러봐야 알겠지만 내 생전에 실패는 없으니께. 이거 보셔? 이씨, 혁명이라는 것은 뒤를 돌아다보면 거사는 없는 거야. 사나히가 칼을 들었으면 찔러야지 부들부들 칼 든 손을 떠나 마누랄 무서워하면 그게 어디 사내대장부라 말할 수 있겠는가? 되지 못허게 아무것도 못하는 게 마누라 없는 데서 큰소리는! 네미 마누라가 일곱 달 반짜리가 얼띠고 순뎅이고 무지하니까 제맘대로 후둘르는 거 내가 다 알어!

넌 천하에 웬 못된 개나발 그지 발싸개놈이야. 멀쩡한 마누라 같었으면 넌 벌써 사자가 데려간 지 오래고, 제사를 몇 번 지내도 지냈을 거야. 공갈 치지 말어. 나한테 으더맞지 말구. 어디서 쎈 척 을래빵을 놔! 내가 누구여? 이 동네 이장 보안관 아닌감? 우리 마을은 말여, 대대손손 예와 도를 우선시하는 역사 깊은 고장으로서 여짓껏 가정사 난동이거나 싸워 봇따리 싸 내뺀 여자 하나 없는 아주 이 시대 모범적 대표 마을로서 나랏님이 상도 내린 고전

마을이여. 어디서 미꾸라지 한 마리가 우물물을 흐리려고 발광여? 이장의 권한으로 널 거사 전에 사전 체포하고 경찰에 신고할껴. 아유~ 왜 이러세요? 이장님. 안 그러면 되잖유? 지가 시방 미쳤나 돌았나 머리가 띵함시로 헛것이 자꾸만 뵈고, 온몸에 힘이 쓱 빠졌다오. 인나 119 불러 병원 가자. 네놈이 우리 마을 환자 1호여. 팔구십 노인도 쌩쌩헌디 인자 환갑 전 놈이 비실거리고 약골이면 마누라 거느리고 위쳑케 산다냐? 아, 모시모시 일본 헌병대죠? 여그 이상한 놈이 5분 내로 갑니다. 애애애앵~ 거사 끝! 때려잡자 요런 놈은 빨래 끝! 아뵤오오~

꿀이나 드셔

●● 아, 신라의 바지저고리 달밤에 체조하는 겉멋만 잔뜩 든 철딱서니 없는 영감 나이백이 대가리털은 허옇게 설고 이것저것 한 것도 많다느니 있는 주접 없는 주접 왼갖 주접을 떠는디 거 뭐시냐? 인생은 어차피 깡이야. 내 멋에 사는 거고, 내 운명은 내가 알어. 돈 있으면 빵이나 사먹어. 하이고오~ 할배여, 으드멜 그리 긴급히 가시남요? 남이야 요강으로 꽈리를 불던 전봇대로 잇빨을 쑤시던 망할 느무 여편네, 남의 남정네한테 웬 그리 관심이 100%야. 앗차! 이 내 정신 좀 보게. 석삼 년 전만

해도 창알머리 없이 나한테 찰거머리모냥 피 빨러 졸졸 따라다니던 여인네니께 세월이 덧없이 간들 마음속 간직했던 그 연정을 고 정도 세월에 몽땅 버릴 리는 만무할 테고, 안적도 순정파 날 못 잊어 그러나 나가 되지 못허게 너무 야멸차게 근처에 얼씬도 못허게 강력히 제지를 해왔으니 나에게 많은 원한도 품었을 게야. 그러나 마음에도 없는 암컷을 사내라고 다 탐하겠는가? 남녀 간이라고 다 남녀 간이 아니로다. 상호 마음과 마음이 하나 되어 찌르르 전자파가 탁탁 튀어야 하는디 저 여인넨 그런 게 없었어. 스파크가 터짐시로 영롱한 빛 저 북극의 밤 오로라처럼 무지개를 이룰 때 그대는 나의 님 당신은 내 서방 이러구 저러구 그러면서 밤이 깊어지겠지만 쟤랑 나랑은 고양이와 상극인 개모냥 웬수지간처럼 거들떠도 안 본 내가 죄라면 죄지 애타는 한 여인의 로맨스를 외면했으니 내가 무슨 뽄떼로 배를 튕겼는지 되지 못하게 내가 잘나긴 잘난나벼.

가진 것 부랄밖에 없지만 존심 하나는 깡다귀였으니께 요것이 나의 젊은 날의 초상이었지. 아무튼 저 여편넨 나의 가슴에는 없던 여자라고나 할까? 어쨌거나 그건 과거사고, 인생 종칠 날도 멀지 않은 마당에 뭔 큰 웬수가 졌다구 끝까지 멀리할 일이 뭔가? 오늘랑은 너그러히 다가서서 아니 이게 누구셔? 아무개 아니유? 아유~ 죽지 않으니께 이렇게 만나는구려. 그래 댁내 안녕하시구? 양부모님 일양만강하옵실 테고. 으찌 그리 한동안 통 안 보였오? 아주 옛 모습 고대루구랴. 머리만 좀 변색이 왔지만 그러는 아자씨도 떡 벌어진 어깨 하며 퉁 내민 배는 여전하시구려. 아유~ 오랜만에 만나 하는 인사치고는 어딘가 모르게 삣딱하우다. 기분 잡쳐요. 여자는 외모만 이쁘다구 다가 아녜요. 말뽄새가 이뻐야 합동으로 빛이 나는 거지. 내가 소싯적에 말을 안 들어 그때 박힌 미운털이 안적도 남은 개비네. 에이그으 앞서가기는. 아니 영감만 사내구 딴놈은 거적인 줄 아슈? 사람의 오기는 용감해지기 때문에 그 용기가 영감만은 못하지만 자그마치 그 새에 둘이나 따블로 홀려 내 젊은 날은 맨날 불꽃이었고, 밤이면 밤마다 화려했씨다. 한마디로 버라이어트쇼의 밤이었어. 앗쮸~ 서양말도 할 줄 아네? 이 영감이 끝까지 날 무시하네. 내가 이래뵈두 서울대 영문과 수석졸업한 수재여.

눈깔에 뵈는 게 없구만. 아자씨, 내가 사랑시러워서 놀자구 달라붙을 때 환영합니다. 당신을 사랑해요. 이리 오셔 쪽쪽~ 그랬으면 명문대 마누라 데리구 산다구 남들이 부러워하는 건 물론이거니와 덩달아 인기가 올라갈 판국일 텐데 지랄을 떨구 이웃 늙은이 쳐다보드끼 내남보살 내가 을매나 속이 부글거렸는지 당신이 게맛을 알어? 아니 여자를 알어 씨부랄이냐? 이젠 다 글러먹었지. 나이가 몇 살이야? 이빨은 몇 개나 남아 살아있나 몰라? 글러먹기는 나 시방 혼자 살어. 은제는 혼자 안 살었어? 평생 홀애비였으면서 창문을 열어다오. 그걸 희망허이면 내가 활짝 열 각오가 되어

이 시대의 자화상 · 295

있으니께 땡기면 와도 무방. 었따가 지나간 빠쓰에 손 드냐? 이 영감쟁이야, 인자 순정이고 열정이고 다 바닥난 이 쓸쓸한 벌판 같은 황량한 가슴 스산한 이 가슴에 남은 건 허망뿐이구먼. 인자 뒤늦게 뭣헐라고 늙은 서방 맞아들여 드러운 가래 뱉는 시중에 깡마른 등어리나 긁어줄 일 있남? 냅둬. 일인 혼밥시대여. 하나는 외로워 둘이랍니다. 그 소린 아득히 먼 과거 이야기여. 요즘 누가 뒤늦게 영감 해가냐? 있는 것도 떼버릴 판에 나보구 문 열어놓을 테니 들어오라구? 꿈도 야무지시다. 개풀 뜯어먹는 가죽피리 부르스를 춰요. 하이고오~ 해골이야, 그냥저냥 어쩌다 만나면 아는 척이나 하는 걸로 만족하셔. 꼰상주접 접고 에쓰꼬 뗌뿌라이 저리 비켜. 칵~ 이익크 무셔라. 늙어가며 깡패가 됐나? 늙은일 이렇게 윽박질러 그래. 아유~ 놀래라. 아니 아녀자의 잔기침에도 가슴이 철커덩하는 영감탱일 날 더러 마누라 돼달라구? 야야~ 천지개벽을 해봐라.

　화려한 봄날은 갔어. 이고진 저 늙은이 짐 벗어날주오. 날 새고 황새 날아간 이 상황에 그래도 사내라고 암컷 생각은 있어서 아나 갯떡이다. 다음부털랑 길거리에서 보드래도 아는 척도 말어. 내가 할 소리 개 조지나 벌어놓은 돈도 하나도 없다며 남은 세상 으찌 살려나? 고생문이 훤하다. 처량 맞고 불쌍해서 이걸 걷워야 하나? 말어야 하나? 홀아비는 이기 서 말이요 과부는 은이 서 말이라고 내가 좀 누구만큼 쥐어짠 게 있거든 나모냥 돈두 모으며 늙었어야지. 겨우 목구멍 치다꺼리나 하면서 늙었으니 쯧쯧쯧 하~ 기어붙을 때 잡아둘 걸 인생살이엔 때라는 것이 있는 거야. 약장사가 이러잖어? 자, 날이면 날마다 오는 약장수가 아니예요. 기회는 단 한 번! 살림엔 눈이 보배! 왔을 때 사! 보내놓구 후회 말구! 자, 골라 골라! 단돈 천 원! 천 원으로 휘감은 당신, 명품이 따로 없어! 먹을수록 일어나는 거시기의 명약! 김영감, 박영감, 허서방도 이리 오셔. 이거 한 알갱이만 꼴깍 삼켜봐. 급살로 변강쇠가 되는 세기의 명약! 뚤어 에구구~ 희망이 절벽이구마니라. 으쩐다냐? 저 오라질 여편네 맴은 돌리기는 아예 글러먹은 거 같은디 결국 홀로 우는 밤 뻐꾸기 신세 되는 거 아녀? 아 인생무상이로고! 지지리 복두 없지. 으쩌냐? 팔자가 이 모냥이냐? 내 놈이 건방을 떤 거냐? 무작정 걷고 싶어. 으잉 둘레길? 이게 뭔 길이여? 옛날에 싫어하던 여자 다시 데려오는 길은 아닐 테고. 이보시게, 젊은이! 둘레길이라는 것이 뭔 소리여? 아, 이 길이여 마음을 정화하며 건강과 심신을 달래며 외롭게 걷는다 해서 걷기코스길 이름입지요. 그려 원 별난 길도 다 있네. 거 뉘신지는 모르나 같이 걸읍시다.

어디서 왔우? 미국여. 미국에서 여기까지 걸으러 와? 미국에서 여기까지 걸으러 온 게 아니라 어디서 왔슈 그러시길래 우리 집이 미국이라 미국에서 한 것이지. 그건 할배가 나한테 잘못 물어본 거야요. 이 말썽이 되는 물음은 순전히 당신이 잘못한 거라구. 모르는 사람에게 시비조로 말을 걸 땐 신중하게 전후좌우를 가려 말을 심도 있게 공손히 정확하게 물을 땐 그렇게 하라고 시카고 전문대 국어책에 수록된 전문을 고대로 낭독한 겁니다. 노익장 씨. 노익장은 또 뭐냐? 늙어 익었다는 뜻이외다. 그런 것도 대학에서 가르치냐? 그렇시다. 노인네씨 노인네씨는 또 뭐냐? 늙은 양반 즉 연세 높은 분을 존경하는 뜻에 매달린 하나의 혹이라고나 할까? 씨는 존칭의 일종으로 김가, 이가 할 때 붙여주는 팁이야. 씨 씨 그러다가 욕 나오겠다. 그럼 이번엔 하버드대 국어책에 수록된 전문 한 번 들어보실라우? 꼰대씨. 꼰대씨라니? 아, 그건 늙은 애칭으로 젊은 애들이 주고받는 아주 괴씸한 언어로 보일 수도 있지만 애교가 있어 보여 오케이 땡큐거든요. 야~ 그 느무 대학은 아주 막가파 대학으로 예의범절이라고는 아주 노 갓뗌이로구나. 양키들은 아주 왼 못됐어. 여긴 또 무슨 길이야? 아라뱃길여. 거 괜찮구먼. 아라뱃길에 씨 자는 안 붙지? 아라뱃길씨 이렇게 자기네 나라 뱃길도 모르시나봐. 아유~ 무식해! 무식해! 아유아유~ 아유~ 피통 터져. 야, 그렇다구 승질내며 너 혼자 가냐? 이 양키새끼야! 아 시발노오옴!

당신은 또 누구쇼? 선생님처럼 저도 지금 걷고 있는 중입지요. 그렇구먼 같이 걸읍시다. 양키놈이랑 걷다가 쌈질만 허구 저기 기어가는구먼. 영어로 디리 갈겼더니 서양놈이 서양말을 해석을 못하더구먼. 미국에서도 아주 깡촌 오지에서 글도 못 배운 놈인가 봐. 오케 땡큐밖에 몰라? 그놈을 다 이해가 가게 영어로 답해주느라구 아주 내가 혼이 났네. 아유~ 더워. 오나가나 무식한 것들은 언제나 말썽이야. 요즘은 전국에 신가란 이름의 길이 생겨 정부나 행정구역 시군구에서 저마다 자기 고장의 유명세를 만들기 위한 새로운 시민 건강 편의를 위한 길이 생기지요. 맨발로 황토길을 걸으며 고향의 정취를 맛보구, 그 지역의 문화에 대한 감상적 공부도 되는 지역 특성의 길로 건강엔 최고지요. 힘들고 고된 도화지의 일상에서 잠시 벗어나 맑은 공기와 흙을 밟노라면 얼마나 기분 좋은 힐링이 되는지 걸어보지 않은 자는 알 길이 없는 게 이 둘레길의 매력이지요. 음, 그렇구먼. 이 길을 걸으려 사람들이 모여들어 관광적 역할로 지역 주민들의 생활에도 많은 영향을 주는 고맙고 정겨운 일이지요. 이제 아시갔습니까? 영감씨! 거거 씨씨 그러지 마러. 씨발 난 말이야, 이런 길이 우후죽순처럼 생겨나는 게 자연보호에는 제로라고봐. 왜냐? 길 가다 똥 마려우면 아무데나 기어 들어가 싸붙이구 에햄~ 하구 나와서 또 걷구. 둘레길 산이지 변소간도 아니고 제 집구석에서 삭으리 다 빼내고 올 일이지, 뱃속 그득히 담아가지고 와서 겨우 여기에다 보태주고 가는 건 또 뭐야? 사람의 발길이 뜸해야 숲이 우거지는 게야. 입산 금지 10년만 하면 산이 거하게 푸르르잖어? 이런 둘레길인지 걸레길인지 이거 참 문제야.

혹여 이 아이디어길이 이번에 물러난 문 뭐시간이 그 양반 머리에서 나온 아이디어 아닌감? 그런지도 모르죠. 아닐 겁니다. 지

자체에서 연구 협상으로 만들어진 길인 거 갔습니다. 누가 냈건 그건 알 것 없고 그냥 지나가되 내가 만약 이런 길 조성에 가담되는 공무원이라면 무진장한 아이디어로 별난 길을 다 조성할 것 같어. 우리내 인생 중 가장 행복하다고 할 수 있는 게 뭐겠냐? 그건 단발마로 사랑이여, 사랑! 남녀 간의 애정행각, 세 끼 밥 다음이 고것이여. 그리 알고 슬슬 걸으면서 나가 신들린 무당모냥 읊어대는 신가라 둘레길 카운트다운 큐 껴안어길 딱 붙어길 흘래길 먹어쥐길 안떨어져길 푹빠져길 따봉길 왔따길 에효효길 꽈나길 오입길 바람길 애낳아길 챙피해길 강력뽄드길 헐래벌떡길 방탕길 내가미쳐길 이런 애정행각이 어렴풋이 곁들여져 그 길에 들어서면 알거나 모르거나 껴안고 할타도 법적으로 하자 없음, 이런 승인의 길이면 진짜 노날 텐데 아이디어가 아깝다. 호랭이가 물어갈 영감탱이 같으니 그게 아이디어냐? 동서 구별 없는 막무가내지. 무슨 소린가 이 사람아? 이렇게 되면 세계 여러 나라에서도 관광겸 와서 이 길을 걸어볼 텐데 마스크를 낀 채 까짖느무 코로나야 걸리건 말건 디리 비비고 달려들 텐데 항공사 이익은 물론 많은 인파로 하여금 지역주민 활성화 다 부자 되는 거 아닌가 이말여? 그거는 맞는 말인데 이 둘레길 이름이 야해서 그게 좀. 아 그거야 뻔한 일을 가지고 시비를 거는 놈이 잡놈이지. 네 꺼 내 꺼 없이 하루 놀자는데 그게 뭔 불륜이나 되남? 떠들어 떠들긴 짜식들이 말야 말야. 아주 이 영감쟁이 정신적 사고가 젬병이로구먼. 아 나이는 거꾸로 자셨소?

대가리가 허여면 노숙해야지 남새스럽게 연애질 얘기나 하구. 앗따~ 또 근엄한 척한다. 그러기로 따지면 조물주를 조져대야써. 왜 이러라구 맹그러놨냐구? 혼꾸녕을 내야 한단 말이시. 고거는 상소리여이. 사람은 만물의 영장잉게 도덕적인 면을 봐서 가릴 건 가리고 살필 건 살펴야지. 아 당신모냥 드러내 놓으면 그게 짐승이지 인간이간디요. 웃자고 해본 소리여. 오해 말어. 이민경계 도덕적 해이 인간성 다 따봉이여. 나도 상소린 줄 알고 막돼먹은 잡패의 오입질이나 진배없는 추행 발언으로 경찰서 쇠고랑감이여. 늘그막에 차디찬 콘크리트 바닥에 궁둥짝 붙이고 앉아 신세한탄할 일 있겠는가? 다 허풍쇼여. 허나 꼭 그렇게만 생각할 것이 아닌 빼고 박는 일이야. 밥과 같이 예삿일인 것을 뭔 새삼스럽게 고랑찰 일인감? 하도 별난 길이 생긴다길래 나름대로 신명나고 멋진 이런 길이면 으떨까 하는 순전히 국익과 지역 발전에 한 줄기 희망의 빛이 될 수 있을 꺼라는 소신을 피력한 게 죄가 된다면 어느 누가 쫑뿔나게 나서서 이러구 저러구 머리 써 아이디어를 내? 안 그래도 골치 아픈 세상에 안 그런가? 이 아둔한 청년아! 그리구 말야, 왜 자꾸 그 방면으로만 물어봐싸? 아랫도리가 시원찮은 게로군. 시원찮기는 없어서 굶는데 무슨 소리셔? 노인네씨, 그러시면 섭하지. 그러는 노인네는? 아, 나야 뻔데기 된 지가 언젠데 그냥 마음만 그득하지 왕년엔 그 방면엔 달인이었건만 아이구 좀 쉬어 가세나. 그러시든가. 앙거. 앙거라니? 앉으라구. 전라도 말로는 앉어가 앙거야. 노인장씨 딱 한 개만 더 해보셔. 없지? 있어? 신세 조지는 길 으하하하~ 지저분하게 이 길 저 길보다도 이거 신세 조지는 길이 딱 어울려. 멋저브러 멋저브러! 신세 조지는 길 아니 나란히 걷다 어딜 가냐? WC 뒤가 급해서. 이러니 자연보호가 될 수가 있나? 잘 뉘라. 나무 등걸에 똥구녕 꾀지 말구 에이구려.

홍어 박사의 홍어 이야기

●● 홍어는 홍어다워야 한다. 홍씨 성을 가진 홍어 박사의 홍어 이야긴즉슨 자고로 홍어는 뼈는 있으나 야들야들한 물렁뼈 척수 어류로서 흐늘흐늘 중국영화 취권의 주인공 이소령인지 개소령인지 갸몬양 흐느적대는 별로 뽄때라고는 없는 넙죽다대한 물고기로서 출렁이는 바닷물결에 따라 출렁출렁 너울너울 물 위로 둥둥 꽁짜로 떠다니며 살아가는 염치라고는 손톱 반 머리만큼도 없는 번지르르하며 거무퇵퇵한 몸땡이의 주인공! 홍어 등가죽 색깔은 똥색이어도 뱃때기는 눈이 부시게 흰 맛난 물고

기! 그렇다고 흰옷을 즐겨 입는 우리 백의민족과 어슷비슷하다는 말씀은 아니고 그 느무 홍어 뱃때기가 그렇다는 얘기! 따지지 말구 가만히 계셔. 내가 어련히 오밀조밀 요구석 조구석 콕콕 찝어내 발르고 발러 홍어에 대한 모든 걸 만천하에 일장 까발려 홍어에 대한 궁금증을 해소해주면 뭔 쇠주 한 병이래도 있나? 누가 살껴? 너 영순이 네가 한 병 사라. 영순이 그러면서 끝에다 씨자 하나 붙혀주면 소주 한 병 더 쁘러스 할 낀데. 아 그러냐? 영순씨 여기에 보너스 하나 얹어 영순씨 사랑해요오. 됐냐? 아 그렇게 하시면 더 기분 째지고 안주 하나 더 추가. 지화자자 지화자. 그렇다면 홍어는 왜 이름이 홍어냐? 통성명부터 알고 나가야 해석이 빨러. 또 그 홍어라는 이름은 어느 시러배들놈이 걸지게 지어준 이름이냐? 그거는 홍어 박사 홍씨도 모르는 깜깜 세밀 어림짐작 주측으로 어야듸야 어느 뱃놈이 회칼로 홍어 배를 갈르다가 요느무 물고기는 이름이 뭐야? 이쑈드리 막소주 장장 두 병을 마셔 맛이 간 홍아홍아 상태에서 에이 씨발~ 그냥 홍어라구 하자. 그렇게 주정 속에 지어진 이름이 홍어 아닌가 하는 어정쩡한 홍어 이름이 아름아름 불러서 홍어라는 이름으로 굳어진 물고기가 홍어이고, 홍어 박사인 나도 홍어 이름이 왜 홍어인지는 잘 몰라요.

홍 박사라고 해서 나는 물고기가 아닌 홍씨 성을 가진 육지의 두 다리 홍씨니께 홍 박사를 홍어회로 인식은 금물이다 이 말씀이고, 홍어 삼합 이거 아시나? 몰러. 썩은 홍어와 삼겹살 탁주 이름하여 홍탁! 나 이거 무진장 좋아헙니다. 얼마만큼 좋아허냐? 마누라 엎어놓구 갖은 묘기를 부리다가도 홍 박사 홍탁 한 잔 하지 이 소리가 들리면 박았던 거시길 얼른 뽑아 제끼고 바지춤 추켜 올리며 알었어. 지금 나가! 아니여요. 이게 무슨 경우야? 일을 시작했으면 끝을 봐야지? 자기만 좋구 나는 나쁘면 안 되잖어? 지금 그게 문제가 아냐? 있다 저녁에 봐. 이 정도로 홍어의 매력에 빠졌으니 어찌 홍어에 관심이 없겠어. 돈 쳐들여 겨우 배운 게 홍어였으니 에미애비 등골 뽑아 배운 홍어에 술만 늘고 홍탁에 빠져 노냥 흔들고 다니니 홍어한테 미안하지도 않은지 헛배웠어. 홍어에 대한 연구는 안 허구 홍어 먹는 데만 신경을 쓰니 아유~ 그 썩은 냄새에 코가 싸한 홍어가 무슨 맛이라고 아가리서 냄새는 좀 나냐? 우애액~ 나는 구역질부터 난다야. 여직껏 먹어본 적도 없지만 줘도 안 먹을 뿐더러 홍어찜은 먹어본 기억이 있는 거 같애. 홍어 사촌 간제미는 즐기는 편이니까 쥐약만 빼놓구는 다 먹는데 삭힌 홍어만큼은 때려죽여도 못 먹어. 차라리 쥐약을 먹는 게 낫지. 내가 먹지는 않아도 전직이 요리사니까 홍어무침이나 해서 홍 박사 술 한 잔 줘야겠구먼.

새콤달콤 입에 짝짝 붙어 다진 갖은 양념에다 홍어가 비싸니까 눈속임으로 간제미를 몇 마리 썰어 훌훌 섞어주면 지까진 게 홍언지 간제민지 알게 뭐야? 못 알아보게 고추장을 진탕 발라놔야지. 고치장 속에서 나는 홍어야, 난 간제민데 이러지는 않으니까. 아유~ 재미나라. 홍어를 미끼로 홍 박사들 속여 먹으니 이게 얼마나 뜻깊은 행사냐? 회를 뜨려면 우선 칼이 좋아야 해. 잘 썰어야 식감이 배가 되걸랑. 썩둑 썩뚝 썰면 늙은이덜은 못 먹어. 한 알갱이 입에 넣고 오만나절을 질겅거릴 테니 차라리 안 주는 게 낫지. 아유~ 영감들은 불쌍해. 맛난 걸 못 먹고 질겅거리기만 하니 얼마나 목젖이 날름거릴까? 당신도 멀지 않았다구. 알았어 인마! 홍어 박사 홍씨도 홍어는 좋아해도 홍어의 숭고한 맛은 잘 모르는 껄떡쇠에 불과할 뿐 맛의 비밀까지는 박사라구 다 아는 게 아니야.

이리 오너라. 홍어야. 넙죽한 놈이 넙죽하게도 생겼구나. 넙죽아, 네 몸에 꼬챙이 같은 칼이 시방 맛사지 들어간다. 미안허다 홍어야. 너는 먹을 홍이구, 나는 남양 홍씨야. 양반이지. 오동통한 살점을 도려낸다. 아프냐? 팔딱거리지 마라. 이씨 물방울 튀겨! 도마 위에 패대기 음마 벌써 되저가네. 칼등으로 대가리를 탁 어머 홍어 눈동자가 튀어 나왔어. 아유~ 미안시러워라. 운명이니 어쩌냐? 용서혀 넙죽아, 인간은 요로콤 잔인하단다. 상대를 죽여 제 배를 채우는 위선자 악마 미나리 썰고 양파 썰고 대파에 다진마늘 듬뿍 깨소금 태양초 고춧가루 식초 참기름 찔끔 설탕 달달하게 찌끄려서 버물버물 쪼물락 쪼물락 맛있나 먹어봐. 아, 째끔째끔 됐어. 난 싱거운 거 같은데 됐어. 내 입에 맞춰 홍 박사는 맛도 몰라. 찝찔허면 다 맛있다고 하는 사람이라 아냐 그래도 제대로 해줘야지.

이것도 좀 더 넣고 요것도! 얘 언년아, 이리 온. 이리 와서 홍 박사 먹을 홍어맛 좀 봐줘. 아저씨가 맛보면 될 껄 왜 날 불러? 이 년아, 난 홍어 안 먹잖어? 왜요? 비려서요? 비린지 단지 어쨌건 난 안 먹어서 몰라. 어때 맛이? 톡 쏘는 맛이 기똥찬데요. 구린내 안 나냐? 구린내는 무슨 싱싱한 횟감이 무슨 구린내가 나요? 그러냐? 난 삭힌 홍어인 줄 알구 미안허다 이년아. 식감이 식감이 끝내줘 요. 아유~ 어린 년이 비린 맛은 알아가지고 네년도 거 가면서 홍 어 깨나 먹어 조지겠다. 불쌍한 홍어 홍어 박사 연분홍 홍씨 바다 의 홍어를 완존이 다 없애버려. 애나 으른이나 홍어래면 환장을 허니 종자는 많구 홍어는 안 잡히구 이러다가 홍어 씨종자까지 멸 종허겠어. 어떻게 머리를 써서 홍어 자체를 멸종시키던가 무슨 결 단을 지어봐. 안 돼요. 왜 안 돼? 홍어는 이 나라의 자원이고, 이 자원으로 하여금 어야디야 어부들의 삶이 왔다 갔다 하는 삶의 문 제도 문제지만 어종 고갈로 씨가 마르면 해양 생태계의 문제뿐 아 니라 한 국가의 모로종을 지키지 못하고 멸종시킨 국가의 책임이 있고, 홍해 만리에 수산청의 재정이 막대하게 지출된 바 홍어맛의 매력에 빠진 마니아들의 원성으로 바다에 대한 증오심이 생겨요. 평생을 홍어 연구에 매진해온 홍어 박사의 입지는 뭐가 되렸습니 까? 여러분의 입맛은 어디까지나 홍어 박사에게 일임하고 떠들지 들 말고 삼합 홍탁에 지갑을 여세요. 그래야 과부의 몸으로 홍어 장사를 하는 아주머니도 먹고살지. 다만 홍탁 먹으러 오셨다가 그 여편네한테 얼쩡거리지는 마슈. 그 여편네는 내가 찍어놓은 여자야. 아니 홍 박사님, 사모님 계시잖아요? 있으면 어때? 남의 떡이 더 맛있는 거 있지.

마누란 마누라고 이 여자는 바깥 주전부리 대용 마누라로 엊그제 찍어놨어. 대신 물 좋은 홍어 싸게 들여놔 주는 조건으로 해결 본 상태야. 그렇게들 알구 열심히 홍어만 먹어줘. 저 전라도 지방에서는 썩힌 홍어는 잔칫상에 절대 빠질 수 없는 먹어줘 랭킹 1위라구 그러드라구. 중국집 요리대표가 탕수육이듯이 그러면 이번엔 왜 홍어는 삭혀서 골골하게 삭혀서 먹느냐? 이것이 문제로다. 홍씨 고집으로 홍어 삭히는 법을 설교하는 바 일장춘몽 아니 놀지는 못하리라. 찻차차에 의지하야 일동기립 차렷 앞으로 나란히 뒤로 들어 편히 쉬어. 시방 뒤로 돌아는 나만의 홍어 삭히는 비법을 누구에게도 보여서는 안 되는 특허 보유기술로서 아쉽지만 어쩔 수 없느니라. 씨벌씨벌 그러면서 흐물대는 사람은 열중 쉬엇! 뒤로 돌은 상태에서 곧바로 퇴장하랏. 대신 인내로 나의 기술 보호에 눈도장 안 찍고 기다려주는 이에게 수일 내 홍어 삭히는 비법을 전수할 테다.

그땐 그야말로 영자 미자 순심이 명숙이가 있는 니나노 술집 홍어 다루는 기술을 공짜로 전수할 수 있다. 만일 누군가 흘금 뒤돌아 나의 기술을 훔치려 하는 자 가차 없이 끌어내 팬다. 저기 문 앞에 가죽잠바에 까만 라이방 쓴 세 청년 보이지? 쟤들이 내 보이

코트 갱단 3총사 일명 존나발 행동대원이다. 야, 거기 영식이 너 시작하기도 전에 뻿딱하게 서서 넘겨다 보냐? 넌 죽을래? 돌아다 보고파 돌아다본 게 아니라 야는 본래 모가지가 42도 정도 돌아가 고질병인지라 으쩔 수 없어라. 배 안에 병신이여. 오~ 그려! 그럼 넌 봐주마. 대신 눈깔은 앞으로 고정시켜야 하느니라. 여기 새우 젓 오지 항아리 하나 부탁해요. 어머 이덕화 같애. 그리고 마른 볏 집 한 단 빼먹지 말고 항아린 깨끗이 부셨냐? 네, 그러문입쇼. 그 렇게 시키지 않아도 잘하는 게 최고 잘하는 거야. 그걸 눈치 하난 죽여준다고 하는 거지.

집북대길 한 주먹 콱 움켜쥐고 중둥을 뚝 꺾어 오지항아리에 구겨 박질러 깔어놓구 홍어 가져와 짚북대기 홍어 짚북대기 팟고 물 떡시루 안치듯 켜켜이 됐나? 아이구~ 내 정신 보게. 참숯 가져 와. 됐어 항아리 뚜껑 닫어. 한참 뒤돌아 있던 사람들 모두 뒤로 돌어. 벌써 다 하셨어요? 박사님, 벌써가 뭐야? 지금 한참 삭는 중 인데. 현재 어시장 경매도매가 홍어 대자 큰놈 도매가 40만 원 잔 치 한 번 할려면 최소한 홍어 10마리는 써야 생색이 나는데 열 마 리면 10 × 40 = 400만 원! 앗따! 계산 잘한다. 하나도 안 틀리네. 그러니까 홍 박사 소릴 듣지. 이봐 홍어 항아리 비닐 씌어놨지? 보 름에서 20일쯤 내비둬. 이번엔 이론으로 간다. 이리 다 모여. 열중 쉬엇 앞으로 나란히 필요 없어 달고나 찍을 때 애새끼들 옹기종 기 모여 쪼구려 앉아 있듯 다 이리 오랑깨. 홍어는 하나도 버릴 게 없어. 간 쓸개 애까지 하나도 버릴 게 없어. 홍어는 뇌 건강에 좋고 단백질도 존나게 많데네. 똥두 잘 나온대지. 아마 홍어는 차가운 성질의 물고기로 손발 찬 체질의 사람이 먹을 경우 복통 설사로 아침에 갈아입은 빤쓰에 똥칠할 유감스러운 일이 발생할 수 있으므로 안 먹는 게 좋아. 그럼 이번엔 또 뭐냐? 홍어와 애와 간, 살에는 불포화지방산이 75%! 그중에도 EPA DHA가 35% 들어 있어. 이런 불포화지방산이 콜레스테롤 수치를 낮춰주고 고혈압 고지혈 동맥경화 등 생활 습관병에 도움이 된대. 적어라 적어! 쩌어그 쩌어그 수평선 바다에 사는 홍어가 이러코롬 좋은 줄 인저 알었구먼.

호랭이를 잡으려면 호랭이굴을 찾아가야 하듯이 홍어에 대해 더 깊이 알려거든 홍어가 사는 바다로 가야 쓰겄구먼. 홍어맨 김씨, 홍어가 노는 바다에 홍어 보러 간 적 있남? 에휴~ 먹어만 왔지. 근근히 먹고사는 노가다가 뭔 노자돈으로 홍해 바다를 가? 꿈에서는 홍어를 잡어봤재. 잡힌 홍어가 으찌나 큰지 내가 힘이 장사잖어? 그런데도 내가 질질 끌려가네. 그래도 죽기 살기로 땡겼어. 앗따! 배까지 딸려가든 걸. 태공이 겪는 찰라의 손맛 닭의 모가지를 비틀어도 새벽은 오듯이 아무리 많은 인간들이 홍어를 먹어준들 홍어는 불철주야 신방울 차려 알을 까고 새끼를 길러 바다 가득히 채워줄 것이니 똥이 나오도록 많이 먹으랜다. 검푸른 바다의 홍어는 영원히 죽지 않습니다. 비록 재수 없이 걸려 인간들의 먹거리가 될 망정 홍어는 오기로 기고만장합니다. 홍어에 미친 수많은 인간들이 정녕 홍어 우리들의 살점을 맛있어 한다면 못 드릴 것도 없지. 아낌없이 죽음으로 기꺼이 드리리다. 홍어~ 홍어는 바다의 보물~

성인용품

●● 이거 보세, 아니 이게 누구신가? 그래 죽지 않고 살다 보니 죽기 전에 한 번은 만나는구랴. 양부모님 안녕하시고, 가내 두루두루 편안하실 테고? 그러문입쇼. 이렇게 오랜만에 우연찮이 이렇게 만나뵙게 되어 반갑기가 이루 말할 수가 없습니다. 예나 지금이나 자네 인사성 하나는 여전허구먼. 공손하게 다정히 두 손 모은 배꼽인사로 허리 구부려 하는 인사가 제대로 된 인사지. 요즘 새끼덜 인사하는 걸 보면 대가리만 끄떡 구린 입도 안 띠고 그냥 휙 지나가면 그만야. 신수가 훤헌 걸 보니 세상살

이가 괜찮은 모냥이로구먼. 시방은 뭔 일을 하시나? 그래 설마 한 적도 앳적부터 하던 그 성인용품인지 어른 장난감인지 그 장사 여짓것 하지는 않을 테고. 웬걸요? 아니 그럼 그 장사를 여짓것 한다구? 질기구먼 그랴. 배운 게 도둑질이라고 하던 버릇이 있어가지고 굳이 접어야 할 이유가 없어 그냥 합니다. 돈벌이도 쏠쏠하고 기호용품 같은 것이어서 애나 으른이나 너도나도 뭐 줘요 뭐 줘요 불티가 나요. 돈 잘 벌리는데 이런 걸 안 하구 어떤 걸 합니까? 아주 효자용품이에요. 아주 그 길로 늙겠구먼. 오늘 손님들의 취향은 엇때? 늙은이들도 오남? 남녀노소 없이 은밀히 옵니다. 지팽이 짚고 부들부들 떠는 노인네도 오고, 과부 총각 아주머니까지 주로 남의 이목이 있으니까 벌건 대낮은 피하고 밤이 되면 주로 오죠. 욕구 불만은 물론 본능을 발산할 수 없는 젊은 애들까지 대리만족으로 쓰는 용품이다 보니 도덕 문제라 생각하는 저 사람이어서 인적이 드문 밤을 택해 문전성시를 이루지요. 그러니께 저는 밤장사로 올빼미 장사가 제 직업입죠. 아랫도리가 부실한 중년으로부터 노익장까지 이용객이 다양해서 가격 따윈 묻지도 않고 달라는 게 금이에요. 제 딴엔 창피하니까 얼른 사서 내빼는 심리를 이용하는 장사지요.

땡볕에 나가 고생할 일이 뭡니까? 대낮엔 잠이나 자고 밤장사 슬슬 나가면 부장 과장 부럽지 않은데요. 내는여, 이 장사로 일생 마칠랍니다. 야밤에 손님이 없을 땐 엄청 고독하시겠구만. 웬걸요? 가지고 놀 게 얼마나 많은데요. 심심할 턱이 있나요. 주로 뭘 가지고 노나? 고들빼기 도깨비 방망이 바나나 너울너울 뻥 애교쟁이 흔들바위 슉슉이 저마다 죽이는 기능이 다양해서 아주 죽여주기 때문에 손님 없을 때가 더 재미나요. 오히려 오는 손님이 방해가 돼 귀찮거든요. 어허~ 이거 이거 야단났군. 야단났어. 마누라는 노냥 굶어 고파할 텐데 혼자만 흐뭇하면 그게 어디 사내대장부가 연약한 아녀자에게 행할 일인가? 그런 걱정은 안 허셔도 될 말씀을 하시네. 다 제가 홀로 외롭지 않게 놀라구 이것저것 요놈 조놈을 챙겨다 줘 아닌 말로 서방이 없어도 그걸로 해결을 하니까 마누라 집 나갈 일은 없을 겝니다. 저는 아내를 믿고여. 장사 안 하는 낮에는 간식으로 놀아주니까 뭔 불만이 있겠슈. 남편 잘 만나 곱백이로 호강하는 여인네지. 여보게 과신 말어. 믿는 도끼에 발등 찍힌다네. 이런 일도 있어. 정말 안심하고 믿어도 될 성직자 목자가 신도인 남에 마누라를 누르기 한판으로 승부하는 세상이야. 믿긴 누굴 믿어? 그래 놓구는 성도들이여, 아멘~ 이런 이런 기급을 할 일이 있나 그래. 설마 자넨 밤 중에 물건 사러 오는 여편네 넙석거리며 침 삼키는 일은 안 허지? 왜요? 더러 걸리죠. 더러 걸려?

　시상에 목마른 자에게 한 모금 차가운 냉수 한 그릇은 보약이요 불로초이며 행운인 것을 저는 가끔 실험으로 가르쳐 주고 있읍죠. 꿩 먹고 알 먹고 다 주워 먹으니 참 자네는 복두 많으이. 어디 그뿐인갑요? 웃돈 더 얹어주면서 쭝뿔나게 죽여주는 물건을 구해달라며 아양을 떠는가 하면 묻지도 않은 제 서방 이야길 꺼내며 입을 삣쭉거리는 잡년을 보면 그 속내가 보여 노골적으로 덤벼드는 통에 얼마나 괴로운지 내가 아주 그냥 기를 다 뺐겨 보양식만 찾아 먹느라구 물건 팔아 죄 건강기능 식품가게에 프러센트한다니께요. 내가 제년 대리 서방도 아니고 은근히 거절이래도 할라치면 씩씩거리고 눈이 뻘개가지고 죄 때려부실 듯이 뻘떡거리니 안 그럴 수도 없구. 이 장사 오래하다 가는 내가 제 명에 못 죽을까 싶어 시방허냐? 마냐? 고민 중에 있다니께요. 그거 너 안 하면 날 다오. 아자씨가 무슨 기운으로 이 장사를 해요? 할 걸 한다고 해야지 젊은 나도 힘이 들어 길길거리는데. 아, 인마! 내 체력이 너랑 같냐? 내가 인마 나이만 먹었지 체력은 20대야! 알기나 알구 거절을 해. 기운으로 못하면 요령으로 하면 되고, 요령이 안 먹힐 땐 잔꾀로 하면 되는 거지. 본래 장사 수완이랑 사람마다 다른 거야. 지지리 장사 안 되던 집 딴 사람이 오자마자 노나는 거 보면 몰라? 내가 볼 땐 딱 내 체질이야. 그건 어디까지나 일방적 아저씨 욕심을 이야기한 것이고 실제는 그게 아니에요. 네가 날 알면 을마나 안다고 고따우 소릴 해싸? 나이도 어린 것이 버릇없이!

내놓을 맘 아직 없으니까 내 말 맞어들으셔. 이런 현실 타파를 위해 손님 심리를 들었다 놨다 능청을 떨면 뭐가 나오냐? 시퍼런 세종대왕 현금이 아낌없이 현금지급기에서 돈 튀어나오듯이 악어

빽이 열러 돈 벌기 쉬워요. 내가 달랬나? 지가 선심 쓰는 거지. 이 목구비 받쳐주는 외모 하나 그게 작용을 많이 하죠. 간 큰 여편네 많아요. 등신모냥 가만히만 있어도 거미줄에 파리가 걸려 대롱대롱 되듯 끈끈하게 다가오니 아유~ 나도 죽겠어요. 돈 내고 돈 먹기도 아니고 아픈 사람 치료해주고 치료비 받는 데 하자 없지. 사내로 태어난 보람이 있구먼. 이 가게를 안 내놓으면 나도 이 사업을 하게 해주면 백골이 난망일 텐데 어떻게 생각하시나? 금년 춘추가 어떻게 되시지요? 엊그제가 칠순이야. 고령 청년이시네. 근데 나이와는 달리 몰골이 많이 골으셨어. 장마통에 참외 곯듯이 폭싹! 보톡스는 몇 방 맞아 보수작업을 하셔야 그 장살 하시겠는데 쌀가마니나 굴려내야 정형외과에 가시지 안 그러면 허나마나 한 달에 문 걸어 잠궈야 돼요. 그래 내가 그렇게 삭았나? 그냥 물건만 팔아가지고는 적자에 까먹기 십상이에요. 아, 어떤 년은 실컷 쑤석거리고 가지고 놀다가 싫증나니까 작동이 안 된다며 물러달라는 년 하며 괜히 땀만 빼지 재미도 하나 없다면서 물러달래지. 이런 것도 있지만 물건을 누구를 통해서 얼마만큼 싸게 사느냐 하는 문제가 있어요.

또 하나, 할마시들이 오는 건 문제가 안 되는데 중년 부인들이 온다 해도 딱 보면 친정아버지같이 또는 시아버지처럼 볼 텐데 뭔 똥배짱으로 어르신 이거 주세요, 저거 주세요 절대 못하죠. 그냥 나가요. 다신 안 와. 그 여편네가 또 소문을 내 문 닫는 거 순식간이에요. 손님이 와야 물건을 팔고 물건을 팔아야 먹고사는데 파리만 날리고 껏떡거리며 졸구만 있으면 목구멍 치다꺼리는 뭘로 하시게? 노인네가 말이야, 할 걸 헌다고 해야지 주책이셔. 남이 와와 하니까 덩달에 와와 한다고 모냥만 내면 되는 줄 아시나봐. 아니거든요. 사람에겐 경우와 때와 시기가 있는 법입니다. 춤벙되면 바지만 흘러내려요. 분별 없는 착각과 욕심은 망하다 판이 납니다. 제 똥이 굵어서가 아닙니다. 가늘어요. 적당히 놀구 적당히 땡겨먹는 오빠는 살아있다 오빠는 풍각쟁이야 너도나도 오빠 오빠가 최고야 이 정도 인기는 있어야 이 장사를 하는 겁니다. 그러니까 타박만 하지 말구 이 나이에도 할 수 있는 노하우를 잘 가르쳐 주면 되지. 네가 무슨 말을 하든 훈장질이라 생각하고, 그 이유는 달지 않을 테니 너도 처음부터 끝발난 건 아니잖냐? 그야 그렇습죠. 솔직히 직업이 그래서 물건 내주고 돈 받기도 부끄러웠으니까 그게 바로 왕초보의 시련 아니냐? 그래도 난 옛날에 골목에서 사과 궤짝 하나 엎어놓고 달고나 찍기 장살 해봐서 노하우는 좀 있어. 그 경험을 토대로 하여 너의 조언도 병행하면서 도전 한 번 해서 잘 되면 서울 강남에 빌딩이나 몇 개 사둘려고.

내가 잘 돼서 많이 벌면 그거 내가 혼자 다 먹냐? 늙으면 늙은 대로의 실버쉽이 있걸랑. 너는 아직 젊어 늙어보질 못했으니 내 마음을 알 리는 없지만 사람에겐 저마다 가치관이 있듯이 일을 저지르고 나면 수습할 수 있는 능력이 생기게 마련이야. 대가리는 폼으로 매달아 놓은 게 아니거든. 벽오동 심은 뜻은 벽오동을 심은 자만이 알 듯 벌려놓으면 최선책이 생긴단다. 그럼 한 번 해보실래요? 아유~ 도량이 이렇게나 넓으니 어찌 돈이 안 벌리겠는가? 여유돈은 좀 있으신지요? 얼마나 뭘 어떻게 해야 하는데? 계산 안 해왔어요. 요즘 물가가 올라서 창업비용이 장난이 아닐 꺼고, 물건값도 배로 뛰어서 이게 보통 일이 아닌데 일단은 물건 실을 차 한 대 뽑으시구.

물건 구입비 현금준비 물건 목록 유통 가격 매점 상권 입지 물색 상호 간판 제작 사업신고 등등 어느 누가 오든 절대 내 손님인 만큼 놓지 않고 기어이 사가게 만드는 순간 깔딱 쑈맨쉽이 포인트! 남자 손님 여성 손님 다루는 노하우 능수능란한 권장술 등등 기초지식이 필요하므로 내일 저녁부터 출근해서 배우세요. 마누라가 지랄할 틴디. 저녁에 나간다고 마나님 시비가 두려우면 아예 접으세요. 아, 벌써부터 노마님 생각에 쫄기부터 하면서 아유아유아유~ 우선 오늘은 집에 가셔서 마나님과 충분히 대화하셔서 결정하시는 거를 하시지요. 그럴까? 네네. 첫마디에 승패가 달려 있는 겁니다. 잘하세요. 임자, 이리와봐. 오늘따라 유난히 임자가 고와 보이네. 내가 이렇게 무심하게 사니 하나밖에 없는 마누라 건사는 제대로 못하는 못난이 남편 오늘따라 왜 이리 마음이 짠하냐? 그래 영감, 어디 아프우? 어디 안 하던 헛소릴 해싸.

언제는 얼굴인지 발바닥인지 구분이 안 간다며 빈정거릴 땐 언제고, 나갔다 들어오더니 혼령이 씌었나 횡설수설여. 별꼴 다 보구 사네. 하~ 이렇게 멋대가리가 없어서야 뭔 또 뭔 사달이 나게 생겼구먼 하는 조짐이 어떻게 알았어? 귀신이 곡을 하겠구먼. 선견지명이 밝어! 신이 내렸나? 신 내렸어. 꿰뚫어보는 걸 보니 심상치 않구먼. 아주 범상한 마누라여. 인자 봄께 줄줄 나온다. 맴구멍에서 뱀 오듯이 기왕지사 말 나온 거 이참에 용기를 내 속닥거려 꾀 쉬놔야 문제가 안 생기지. 임자, 시방부터 내 말 잘 들어. 우리가 앞으로 남은 인생 그리운 것 없이 잘 사느냐 못 사느냐가 달린 사업 야그여. 이러이러혀서 이런 장사를 하게 됐응개 임자 꼬물친 돈뭉치 좀 내놔봐. 이렇게 운을 띤 다음 우선 사모님과. 사모님은 무슨 사모님? 아주머니라구 그래 어쨌거나 잘 되면 찌르르르 전화를 자네에게 할 거야. 모든 금전 문제는 마누라로부터 캬출해야 될 판이니께 좀 어렵긴 해도 일단은 칼을 한 번 뽑아보구 우선 할멈과 쇠주 한 병 나눠 얼큰히 녹여놓은 다음 홍아홍아할 때 잽싸게 협상으로 들어갈 모냥이야. 밑그림을 잘 그려야 그게 순서고, 일이 일사천리로 진행되지. 할멈, 이리 와. 여기 괴기근이나 끈어왔으니께 듬성듬성 썰어 달달 볶아 쇠주나 한 잔 하세. 요즘 속이 허해서 그런가 자주 헛것이 보여. 먼저 죽은 놈들이 다 내 앞에서 어름적거리니 그놈들이 도대체 뭘 원허길래 내 곁에서 뱅뱅 돌구 알짱거리나 그래. 아니 먹구 자구 놀구 먹구 일이라고는 똥누는 일밖에 없는 영감이 그 느무 뱃구레엔 그지가 들어 있나? 뭔 허기

이 시대의 자화상 · 319

가 저 귀신이 보이네 도깨비가 왔다 갔다 하네 그러는 거야? 별꼴을 다 보겠네.

　어허~ 서방님이 그러하다는데 요사스런 아낙네가 발칙하도다. 흥! 갑자기 백운산 도사가 됐나? 말솜씨가 근엄하고 신령스러우니 연애질로 눈 맞어 산 지 50년 만에 처음 들어보는 해괴 망측한 세상에 이런 일이 영감 어디 아푸우? 몸땡이가 아픈 거 아니라 정신머리가 아퍼. 하~ 그게 무슨 연유로 늙느라구 몸땡이가 육갑 떠는 거 아닌가 모르겠네. 글씨 말이시. 당신이 치료해줄껴? 어디가 아픈지 정확한 진단 후에 처방전을 쓰는 건데 어디가 엇때 말을 혀 말을! 았따 새심시레 고따우 말을 들응깨 맴이 허전헌 게 아리구먼. 늙을수록 건강이 최곤디 딴년들하고는 말도 잘허드구먼 왜 나한티는 노냥 꿀먹은 벙어리여. 말문이 먹혀 들어야 말을 허지. 쇠귀에 경읽기인데 말할 맛이 나간. 아니 맛이 나는 그 말이 뭔지 자초지종을 피력해야 수긍이 가던가 말던가 판단이 나오는 거지 문제없이 무슨 답이 나온다구 그려? 냉큼 이리 올라와 술이나 받어. 기름이 찌르르 흐르는 돼지괴길 안주해서 한 잔 찌끄리며 의논할 일이 있구먼. 해도 되나? 밑져야 본전인디 뭔 소린가 해보시구랴. 이해가 갈 일이면 따를 것이요, 아니 그러면 살림살이가 절단날 테니 일백 배 감수하고 떠들어보시구랴. 자, 우선 쭈욱~ 원샷으로 꼴깍 마른 목구멍을 흠뻑 적시고 나가 말이여, 나이는 있어도 안적 꾸정꾸정허니 젊은이 못지않게 장사가 아닌감. 그건 사실이여

라. 나는 앙깨. 해서 나가 시방 노느니 염불한다고 일도 하고 잡고 당신 가사에 도움도 줄겸 겸사겸사 생각 중에 가용돈이나 벌어볼까 혀서 자동차를 하나 사서 노점상을 한 번 해볼까 하는디 경제권은 자기가 쥐고 있는 이상 불가피한 상의가 필요해 내 의사를 밝히는 바여.

또 망하게 꾸민다! 아녀 아녀! 망하는 일이 아녀! 이건 벌렸다 하면 다년간에 쇼부가 나는 화수분 영업이여. 그 화수분이 뭔데? 사람이 밥만 먹고는 살 수가 없잖여? 돈도 벌어야 하고, 일도 해야 하고, 사랑도 해야 하는 삶에 3대 요소라는 게 있어. 그래서 그래서? 저 읍내에 나가다 보면 빠쓰정류소 옆에 성인용품이라고 큰 간판이 있지. 나도 그 사업을 해보고파서. 그게 그렇게 마진이 괜찮다네. 아유~ 이 영감이 미쳤나봐. 에헤~ 끝꺼정 들어. 그 물건이 뭔지도 모르면서 초장부터 벼룩이 튀듯 깡총 뛰면 펼쳐놓은 멍석 걷어부치고 죄 때려부신다. 썅썅이고 나발이고 그 물건이라는 게 야리꾸리한 남정네들이 가지고 노는 요상시런 물건임을 내 모르는 바 아니거늘 남세시럽게 늙은이가 길거리에서 그걸 팔아먹겠다고? 길거리는 무슨 가게 하나 얻어서 해야지. 늙은 할망구석건 젊은 애덜 중년 부인네들 아주 불티나게 팔린다누먼. 이번 참에 말야, 하늘이 준 기회여. 우리도 남처럼 한 번쯤 호강하며 잘 살아봐야 할 거 아녀? 나는 사장님 소리 한 번 듣고, 자기는 사모님 소리 듣고 늘그막에 이 얼마나 감격스런 일인가? 그래 그나마 몇 푼

모아둔 종잣돈 아작을 내시겠다? 아니 아니 아니 되오. 어허~ 승질머리하구는! 아, 말이야 바로 말이지, 사람들이 당신더러 할아버지 그거 하나 주시어요? 그러면서 잘도 팔아줄라? 있는 거 마저 털어 까먹지 말구 경노당에 가서 내기 장기나 두면서 신세 볶지 말구 조용히 사셔. 그게 도와주는 거야. 돈은 아무나 버남?

나 이렇게 어둡기가 오밤중이니 아 중년 부인네는 물론 허리 꼬부라진 할망구들도 앞을 다투어 온다는데 그게 싫여? 이걸 해서 빌딩을 산 장본인이 내가 잘 아는 지인이야. 그 사람이 오늘 저녁부터 장사 노하우를 전수해주겠다고 현장에 와서 보구 배우래? 으따나 저녁에 나가기만 해봐라! 그냥 칵~ 거시길 뿐질를껴. 으더맞고 대골대골 굴루지 말고 말릴 때 순순히 들어먹어. 이 구박으로 인생 종치지 말구 늙은이가 돼 염라대왕이 이리 오시게 부를 날이 쉬일간인데 돈은 벌어 뭘 허게? 쓸 일도 없지만 죽어서 지고 갈려고 돈이 눈깔이 멀엇는개비네. 이거 보셔! 영희 아버님, 냉수 먹고 속 차려! 나무도 고목이 되면 오던 새도 아니 온다구 늙어 꼬부라져 헐헐대면서 염병 맞게 무슨 돈을 벌어? 옆집 월이월이가 다 웃어. 귀신 씻나락 까먹는 소릴 해싸. 해골에 병이 나도 유분수지 늙으막에 마지막 아이디어는 얘기 끝! 아, 어디 가? 술 마시다가 변소간에 똥 누러 가요. 똥은 네미럴꺼! 아침에 내질르구 또 나와? 에이그으~ 고달픈 똥구녁이여. 장사고 나발이고 물 건너 갔다. 에라 모르겠다! 놀자 놀아! 더 늙어지면 못 노나니 또르르또르르! 이봐 나야 나! 아, 안 나오세요? 나가지 말래. 돈이구 나발이고 그냥 저냥 있는 거나 먹고살다 밥숟갈 놓으래. 나갔다 가는 불알 걷어챌 일이 생길 것 같아 포기할라네. 미안허이. 거 보셔, 돈 버는 때가 있는 거라고 내가 안 그럽뎌. 괜히 일 맹그러 사고 치지 말고 마나님 말씀대로 있는 거나 먹고 쓰다가 세상 마치는 데 중점을 두셔. 나도 없던 일로 할려니께요. 그렇게 아셔. 마나님 비위장 건드려 고양이도 없는데 얼굴 손톱자국 내지 말고 눈치껏 박자 맞춰 잘 사셔. 그래야지 알었찌. 또 보세. 끊게나 따흑! 오늘 일진 아주 개 같네.

훈수

●● 성님, 장 받으슈! 장군! 엇쭈리? 이눔이 겁대가리 없이 달려들어? 뭘 얻어먹겠다구 이 고을에 장기 하면 삼천초복도 덜덜덜 김억산인데 네놈이 감히 김억산이 이 면상을 까겠다. 허허~ 말세로고. 그렇다면 본때를 보여주기 위한 명군으로 막아야 하는데, 그렇다면 요리조리 조리요리 이리이리 해서 맞장 받아랏! 이 턱쭈가리 허연 놈아! 아오~ 멍군 멍군 멍군 또 하나의 길이 보인다 보여. 외통수로 개박살이 날 일이 생길 텐데 눈알갱이 좀 부지런히 굴려보시개. 아니 장기 두는 놈 뒷간에 똥 누러

갔나? 엇째 잠잠허냐? 네미럴느무거 아, 대문 잠궈 걸어라. 으허 허험~ 우두커니 신세가 됐네 그려. 아악~ 성님, 한 수만 물려주슈. 아, 차 띠구 포 띠구 거기다가 일수불퇴 한 수까지 물러나 주면 난 뭐 가지구 널 이기개? 앗따, 성님두, 쬐깨 져주면 어디가 부러진다여? 이 사람이 뭔 시부정치 않은 소릴 깔짝대는겨? 자그마치 탁주 한 말이 걸린 노들강변 봄버들이구먼 뭔 시접시런 잡소리여. 언능 둬라. 들여다보면 뭐가 나오냐? 얼른 끝내고 술 푸자. 김씨 뭘 쩔쩔매? 이놈이 붕 날르면서 이놈으로 사샤삭 납작 디밀면 또 맞장 아니냐? 이거 왜이랴? 누구야? 당신! 누군데 잔치집에 와서 식초를 뿌려! 장군! 성님, 장 받으셔. 장이구 고추장이구 훈수 두는 놈은 맞아야 돼. 이리 와! 이리 오라구! 아구창 꽉 깨물어! 딱 따다닥 아우으으~ 이노무시키 어디서 훈수질이야? 네가 장기를 알어? 알면 얼마나 알어? 딱! 아야~ 다음부털랑 그러지 마라이! 조져서 미안허다. 훈수씨, 앗따! 억산이 자네는 고수 아닌가? 거 답답해 훈수 한 번 가르쳐 줬기로서니 따귀할래 올려 붙칠 게 뭐라? 그러다 이빨이래도 나가면 장기 두나 마나인데 후딱하면 마누라꺼정 잡힐 일도 생겨. 뭘 좀 알구나 속닥거려!

무슨 개 얼렐래 소릴 해싸. 시방 요것이 놀이장기가 아녀. 자그마치 술이 두 말여! 술이 두 말이면 돈이 얼만가? 너 같으면 지고 싶건냐? 게다가 훈수로 꼼짝 못하고 오줌을 지리다가 코너에 몰리면 내 처지가 말씀이 아니걸랑. 얼굴 빨개질 일 있냐? 게다가 차

포 띠구 둔 장기여. 뭘 좀 확실히 알고 덤벼들어 역성을 하던가 편을 들던가 할 일이지 개 조지나 암것도 모르면서 춤벙거리기는 네미 그 웬 오지랖이 백두산이냐? 세상사 두루두루 공사 다망해야지 궷마리꺼정 추켜올려 주면 네가 재 시다바리냐? 앗따~ 할 일도 오랄지게 없다. 구구로 가만히 섯찔러 있다가 내가 이기거든 막걸리나 한 사발 으더 먹을 일이지 감히 나으 적수가 되고자 나에게 도전장을 낸 건방진 호로로서 용서가 불가한 판에 이리 가 저리 가 빠져나갈 구멍을 알려주면 내가 아무리 고수라고 해도 한 놈이 열 놈을 당허냐? 막걸리도 막걸리지만 이건 어디까지나 나의 위신과 명예가 걸린 고군분투의 현장이다 이말여. 그랑께 구린 입 닫고 눈으로 말해. 그러면 혈압 오를 일 절대 없으니께. 그러구말여, 요놈이 소문에 의하면 질이 안 좋아. 쌀가마니나 굴리는 집 4대독자래네. 남한테 지기 싫어하고 고집통머리가 기네스북감이랴! 마누라 알길 벌레로 알고 껏떡하면 잡아 두들긴다네. 오냐오냐 하고 기른 4대독자 귀한 자식 으으허고 길러낸 그런 부모가 새낄 버려 놓은 꼴이야. 제 위에 사람 없다. 나 외 군상은 하늘 아래 뫼이로다. 망할 새끼, 어쩌다 술이 거나하면 이지가지 가재도구를 굴리고 집어던져 된장질을 쳐 집안에선 아주 새끼가 아니라 웬수라지.

에미애비마저 학을 뗄 때는 놈이 저 녀석이래. 이런 놈을 봐줘? 오히려 더 뜯어먹어야지. 게다가 팔도남방 오입질에 조선 여자를 다 건드릴 심산으로 설레발이를 치는 놈이 이놈이래. 내가 오늘 시발

점으로 본때를 보여 사람 위에 사람 없고, 사람 밑에 사람 없음을 기꺼이 상기시키고 스스로 사람이 되자스라라는 인간적인 단면을 저놈에게 심어줘껴. 나는 이놈의 과거사나 현실을 알고 있기에 절대 져줄 수 없는 나만의 속감정이 있기토래 엿을 멕일 이유가 충분한 나여. 장기판으로나마 이놈을 박살내야 할 내 정신적 사활이 걸린 중대사임을 엇찌 느그들이 알겄냐? 이상 여기서 신경 끄고 데켠에서 망견이나 하면서 술안주는 뭐가 좋을까 하는 신경이 나들 써. 성님 둘 차례인디요? 오~ 그려. 앗따~ 고럴 땐 지고지순하고 낭낭허니 위아래가 분명하고 양심적이구먼. 소리소문하고는 틀려 보여. 진짜 그런겨? 아니면 어떤 잡놈이 모함으로 헛소문 낸 풍문이여? 옛날엔 젊은 기분에 막 살았지만 인자는 나잇살이나 먹응개 그려들 말고 참하게 살고 잡다 해서 사람이 되려고 많은 노력을 합니다요. 성님, 절 꾸짖고 욕해도 달게 받겠슈. 으쩌자고 나가 개망난이가 돼 안안밖으로 사람들을 들볶았나 후회가 막심합니다요. 예끼이~ 골은 없고 대가리에 똥만 잔뜩 든 위인아, 4대독자라며 막 살았어. 부모님 은혜를 웬수로 갚았구만. 부모님이 한숨 놨겠구먼. 외손이라구 이뻐허남? 웬걸요, 당신 슬하에 자식은 없다고 하신 지가 수년 전인데 빌고 눈물로 호소해도 댁은 뉘신데 아닌 밤중 홍두깨모냥 나타나 닭똥내가 나도록 두 손을 비벼 쌓고 수선을 피슈?

적선을 하려거든 딴데가 가보슈. 우리는 워낙 가산이 기울어

삼시세끼 끼니가 간데없어 형편이 어려운 고로 목숨부지가 일각이니 딴데나 가보슈. 으허허허험~ 할멈, 이리 들어와 내 장댕이나 좀 긁어주구랴? 이러시면서 방문이 부서지게 며무처 닫고는 함흥차사이시지요. 아주 완전히 쪽이 났군. 슬하에 자식은 몇 남매나 뒀는가? 웬걸요, 우연찮은 사고로 거시기를 다쳐 생김새만 거시기지 쓰질 못허는 거시기라서 자식은커녕 내가 끝으로 나 죽으면 종자가 멸종 대가 끈기는 거죠. 내가 내 자신을 생각해도 왜 인생을 그리 살어 말년이 이 모냥인지 내가 나를 모르고 삽니다요. 팔도강산을 쏘다니며 오입질로 에미애비 없는 자식을 뿌리고 다녔다고 하시던데 사실인감? 아, 그거야 혈기왕성할 때 이야기고, 이 나이 때는 남들도 다 그럴 꺼라는 내 생각에 양심도 버린 채 그래야 하는 걸로 알고 행했으니 이놈두 어지간한 등신이지요. 실토하는 지금 순간에도 말 못할 수치심을 느낍니다요. 법치와 도덕은 아예 잊고 산 사람이구만. 견물생심이라고 눈이 있으면 보이는 것이 있거늘 개 눈엔 똥만 뵌다구 남들도 저갖을 꺼라는 생각이었다니 참 인생 어둡게 살았네. 김병조더러 내쫓으라구 그럴까? 나가 놀아라아. 이 지구를 떠나 거라아. 먹구 마시고 난봉으로 살다가 늙은 날샌 인간이 내 앞에 앉찔렀구만. 인생은 초년보다는 말년이 길해야 인생다운 인생을 살았다고 말할 수가 있거든. 100년도 못 사는 인생 후안을 남겨서야 조상인들 왜 아니 슬퍼하것는가? 이런 화상덩어릴 으찌 하이면 좋겠읍니까? 달걀귀신님, 그냥 내비두라굽쇼? 그냥 내비두면 종내 사람은 안 될 텐데요? 사람이 되려 노력은 한다고 합니다만 믿을 수 없는 것이 인간이라. 네 일 아니면 나서지 말라굽쇼? 너나 잘허시라구요? 저는 잘허구 있는데요.

　잘허구 있는 놈이 사람 같지 않은 놈과 장기판 마주하고 앉찔러 막걸리 처먹기 내길 하며 눙깔을 부라리며 장야 군야를 찾어? 네놈두 그놈과 다를 께 없느니라. 아이구~ 그러시지 마시어요. 네에? 이노옴 평생을 둘러앉아 장기질로 세월을 보면 신선으로 산 놈이 낯짝까지 철판 깔엇냐? 똥 묻은 개 겨 묻은 개 나무란다더니 제똥 구린 줄은 모르고 뭐가 없쩨? 장기 깨나 둔답시고 겨우 길밖에 갈 줄 모르는 신출내기 붙잡아놓구 술이나 밥 뺏어먹고 산 세월이 그 몇몇 해이더냐? 그런 녀석이 아니꼽게 훈계질이나 허면서 남을 꾸짖어? 네놈이야말로 반성문을 한 500장 써 방을 붙혀야 사람 될 놈이야. 겨우 차 떼고 포 떼고 상장을 받아 명군 없이 졸 하나 남기고 허허벌판 망하다 판이 난 장기 잽이가 되았으니 아야 개판 오분 전 난봉쟁이 너랑 얘랑 사촌 해라. 쌤쌤야 몸통을 꼴통끼리 만나야 죽이 맞느니라. 한 번 나쁜 놈은 영원히 나쁜 놈이야. 허물이라는 것은 말이다, 호적에 빨간 줄과 같은 것! 똥과 똥이 만났으니 모처럼 만에 경사났네 경사났어. 내기장기 졌다고 절대 술 사지 마러. 내 이르노니 얘 술 취하면 곤조 나와. 순간적으로 병신 안 될려거든 내 말 들어. 오줌 누러 간다고 그지뿌렁하고 쏜살같이 내빼. 그래야 너 오늘 운수 대통이야. 아저씨는 누구세요? 그건 알어 뭐허게? 나중에 쇠주라도 한 병 사드릴려구요. 앓느니 죽지.

내가 네 눈에 그렇게 없어 보이냐? 이 사타구니 훈도시야! 을마나 없이 살아야 네 술을 얻어먹냐? 아니거든 너희들 앉어 술 마시면 주정마크가 뭐냐? 주로 뭘 마시냐구? 내가 너무 어려운 소릴 해서 거시기 붕 뜨는 복분자주를 즐기는데요. 어머~ 복분자에 미쳤나 봐? 아저씨두 복분자 킬러세요? 그렇게 말하면 엄청 섭하지. 나는 짝으로 들여놓구 장복해. 아 그러시구나. 아저씨두 우리 클럽에 들어오실래요? 장기고수 성님이랑 아저씨랑 나랑 삼총사 복분자 킬러 무지무지 마셔 클럽 크으~ 간판 끝내준다. 똥은 똥끼리 뭔다구 설사와 된똥과 물찌똥이 동아리가 되니 이 무슨 짖궂은 운명의 장난이란 말이냐? 웃기는 짬뽕들, 참으로 기기괴괴한 묘한 인연이로다. 각성받이 3똥덩어리가 운집하니 그 기세가 가히 장관이로다.

현대판 허룽이 나르샤

●● 피용피용~ 과과과과~ 따쿵따쿵~ 따다쿵~ 으아악~ 전하, 아뢰옵기 황공하오나 도저히 이 구가다 칼빈과 에무앙으로는 연발로 터지는 따발총을 이길 재간이 없사옵니다. 인민군이 물밀 듯이 몰려옵니다요. 어허, 이런이런 괴변이 있나? 장군 뺏찌는 왜 달았느냐? 국방부 월급은 제때제때 받아 쳐먹으면서 동전값도 못한단 말이냐? 이게 말이야 동네야? 그걸 보고라고 허냐? 이 등신들아, 총알이 시원치 않으면 육탄으로 막으면 되고, 육탄이 시부정치 않으면 계략을 펴서래도 적의 퇴로를 막을 것이

이 시대의 자화상 · 331

지 떼쓰는 애새끼모냥 안 돼긴 뭐가 안 돼! 안 되면 되게 하라. 군훈은 뭐 개폼으로 달아놓은 줄 아냐? 이놈이 아주 능청시런 놈일세! 여봐라, 예의이 맞총질은 안 하고 되질까봐 엎드려 포복으로 설설 기는 허가 저놈 허룡이 나르샤 대장 저놈을 옭아다가 이 짐 앞에 무릎을 꿇리렸다. 아울러 쌍칼 망나니도 대령하고 사약을 내릴 찐한 콜라도 한 병 마련토록 하라. 예에의입! 허 장군 허 장군 나와라 오바! 여기는 5원 팔백고지 능선 폭싹부대 통신병 뻑뻑뻑 김 뻑국이다. 잘 들리는가? 띠융띠융~ 띠띠융~ 폭파소리에 아무 소리도 안 들린다. 그냥 웅웅 소리만 들리는 상황이다 오바. 그러냐? 잠바 그럼 통신장비 권력을 고도로 올려 스피커 소릴 왕때롱으로 키워 재시도할 테니 귓구멍을 있는 대로 벌려 대번에 알아듣도록 하라. 삐삐삐삐~ 이거 통신이 왜 이러냐? 어디 합선된 거 아니냐? 아유~ 씨팔~ 지금 그게 문제야? 웅웅거리고 잘 안 들리는데도 해석을 대강해가면서 들어봐. 짬밥 20년 먹어 군바리 대장 됐으면 그 정도는 해석할 줄 알아야지. 이건 나이롱 대장두 아니구 뭐 그러냐?

너 시방 전쟁 중이라구 새까만 쫄다구가 대장더러 너야? 그냥 트구 먹는 건 고사허고 내가 너보다 나이가 몇인데 엉아도 큰엉아 뻘인데 이래도 되냐? 아, 여차하면 쪼애액 언제 갈지도 모르는 판에 막 나가면 어때서 총질을 안 허구 시비를 걸어와? 그런데 신경 쓰지 말구 날러오는 총알이나 피해. 다시 한번 시도한다. 전하께서 부르셔. 싸움은 나중에 하고 시방 긴급 소환허라고 윤허하셨걸랑. 아, 이제 알어 먹었다. 오바~ 오, 그러냐? 잡아 네꾸샤꾸 전하 전하의 부르심을 받고 신 대령이옵니다. 허 장군은 들으라. 그대는 국록을 먹는 월급쟁이 장군으로서 주어진 책무에 무력하야 적에게 필살의 일격도 가하지 못하고 허망하게도 수많은 동지가 피 흘려 지키던 그 고지를 총 한 방도 후려 갈기지 못하고 엇찌 멍허니 뺏겼단 말인고? 원통하고 분하도다. 엇찌 이런 일이 하늘이시여, 이 통한을 굽어 살피소서. 꽈르르릉~ 뿌지직~ 꽝~ 저거 봐라. 하늘이 노하셨도다. 하늘이 심술이 나셨어. 이는 다 네놈 탓이니라! 기가 막히고 코가 막히고 똥구멍이 막혀! 아니다. 아냐! 오늘따라 내가 왜 이리 말이 헷갈리는지 알다가도 모를 일이로구나. 네 이놈! 부하들을 데리고 니나노 판을 벌린 것도 아닐 테고, 때 되면 밥 줘 담배 줘 총알 줘 건빵에 똥그랑땡 설사가 나게 잘 먹여 이 나라 지켜달라고 별을 네 개씩 달아줬건만 다 된 밥에 코를 빠트려! 요거 아주 코가 뾰족하게 생긴 놈이 서부의 건맨 악당 잭슨 모냥 생겨먹어 가지고는 먼저 되질까봐 총질도 안 하고 바위 뒤에 엎드려 숨어 오뉴월 개 떨듯 달달달~ 떨다가 와와~ 하구 몰려오니까 그냥 36계 줄행랑친 거지? 너 후퇴 명령 하나 없이 네가 제일 먼저 1등으로 앞서서 뛰어 달아났지? 전하!

아가리 닥쳐 이놈아! 아가리에 똥 퍼붓기 전에! 전하! 전하께옵서는 저에 대한 오해가 깊으십니다. 저는 결코 군인정신으로, 그것도 장군으로서 통감하는 마음으로 전하께서 노하실 만큼의 실수는 결코 아니했음을 명백하게 아뢰옵니다. 전하, 신 있는 그대로 화답을 드리겠사옵니다. 입이 열 개라도 할 말이 없으렷다. 아닙니다. 그게 아니옵니다. 통신병 그 새끼로부터 어떤 전갈을 들으셨는가는 모르오나 전하께옵서 그리 노하시도록 소인이 직무를 태만한 일은 결코 아님을 분명히 소상히 아뢰올 것이니 노한 심경 거두시고 차근차근 소인의 일문일답을 경청하시면 하늘의 은총이 충만하시리라 사료되옵니다. 전하! 믿어도 되냐? 아, 그러문입쇼. 신은 한평생 군대의 몸으로 장성에 이르기까지 이 나라를 위해 죽을 각오가 되어 있는 남다른 조국의 충성심으로 똘똘 뭉친 그야말로 딱딱한 라이타 돌처럼 단단하게 어제도 오늘도 엎드려 쏴 자빠져 총 두두두두 띠융띠융 콩을 볶으며 총질에 혼신을 다하였음을 공갈치지 않으며, 한 치라도 군인정신을 말아먹은 촌극 같은 행동은 꿈속에서조차 일한 바 없고, 대장이라는 선봉장의 귀감이 되고자 하는 용기 백 배로 적 앞에 당당히 서 싸우리라는 용감무쌍하게 적을 향하여 타타타타~ 갈겨댄 인민군보다 100% 용감한 병사임을 지극히 아뢰오며, 후퇴라는 패잔의 쓴 잔을 불리한 조건에서도 제 임의로 물러선 전선의 약점은 같이 전우애를 나눈 나 이외의 병사들이 증인으로서 전하께옵서 심기 불편하실 만큼의 쪼잔한 장군은 아님을 분명히 말씀을 올립니다. 이번 전투에서 패배의 쓴 잔에서의 동기라면 숫적으로나 전술면에서는 세계 제1이라 할 만큼 젊고 총명한 군사력이었지만 장애면에서 적보다 우위치 못한 우리 군의 병기 때문임을 핑계라면 핑계라 하겠습니다.

　국방력이랑 군의 기강도 기강이지만 적과 대립할 수 있는 특별한 무기가 하나 될 때 일장월취 승리의 깃발을 흔들 수 있는 것입니다. 전쟁은 생각과 몸과 무기 삼위일체일 때만이 승리할 수 있는 여건이옴을 전하께옵서 모르시는 바 제가 이렇게 잘하고도 뭇매를 맞는 연락병 쫄때기 새끼가 뭐라고 알랑거리며 전하께 현황을 아뢰었는가는 모르나 왕은 신하를 믿어야 합니다. 물총으로 아뢰는 어린 쫄병의 이야길 믿으시고 장군인 저를 불러 이리 호령하시면 아주 존나게 서글퍼지옵니다. 전하, 이는 곧 전하의 미진한 생각으로부터 일이 터진 것으로서 전하께서 평소 얼굴 이쁜 궁녀 기지배 둘이나 데리구 술과 고기만을 뜯으며 쾌락에 젖은 나머지 후안을 대비한 아무런 준비가 되지 않은 상태에서의 전황이라 적에게 고지를 넘겨줘 진 것은 당연한 것이고 정신 못 차린 해이한 국방에 전적인 책임은 전하 자신에게 있음을 신 허 장군 과감히 말씀 올리옵니다. 통촉하여 주시옵소서 전하. 이번 비극의 씨앗은 전적으로 전하의 무능이 빚어낸 결과로서 근애모냥 중간에 낙양성 심리하에 뽕 따러 가신들 누구 어느 백성 하나 아유 고소해 다 그런 것이옵니다. 이놈이 아주 날 떡으로 만드는구나. 네 말이 맞긴 맞는데 맞습니다. 맞고여. 어차피 진 거 다시 뺏으면 되니까 저 아메리카 주책박아지 대통령 꼬셔서 산가라무기 따쿵 한 방에 백 명씩 나가 떨어져 되지는 신무기 좀 달라고 이쁜 궁녀 데려다 놓구 술 좀 먹여 얼큰해졌을 때 궁녀를 슬며시 들이밀며 로비 좀 하시라구요. 그땐 내가 도망 안 가구 죽기를 각오하며 디리 조저댈 테니까요. 원숭이도 나무에서 실수로 떨어질 때가 있다고 껌 씹고 초코렛 먹는 나라 미국 트럼프는 말했습니다. 아니 트럼프가 그런 말을 했다구? 네으으잉. 그런 것 같사옵니다.

 허 장군이 잘못 알고 하는 소리가 아니냐? 글쎄, 저도 확실하지는 않은 듯하옵니다. 그럼 구라말을 감히 이 짐에게 아뢰었다는 게냐? 이런 천하에 쳐죽일 장군이 있나? 아니 전하, 왜 이렇게 언성을 높이며 오도방정이시옵니까? 매사는 순리적이어야 좌담도 되는 거지 그렇게 잡아먹을 듯이 눈을 똥그랗게 뜨고 이를 응 물면 상대인 내가 이 허 장군이 멋적어 패지는 못하고 여기 그냥 붙어 있겠읍니까요? 그냥 나가버리지. 도대체 전하가 아는 게 없으시구만. 짱구도 아니고 임금 도포만 입고 펄렁이면 전하인가? 웃껴 진짜! 그냥 다 넘어가시구요. 그게 무슨 대수라구! 누가 그랬건 주댕이가 있으니 말이 나오는 거고, 그런 씨잘 데 없이 말한 내가 들떨어진 놈이구 제대로 총질도 못하고 도마인 대역적 죄인이 더 이상 뭐라 할 말이 있겠읍니까요. 나도 처자식이 눙깔 말똥말똥 뜨고 있으니 살아야 하지 않겠습니까? 해서 어차피 이 전쟁은 이길 수 없다 판단하에 꽁무니 빠지게 내뺀 게 다지만 바윗돌에 계란을 깨부친 격이지 똥개모냥 무르쇠 허면 무는 줄 아남? 개도 승질이 나야 그것도 사람 봐가며 물지 아무나 물간여? 그렇듯이 전쟁에 진 패배의 책임은 왜 나 혼자 집니까? 전하, 아직 나에게 미안합니다. 용서하세요. 잘못했습니다. 아이구~ 미안시러워라 이런 흔해빠진 사과 한마디 없으셨사옵니다. 전하. 내가 사과 안 했냐? 되게 미안허다야. 허 장군아 됐냐? 사과는 정중한 게 사과지 그건 사과가 아니고 그냥 금방 따 먹는 사과예요. 사과입니다.

에이 진짜 이게 장군에서 강등되기 싫은가 왜 자꾸 말이 꾀질러 나와? 자꾸 그러면 너 승진에 무리가 있어. 대장군에서 총사령관 안 하고 싶어? 여기가 어느 안전이든고? 어전이옵니다. 전하가 계신 어전 말이옵니다. 인민군이 얼마나 내빼는 널 보구 배꼽을 뽑았겠냐? 뛸 때 보니까 어깨에 모자에 별이 번쩍번쩍 허드라. 여봐라, 국법은 진지하고 냉철한 것! 저저 치욕적 죄인 허 장군에게 사약! 아아악~ 전하! 어허~ 놀랄 것 없다. 저 인간 정신 좀 더 차리게 냉빙고에서 꺼낸 차디찬 코카콜라나 한 병 줘 단숨에 마시도록 하라. 죄인 허 나르샤는 지체 말고 냉콜라를 사약으로 받으라. 목을 칠 칼잡이 망나니는 즉시 칼을 거두어 철수할 것이로되 넌 수입 콜라 대신 한강 똥물 걸러낸 수돗물이나 한 박아지 마시고 떠나거라. 내시는 뭣하느냐? 물동이 대령 안 하고! 막걸리 칼에 뿜어가며 칼춤 추느라구 목이 마른 망나니에게 아낌없이 물을 주거라. 예에에에으이입! 앗따, 내시 네 소리 하나 길기도 하다. 내시놈이 뭔 신이 나서 저러는 거야? 딴 땐 모기 우는 소리로 조용하던 놈이 아랫도리 거시기가 되살아난 거 아냐? 그거 일어났다간 넌 인마 여기서 퇴출이다. 안 그랬다간 궁녀 기지배들 똥구멍 쳐다보느라구 뭐 가지고 오다가 태질치기 십상이지. 내 눈에 너 딱 걸렸어! 끄르르르윽~ 아유~ 코 매워. 전하, 이 대병 큰 병 콜라를 한꺼번에 다 마셔야 하옵니까? 당근이지! 사약 대신 그걸 준 거니까. 아유 배불러 죽겠습니다. 야 이놈아! 칼에 모가지 달아날 걸 콜라로 대신한 은혜는 모르고 살려두니까 그 맛있는 콜라도 네 맘대로 먹겠다고 배에 가스가 가득 차서 방구만 디리 나오고, 이 자식은 또 이상한 놈이네! 난 콜라를 먹으면 트림이 나는데 넌 밑구멍으로 새 창자가 나랑 다르구나.

아유~ 이거 차라리 죽여주십시오. 더구나 너무 차서 목구멍이 어나 봐요. 살려놓구 이렇게 산 채로 고통을 주는 건 차라리 죽는 것만 못하옵니다. 망나니더러 얼른 와서 네 목아질 댕강 치라고? 제발 그러세요. 임금인지 쪽빡인지 저 인간 왜 저러냐? 그까짓 꺼 싸우다 한 번 도망쳤다구 소위 군대의 장수인 날 이렇게까지 홀대를 하며 고통을 줘 다음번엔 트럼프는 찍어도 넌 안 찍어준다. 금년까지만 전하하고 내년엔 미역국 먹고 괭이 들고 땅이나 파. 그게 좋겠다. 흥! 언니는 좋겠다. 형부의 코가 커서! 이제 네가 거느린 3천 궁녀는 다 내 꺼냐? 3천 궁녀, 앞으로! 나란히 뒤로 돌아! 시방부터 뒷태를 조사해 이 짐의 마음에 드는 궁뎅이 큰 년은 오늘밤 짐의 숙청을 들어야 하느니라. 3천 궁녀 중 맨 끄트머리서 일곱 번째 럭키 세븐 년이 가장 날 끄는구나. 네년 이름이 단란이라고 했더냐? 아유~ 요요 통통한 궁뎅이 하며 아주 날 쥑이는구나. 방년 연세가 으떻게 되시나? 동백꽃도 울고 갈 열아홉 낭송 소녀이옵니다. 과연 이 짐의 눈이 고물은 아니로다. 제대로 골랐어. 어째 오늘 저녁 날 기쁘게 해주겠느냐? 아이 몰라이이~ 아유~ 요 개 아주 애교마저 죽여주네. 웬만하면 너 오늘 저녁 나한테 하는 거 보구 지금의 어마마마를 내쫓고 널 내 새 조강지처로 들여 앉혀야겠구나. 그럼 넌 순식간에 공주마마냐? 어마마마냐? 둘 중에 하나가 되는 거야. 전하, 중전마마이옵니다. 알어 알어! 그냥 하는 소리야. 이게 왜 나서서 날 쪼다를 만들어!

　너 어디 소속이냐? 너 따봉파 좌의정이지? 이름이 장명식이던가? 됐고! 한가할 때 너 뒷조사를 좀 암행어사더러 파보라구 할 거야. 그리 알어! 앙~ 아유 왜 이러실까? 또 새로 오셔가지구. 야 포도대장 오라구 그래. 포도대장 지금 오가피주에 맛이 가 의관마저 죄 벗어부치고 대청마루에 대자로 뻗어 코 골구 주무시는데요. 그래 그럼 내가 직접 가봐야겠다. 나서라! 여기가 포도청이냐? 네 이놈! 관아의 총수로 모범은 못될망정 대낮부터 술에 쫄아 퍼질러 낮잠이라니? 이놈이 되질려고 환장을 했구나. 전하, 신이 깨울까요? 놔둬라! 짐이 직접 깨우리라. 여봐라, 뭘 봐? 일어나거라. 못 일어나? 아니 이놈이 아니 이 자식이 어허~ 흐흐~ 야, 왜 미치겠어? 돌았어? 나랑 술 한 잔 허자. 술 술이 또 있어? 음냐음냐 안주는 뭐야? 따악! 아야~ 아야야~ 내 얼굴을 갈긴 놈이 누구냐? 어느 시러배들놈이 감히 포도대장인 내 뺨을 떡치듯이 때려! 내 이놈을 벌떡 아우! 술 취한 포도대장께 아뢰오. 지금 앞에 계신 분은 새로 입궐하신 전하이옵니다. 정신 차려 엎드려 사죄드리시지요. 대장, 뭐가 말라 뻣둘어진 개 뼉다구라구 여긴 날 건드릴 놈이 없는 데야. 누가 뭘 엇째 전하라굽쇼. 전하가 뭐야? 삼성 핸드폰 그거 말하는 거냐? 아, 인마! 난 늙은이덜 가지고 다니는 폴더폰이야. 신가라 스마트폰인지 나이롱 치마인지는 조작법도 몰라. 구닥다리 폴더폰이 내 취향이야. 이걸로도 연애질 쌕쌕기 다 보는데 무슨 소리야? 전하, 오셨다굽쇼. 어전의 전하 말이옵니다. 술 가지고 왔대? 술 안 가지고 왔으면 그냥 가라고 전해라. 난 더 잘란다. 끅끅 아우 취해. 영순아, 으흐흐흥 쪽 얘얘 얘들아 명월아 여기 5첩반상에 안주 챙겨 술 한 병 내오너라.

단단주로 한 병 단단주로 단단이가 단단하게 한 잔 따러 올리겠다고 단단히 부탁하는 바 내 단단한 마음으로 단단주를 받을 것이야. 애 단단아, 내 곁으로 바싹 다가와 앙거 늙은이 개기름 냄새 나지? 아, 아니옵니다. 역시 이름값 하는 단단이로구나. 나 포도대장이야. 단단아, 오늘밤 단단히 마음먹고 날 기다리거라. 알겠느냐? 여봐라, 이 작자 너무 취했다. 일단 그냥 돌아가자. 술이 깨는 대로 즉시 하옥하라. 에잇~ 급살이나 맞아죽을 포도대장놈, 술만 깨봐라! 넌 곧장 사자에게 인계한다. 전하, 전전하! 아니 또 왜 그러느냐? 큰일났사옵니다. 무슨 변고라도 있는 게냐? 변고 중 변고

이옵니다. 허 나르샤가 전사래도 했단 말이냐? 그게 아니옵고 고지 재탈환 전투에서 깔쌈하게 생긴 인민군 여성 병사와 총질 중 눈이 맞아 서로 엉뚱한 데로 총질을 해 애꿎은 병사들이 골통 가슴 옆구리에 총알을 맞고 쓰러지는 통에 긴급지원이 필요하옵니다. 자그마치 3천의 군졸을 이끌고 출병한 지가 불과 두 시간 전이건만 고작 현재 남은 병사가 수명에 불과하답니다. 허 나르 이자가 제사엔 관심 없고 잿밥에만 신경이 가듯 인민여군에 미쳐 헛총질만 하는 바람에 전우들이 보람도 없이 죽어가며 여기서 으악~ 저기서 아야~ 이러면서 나가떨어진답니다. 온통 정신이 붕 떠 살육장도 잊었는지 뻣뻣이 서서 여성 동무만 쳐다보구 있다고 합니다요. 그토록 다짐을 하고 용서하여 다시 전선으로 보낸 놈이 이번엔 여자 문제로 위기를 끌고 오다니? 내비둬라! 되지게! 이미 보고받은 바 되진다 해도 그는 전사자가 아니다. 민간인이야. 그래서 되져도 국군묘지 갈 수 없으며, 곧장 화장터로 보내버려라. 되지게 나둬. 아니되옵니다 전하.

행동거지를 보면 군인의 몸으로 절대 해서는 안 될 총살감이지만 예전의 공적과 대장이라는 인격 자체만은 군에선 알아주는 명장이라 그리 방관할 수만은 없는 아까운 사람임을 머리 조아려 아뢰옵니다. 부디 통촉하여 주십옵소서. 아니 이놈이 누굴 감싸고 도는 거야? 전쟁터에서 군인이 총질을 멈춘다는 건 동지애와 조국을 배반하는 것으로 군법회의에 회부되면 반드시 사형감임을 모

이 시대의 자화상 • 341

르고 하는 소린가? 전하, 허 나르샤의 불신을 거두어주소서. 왜 그러냐? 용맹성과 투지 남다른 전술전략은 어느 유능한 군사 전문가라도 따라갈 수 없는 그만의 남다름이 특출한 바 군법과는 무관한 일로 다스려 주시지요. 얀마! 너 갸한테 뇌물 먹었냐? 짜장면이래도 한 그릇 얻어먹은 거야? 뭐야? 그런 건 없구요. 그냥 동료애로 그리해 주십사 함을 간절히 청원드리오니 통촉하여 주시옵소서. 전하, 우리 민족의 슬픈 애난이었던 6.25사변 인천상륙의 장성 맥아더도 제2차 대전 사막의 여우 룸멜 장군도 아우슈비치 몽달귀신 나치독사 히틀러도 허 나르샤보다는 한 수 아래로 일명 세계적 군사 권략가라 이름할 만큼 전술의 귀재로서 조선의 자랑이자 영웅으로 허 나느샤만 한 인물은 다시 없읍니다요. 야, 걔가 그 정도냐? 난 오늘 처음 너 때문에 그런 사실을 알고 나니 설사 잘못이었을망정 미워할 수 없는 애가 갸네. 그렇사옵니다. 전하. 야야~ 전하구 나발이구 빨랑 삐삐 쳐가지구 걔만 전선에서 빠꾸하라그 무전 쳐 빨리! 그새 안 되겠나 모르겠구나. 사랑에 빠져 저 죽을지도 모르고 모가지 빼고 섯찔러 있는 놈이 전하가 오랜다구 오겠습니까? 빠꾸 시키려면 인민군 여병사와 같이 빠꾸시켜야 실과 바늘이지요.

이래서 암놈 숫놈 믿고 잡고 유자 탱자 이 유행어가 30년 전부터 유행 아니냐? 전하가 하시는 말씀은 똥을 된장이라고 해도 그냥 받아들여야 하는 것이 백성의 도리요, 군자의 일침이니 어느

명이라 거절을 하겠사옵니까만, 그러나 허 나르샤도 구중 궁궐시대의 백 년 충신이 아니니 어찌하오리까? 이래도 천 년의 사직이 안 무너지고 유지되어 오는 걸 보면 얼마나 백성은 무지하고 충성밖에 모르는지 하늘도 우러러볼 일이요, 감흥이라 어질지 못한 임금은 어수룩한 백성을 볼모로 갑질에 혈안이 되고, 아닌 것도 옳다 하며 주리를 틀고 사약을 내리고 귀향을 보내니 백성 다스릴 장안에 귀재가 남아나겠는가? 개뿔도 모르는 새로 부임한 임금도 엇째 하는 행동머리가 어리어리하고 백성들 등골 빼먹게 생겼어. 법 모르고 힘없는 백성이여, 범상치 않은 날라리 군주에 영혼마저 충성치 마라. 백제의 명장 함께라면 동포여 일어나자. 이 나라를 위해 손잡고 백두산에 태극기 휘날리자. 정의의 사자 데모대 1진 앞으로 돌격! 와와와~

부질없는 허영심

●● 미련, 미련이라는 것! 그건 되돌아봐도 답이 없는 흘러간 물 같은 것! 똑똑한 척하지만 인간처럼 미련한 척추동물이 이 지구상에 또 있을까? 현실을 직시해야 할 일이다. 미련을 버리고 과거에 얽매이지 말지어다. 노자 공자 맹자가 한 말도 아닌 내가 하는 소리다. 숱한 비련을 맛보며 실패 속에 얻어진 내 한마디의 끝맺음인 명언 같은 것이다. 깨달음이란 예수나 석가모니만이 하는 것이 아니다. 삶의 시련 속에서 고단한 인생을 살다 보면 천재인양 내 자신의 규율이 하늘의 빛처럼 내려오게

마련이다. 산속에 은거하여 도를 닦은 자는 명상에 의한 신의 경지를 읽는다. 그가 바로 우리가 놀림처럼 입에 바른 도사라는 인물이다. 성경에 욕심은 죄를 낳고 죄는 사망을 낳는다 했다. 물욕을 버리라는 경고음이다. 허영은 부질없는 욕심이니 버려야 할 일이다. 남이 하니까 나도라는 줄타기 따라 하는 원숭이는 되지 말자. 제 생각대로 제 주장대로 살아야 할 것을 나보다 나은 남을 부러워하고, 남의 삶을 모방하며 지고 싶지 않은 절치부심의 조급성 심리 그것은 자신을 망각한 나태요 환각이다. 짧은 다리 뱁새가 긴 다리 황새를 따르려다 가랑이가 찢어진다는 일화, 그 일화는 여러 인생에 울림을 준다. 그것은 우연이 아닌 필연이다. 팔자에 없는 복이 그만이면 거기에 따라 순리로 살 일이지 백 년도 못 사는 짧은 인생 억지 춘향이가 되어 분에 넘치는 모방놀이에 이끌려 있는 것마저 거덜내고 이러지도 저러지도 못할 지경에 이르러 후회하는 자, 그 무지의 숫자가 얼마이던가? 때늦은 후회는 이미 모든 걸 끝장낸 후의 되돌아올 수 없는 강을 건넌 환란의 잔재로 오래도록 기억하고 아픈 가슴속에 남을 마음속 이상한 발상을 내세워 깊이 아주 더 깊이 수렁에 빠져 그나마 절박한 인생을 완전히 박살내 회생 불가의 파국을 만드는 허무맹랑주의자가 우리 주위 삶 속에 그런 부류가 존재한다. 내 인생을 살아야 할 일이다. 남의 인생을 걸터듬지 마라. 생긴 대로 태인대로 살 일이다.

부를 가진 자이거나 가난한 자래도 자기주장을 모태로 하면 평생 실수 없이 편안한 삶을 영위할 수가 있을 것이라 생각한다. 나는 군자가 아니다. 부자가 아니다. 가난하다. 욕심 없는 빈민층 서민이다. 사람이라면 누구나 꿈을 꾼다. 욕망도 무한하다. 다만 과감하지 못할 뿐이다. 우연한 행운이 따르지 않아 그럴 수도 있다. 인맥이 없어서 삶에 치우쳐서 용기는 있지만 그 뒷심이 되어줄 금전의 여유가 없어서 이런저런 이유가 꿈과 욕망을 가두는 것이다. 내가 마음먹은 꿈과 희망을 어떻게 다 이룰 수가 있겠는가? 이루지 못할지언정 꿈을 갖는다는 건 자신이 살아있음을 증명하는 것이다. 세상은 넓고 사람도 많다. 할 일도 많고 갖고 싶고 해보고 싶은 것도 많다. 그러나 마음속 소원을 다하지 못했을 땐 자신을 가늠할 줄 아는 분수를 알고 있기에 올스톱 된 채 세월과 함께 상처로 남아 묻치지만 먼 후일 그것은 아픈 추억으로 내 생의 하나인 흑백사진으로 남을 일이다. 중매를 잘하면 술이 석 잔이요, 못하면 뺨이 석 대라고 했다. 인간은 욕망과 허영투성이의 영장류다. 하나를 얻으면 둘을 원한다. 이루고 나면 더 큰 것을 원한다. 모태로부터 물려받은 DNA라는 물질이 유도해낸 도도의 찌꺼기인지도 모를 일이다. 욕망과 시기 다툼 격렬 모순과 가상을 일궈내는 원흉 승산을 꿈꾸다 목표가 이루어지지 않으면 오기와 냉소와 열등이 화가 되어 대상적 측근을 미워하고 시기하며 배가 아픈 나머지 보복이라는 흉몽이 서릿말처럼 일게 되는 자폐성 착란이 일어나 지난한 자신을 스스로 가두는 모험을 하게 된다. 모두가 욕심 때문에 일어나는 피할 수 없는 환란인 것이다.

세상사 인생살이 다 거기서 거기! 운명 하지만 행여 철면부지의 사람들이라면 한 번쯤 들어 명심할 일이다. 답도 하나! 열쇠도 하나다! 현실에 맞춰 욕망을 바꾸거나 욕망에 맞춰 현실을 바꾸는 체인지라는 찰라가 필요하다. 양자택일의 결정을 말이다. 꿈도 욕망도 중요하지만 매사엔 순서가 있다. 내 자신을 내가 알아야 내가 나아갈 길을 확정하는 일이 먼저다. 해서 되는 일과 해도 죽어라 안 되는 일이 분명히 있다. 거기엔 문제가 존재하기 때문이다. 그것이 명분이다. 믿음이 가는 한마디 속담이 있다. 한 우물을 파라는 말! 무엇이든 알아서 나쁠 건 없다. 그러나 많은 생각이 머릿속에 잠재하면 내가 가고자 하는 길에 장벽이자 혼선이 올 수 있다. 이럴 땐 심각한 정신력이 근간을 좌우한다. 인간을 위시한 세상의 모든 것은 태어나 한 번은 죽는다. 살아있는 동안의 인생은 전적으로 자신만이 감당해야 하는 주어진 몫일 뿐 아무도 대신하지 않는다. 인생의 한평생은 생사고락이 전부일 수도 있지만 외로운 일이 더 많아 나그네요, 그 무엇도 가지고 갈 수 없는 알몸의 벌거숭이인 것이다. 빈손으로 왔다가 빈손으로 돌아가는 것이 인간의 한평생이라면 그것이 정답이다. 잘난 척 있는 척 거들먹거릴 이유 하나도 없다. 인간 이하 혐오스러운 간판이다, 이름이다. 험한 세상과 홀로 마주 서 대립하고 견주다가 지쳐 사라지는 독불같은 외길을 살다 간다고 하자.

사는 동안 근친과 웃고 떠들고 감사하고 보듬는 건 살아있기에 행복이다 말할 수 있지만 잠시 어울려본 어깨동무일 뿐이다. 세월에 지쳐 겨울 들풀처럼 쓰러지는 게 인생이니까 동무도 날 대신하지 않는다. 냉혈이다. 저 먹고 저 살기다. 각자의 몸속에 한 아버지 어머니의 같은 피가 흐를 뿐이다. 그게 동기간이라고 말한다. 핏줄이라고 한다. 인생은 가시밭길 그 자체라고 선 그어본다. 그러나 인생이 다 이 모양일 수는 없다. 나를 들어 하는 말이다. 필요 이상의 생각과 달리 사는 의미가 깊어 절대 행복이라는 삶을 사는, 세상이 온통 무릉도원인 그들이 있으니 그들을 손가락질하며 인생은 허무하다느니 고독한 존재니 사탕발림을 한들 그것은 오지랖이요 건방이다. 제 멋에 사는 게 인생이라 하듯이 다만 차별화된 인생은 돗대기 시장 안의 장사꾼이다. 인생의 색깔은 열두 가지 총천연색이다. 그 열두 가지 화려한 색깔 중에 내가 골라야 할 색깔은 검은색이다. 내 지금의 단면을 세상에 까발리는 칠푼도 모자라 반편이다. 세상 살아가는 방법을 터득치 못해 빈곤의 끈을 놓치 못하지만 어느 누구 세상의 어느 것도 탐하거나 부러워 않는다. 다만 줄 것도 없지만 있으면 나누고 싶고, 또 그렇게 하고, 그러다 보니 인간적 친화라는 소신에 작은 자부심을 행복으로 알고 산다. 세상살이에는 불사분의 소산이라는 게 있어 아닌밤중 홍두깨 속담처럼 불쑥 어느 날 그림자처럼 나도 모르는 그 어떤 행운이라는 것이 온다.

하늘의 기운을 받은 행운아다. 무엇무엇 때문이라는 핑계와 오만을 전가하는 오매불망의 편견적 이기심 기쁨 때문에 슬픔 때문에 낭만 때문에 고통 때문에 욕망 때문에 좌절 때문에 사랑 때문에 이토록 종잡을 수 없는 편견을 오해로 증오를 불러 혼자만의 울타리 안에 내재된 콩나물 머리의 숫자만큼이나 무리수였으니 인생의 다분함을 어찌 부인하랴만 그러면서도 살아야 하는 삶이 처연해 슬프다. 현실에 만족하는 사람은 자신의 인생에 대하여 아무런 질문도 던지지 않는다. 소망대로 아쉬운 게 없는 것이다. 인생이란 무엇인가를 놓고 고민하는 자만이 느끼고 절망하고 아파하는 거니까. 사실 인생은 십진법 숫자놀이에 불과하다고 정의하자. 아이는 자라고 어른은 늙고 상처는 아물고 세상은 돌고 돈다. 살아온 흔적은 딱찌로 엉겨 붙고 살아갈 길은 아득하다. 이놈에 인생은 왜 이다지도 박복한지 울어야 하나? 웃어야 하나? 세상에 무지하고 바보짓을 일삼는 건 사람이라고 심리학자이자 과학 저널리스트인 장 프랑수아 마르미옹은 이렇게 말했다. 인간은 멍청하다고 인간에게 등불 같다고 하면 펄쩍 뛸 일이지만 사실 인간은 동물보다 더 멍청한 짓을 저지르는 존재라는 것이다. 그는 인간들이 개방된 마을을 성이라는 이름으로 폐쇄적으로 만들고, 농기구가 아닌 무기들을 만들면서 자랑스러워하고 서로가 서로를 죽이는 전쟁을 일으키는 멍청한 존재가 인간이라고 일각했으니 해가 갈수록 더 무서운 무기를 만들어내고, 자연을 오염시키는 멍청한 짓거릴 멈추지 못하고 돈에 혈안이 되어 생각하는 힘을 키우는 인문학을 경시하고 자신이 멍청하다는 생각조차 못한다는 것이다.

인간의 뇌는 파충류 포유류 영장류라는 세 개의 세포로 구성되어 있다고 했다. 그러나 인간 존재라는 이유로 고찰하지 않으면 영장류의 뇌는 퇴화하고, 파충류와 포유류의 뇌만 발달해 짐승 같은 행동을 하게 된다는 것! 이런 동물적 뇌로 인한 혼선으로 사회에 뇌물을 먹고도 뻔뻔해지고, 사고를 치고도 과실을 인정치 않는다는 것! 많이 배운 고학력 고지능의 똑똑한 멍청이들이 인면을 뒤로 하고 나댄다는 것! 생각하지 않는 힘을 키우면 인간은 악인이 될 가능성이 크다고 경고한다. 지금 이 나라가 극단적으로 좌우로 갈라져 이념을 따지고 중도적 의견을 합의하려 하지만 언제나 결과에 못 미치는 뜻을 같이 하지 않고 몰아부쳐 내 생각이 옳을 뿐이라는 독선이라는 자만의식이 팽대해진 집단심리의 부산물이라는 것이다. 목소리 큰 자! 선동적인 자! 충동적이며 공격적인 자들이 판을 치기에 생각할 줄 아는 이들이 침묵을 지켜야만 하는 현상이 생긴단다. 생각의 필요성! 그래서 인문학이 우선이라는 전제가 필요한 이유다. 지식인과 지성은 다르다고 한다. 지식인은 로봇과 유사해서 명령에 따라 기술적 실행에만 따른다. 근본적인 문제에 대해서는 이야기하지 않는다는 것이다. 올바른 사회, 사람다운 사람이 되려면 인문학이 결여돼야 한다고 했다.

인문학을 외면한 채 경시하면 이 세상에 사람다운 사람은 없음이라는 답이 나온다. 사람과 사람을 서로 존중치 아니하고 자신만 알며 돈벌이 때만 집착하는 인간들로 초만원일 것이고, 권력에 집

착하는 야바위꾼들이 우후죽순 독버섯처럼 승한다는 것이다. 인문학이 힘을 잃으면 지성인이 사라지고, 지성인이 사라지면 독선적인 자들이 사람을 세뇌하고 인간을 노예화하는 참담함이 생겨난다고 한다. 그런 일이 현재 내전이 일고 있는 미얀마가 대표적 모델이라고 한다. 이 나라의 운명도 예외일 수는 없다는 인문학의 필요성을 강조하는 조언이다. 사람을 만드는 것이 곧 인문학의 본분이라는 걸 알아야 할 필요가 있다. 사람들아, 스스로 사람이 되자느라. 햐~ 인문학이라 고것이 곧 사람을 의미하는 잘 배운 사람들의 인간조건의 조언이구먼. 이 말씸이 확실한겨. 쟈가 맞는다 허면 깔짬 없네. 맞아브러. 쟈는 헛소리하는 아가 아녀. 쟈야말로 진땡이 인문학이쟤. 그러니께 어디 한 번 우러러 봐봐봐봐봐~ 어머~ 저 울리는 하울링.

옥자네 주점

●● 여기 보세, 삼룡이 아자씨! 와 그라요? 잠깐 이리 와 보셔. 뭐 줄라꼬 불러싸? 주긴 뭘 줘? 받어야지! 아, 옛말에 꾼 돈 사흘이라고 나 배고파 먹은 술값 안주값은 현찰로 내야 할 판에 지갑을 빠트리고 그냥 왔다구 사기쳐 외상 먹어놓고 내일 갔다 준다는 술값이 보름이 넘어 한 달이 돼가도 기별이 없어 떼었나 했는데 안 죽었으니 만나게 되는구먼. 술값 좀 주셔. 앗따, 아지매여 내사마 그 술값 떼어먹을라꼬여! 안 떼먹습니다. 어련히 줄라꼬 그리 보채싸요? 애들모냥 내사 그간 바빠서 올 새도

없었을 뿐더러 오늘따라 참말로 지갑도 안 가지고 급하게 나오는 바람에 지금 빈털터리요. 기왕지사 참은 김에 며칠만 더 참아주소. 내가 꼭 갚을 낍니더. 앗씨, 너무하네! 와 그라요? 정말 얼랠래 방귀 뀐 놈이 성낸다더니 받을 때 달라는데 뭔 눈알을 부라리고 얼굴이 홍당무가 된다요? 앗따~ 그 아재 승질 까칠하네! 적반하장이네. 이보소, 아짐씨, 지나가는 사람 잡아놓고 길거리에서 이 무슨 추태요? 술값이 수백 수천 됩니까? 안 줄라카는 것도 아이고 쪼매만 있다 준다카이 그래 그리 앙앙대요? 속이 시원합니까? 뭔 말이 많어? 달래면 주는 거지? 아니 우리 집에 두 번을 왔어? 세 번을 왔어? 생전 처음 들이닥쳐 오만나절 주저 앉어 너덜거리며 퍼마시고는 술값을 내일 주겠다고 살살 빌 땐 언제고 똥 누러 갈 때 다르고 누고 와서 다르다더니 먹고 나니 돈이 아까운가? 정말 지갑을 빠트리고 온 거야? 이 양반 내일은 길기도 해 자보고 주머니에 지갑이 있나? 오늘은 죽어도 받어야겠어.

지갑을 안 가져왔으면 집구석 마누라더러 전화해서 돈 가지고 이리 오라구 당장 전화 걸어! 앗따~ 사람 환장하겠다고마. 내사 안 떼어 먹는다 안 해요. 떼먹는 놈이 언젠 안 준대? 준대지! 아줌씨, 세상을 속아서만 살았는갑네. 정 그러면 온라인으로 보내줄 테니 통장 계좌 적어주소. 안 돼! 안 되면 으짤 낀데? 파출소 가야지! 뭐 유치장에 집어넣으면 여편네가 돈 가지고 불이나케 달려올 텐데 그 쉬운 방법을 두고 내가 널 언제 봤다구 믿고서 계좌이

체를 기다리냐? 내가 어수룩하고 골빈 여자로 보이남? 이거 왜 이 래? 이 바닥에서 잔뼈가 굵어! 내 인생의 절반을 물장사로 산 게 나여! 산전수전 공중전까지 다 마스터한 베테랑 물장수 박행자 하면 뭍사내들은 다 알아먹어. 내 물건 주고 제값 달라는 데 무슨 말이 그리 많어? 난 뭐 흙 파다 장사하는 줄 아남? 입장을 뒤집어 생각을 해봐! 열불이 나냐? 안 나냐? 허우대는 멀쩡해가지고 왜 주는 거는 이다지 째째한 거야? 인물값 덩치값 사내값은 할 줄 알아야지 그게 사내대장부여! 아 어이~ 내놔! 없따꼬여! 지금 읍쓰요. 없다 안 합니까? 없는 거 알어 그라문 됐지 뭐덜라꼬 자꾸 달락해요? 아냐, 난 지금 받아야 돼. 앗따~ 정말 그 아짐씨 질기기가 고래 힘줄이네. 야! 고래 힘줄이고 돼지 등심이고 간에 돈 받을 수 있는 방법까지 제시했으니께 언능 마누라더러 술값 갖고 쌩허니 단숨에 오라구혀. 안 그러면 아자씬 여기서 날 새야 혀. 이 궷마리나 놓구 얘기허슈. 챙피스럽게 사람들 많이 지나가는데. 챙피한 걸 아는 사람이 쌩판 모르는 날탱이가 매지가 꾀지게 처먹고 외상을 그어?

이게 아주 날 물로 보셔! 내가 외모로 볼 땐 얼띠기같이 순두부모냥 물렁물렁허게 생겨먹었어도 공사 분명하고 사리판단 현명하며 인정 또한 어떤 년 못지 않치만 너같이 인간성 야비한 등신을 보구는 못 참는 게 나의 성깔이여. 말 나온 김에 말이지만 내가 요날 요때까지 홀로 외로이 과부로 늙어가지만 나도 한때는 어느 놈

부럽지 않은 영화배우 같은 잘난 서방도 있었어. 그런 서방이 어느 날 어떤 염병한 년과 눈이 맞어 해롱거리는 게 내 눈에 띄어 그 즉시 긴 손톱으로 낯짝을 북 긁어버리고 빠이빠이한 게 나여! 불의는 나와는 불상극이여. 모가지만 우뚝하고 허여멀건 하면 인간인 줄 아남? 사람이면 사람다워야 사람이지. 아무렇게나 살면 규수와 다를 게 뭔가? 세 끼 밥 처먹고 똥 싼다고 사람일까? 그건 쌀만 축내는 밥벌레여, 해충이여. 해충 코미디안 김병조의 말마따나 떼이 화상 지구를 떠나거라아! 이 말이 너 같은 놈들에겐 딱 들어맞는 아다리야. 앞치마 두르고 개수통에 손 담그며 뭇사내 뭇잡놈들 맞아들여 술장사나 하니까 아무렇게나 해도 괜찮을 거라 생각한 모양인데 잘못 짚었어! 먹고살기 위해 속 뒤집히는 거친 직업이지만 내가 이래 봬도 대학물 먹은 학사 출신이여! 머리 굴리는 일이라면 너보다 날런지도 모르지.

　이거봐! 무대빵 마누라 전화 몇 번이야? 내가 직접 걸어 이리 오게 하지! 이거 보셔! 아짐씨, 사나히로 약속하리다. 내가 내일 틀림없이 갚을 테니까 길거리에서 이러지 말구 여기서 끝냅시다. 끝내자? 그거 좋치! 그러니까 얼른 번호 대. 술값 주면 끝나는 거야. 이대로 놔주면 하늘이 무너져도 넌 내 술값 오기로라도 안 갚아. 술장사 30년 노하우에 새끼들 심리를 읽고 있는 게 나여. 어디서 수작으로 빠져나갈려고? 이깟 일에 마누라까지 알면 집구석도 뒤숭숭해지고 난리가 날 게 뻔한데 끝까지 이래야 되겠습니까?

일편단심 민들레 기한도 오늘 참는 것도 오늘 나에게 내일은 없어. 마누라가 그리 못 오면 술친구라도 불러! 꿔서래도 오늘 갚아! 아, 그깟 느무 돈 몇 십만 원 가지고 진짜! 뭐여? 몇 십만 원? 정확히 알려줄까? 3,000원 빠지는 50만 원이여! 여기다가 놓쳐 깨트린 그 비싼 참기름 한 병 값은 내 실수니께 뺀 금액이고, 안주 늦는다고 하도 성화를 받쳐 다람쥐모냥 똘래똘래거리다가 그 비싼 참기름 한 병을 부엌 바닥에 떨어트려 개박살낸 거 아녀? 워매~ 아까운 거! 시방 또 그 순간을 생각하면 가슴이 짠한데 그렇게 속썩이며 만들어 퍼먹였더니 고따우로 싹아지 없는 짓거리로 내 속을 끓여? 이 아짐씨 가만히 보니까 순 악질 여사로구만! 틀어진 궷마리 손이나 빼슈! 도망 안 갈 테니까. 튈는지 내뺄는지 내가 널 어떻게 믿어? 오줌 좀 누고 잡아도 다시 잡읍시다. 오줌 마려운 건 네 사정이구 내가 이러고 있는 건 돈을 받기 위한 하나의 제스쳐야. 왜 궷마리 잡힐 일을 하고 다녀? 재수 없이 넌 상습법 같애. 하는 짓이!

아유, 급해요 급해! 그럼 같이 가. 구경도 할겸 오랜만에 사내 거시기나 한 번 구경하게 언능 앞장서! 그게 싫으면 더 참고 얼른 계산하던가? 방법은 여러 가지 내가 다 알려줬으니까 실천만 하면 돼. 아 나 이거 죽갔구만! 또르르또르르 철커덩 박형 나요? 맹식이 알고 있네만 웬일로 전화를 다하고? 한가한가 보지? 한가한 게 뭡니까? 부탁이 있는데 박형, 이유일랑 묻지 말고 내 사정 조금만 들어주쇼. 뭔데 그래? 돈 50만 원이 급하게 필요한데 잠시만 좀 돌려주쇼. 아, 그 잘난 돈 50이 없어서 그지인 날 더러 돈을 빌려달래는 걸 보니 어지간히 급한가 보구만. 이유야 어쨌거나 시방 좀 이리 갔다가 주쇼. 설명은 내 나중에 하리다. 갔다가까지 줘? 그깐 껌값을? 여기 어디냐 하면 얼마 전에 같이 어울려 술 마신 대포집 앞으로 냉큼 오슈. 의리상 안 갈 수도 없구 한 10분만 기다려. 아짐씨, 10분 안에 돈 가져온다니까 궷마리 손 빼슈. 안 돼! 안 도망 간다는 보장 있어? 내가 손을 놓는 순간 너는 튀기 십상이여. 길거리에서 나한테 잡혀 망신살을 당한 사람이 술값 잘도 주고 갈라? 내 손에 돈을 쥐기 전엔 절대 못 놓지! 10분 못 참으면 그냥 바지에다 싸! 을마나 쎈가 물소리 좀 들어보게. 이런 수모당하지 않으려거든 행동거지를 분명히 하고 다녀야지! 애새끼 똥 벌겨 놓은 것모냥 질질 흘리며 다녀? 허우대는 멀쩡해가지고 왜 그랬어? 내가 훈계 하나 업그레이드하는데 인생 처신 잘허고 살어. 마누라한테 잘하고. 늙어 천덕꾸러기 되지 말구. 너는 기본이 틀린 사람 같아. 아이구~ 박형 오셨구랴! 뭔 일이야? 왜 아주머니가 자네 궷마리를 틀켜쥐고 섰어? 그렇게 됐습니다.

아, 이제 감이 온다. 그날 먹은 술값 때문에 이러는 거 아냐? 그 술값을 여짓껏 안 드렸구만. 이 사람 어지간하구만. 아, 그때가 언젠데 그나마 처음 가는 집에서 진탕 먹고 외상을 그렸으니 이 아주머니도 어지간히 호인이시구나 했는데 아니 여긴 왜 왔다가 잡혀가지고 제 꼴 남 뵈는 거야? 사람 참 못났네그려. 아짐씨, 얼마요? 계산이 여기 있습니다. 친구가 좋긴 좋은가 보구랴? 두 양반 이리 들어오셔. 내가 막걸리 한 주전자 서비스할 테니 앉으셔. 웬수는 외나무다리에서 만난다더니 우연함이 만나 돈은 잘 받았으니 내가 너무 모지랑시럽게 한 것 같아 미안시럽구만. 됐습니다. 사과하리다. 미안시러워서 돈을 받아서 하는 소리는 아니구 본의 아닌 궤방을 떨었는데 여러 날 시간이 흘러간 건 인정하죠. 그간 이제 나올까 저제 나올까 목 늘리고 기다렸우. 그것도 첫 개시에 퍼주고 돈 없다고 하는데 어느 년이 기분 좋게 사정 봐줄 년이 어디 있겠소. 그러나 난 설마 여러 명이 와서 먹은 술값이야 떼어먹겠나 싶어 내일 갔다 준다니까 믿고 말았지만 장사하는 입장에서 그게 쉬운 일이 아니었다고. 허나 인간이기에 비록 낯선 사람이지만 젊고 패기가 있는 사람이 설마 술값이야 떼어먹겠나? 난 그 순간 믿었던 사람이야. 입이 열 개라도 할 말이 없습니다. 이 다음에 다시 한번 찾아와 매상 좀 올려드릴 테니 그리 아시고 가슴에 묻었던 미움 걷우시지요. 뭔 웬수 졌습디여? 오늘은 꿧마리를 잡혔지만 다음번에는 뒷덜미 잡힐 일은 하지 않기로 합시다. 아, 그럼여!

농구코치 허 감독

●● 야야~ 꺽다리 길쭉한 놈들 다 여기 모여봐! 왜 아침부터 또 호출이야? 빵이나 하나씩 줄래나? 엄멈 그냥 맹숭맹숭 잔소리나 듣게 생겼구만. 야! 키다리 너 이리와봐! 방금 뭐라구 씨불대며 인상 북극냐? 뭔 불만 있어? 아, 인마! 댓빵이 오라면 오는 거구 가라면 가는 거지 뭔 잡소리가 많어? 아니 그리고 모처럼만의 회의장인데 화기애애를 위해서라도 하다못해 사탕 부시래기라도 씹어먹으며 들어도 들어야지. 그래야 화기애애한 분위기도 느끼고 단합이 되죠. 그렇게 단합이 잘 돼서 3년 연속 맨

꼴찌만 허냐? 아, 그거야 감독님 책임이지요? 좋은 선생님을 만나야 공부를 잘하듯이 좋은 실력 있는 코치님이면 왜 맨날 꼴찌에서 헤어나질 못하겠습니까? 지금 감독님 경질 소리가 나와요. 경질이 뭐냐? 갈아치우는 거여. 아니 갈아치면 나는 처자식하구 뭘 먹구 살라구? 안 돼지! 나는 죽어도 이 팀이 꼴찌를 해도 나는 못 나가! 여기 아니면 갈 데가 없어. 내가 볼 때 코치님은여 호루라기 하난 잘 불어요. 호르르륵~ 불어 모이게 해놓구는 연습은 실전처럼 실전은 연습처럼 그 구호만 삐쭉허니 앞세워 놓구 열심히 연습에 임하라면서 난로나 끼고 앉아 뜨거운 커피나 호로록대며 마시고, 담배를 피우거나 끗떡끗떡대며 졸고 있고, 학생은 있는데 선생님이 없으니 출전해봤자 기술이 늘어야 이기지! 할 줄을 모르는데 무슨 재주로 이겨? 여름이면 부채나 들고 반바지 차림에 나무 그늘에 비스듬히 누워서 하드나 빨아먹고 가래나 각각 뱉으며 콜록거리구. 웬 느무 담배는 그냥 줄담배야. 잇빨이 몽창 아주 누런 개나리야.

감독과 선수가 하나 되어 전략을 짜고 기술을 연마하지 아주 숫제 이건 이렇게 저건 이렇게 이러는 게 없어. 그러면서 하는 소리가 농구선수는 공만 잘 넣으면 되는 거야. 근데 그 소릴 가만히 삭여보면 맞는 말이야. 공만 잘 넣으면 되거든. 그 외엔 전혀 가르치는 게 없으니까 선수가 각자 플레이로 알아서 하라는 건지 팀을 말아먹으려고 그러는 건지 도대체 알 수가 없어. 그래서 날 더러 뭘 어쩌라고? 아니 몰라서 반문하시는 겁니까? 감독이면 뭘 어떻게 해야 하는 게 있지 않습니까? 얀마! 농구는 감독이 허냐? 너희들이 하는 거지! 너희들이 더 배울래야 배울 게 없으니까 내가 이러고 있는 거지. 몇 명 정원 선수에 내가 뛰어들어 도와주냐? 그게 버릇이 되면 앞으로는 점점 더 못하는 거야. 선수마다 책임감이 없어져 정신무장과 몸이 말을 안 들어. 그러다가 동네 아이들 농구가 되는 거야. 지금 우리 팀이 그 모냥으로 간다구. 인마, 존나게 뛰어봐야 공 두 개 넣으면 많이 넣는 놈들이 파이팅은 존나게 외쳐대. 아무리 잘 가르쳐도 우리 팀이 이기는 건 불가능해. 내가 난로가에서 한여름 나무 그늘에서 눈을 감고 있어도 자는 것이 아니요, 곁불을 쪼이지만 머릿속은 온통 농구에만 미치고 있지만 실력은 바닥이고, 1등 기업의 선수다운 선수를 만들까 하는 고민으로 뼛꼴이 다 팍팍 쑤신다. 이놈아아 그 정도인디 날 더러 으쩌라고라? 이번 경기에서도 지면 너나 나나 옷 벗어야 돼. 옷 벗으나 마나지. 하나마나 또 질 걸 이길 재간이 없어요.

회사 사장님께선 이번만큼은 무슨 일이 있어도 사활을 걸고서라도 이겨보래는데 너희들 자신 있냐? 길고 짧은 건 대봐야 안다구 경기를 해야 이기는지 지는지 알 일이지 재수 옴 붙게 경기 전에 이러구 저러구 그런 짓을 왜 합니까? 아이구~ 회사 회장님은 돈두 많어. 이런 사람을 억대 연봉을 주면서 감독이라구! 허 감독 나 좀 봅시다. 아, 네! 회장님! 오늘 스태미너는 어떻습니까? 최상입니다. 기분도 끌끌하구요 좋은 날 같습니다. 오늘 경기는 좀 분발해서 나와 회사의 명예 좀 빛내주시지요. 최소한 지는 것보다는 비기기라도 하게 해서 영패의 늪에서 한 단계 올라서도록 노력 좀 해봅시다. 회장님, 걱정 마십시오. 제 능력을 믿어주시지요. 제가 이번에 구상한 신가라 작전술이 먹힐 경우 승리는 곧 저희 편입니다. 아무튼 건투를 빌구요. 허 감독님만 믿겠습니다. 체면 좀 세웁시다. 자자~ 경기 시작 10분 전이다. 각자 죽기를 각오하고 최선을 다한다. 알겠나? 뻘쭉! 아니 왜 똥 씹은 얼굴들이야? 자신 없어? 왜들이래? 자신 있나? 있습니다. 좋아 파이팅! 전국에 계신 농구팬 여러분 안녕하십니까? 여기는 서울 망우리 공동묘지 근처 옆 특설 농구 코트장입니다. 이제 잠시 후면 3만여 관중이 운집한 가운데 주식회사 엉까와 허나마나 주식회사 간의 감정 없는 친선경기로서 많은 팬들을 흥분의 도가니로 안내될 두 회사의 치열한 청백전이 시작되겠습니다. 그럼 두 경기에 앞서 농구계의 히로인이시며 농구협 자문이기도 하신 허 코치님께 오늘의 전망을 알아보죠. 한말씀 해주시지요? 아, 그러죠. 뭐. 그까짓 거야 뭐. 날계란 하나 갔다 놓은 거 있습니까?

목구멍이 자꾸 쑴벙거려서 기침이 나올려고 그러네. 없습니다. 없구요. 그냥 하십시오. 요즘 계란값이 고가라서 만 원 주고 계란 한 판 사면 2,000원 거슬러줘요. 그럼 맹물이나 한 컵, 맹물보다는 맥주가 더 나은데. 이 양반이 방송에서 무슨 맥주를 찾어? 이 양반 이 양반 하지 마러. 이 양반아, 이따가 중계방송 끝나고 봅시다. 그러십시다. 그때 봐! 하나도 꿀릴 거 없어. 아니 뭐 앵무새모냥 지저귀기만 하면 아나운서냐? 아니, 이 자식이 진짜! 어쭈~ 후려팰려고? 죽여! 죽여! 죽여! 와~ 돌아버리겠네. 생방송이라 조져버릴 수도 없고, 이럴 때 마누라래도 데리고 왔으면 나 대신 쥐어뜯으라고 시켰을 텐데. 이거 봐요 김 앵커! 생방송 중에 날계란 하나 가지고 앵커와 해설자 간에 싸운다고 어디서 꼭 깍쟁이 패개 엘레레들이 마이크를 잡고 있냐고 난리났습니다. 시청자들이! 큰일났다. 인제 이 화면이 전 세계에서 청취하고 있는데 한국 스포츠 앵커와 해설자 간의 트러블이 생방송 중에 이게 국가적 망신이지. 을마나 못 배웠으면 애새끼도 아니고 다 큰 애들이 주먹다짐을 하려다가 차마 그러진 못하고 중계방송 끝나면 술집 골목에서 보자구 하는 것은 그만큼 감정이 깊었다는 뉘앙스고, 굳이 말 몇 마디 한 걸 가지구 날계란을 찾는 철딱서니 감독놈이나 그놈이 그놈에 그 자식이 그 자식이라는! 자 봐요! 벌써 신문에 SNS에 좌악~ 아니 계란이 없으면 그냥 주절대면 되지 아 거기서 날계란은 왜 찾어? 아니 몸땡이도 갈비만 앙상한 분이 먹을 걸 그렇게 밝혀? 닭이 없었으면 어쩔 뻔했어? 난 날계란 안 먹고는 연설 못해 옛날부터 그랬어. 아니 이게 말이야? 동네야? 때려치구 경로당에 가서 내기 장기나 두라구! 그래 늙은 유세를 하는 거야? 갑질이야? 다시는 당신 초청도 없을 뿐더러 섭외도 없대. 한마디로 날계란 찾다가 좆 됐구먼.

말씀 도중 경기 시작됐습니다. 머저리 잡았다. 덩크 슛! 아, 그러나 빗나가는 공! 다시 멀대 공 잡아 공격 거리 30미타 롱 슛~ 아, 석 점 슛 성공했어요. 다시 슈슈슉~ 패스! 아 빠르네요. 양쪽 아직 득점 없습니다. 이게 지금 경기를 하는 겁니까? 아, 보시다시피 뛰고 있지 않습니까? 근데 공이 왜 안 들어갑니다. 아 그거야 못 넣고 실력이 없으니까 못 넣는 거지 공이 일부러 안 들어갑니까? 공은 선수가 조준을 잘해서 정확히 쏴야 골인이지 그냥 집어던지면 들어가는 게 아닙니다. 아니 이 양반 금새 어디 간 거야? 삐져서 내뺐나? 속알머리가 밴댕이 속알머리 같은 빼빼 같으니! 야, 이 기지배들아, 머리카락만 날리지 말구 공을 넣어 공! 겅중거리기만 하지 공이 안 들어가니 꼴대를 쪼그맣게 만들어놨나? 왜 공이 안 들어가는 거야? 에이~ 작전타임! 호르르륵~ 작전타임! 야, 네가 이년아 이리 삥 돌면서 애한테 패스를 하면 얘가 넣잖어? 왜 공 가지구 튀기만 하고 너 혼자 가지구 놀아? 유치원 공놀이허냐? 여긴 프로야! 너 연봉 얼마짜리야? 밥값 좀 해라! 밥값! 아우~ 속 터져! 야! 이 기지배들아, 내가 코치한 대로 하란 말이야! 그리구 너 숙자! 너 이년 허리는 기다란 년이 왜 꼽새모냥 도롱뇽이 돼가지구 엉부려 응댕인 하늘로 빼고 엉거주춤 자세에서 던지냐? 그먼 거리에서 그따위 자세로 롱슛이 되냐? 폼할래 엉성해 연경이 하는 거 봐! 갸는 내가 안 가르쳤어도 잘허는 거 봐. 잡았다 하면 슛 아냐? 네가 연경이만큼 키가 작냐? 힘에 밀리냐? 투지력이 있어야 돼! 갸는 방귀를 북북 뀌면서도 웃지도 않고 잘허잖어.

그리구 영숙이 너 이년, 왜 공을 잡으면 양손으로 눌러봐? 공 바람 빠졌을까봐 점검하냐? 내가 언제 경기 중에 그런 거 점검하라고 가르친 적 없잖어? 근데 네 맘대루 그래 네가 여기 댓빵이냐? 어지간허면 패슨지 돌리는 건지 그거 허지 말구 거리가 가깝건 멀건 간에 손에 잡히면 개구리모냥 다리를 아니 허리를 움추렸다가 쭉 펴면서 그냥 던져! 그러다 보면 깨꾸로 들어갈 수두 있구, 안 들어가면 말구 그러는 거지 꼭 들어가리라는 자부심으로 던지냐? 인생은 어차피 돌팔매야! 무조건 던져! 상대 선수들을 어지럽게 만들어 허우적거리며 비틀비틀댈 때 덩크를 하던지 무등을 태워 집어넣던지 목적은 넣는 거 아냐? 그리구 이상한 게 하나 있는데 왜 관중은 우리 구단에 응원을 잘 안 하지? 인기가 없나? 감독은 우수한데 선수가 인기가 없나? 우리 쪽 팬들은 전부 눈깔사탕을 물고 있나? 양 볼때기가 부었는지 퉁 내밀고 노려만 보구 전혀 반응이 없어. 저쪽 봐라! 난리났잖어? 흔들고 삐삐 틀고 삿대질에 만세 부르는 놈이 없나? 쏘맥하면서도 부라보까지 하잖어? 전반전 1 : 0으로 깨졌으니 후반전은 분발에 분발! 쁘러스 뿌뿐발!

야, 아프리카 깜둥이 너 이번에 공 못 넣으면 짤린다. 너네 집에 가야 돼. 사람이 없어서 너 데려온 게 아냐. 공 넣으라고 거금 주고 데려왔지. 짜닥짜닥 껌만 씹으면 다야! 이년아, 이 까만 년아! 후반전 진행 중입니다만 양 선수 코치 간의 신경전인지 빠싹 긴장하고들 있군요. 늙은이모냥 뒷짐을 지고 동전을 줏으려는지

이 시대의 자화상 · 365

땅만 내려다보구 왔다 갔다 하고 있어요. 가만히 보니께 진짜 그러네. 거기 카메라맨 클로즈업 좀 시켜봐. 양 감독 코치 저 잘 보세요. 지퍼 앞이 축축히 젖은 게 보이지 않습니까? 초조하고 불안하다 보니 오줌을 싼 겁니다. 간은 또 얼마나 조라복산이 되어 있겠습니까? 사실 보이질 않아 그렇지 소고기 장조림모냥 간이 밧짝 쪼그라 들었을 거에요. 이거 이거 코치 오래하다간 제 명대로 못 살 겁니다. 시합 때마다 이 지경일 테니. 잠깐만요, 허 코치 선수 머저리가 공을 잡았어요. 증말 그러네. 야~ 3점 슛! 아, 우물거리다가 빼앗긴 공 다시 채가는 머저리네. 롱슛 자세~ 슛! 아, 꼴인입니다. 아, 동점이에요. 88 : 88 너무 신이 난 허 코치 지금 뭘 마시고 있는데 저거 주머니에 넣고 다니며 찔끔찔끔 마시는 독주 진토닉 마시고 있는 거 아닙니까? 허 코치가 워낙 술을 좋아해서 코에 딸기 열린 거 보면 대번 알죠. 저런 주태백이 감독 밑에 선수들 정신적 문제에 의심 가는 것 같지 않습니까? 취하면 그냥 잔대는데 애덜이 눈감아주니까 저 자리에 붙어 있는 것 같은데 구단주도 어디가 나사가 빠진 자식이 아닌가 생각되는군요. 슛 3점! 아아~ 이제 남은 시간 10분입니다. 만회할 수 있을까요? 만회는 뭐 점수차가 어지간해야 따라 붙는 거지 서른 점이 넘게 떨어졌는데 무슨 제주로 따라갑니까?

패배가 눈에 보이는데 허 감독 지금 죽을 맛이지요. 아닌데여? 30점차로 깨지게 생겼는데 아무렇치도 않으세요? 우리 구단주님이 0패만 당하지 말라구 하셔서 이 정도만으로도 크게 성공한 겁니다. 일 보셔. 내 걱정은 마시고. 농구는 저렇게 하는 게 아녜요. 우리 팀을 보십쇼? 폼부터가 A급 아닙니까? 넣고 이기는 게 대수가 아닙니다. 구기종목의 우선성을 나는 중요시하는 감독이라서 승패에는 관심 없어요. 보리쌀 콩밥 쉽게 빨리 먹는 놈 똥 보면 압니다. 씹지도 않고 대강 우물거려 꿀떡 꿀떡 넘긴 탓에 소화 안 된 콩 알갱이가 그대로 나와 안녕하시어요? 저는 콩이랍니다. 요러걸랑여. 허 감독님, 머저리 선수 눈탱이가 퉁퉁 부어 있는데 빨리 병원으로 가야 되는 거 아닙니까? 에이 그까짓 걸 가지고 병원은 무슨? 아니 경기 중 누구와 부딛친 적도 없건만? 아, 그게요. 아까 작전타임 때 이러구 저러구 가르쳐 주는데 참견을 하길래 내가 쥐어 질렀더니만 꽤 부풀어 올랐네.

중점을 두는 것보다 내 중심의 신체 단련에 올인하죠. 내 체력이 쟈들보다 월등해야 쟈들을 쥐어 질러 통솔할 거 아닙니까? 준조직폭력배 수준의 기량을 연마하죠. 사실 애나 어른이나 말을 잘 들어야 시집 장가를 잘 가거나 어른일 경우 막걸리잔이래도 얻어먹는 건데 애덜이 워낙 기가 쎄서 내가 단련이 안 되면 통솔 불가예요. 그래서 내가 먼저 언제나 미리 조져놓죠. 이걸 매라고 생각하면 안 되죠. 이건 교육이고, 사랑의 매입니다. 쇠가 강해지려면 담근질에 수십 번 달궈진 채 물에 들어가 강한 쇠가 되듯이 선수도 다른 게 없습니다. 거친 자가 일을 내게 되어 있어요. 이게 제

스포츠 철학이라 할 수 있습니다.

　집에서 마나님도 가끔 손봅니까? 마누라라고 예외 없죠. 최선의 공격은 방어니까 거꾸로 얘기했나? 됐고! 난 초저녁 잠이 많아요. 늙은이처럼 일찍 자고 일찍 일어나는 어린이 아시죠? 초저녁에 잠들면 새벽 두세 시면 영낙 없이 깹니다. 남들은 물론 식구들도 곤히 잡어가도 모르게 잠든 시간이죠. 이 시각이 일어났으니 씻고 가래 뱉고 뚝딱거리다 보면 마누라가 남 잠도 못 자게 일찍 일어나 절그렁대매 잠 다 깨운다고 앙앙거려요. 내가 또 욱하는 성질머리라 그걸 못 참아요. 못 참다 보니 날아가는 게 뭡니까? 주먹 아닙니까? 주먹이 나가다 보면 승질도 또한 격해져 에라~ 모르겠다. 좆 같은 거 그러면서 양은냄비 솥단지 쟁반 앞마당에 죄 내동댕이를 치면 왈그렁 절그렁~ 그 소리에 온 동네 개들이 놀래 욍욍거리구 한참 있다가는 누가 신고를 했는지 119가 오구 파출소에서 오구 이런 일이 잦다 보니 인젠 우리 동네에서는 내가 주요 인물로 인기짱인 거 있죠.

　인기짱이나 선두주자나 지금 열난 경기 중에 가정사 이야기나 하시고. 아니 농구는 내가 합니까? 쟤들이 하는 거지. 쳐다보구 있으면 승질나고 간이 졸여서 안 보는 게 최고예요. 이기면 좋구 아니면 말구 그런 거지. 감독이 방방 뛴다고 저절로 이겨집니까? 공이 안 들어가는데 그러면 팀 감독으로서 0패는 당하드래도 감독으로서 하등의 관계는 없다? 그건 아니지! 있지! 책임감 있는 감독으로 도의적인 면에서! 그러나 인제는 나도 코치 수십 년에 먹고살 만큼 돈도 벌어놓고 먹고살 수 있는 여유가 생겼다고나 할까? 팀 성적이 개 엉망이니 집에 가서 애기나 보라구 내보내면 그만두는 거고, 아무 소리 없으면 그냥 있는 거고 그렇치 뭐.

노는이 염불한다고 나와서 빌빌거리며 종이박스나 줏으러 다닐 것도 아니고, 태만하다고 먹고살라고 준 월급은 안 뺏어갈 거 아냐? 통장이 수십 개야. 돈이 꽉 찼어. 잘 가르쳤어도 못하는 건 선수 능력 여하지 명코치가 무슨 죄요? 내 생각은 그러하오이다. 아나운서 양반, 이따가 보자구 했찌? 꼭 봅시다! 볼까 했는데 고만두기로 했씨다. 난 이미 당신과 맞장 뜰 각오가 되어 있는데 피하면 사나히가 아니지. 배짱이 있어야 사내야. 아나운서는 다 새가슴이냐? 이거 왜 이래? 마이크를 깨트러버릴라! 봐줄 테니께 오래 살어. 몸 사리길 잘했지. 내 주먹은 스치기만 해도 전치 8주야. 아나운서 양반, 의사가 나더러 그 주먹은 전설의 김두한이 주먹이래. 왜 그렇게 쎈지 칼로 재고 꾀매 뒤적거리면서 연구해야 할 요주의 주먹이래. 여복하면 거액에 내 주먹을 살려고 하나 그러는 걸 하도 걷잖아 들었는지 말었는지 내남보살 귀 먹은 척했더니 혼자 씨불씨불 그러면서 볼때기가 뿔룩 나와가지고 씽 허니 꺼집디다. 아마 또 올 거야. 으찌나 그 모습이 웃기는지 밤낮 사흘 한나절을 배꼽을 쥐고 웃었어. 스마일 스마일 스마일~ 아유~ 뱃창자야. 참 이 친구 인생 맛깔나게 사네. 하는 게 일일이 삼청교육대 감이야. 하늘이 부끄럽고 얼굴이 빨개질 녀석! 에이~ 똥덩어리 같은 녀석 같으니. 얘 어멈아, 물 샌다. 빨래 걷어라. 주식회사 허나마나 농구단 허 감독이시지요? 누구신지? 아 네, 경찰입니다. 경찰이 왜 날? 소속사 선수들의 갑질하며 추행의 고발이 접수되어서 서로 같이 가시지요.

아니 민중의 지팡이인 경찰이 아무런 죄 없는 양반을 혐의도 없이 연행이라니? 영장 가져와봐! 이 새끼! 아니 이 기지배들이 안 때리고 으 했더니 날 갑질에 추행죄로 몰아세워? 이 기지배들 내일 기압 좀 받아봐라. 인간이 시글시글하다 보니 별의별 종자가 다 있다구. 뭐가 어쨋길래 생선 대가리 뜯어먹다 반토막 중앙으로 와서 다 먹겠다고 내 살점을 뜯어. 당신 말야, 내가 묻는 말에 사실을 예, 아니오로만 대답해. 각설하고 소속사 여선수들 데리고 코치라는 명분으로 가까이 하면서 수작 걸어 추행이거나 유사행위 있었어? 없었어? 다만 연습 때 땀들이 많이 나 수건으로 얼굴 앞가슴 허벅지 옷으로 가려지지 않은 부분은 코치와 선수 간의 사랑으로 생각하고 내 손수 자주 닦아줬죠. 그것도 잘못입니까? 계속 못 넣다가 하나 넣으면 너무나 좋아서 달려가서 꽉 안아주고. 근데 그 안아줄 때 손 위치가 고발건의 1순위야. 왼손은 허리를 잡고 오른손은 궁둥이에 가서 있다는 게 문제야. 당신 손 위치만 보드레도 그건 잡아뗄 수 없는 성추행이야. 당신 손 위치 정도면

서로 물고 빠는 사랑하는 사이의 제스쳐라고! 어디서 코치가 여선수 허리와 궁뎅일 어루만져. 그리구 경기 후 회식 때 당신 옆에 이쁘게 생긴 선수 골라 앉힌다고 그러든데 그 이유가 뭐야? 아니 그게 무슨 이유가 돼? 아, 회식하는데 코치와 선수 간의 팀웍을 위한 그런 자리인데 여기 하나 앉구 저기 하나 앉구 그래가지고 고기를 들고 다니며 먹냐? 앉다 보니 우연히 같이 앉게 되는 거지. 고기 먹으며 간질간질 만지며 먹냐?

형사는 네 맘대로 이야기해도 되는 거야? 이건 죄목을 묻는 게 아니라 인격 모독에 형사로서 갑질에 해당되고 민주주의 사회에서는 있을 수도 없는 권력을 이용한 박해라구! 박해! 이거 왜 이래? 선량한 시민 주먹 나가게 할래? 핵주먹 나가게 할래냐구? 일찍이 우리 아버지는 나에게 여자를 멀리하라고 가르쳐 지금도 이 나이에 홀아비로 사는데 여자 탐은 무슨 여자 탐? 이거봐. 여기에 걸려 들어온 놈치구 네, 그렇습니다. 맞습니다. 하는 놈 한 놈두 없거든. 솔직히 까 털면 다 나와. 그땐 거짓 위증까지 뒤집어쓰는 거야. 이거 봐, 아궁이에 불 안 땐 굴뚝에는 연기가 안 나는 거야. 털면 다 나오게끔 되어 있어. 여기 형사들 당신이 오리발 내밀어 따돌릴 만큼 등신들 아니거든. 어서 술술 불어. 그게 서로 간에 시간낭비 줄이는 거야. 털어놔! 털던지 뽀개던지 그건 당신들이 할 일이고, 들쑤셔봤자 나올 게 있어야지. 나올 게 없다? 순순히 말해서 나올 게 없다면 매로 조져대면 진짜가 나오겠구만. 김 형사!

네, 반장님! 조폭형사 데려와. 알겠습니다. 조폭형사가 뭡니까? 현역 형사인데 왕년에 조폭 두목으로 애들 이끌고 있다가 자수하는 마음으로 우리 형사반에 들어온 동료 형사야. 쎈가요? 쎄지! 쎄도 보통 쎈 게 아냐. 따귀 한 대에 아랫도리 불알까지 뺨 맞은 울림이 와 한 번 맞은 놈은 평생 계절 없이 불알을 떤다는구먼. 그 떨림이 오기 시작하면 거시길 강제로 잡아빼는 지독한 통증이 와 대골대골 구르며 반쯤 죽는다더군.

여기에 끌려온 놈들 대개가 미리 술술 다 불어. 거짓말과 조서장과 맞아떨어져야 핵주먹을 면하지 안 그러면 부랄까지 절단나고 옥살이는 옥살이대로 하고 내가 조서를 보니까 넌 법정에 서면 코치라는 명분으로 소속사 선수, 그것도 자그마치 수년 동안 20여 차례, 그 지금 고발된 것만 봐도 징역 25년은 살아야 할 것 같아. 솔직히 불면 불고지죄는 용서가 되고, 위증죄도 면죄되고 그러다 보면 국경일 특별사면 그런 걸로 봐서 많아야 3년, 여기에서 더 감면 혜택을 받자 하면 법에서 미처 못 찾아낸 과거 죄의식까지 다 분다면 최고 1년 6개월, 아니 그보다 더 빨리 나올 수도 있어. 길게 사느냐, 마느냐는 네 결단에 달린 거지. 알아서 해. 형사님! 와? 니 와 그리 떨고 있노? 약 했냐? 약은 아니고 술을 안 먹었더니 그냥 떨리는데요. 술을 안 먹어서 떨리는 게 아니라 죗값이 무서워서 오줌을 지리는 거 아냐? 앙~ 아유 깜짝이야. 너 여기가 어딘지 알지? 여긴 인간개조 제철소야. 여기는 살아있는 사자들의 소굴이야. 어쩔래? 불래? 말래? 형사님 꼬바리 한 갓치만 얻을 수 없을까요? 알았어. 난 가난해서 비싼 건 못 피우고 군대 화랑담배 그거 야매로 사서 핀다. 하나 피워보면서 편안한 심경으로 차근차근 하나하나 불어. 화장실에 다녀올 테니까 준비하고 있어. 빡빡 푸후후 빡빡 푸루루~ 햐~ 담배맛이 왜 이리 쓰냐?

프로권투

●● 고국에 계신 권투팬 여러분 안녕하십니까? 여기는 멀리 맨해튼 11번가에 위치한 맘보 KO 특설링 권투 경기장입니다. 이제 잠시 후면 수십만 군중의 권투팬이 웅집한 가운데 우리나라 미들급 김풍덩 선수와 동년급 라스베가스 출신 흑인 선수 찰슨 부르슨과 12회전 논타이틀전을 놓고 혈전이 예상되는 가운데 오늘의 경기 전망을 대한권투연맹 이사장이신 안달팽 씨를 뫼시고 몇 말씀 나눠볼까 합니다. 오늘 이 라스베가스 경기장이 상당히 큰 경기장인데 권투팬이 대만원을 이루어 발 딛을 틈

이 없는데 대략 한 칠만 관중은 족히 될 듯하군요. 오늘의 전망을 어떻게 보고 계신지 한 말씀 하시죠? 예, 내가 권투계에 입문한 지가 선수생활을 하면서 은퇴해 오늘날 이사장이 되기까지 전 세계를 돌며 각 나라의 경기장만큼 모든 실내가 잘 된 경기장은 처음이고, 규모만큼 관심 많은 팬들의 성원을 처음 느끼는 바 크고, 팬들의 매너 또한 국제급이랄 정도로 질서정연함에 놀랐습니다. 체육계에 있으면서 많은 찬사 속에 우여곡절도 장난이 아니었읍니다만 이제 지난 일이지만 한때 저의 삶이었으니 행복했던 시절이었노라고 언급하고 싶구요. 오늘 우리 국가대표인 김풍덩 선수의 컨디션이나 자질을 보노라면 길고 짧은 건 대봐야 알겠지만 어쩐지 오늘 때깔이 좋은 걸 보면 3 : 2 정도로 이기지 않을까 전망해 봅니다. 한때 좌절하고 은둔으로 은거할 땐 권투계를 완전 이별하고 조용한 산속에 들어가 은둔으로 자연인이 될까 하는 격정적 시기도 있었습니다만 그놈에 정이 뭔지 으더맞고 깨지고 터져 피를 흘리는 권투 그 무엇에 매료되어 생각을 바꾸지 못하고 지금에 이르러 대한민국 권투계에 종신함으로써 명성과 부도 쌓고, 잘 먹고 잘 사니 우직한 것도 나중에는 복이 되나 싶어 아주 시방 사는 맛이 보람과 함께 행복하고 만족스럽습니다.

월급도 상당하구요. 저축통장이 작은 서랍으로 가득해요. 사채놀이, 일수 변돈을 놓아 이자가 자꾸 늘어 돈이 돈을 벌구 있지 뭡니까? 대장부 살림살이 요만큼이면 되지 더 바랄 게 뭐라. 이렇게 세계를 선수와 함께 다니며 기상천외한 맛난 것도 많이 먹고 경기가 끝나고 나면 전 그 일대를 관광하고 옵니다. 미쳤습니까? 대통령을 하게! 아유~ 대통령 골치 아픈 거에요. 내 생활이 백 번 낫지! 이상 아악~ 잠깐 제 양 두 발의 주역을 맡은 스리쿼터 승용차 자랑이 빠졌군요. 차종은 말 안 할 거구요. 그냥 독일제 최고급 차라는 것만 감칠나지만 여기까지 올시다. 경기 전망과 함께 자신의 안녕과 재산, 희망사항까지 구체적으로 함께 말씀해주시니 대단히 감사합니다. 쳇! 이사장이 아니라 주책 박아지구만. 스포츠 중계 중에 스포츠 얘기나 할 것이지? 가정사 사적 이야기는 왜 여기까지 끌고 와 전 세계에 나발을 불어대는 거야? 늙으면 저런가? 양 아나운서 왜 그래? 방송 잘하다가 왜 날 더러 이러니 저러니 대머리 까지는 소리를 하구 있어? 아무 소리 안 했는데요. 안 헌 거 좋아하네. 마이크 안 꺼졌어! 선 연결 살아있어. 내가 짱구냐? 당신은 오늘 중계방송 끝내고 귀국하면 아웃일런지도 몰라. 생방송에다 대고 해설자를 모욕행위를 했으니까. 모욕이 아니라 그렇다는 얘기지 그걸 가지고 겁주고 그럽니까? 그러는 당신은 조심성 없게 돈 좀 벌었으니까 얼짱 하나 꼬여 둘이 재미나게 놀구잡다고 한 이야기! 그건 성적 수치심을 유발한 유부남으로서 징계위원회에 회부돼 현 이사장직 박탈과 퇴직금 및 월급 매스컴에 얼굴 신상공개 혹시 모를 부정 축적, 미투 등 권투계에 있으면서 질적 형태에 검찰의 수사나 강제 출석이 알려질 수도 있는데 떨리시지요? 뭔 별 소릴 다 하네. 안 떨리거든!

미워도 한세상 좋아도 한세상이야. 내 인생 내가 알아서 살어. 검찰이 할 일이 없어서 무고한 시민을 떨떨 뒤져서 옭아가? 예끼 이! 호로 터진 아가리라고 그리 쉽게 옹알이는 게 아니네. 그려 왕년에 펄펄 날 때 라이트 한 방이면 안 간 놈이 없었는데, 그놈 한 방 맞아볼텨? 아유~ 그게 은제적 거들먹거린 얘기일 텐데 노인네가 팔떼기도 약하구먼. 또한 그 주먹이 일자로 쭉 펴지기나 할래나? 때려봐? 때려봐? 에잇~ 에잇~ 거봐 안 되잖어? 더 가까이 와! 미쳤어? 거기서 못 때렸으면 고만야. 신경질적으로 옥신각신 경기와는 상관없는 말싸움을 하며 불쾌지수가 이빠이 오른 상황에 공 울려 1회전 시작되었습니다. 양 선수 탐색전입니다. 빙글빙글 기회를 노리며 겅중거리는 양 선수, 가볍게 스윙 올려보는 우리 한국의 김풍덩 선수! 그러나 미치지 못하는 헛스윙! 이 기세를 몰아 재빨리 라이트를 꽂는 라스베가스 출신 부론 선수! 아, 크게 맞았어요. 한 방에 비틀거리는 자신만만했던 김풍덩! 아아~ 라이트! 어퍼컷! 안면 강타! 아, 이거 위기가 오는 듯합니다. 홀딩됐습니다. 김 선수가 라이트 레프트에 그로기 상태에까지 왔어요. 아, 이게 무슨 일입니까? 분발이 아쉬운데요. 1회전부터 조짐이 안 좋습니다. 설상가상으로 코피까지 터졌어요. 아, 위기에요. 코피까지 흘리게 되면 호흡 문제가 또 말썽인데요. 아, 계속 연타 들어갑니다. 힘에 부치는 듯 상대 선수를 끌어안습니다. 지금 이 상황에서는 물에 빠진 사람 지푸라기라도 잡는 심정일 겁니다. 안간힘을 쓰는 거죠. 그로기 상태에서 붙잡고 버티는 것도 하나의 작전이지만 잠시 숨을 고르는 여유를 얻는 겁니다.

　아, 이대로 무너지면 안 되는데요. 아, 공이 살렸어요. 1분 동안 얼마나 회복이 되려는지 모르나 분발했으면 좋겠습니다. 제2회전입니다. 아, 회복이 덜 됐어요. 발놀림도 어눌하고 주먹 강도에도 힘이 안 들어가요. 아, 계속 연타! 잽을 맞는데요. 가랑비에 옷 젖는 줄 모른다고 작은 잽 저거 여러 개 맞으면 무리가 오죠. 아, 피가 너무 많이 나는데요. 레프리 경기를 중단시키고 임시 지혈에 들어갔습니다. 다시 양 선수 박스됐습니다. 펀치다운 펀치 하나 날리지도 못한 채 불미스러운 상처만 입었는데요. 만회해서 잃은 점수 차도 벌려야 할 텐데. 라이트! 아, 네, 잘 맞췄어요. 부른슨 휘청합니다. 다시 바디 툭! 툭! 쳐보며 탐색하는 김풍덩! 아, 피가 계속 눈으로 들어가는데요. 시야가 안 보일 텐데 아, 걱정스럽네요. 아, 기습펀치 김풍덩 선수는 흐르는 피 닦느라 자꾸 글러브가 눈으로 가는데요. 잽잽잽~ 바디 옆구리 연타! 다시 비실대는 김풍덩! 아, 어렵겠네요. 사경입니다. 아, 연타! 턱이 돌아가요. 양 글러브로 얼굴을 감싼 채 연신 난타당하고 있습니다. 아, 경기 포기합니다. 레프리 경기 중단시킵니다. 땡땡땡~ 아, 안타깝군요. 푸른 꿈을 꾸면서 아메리카 드림을 꿈꿨던 김풍덩 선수의 꿈이 무참히 무너지는 순간입니다. 김풍덩 선수의 응원을 온 3만여 우리 교민들! 쓸쓸한 박수를 치면서 아쉬운 퇴장을 합니다.

고국에 계신 국민 여러분께서도 안타깝게 비운을 맞은 김풍덩 선수의 패배로 아쉬워하실 텐데 기대했던 실망감에 깊이 우려치 마시고 다음이라는 기회가 있는 만큼 비록 오늘의 경기는 실패로 끝났지만 앞으로 유망주인 우리의 대표 김풍덩 선수의 앞날에 큰 위로의 박수를 보내주시기 바랍니다. 고국에 계신 동포 여러분, 안녕히 계십시오. 오늘 중계방송은 여기서 마치겠습니다. 지금까지 해설에 안달팽씨, 아나운서 허달근이었습니다. 방송은 끝났는데 개인적으로 한 말씀 하시죠. 깨끗하게 진 건데 소감은 무슨 소감! 불난 집에 휘발유 뿌립니까? 매니저분 몹시 안타까워하시는데 수개월 열심히 한 보람도 없이 수분 만에 기권패했다는 건 청천병력이죠. 허무합니다. 아니 어떤 놈이구 주먹질하는 놈 치구는 갸한티 달려 들어봤자 백전불퇴인디 으쩌다 해보지도 못하고 오늘 경기는 죽을 쒔다냐? 갸 엄니가 엄청 속이 상허겠구먼. 아니 그 주먹질 쎈 놈이 웬일이다냐? 에잉~ 니가 미리 본 현미경이여. 오늘 진 건 전적으루다가 즈그 엄니 탓이여. 얼래? 으짜 즈그 엄니 탓이랑가? 지가 기운이 없거나 기술이 딸려 진 것이제. 아녀 아녀! 모르는 소리 허덜 마러. 갸 엄니가 이번 참에 기운 쓰라고 도살장에 가서 돼지고길 양푼으로 한 다라를 사다가 밤낮으로 삶아 멕였다누먼. 에헤~ 안 될 일을 했구먼. 권투선수는 계체량인가 뭔가가 맞어야 하지. 전적으로 먹고 마시는 일도 코치 명령에 의하야 먹고 마시는디 즈그 엄니가 금기를 깼구먼. 아마 그런성싶어 쯧쯧쯧~ 아, 그늠을 먹고 잘못돼 변소간엘 수시로 들락날락거려 싼 게 눈깔은 한 50리는 쑥 들어가고 애가 늘어져 구아나찡을 사다멕이구 발광을 떨다가 겨우 정신 차려 그 먼 나라 미국까지 비행기에 시달리며 갔으니 쌈질을 할래니 뭔 기운이 있건남?

제 몸땡이 건사로 벅찼을 텐디 뭔 주먹질을 허겄소? 그랑깨 진 거이제. 헛방질에 으더맞구 피 흘리구 찢어지며 되지지 않길 다행이여. 운수대통한겨. 이 정도 된 것만도 천만다행인 줄 알아야 혀. 오히려 살아 돌아온 걸 경축할 일이구먼. 자넬랑은 빨랑 가서 갸 엄니더러 떡허고 술 내서 동네잔치허라고 일러. 살아 돌아온 기념 추카추카! 나는 돼지고길 안 먹으니께 내 껄루는 소고기로 장만허고 입에 들어가면 스르르 녹는 청포묵 서너 덩어리 얄상얄상하게 썰어 김 부시러기 초장 아지나모도 꼬소롬하게 깨할래 넣고 참기를 한 방울 찔꺽 떨어트려 손으로 조물조물 버무려 넓적 대접에 수북히 담는 거 잊지 말도록 일르고, 후식으로는 계피향 그윽한 수정과에 꽂감 띄워 잣 띄우고 훌훌 마시게 해달라고 허드라고. 틀림없이 일러. 만약에 안 그랬다간 내 치도구니에 눈총 쳐먹지 말구! 아니 성님! 성님이 시방 절 더러 협박허요이? 협박은 무슨 협박? 언질을 주는 거지. 네가 이 동네에서는 글줄이나 읽고 제법 똑똑헝게 내가 널 어여삐 여겨 특별히 이르는 말이여. 고깝게 들으면 섭하지. 아이고~ 성님, 그 말씀도 일리는 있는디요. 분위기 파악도 필요한 거 아니겄슈. 아, 월등하게 이긴 것도 아니고 반병신이 돼 들것에 실려온 자식 애미더러 떡에 술에 수정과 소고기

얼토당토 않는 소리는 남 심장 긁는 객담이 아니겄슈? 위로를 혀도 모자랄 판에 먹자판을 벌리라니 고거이 어느 나라에서 그럽디여? 야만인도 경기 지고서 그러진 안 하겠소.

　나이살이나 자신 성님이 우짜 망령도 아니고 객쩍은 소릴 했쌌소? 이 내가 다 부화가 나요이. 이렇게 얼띤 백성을 봤나? 슬프다 슬퍼! 바다같이 깊은 나의 심증을 헤아려줄 사람은 너밖엔 없을 꺼라 예견하고 고작 일렀거늘 튕기고 빠꾸를 놔야? 아, 네가 그따우로 하면 난 누굴 믿고 이러구 허러구 허냐? 아이고~ 성님, 공사는 분명해야 하고, 의리는 의리 있게 그쯤 아시고, 성님이 직접 갸 엄니 찾아가 위로나 해주셔. 그게 이웃 간의 정이고 사랑이여라. 성님과 나 사이 유정의 미는 일평생 변함 없을 것이고, 다만 이민 경제에 어긋나는 언감생심 불쑥불쑥 애 터지는 소릴랑은 자제할 줄 아셔야 혀요. 아, 아닌 말로 죽게 얻어맞고 살아 돌아온 것을 기념으로 잔치를 하라는 말인디 초상집에 가서 술 먹고 노래하고 웃으라는 거와 다른 게 뭐 있겄슈? 마음이 즐거워야 음식도 나누며 춤도 추는 것이제. 성님 목구멍만 즐거우면 그만인감? 당사자는 아녀요. 천불나 오줌 싸는 유치원 아이도 성님 같지는 않것소. 이래서 밥그릇 수 많아지면 일찌감치 칠성판에 눕는 게 대수라고 하지. 에이~ 뭐여? 너 시방 뭐라고 꿍얼대 쌌냐? 암 소리도 안 했는디요. 나가 귓구녕마저 맥힌 줄 아남? 쟈와 보청기가 쌩쌩 돌아가야 넌 시방 딱 걸린겨! 요것이 가만히 본께 이중성격을 쓰는 거 같어. 술 사줄 때만 진실이구 안 그럴 땐 아나방창 곁눈질하는 어느 노무 새끼모냥 여우탈을 뒤집어쓰고 엄니 사타구니에서 삐져나온 거 뭐여?

너 오늘 권투시합에서 지구 겨우 살아 돌아온 김풍덩인지 제어멈인지 모냥 고구마와 아령으로 다져진 무쇠팔뚝 주먹맛 좀 볼텨? 그런 팔이 어디 있는데요? 야! 여기! 아니 그럼 성님 팔뚝이 그 정도라는 거예요? 그랴! 이 나쁜년아! 아니 성님, 내 나이가 지금 몇인데 언니새끼 다르드끼 이년 저년 년자를 놓구 그러서. 진짜 이러실꺼? 벼가 익으면 고개를 숙이듯 나이가 많으면 노숙해지지는 못할망정 진짜 이러실꺼? 인격 존중 모르시나봐? 년이 뭐요? 년이? 무식하게 너 시방 나한티 반항허냐? 반항 못할 게 뭐여? 객쩍은 소리지만 성님이랑 나는 피 한 방울 안 섞인 남이여! 이웃 관계와 세대 차이 또래 성님 대접하는 것뿐이지 돌아서면 남이어라. 그렇게 되고 싶소이? 못할 것도 없지. 아따 확실하네! 그러시십시다. 아유~ 열불나! 대가리 꼭지에서 라면이 끓네 끓어. 라면이 끓어야? 난 팥죽이 끓는다. 너 진짜 무쇠팔때기 맛 좀 볼래? 때려봐! 때려봐! 때라랑게? 무소판인지 고무방맹인지 그거 맛 좀 보게 때려! 때려! 아유~ 이걸 때리고 개값을 물어? 너 번개 씹허는 거 봤냐? 한 번 볼텨? 과거를 숨기고 선량하게 살자 했더니만 본색을 드러내게 하네. 아, 이거 골 뽀개지네. 떡! 뻑! 우두두둑! 췻췻추시! 슉슉! 아오~ 아뵤오~ 넌 오늘 임자 만난겨. 나가 처녀시절에 골목길 여깡패여. 고질적 꼴통에 뻔데기 주름 잡듯 누비고 다녔는디 조용히 살자 혀서 모든 걸 묻은 채 등신모냥 사니께 우습게 뵈냐? 그건 아니고 성님이 자꾸 꾀질르니께 나가 썽이 안 나요? 성님이 계속 이러면 이 시간 이후부터 서로 모르는 생면부지 초면이여. 잃을 것도 얻을 것도 없는 그냥 스쳐 지나가다가 부딛친 악연잉게 그리 아쇼이. 앗따~ 너 왜 자꾸 험한 소리만 허구 그냐? 농이제? 나가 시방 농으로 보여요이? 그럼 너 진짜냐? 성님 하는 거 봐서. 앗따~ 개골창에 미꾸라지 다 어드며 갔다냐? 이히~

이 시대의 자화상

이에 신고합니다

●● 찌릉찌릉~ 째릉째째째르릉~ 꾀르르릉~ 쿵쾅~ 전화를 걸어도 안 받으니까 전화통두 열 받나 신호 가는 소리가 들쑥날쑥이야? 여보시게, 바쁘게 전화했는데 왜 빨랑 안 받고 열 받게 사람 신경통을 건드려싸? 전화가 씨벌씨벌 그러잖어? 아, 죄송합니다. 무슨 일이시죠? 이야기가 길어. 왜 전화를 했느냐, 그에 대한 답은 나중에 나와. 계속 들어. 왜 죄송한 짓을 했는지 그거부터 이유를 대. 대한민국 민원신고가 이따위로 시간이 걸려서야 AI스피드 전자시대라고 말할 수 있어? 아니거든! 나 전화

비 많이 나오면 네가 물어줄 거야? 아니잖어? 그러니까 빨리빨리 받어야지 뭐허구 어디 가서 전화 빨리 안 받구 민원인 신경질 나게 허냐? 너 돈 벌어놨냐? 직무태만 이거 모가지감이야. 어디 가서 뭐했어? 아, 제가 뒤가 급해 WC에 다녀오느나 잠시 자리를 비었습니다. 아, 퇴근할 때까지 참아야지 그걸 못 참고 근무 중에 똥을 싸? 이게 어느 나라 공무원이야! 아니 대한 공무원은 똥두 못 쌉니까? 싸긴 싸되 아침에 집에서 해결하고 나와야지 출근해서 근무 중에 똥 싸도 된다는 법조항이 우리나라 법에 있냐? 그런 법률 조항은 없습니다. 없으면 허지 말아야 될 꺼 아냐? 됐고! 실토 시작! 땡~ 뒤가 급해 WC에 다녀오느라구까지 얘기하다 말았어. 큰 거야? 작은 거야? 싸고 나오고 두 가지가 한꺼번에 실행되니까 두 개 다죠. 언저녁에 잘 먹었나 보군.

그래 똥자루 굵기는 어느 정도야? 가느다래? 굵어? 아니 그런 거는 왜 신고가 급하시다면서? 어허~ 아무리 급해도 매사는 순서에 입각하야 해결 순으로 진행되는 거지. 희미허게 미지근허게 난 못 넘어가는 아저씨야. 사람이 맺고 끊는 결단이라는 게 필요하단 말이지. 굵어? 가늘어? 중간인데요. 음, 그래? 어중띠구먼. 똥자루는 항상 굵어야 건강한 거야. 그걸 쾌변이라고 하는데 금반지모냥 똥빛깔이 황금색이면서 윤기가 자르르르 흐르고 약간 되직하면서 구린내가 1/3 정도만 나는 게 정상 배변이라 그 말이야. 여기까지 음마 5분이 훌따닥 지나갔네. 아, 그거 담당자가 똥을 누는 바람에 내가 왜 전화질을 했느냐? 내가 본래 오지랖이 딴놈들보다 바다같이 넓어. 그러다봉께 예가 덥썩 해가 덥썩 참새가 방앗간 그냥 못 지나가듯 태클을 걸고 넘어져야 직성이 풀리걸랑. 그래서 말인데 금일자 신고 건수는 뭐냐, 뭘 거 같애? 적어 적어. 콧구멍만 쑤시지 말고 높은 사람한테 적어야 보고 올리지. 그런 거까지 내가 다 챙겨야 하는 거야 뭐야? 아, 네, 죄송합니다. 네네네~ 엄청 야무지고 똑똑한 아저씨시네. 옳거니 나의 진가를 알아주는 당신이 나보다 더 똑똑하구먼 그랴. 그럼 처음으로 돌아가서 내가 시방 다시 전화할 테니 전화받어. 아, 그냥 말씀하세요. 싫어! 다시 한다면 다시 하는 거야. 어른이 한 입 가지고 두 말 할까? 자, 신호 간다. 수화기 들어. 딸까닥~ 아, 거기 소방서죠? 경찰서인데요. 아악~ 실수! 무슨 일이시죠? 저기요, 어떤 여자분이 나이는 한 50대나 될레나? 그런 여자가 대낮에 빤스를 내리까고 노상방뇨를 하기에 긴급히 신고전화를 하는 겁니다.

현장은요 경찰서 모퉁이 돌아 짜장면집 굴뚝 뒤로 천하대장군 지하 여장군 장승 옆 거름을 주는지 거기다가 질질질 싸고 있길래 황급히 신고하는 겁니다. 경범죄 딱지 25,000원짜리 아닙니까? 시방은 벌금이 더 올랐나요? 그것도 알고 싶습니다. 알겠습니다. 신고 감사합니다. 곧바로 출동하겠습니다. 현장까지 5분 걸립니다. 애앵~ 애애앵~ 빠그르르르~ 어이구 급발진으로 빨리도 오셨네요. 그럼여, 시동 걸면 바로 오죠. 사건 현장이 어디죠? 여기 아니 근데 딱찌 띨 오줌 눈 여자가 없지 않습니까? 그러게요. 오래 눌 것 같더니 그새 잽싸게 싸고 내뺐네. 이거 땅 패인 거 보세요. 을마나 급하게 초고속으로 내쐈는지 차돌맹이는 반쯤 금이 가고 와~ 죽인다! 아, 나 이거야 원! 좀 천천히 슬로우로 싸면서 시간을 줄 것이지 냅다 싸붙이고 내빼면 난 어떡하라는 거야. 망할 느무 여편네 같으니. 이봐 경찰양반, 이미 범인은 떠나갔어. 지나간 버스에 손들어봤자 닭 쫓던 개 지붕 쳐다보기구. 요즈음 사회적으로 공신력이 떨어진 경찰 신뢰도가 엉망이드만. 오늘 빠른 기동을 보니 기강이 제대로 선 것 같애 아주 내가 매우 기쁘오. 환영합니다. 어서 오셔. 아니 지금 바쁜 우리 불러놓고 농담 따먹기하십니까? 뭔 재수가 없으려니깐 별로 할 일이 없으시면 공짜 지하철이나 타고 왔다 갔다 시간이나 때우시죠. 나두 늙은이지만 말이야 온종일 지하철이나 타고 왔다 갔다 하는 늙은이들을 보면 저렇게 할 일이 없나 그래.

하다못해 길거리 담배꽁초라도 줍는 환경 문제를 생각하는 봉사나 좀 하지 이게 무슨 추태야? 그래 이러니까 젊은 애덜이 꼰대 할배 소리를 하구 눈총을 먹지. 그렇게 늙으려면 안 늙는 게 나아. 그런 영감들 땜에 안 그런 영감들도 도매급으로 넘어가 덩달아 욕 먹는다니까. 난 그런 거 아주 질색이야. 그렇게 지지허게 늙은 티 내고 남에게 피해나 주려거든 일찌감이 사자따라 가던가 아니면 구구로 집구석에 손자놈 불알이나 만지면서 며느리 환심을 사던가 아니면 둘레길을 걷던가 산엘 가든가 아니면 그냥 자. 그게 보태주는 건데 나 같으면 할머니들이나 슬슬 꼬시러 나가겠다. 그러는 아저씨는 그렇게 하시남요? 왜 그런 영감들하고 날 비교해? 그래 재수 없이 나는 이 나이에 문학을 꿈꾸는 사람이야. 온통 책과 글에 심취하기 또래 내 나이가 몇인지도 잊어 먹고 살어. 겉만 늙은이지 속은 꿈 많은 20대 청소년이야. 왜 잘못됐어? 아, 그러시구나. 그래 내가 그런 사람이야. 어르신, 그랴 앞으로는 우리 치안에 대해 과소평가 마시고 민중의 지팡이를 믿어도 되는 꼭 필요한 치안이 될 터이니 계속 관심 갖어주시되 이런 거 가지고 신고해서 긴급출동하게 하지 마세요. 응뎅이 까고 오줌 눈 그 아줌니보다 심각한 눈으로 그 아줌니 하얀 궁뎅일 지켜본 아저씨의 해괴한 눈초리가 오히려 간접추행죄에 해당할 수 있는 불찰을 아저씨께서 행하셨단 말씀입니다. 오히려 아저씰 노상 추행행위로 직결심판에 회부해야 할 일이라구요. 떳떳하게 못 보구 여우모냥 숨어서 봤을 거 아녜요. 그렇죠? 아, 그럼 그 광경을 정면으로야 볼 수 있간. 더구나 늙은이가 살짝 숨어서 고개만 삐쭉 내밀고 은밀한 눈으로 본 건 숨기지 않겠네. 그러니 내 눈을 빼던가 아니면 잡어가. 맘대로 해!

솔직한 아저씨가 맘에 들어 법에 결부는 안 시키고여. 그냥 없는 걸로 할 테니까 꼭 신고해야만 될 신고만 하시라구요. 알았어. 다만 사내들이야 급하면 전봇대나 자동차 바퀴에 실례합니다. 할 수도 있지만 여자는 어디 그런가! 급허나 안 급허나 내리까야 볼 일을 보니까. 그러면 궁둥짝이 보이므로 해서 도덕적 문제가 되는 것이지 내가 남 오줌 싸는 걸 탓하는 게 아니지 않소. 그러는 아저씨는 급할 때를 대비해 깡통이나 비니루 봉지 가지고 다니세요? 그지도 아닌데 깡통은 무슨? 거봐요! 신고는 신고 같은 신고만 신고하는 겁니다. 그런 게 어디 있어? 그러면 경찰청에다가 신고전화를 두 가지로 만들라구 해. 대한 노인이 그러시드라구. 경범 신고번호와 중대범 신고전화 따로 분리허라구 그래. 그러면 구분해서 헐 꺼 아냐? 어디다 대고 신경질이냐? 너는 엄마 아빠도 없냐? 공박을 주고 무안을 주고 코를 벌름거리며 눈알을 크게 떠야야~ 잘못하면 사람 잡아먹겠다야! 너 그래가지고 일계급 특진하겠냐? 그런 식이면 정년퇴직까지 만능 순경으로 끝나! 잘해! 머지않아 퇴직할 나이 같은데 노후에 길거리 밥 퍼 거기 가서 길게 줄 서서 1일 급식 얻어먹지 말구. 그렇다고 네 뱃때기만 불룩하면 되냐? 처자식은 손가락 빨어? 눈에 보이는 게 다가 아니야. 가수 김수철이 노래 알지? 거치른 벌판으로 달려가자~ 정신 차려 이 사람아~ 에에~ 그 노래를 내가 이렇게 오줌 누구 내뺀 여자 때문에 이렇게 인연이 되어 네 인생 끄트머리 조언자가 될 줄 하나님인 줄 알겠는가?

앞으로 말이야, 자네 인생에 피치 못할 난관이나 불상사가 생겨 고민할 때 박수나 점쟁일 찾을 게 아니라 날 찾어와. 내가 인생

항로에 대하야 따따불로 가르쳐 줄게. 엇때? 그럴꺼? 아니요, 너나 잘허세요. 김순경, 가자구! 재수가 없을래니가 원 별 에이~ 탕탕~ 부릉부릉~ 저저 소갈딱지허군. 요즘 녀석들은 좋은 걸 가르쳐 주면 감사와 고마움으로 다소곳이 받아들이는 것이 아니라 내 인생에 태클을 걸지 마 그러면서 아니꼽게 보는 거 있지? 에이그~ 도덕이 다 어디로 내뺐냐? 오줌 누고 내뺀 알지도 못하는 여자모냥 되는 년은 경찰이 오기 전에 내빼서 경범죄 딱지 25,000원 벌고 뜨거운 오줌은 거름이 되니 그거 보고 신고한 난 홍아가 되고 CE8 조옷또!

이조 500년 허 조세관

●● 아아~ 단군의 자손인 조선에는 그 유명한 청백리 공신 황휘가 있고, 저기저기 저 멀리 바다 건너 제3국 태국에는 청백리 공무원 잠룡이 있으니 세상의 시절들은 들으라! 황금을 알기를 돌같이 하라! 최영 장군을 기억하며 여봐라, 지금 당장 짐이 쓴 방을 저잣거리 시장통 구석구석 요기조기 오목조목 방을 붙혀 쌍놈 양반 여자 남자 어린이 유치원 꼰대 할멈 사장 잡패 건달까지 다 두루두루 볼 수 있게 구름 바람에도 떨어지지 않고 꿋꿋하게 붙어 있도록 단단히 붙혀주도록 하라! 알았느냐 꼬붕

들아? 예예~ 의입 그러문입쇼. 여부가 있겠사옵니까? 알고도 남았지롱! 여찌롱이라니? 아니 이눔이 짐 앞에서 그게 어디서 배워 쳐먹은 말따귀인고? 아 예, 그것이 쩌그 우리 동네 너네 동네 백성은 왕의 말끝에 대답을 찌롱으로 마감하더냐? 얏쓰~ 아니 얏쓰는? 저 아메리카 미합중국 양코백이 노랑머리 눈깔 쌍커플 진 키 크고 얼굴 하얀 애들 즉 빠다 먹는 갸들 말이 아니더냐? 그러하옵니다. 전하! 그럼 나는 너희를 얏쓰에 버금가는 앗쭈리로 귀엽고 앙증맞은 우리나라 아동들이 많이 쓰는 어릿광대 유행어 앗쭈리로 답하마. 그리 알렸다. 예예의이잉~ 앗따! 예 하면 될 걸 웬 그리 길게 예에 의잉~ 그러냐? 너희들이 이러하니 이 궃은 궁궐이 나날이 양풍이 불어오는 탓이 우리 고유의 천년사직이 세도화되는 듯하여 짐이 심히 괴롭도다. 근디 대감님, 아니 전하, 뭔 내용이 이리 뱀처럼 길쭉합니까요? 아 읽어보면 알잖어?

임마! 저는 똥구녁이 째지게 가난한 탓에 훈장님한티 가본 적이 없응개로 글공부를 못했응개로 일자무식이어라. 더구나 인적이 보기 드문 오지 산속에서 자라 다람쥐 도토리 줍는 산골 총각으로 안적 장개도 못 간 백 년 청춘이올습니다요. 엄멈 그런 무식한 녀석이 무슨 빽으로 관아에 들어온 게냐? 네 이놈! 간첩이거나 뇌물이나 빽으로 아니면 인척간의 연줄로 응근하게 들어온 낙하산이렸다! 누구 빽이야? 영의정 양가야? 좌의정 유가놈이냐? 포도대장 노백만이가 설마? 아니면 내시 강가놈 빽 아니냐? 어여 불어! 아주 죽여버릴껴. 망나니 불러 단칼에 모가지를 칵! 글은 모르고 말발은 청산유수고 글줄이나 읽은 선비 행세를 하니 이런 천하에 죽일 놈이 다 있나? 뇌물이더냐? 인맥이더냐? 바른 대로 대지 않으면 왕명으로 불알을 바를 것이니 그리 알라! 총각으로 늙었다며 전생에 뭔 죄가 많아 젊은 나이에 내시가 되어 사내 구실을 못했더냐? 아주 이참에 아예 싹뚝 가위질로 정관 수술을 엇떠냐? 아유~ 안 되옵니다 전하! 잇빨 잘 까고 눈치코치 100단에 행동까지 번개요 다람쥐라며, 게다가 상냥하기가 새색시요 잔잔한 미소로 늘 아가리야 열려 있어 좋다고 날 이뻐하시더니 갓따붓따 이게 무슨 날벼락이시온지오 전하! 야 아랫도리 성치 못한 애야, 여기는 어전이니라.

　네가 정령 내 밑에서 하우스보이한 지가 몇몇 해나 됐느냐? 강산이 한 번 변하고 또 한 번의 강산이 한 번 변하고 또 한 번의 강산이 변할 무지 하세월 십오 년 세월 전하 의전에서 뒷걸음질치며 수발로 일하였사옵니다. 오~ 거룩한지고! 비록 글도 모르는 무식이기는 하나 사람 됨됨이는 그럴 듯하여 더 이상의 허물은 묻지 않기로 하고 오랜 세월 근신한 처신에 이 짐의 정을 붙여 그냥 머물도록 할 테니 오늘보다 나은 내일까지 이 짐의 곁에 있도록 할지어다. 성은이 망극하오이다. 전하 귀는 아직 어둡지 않느냐? 2,500키로 헤일즈 아나로그 열두 시 땡큐 보청기 벗음 이상 무 짜자잔~ 오~ 그 정도면 끝내주는 귓때기로다. 아멘~ 다만 글을 모른다니 노노 맹자 공자 왈 한문 팔만 자 완독 한시 아노리 땡~ 과거시험 장원 암행어사를 거쳐 임금님으로 승격 권좌에 애햄~ 빨래 끝! 으떠냐? 나의 경력 역시 임금님다운 학식이 만고예 추앙받는 온 백성의 어버이시옵니다. 전하! 오~ 나으 충직! 그리 생각하느냐? 좋아 좋아~ 아주 좋아~ 자, 그럼 볼륨 높이고 방송 시작 큐! 방금 즉흥 뉴우스 아시다시피 보시다시피 세금은 국민의 3대 의무 중 하나로 세금 납세 이행 잘하는 사람은 옛날서부터 상을 내려요. 아주 신성한 국민의 의무이지요. 헌데 요즘 세금 안 내고 수십억 수천만 원 요리 뺀질 조리 뺀질 회피하며 안 내려는 핑계와 명분을 만들어내고 숨바꼭질을 하지만 요런 잡사람들을 캐고 캐는 탈세금 징수 38기 동대 전담반이 생겨 얄짤 없습니다.

가택수색을 하면 서랍에서 장롱에서 각종 패물과 딸라 현금이 무더기로 나와요. 그러면서 뒤지기 전엔 소득이 없네 돈이 없네 이렇게 앙탈 부리다가 찾아 내놓으면 꿍덜꿍덜대며 슬그머니 물러나 서방은 미리 내 톡끼고 마누라만 쥐똥 씹은 얼굴로 덜덜덜덜 왜 이러고 사냐? 있으면서 궁상 떠는 건 진짜 끄니까 갈데없는 그지보다도 더한 궁상스런 그지 중 그지야. 가전제품에는 빨간딱지가 연지곤지 찍고 시집온 새색시 볼따귀처럼 울긋불긋 들러붙어 있고, 야야! 없어 뵈는 게 그렇게 좋으냐? 진짜 개뿔도 없으면서 있는 척하는 춤벙꾼 좀 닮아보셔. 내 꺼라구 다 내 꺼가 아닙니다. 당당히 번 만큼 세금 내고 남는 게 내 꺼에요. 줄 거 다 주면서 망신당하고 벌금에 가산세까지 백 원만 내면 될 걸 켕기다가 50원 더 붙혀 150원 내면 등어리가 시원해서? 까진 머리가 시원해서? 그럴만한 하등의 이유가 없어요. 백 년도 못 살면서 정직하게 인생 살면 그게 태어난 보람이요 삶속의 행복한 무릉도원이 아닙니까? 있으면 없는 자와 나누고 줄 건 주고 쓸 건 써야 무슨 수를 써서 걸터듬어 벌었건 세금 내는 이유에는 합당치 않지만 노력의 댓가이던 검은 돈이건 꼭 써야 할 데에는 써야 하는 것이 돈의 가치가 되는 겁니다. 세월이 가니 나이 먹고 살날보다는 이별의 날이 가까워 오는 인생 탑 쌓듯이 돈을 긁어모아 칠성판 지고 관짝에 들어갈 때 그 돈 가지고 갑니까? 그저 사는 동안 삼시세끼 굶지 않고 이만하면 족하지 할 정도면 됐지. 그렇게들 살지 마셔!

　저도 얘네들모냥 대상인가요? 너렁 거는 해당 안 돼. 다 털어봤자 1억도 안 되는 보리 깡촌 수급자가 무슨 38세 납기동대가 들이닥치냐? 지난달 전기세를 깜박하고 안 내서. 아 그거야 다음달 영수증에 고지되면 같이 내면 되잖어? 너만 그런 줄 아냐? 나두 그래. 그러니까 넌 예외니까 네 마누라랑 잘 놀아! 아유~ 살았다. 자, 그럼 이제부터 진땡이 말발 나간다 쓩~ 현대인은 수입의 일부를 나라에 각종 명목으로 세금을 납부해야 할 의무가 있다. 여기에 성인 남자의 경우 국토방위 의무가 하나 더 있으니 몸 바쳐 나라와 국민을 수호하는 의무가 추가된다. 이것을 나라 운영의 근간인고로 경제의 주체 국방력 세금 잘 내는 백성은 나라 사랑하는 국민이고 똑똑한 백성이며 납세자가 누리는 권리로는 참정권이라는 게 있다. 조선의 명의 허준이 보살펴주는 의료혜택! 이 나라가 지원하는 연금지원 등이 골자로 이런저런 의료혜택이 있노라. 코로나가 발생하면 비싼 수입약품 들여다가 무료 주사 곽 저금리 돈 풀어 답답한 살림살이 서민 약소 금리로 대단 대출해주고 경제적 빈곤층에게 쌀, 라면, 수급비, 연금 이런저런 잡다한 편의 제공되는 것도 다 국민에게 걷어들인 세금으로 충당되는 것을 감사히 그리고 직시해야 할 일이다. 세금 안 내는 사람은 매국적 행위라는 거 알으셔야 합니다. 무궁화꽃 삼천리 조선의 백성들아, 소득의 일부를 국가에 자진납부하고 문민정책으로 각종 혜택으로 삶이 영위로우니 스스로 나라 사랑에 모범백성임을 전 세계에 자임할지어다.

신분 여하를 막론하고 재미 보고 난 찌꺼기로 태어난 백성이면 누구나 돈 내고 살아야 떳떳하다는 거 잊어먹으면 두말 나위 없이 짱구임을 일일이 신분을 밝혀 만천하에 망신살을 공표하노라. 아울러 호적에 불알 깐 민중으로 빨간 줄 긋지 않도록 알아서 하시길. 바람 끝판에 하나 더 공장 돌리고 박아지 씌워 장사하면서 이중장부 쓰는 얌체 백성이 걸렸다. 그건 뭐 두말할 것도 없이 작두에 목을 디밀어 판관 포청천 줄초상 시동 이 땅에 살 자격 상실 아예 쌍수를 싹뚝 이에 불만을 품고 항의하는 자 행여 있거늘 아유 이걸 으쩌면 좋우. 아주 그냥 죽여줘요. 옳거니 옳거니 법을 떠나 밥만 축내는 아유~ 왜 사시나 몰라? 아주 쎈 치도구니 없습니까? 시방 누가 씨쿵씨쿵 나발을 부는 게냐? 누구야, 이방 허청천이올시다. 허청천이라? 처음 듣는 이름인데 중국의 포천천은 들어봤어도 허청천은 신가라로 나온 허청천인가? 관등성명 대봐? 어디 소속 누구야? 중국 지린성 구린내동 똥구뎅이 하푸푸 365번지 106동 1호 지하 셋방살이 지게꾼! 벌면 먹고 못 벌면 굶는 희망이 절벽인 중국 백성이올시다.

고려 출신으로 조선의 피가 흐르고 있습죠. 네네네네. 음~ 그렇구나. 그 왜 이리 조선엔 중국놈이 득시글거리는지 이리 다 와서 바글거리고 본토 중국에는 사람 구경하기가 쉽지 않겠는데 아니 지네 나라에서 벌어먹지 여기까지 뒤벌려 와가지고? 에이~ 나 이렇게 문물에 아둔해서야 독불은 없다고 혼자서 살 수 있간여? 암컷이 없으면 숫컷은 외로워요. 내 것만 가지곤 살 수 없는 것이 인생입니다. 서로 교류하고 나누면서 원원해야만이 살 수 있는 세상이라서 받아들이고 어깨를 견주면서 사는 게 이 시대에요. 세계 정사 돌아가는 물레바퀴 근간이 수출이고 수입이에요. 야! 짜장면 고향의 어머님이 그립지 찐따이 짱와 마누라가 제일 보고 싶다구? 숫컷은 어디가 티가 나도 티가 나. 아~ 마누라보다도 어머님이 이거지! 마누라는 도망가면 또 얻으면 되지. 안 그러냐? 짱께야! 내년 봄 꽃피고 새우지 짖는 춘삼월 개나리 진달래 필 때 특별휴가로 고향에 보내줄 테니 가서 아들이나 한 개 만들고 와. 그리고 넌 신분은 비록 중국인이지만 이 나라에 와서 내 조국의 일꾼인양 열심히 직업에 충성하는 인내가 가상스러워 현직인 지금 이 방에서 저 방으로 건너뛰는 한 가닥의 희망줄 승진으로 네 삶에 안정감을 줄 것이야.

이것이 이 나라의 차별 없는 기업정신의 노동법이니 더욱더 열심히 살도록! 알겠냐? 쇄쇄~ 이에 기고만장하여 자칫 기본적인 이성을 잃을 수도 있으니 처연하게 할 것이야. 잘 나가다 털썩하면 광 팔고 3땡 쥐면 뭐허냐? 말짱 도루묵이지. 마작이나 짝패는 안 허시지? 가끔! 그 가끔이라는 게 새끼를 치면 노냥이라는 단어가 나와 버릇은 고질이 되는 원료이고, 습관은 발작을 부르노니 얘가 얘가 시방 위험 수위에 와 있어 안 되겠다. 네가 사람이 되기 위해서는 수신제가 평천하 치국의 의미를 알어야 할 놈이야. 엇찌 이거 경망스러워지는고. 야! 중국놈, 나 여자랑 포도주 마시기로 했거든. 그래서 말발 여기서 아웃 몇 그라스 땡길 참이니께 아무리 긴급상황이 오드라도 뜨르르 전화질로 무드 깨지 말고 알아서 해. 하던 대로 알겠냐? 이 새끼들아! 네네, 얼큰하게 취하세요. 부럽다. 사장님의 갑질!

몽블랑 아저씨

●● 저, 어르신! 영감님! 안 들리시나 보다. 영감님! 잉 뉘기여? 뉘신디 날 불러싸? 아, 네. 제가 어르신을 불렀습니다. 무슨 일로 날? 네, 안녕하세요. 처음 뵙는 분이지만 저희 아버지 닮은 듯한 느낌이 와 아버지가 그리운 마음에 아는 체를 했습니다. 턱수염이 푸르르 하시고 양 귀가 날렵하시며 기골이 젊은이 못지않게 장대하신데 허리는 꼬부라진 오이 꽁뎅이몬양 굽으셨네. 이마빡 주름은 하나도 없으셔. 요즘 젊은 것들 돈 처발라 다듬고 고치고 깎아 벼락미인 만드는데 혹여 영감님께서도 보톡

스 몇 방 찔러 박은 것 같은데 그러셨나요? 이게 무슨 소리야? 도끼가 뭘 어때? 보톡스여. 보리수? 보리수는 석가모니가 보리수나무 아래서 깨달음을 얻은 나무야. 아니 그게 아니구요. 보톡스! 그게 뭔데? 쪼글쪼글 주름살 있죠? 그거 한 방이면 살이 빵처럼 와~ 그러면서 부풀어 올라 주름살이 금방 못 찾겠다 꾀꼬리 꾀꼬리 너마저 숨을래 그러는 약여. 그거 주사 콱 맞으셨냐구요? 할멈 여자친구가 그런 거 맞지 않아 쪼글쪼글해도 꽈나니께 돈 버리지 말구 그 돈으로 단팥죽이나 사먹자는 걸 그러라구 그러구 맞긴 불알을 맞어? 안 맞었지. 아니 그럼 지금 그 이마빡이 오리지널 이마빡이시네요. 아, 그럼 시방 연세가? 그건 알어 뭘 허게? 나 장가가게 해줄려고 그러남? 어디 혼자 굴러다니는 개평댁이라도 하나 있남? 그게 아니라 하도 똘똘해 보이시길래 제가 보기로는 70줄에 한참 청년 같으신데. 으흐 70이라~ 그 정도만 됐어도 얼씨구나일세. 불행히도 80하고도 다섯이야. 에? 아니 뭘 그리 놀라나?

    그러는 자넨 뭣허는 사람인데 할 일 없이 지나가는 늙은이 붙잡아놓고 미주알 고주알 콩이네 팥이네 찾는 거야? 또라이모냥! 그러는 자네 춘추는 어떻게 되시나? 아, 저 말씀이십니까? 아, 여기 자네 말구 누가 또 있어? 그렇군요. 어디가 모자라 보이지도 않는구먼. 젊은 사람이 왜 이래? 저로 말할 것 같으면 갓 50인데요. 에이~ 더 될성싶은데 그 나이에 이리 폭싹 삭을 수가 있나? 우리 마누라는 나랑 쌤쌤인데도 차리고 찍어 발르고 나가면 뒷태가 너

무너무 아름다워 총각들이 나래비를 서 하염없이 따라온다는데 하물며 그 나이에 처자는 있남? 그러문입쇼. 마누라는 이뻐? 그러문입쇼. 죽여줘? 그러문입쇼.

　거짓쁘렁 하지 마러. 잘도 죽여주겠다. 쁘렁이 아녜요. 진짜냐? 그러문입쇼. 꼴에 여복은 있나 보네. 근심이 그득해 뵈는데 말 못할 고민이라도 있으신 겐가? 함은요 있음죠. 있구 말굽쇼. 그 이쁜 마누라가 속을 썩이남? 그렇기는 한데 몇 대 내질렀더니 빤스 브라자 석건 주섬주섬 캐리어에 담아 집 나간 지가 보름인데 소식이 없어서 아~ 친정에 갔겠지. 아예 오지를 않았답니다. 새서방 해갈 일은 없을 게고, 잠시 심경 안정시키느라 모텔에 기거 중일 게야. 너무 조급해 말고. 집 나가게 한 장본인은 자네가 주범이니까 인내하며 기다려. 아니 근데 오늘 일요일도 아닌데 이 멀쩡한 낮에 일도 안 나가고 개싸지르듯 아 그런다고 화딱지나 나간 여편네가 여보~ 그러면서 쓱 나타나남? 오히려 찾으려 다니면 코 꾀는 거여. 내비둬!

　관심 안 두는 듯하면 그쪽에서 먼저 덜컥 겁이 나게 되어 있어. 그래야 내질른 자네 체통도 대박나는 거고, 안 그러면 건드려 기만 살리는 꼬락서니여. 슬하에 자식은 몇 남매나 뒀어? 무자식 상팔자라고 하여 씨종자는 안 받기로 해 합방은 안 하는 관계로 없다 그말이지? 그렇습죠. 아이구~ 저런! 스스로 마누랄 버린 꼴이야. 아, 맨날 데리구 자도 돌아누우면 남이라는 게 부부인데 허구헌 날 독수공방 긴긴밤 서방님이 그리워 뼈와 살이 타는 그 뜨거운 밤을 혼자 견디게 했으니 이런 오사를 할 일이 있나? 법원에 가서 혼인신고 도장 찍었다고 내 마누라가 아닌겨. 긁어주고 안어주고 뒹굴거리고 때리고 들러업고 패가면서도 얼음이 녹듯이 스르르 녹아드는 게 그대와 나 정렬의 이 한밤이 필요한 건데 그걸 마다하고 내남보살 느이 아부지가 그러라고 그러든? 손주놈두 안어보고 싶지 않았는 게지. 에이~ 떡해 먹을 집은 아 그 지랄할 걸 장가는 오랄을 져서 가? 딴 데루 시집가서 신나게 살게 두지 끄집어 땡겨가지구 간땡이가 탱탱 붓게 만들어 참다 참다 내빼게 만들어 놓구는 옘병 지랄 맞어 찾고 돌아다녀? 이런 그지가 집어갈 위인을 봤나? 나이 50은 똥구녕으로 처먹었어? 생긴 게 떨떨허니 생각도 떨떨할 수밖에. 내뺀 지가 며칠날이야? 옳거니 그날이 메리구리스마스 날이에요.

애덜이랑 징글벨 들으며 술잔을 기울이다 보니 너무 마셔 제가 곤죽이 되어 집에 들어와 봉께 없드만요. 이 기지배가 예배당엘 갔나? 누구랑 술을 마시나? 그러면서 제가 스르르 잠이 들어 새벽녘 목이 타 물 먹으려고 자기야~ 나 물 좀. 아, 물 달라니까? 그래도 아무 기척이 없길래 뿔따구가 나 이 씨발 귀가 쳐먹었나! 그러면서 냅다 내질르려고 팔을 입빠이 후둘렀는데 걸리는 게 없는 거에요. 분명히 내 휘두르는 팔때기 사정권에 귓퉁배기가 정확히 일

치되어야 하는데 헛스윙 윙~ 하고 바람소리만 창문을 뒤흔들고 똥 누러 갔나? 에이~ 씨이뻐얼~ 그러면서 도루 자빠져 슬그머니 잠이 들어 일어나 보니 한나절이 됐는데도 안 보이는 거 있죠. 그렇게 내뺀 지가 아까 이야기했지만 보름이 쪼깨 넘었구마니라.

너 예수 믿냐? 안 믿는데요. 왜 안 믿어? 그건 내 맘이거걸랑여. 네 맘인 건 아는데 왜 안 믿냐구? 기냥여. 예수를 안 믿으니까 그런 때아닌 불상사가 쌩으로다 터지는 거여. 그 전엔 예배당에 다녔을 꺼 아냐? 내 생전에 예배당에 한 번은 가봤죠. 오줌 쌀 나이 때 예배당에서 사탕 준다고 하는 바람에 사탕에 눈이 어두워 따라갔던 기억밖에는. 천벌을 받을 만도 하구먼. 예배당에 열심히 다니면서 11조도 많이 내고 찬송가도 존나게 많이 불렀던들 주님께서 어여삐 여기사 이 정도 하찮은 일 정도야 빙산의 일각인양 수월했을 일이구먼.

예수를 멀리한 그 죄 깊이 다시는 돌아올 수 없는 이별의 기다림이 되다니! 이건 자네가 인위적으로 만든 파탄의 고리로서 재생 불가의 퇴로의 기로에 자네가 서 있어. 오지게 마음먹고 한 번 간 마누라는 잡지 마러. 없으면 또 물색하면 나오는 게 짝이고, 여자야 새로운 각오와 개과천선 바다가 육지 되는 기이한 이변이 있어야 앞으로 조용히 늙어갈 네 신세에 빨간 장미 한 송이가 피어날걸세. 그러기 이전에 새 장가가서 얼씨구나 좋은 세상 살려거든

겉늙어 파도치는 이마빡 깊은 주름부터 쫙 피부과에 가서 검은 얼굴 박피술도 좀 하고, 보톡스도 맞어. 겉이래도 좀 번지르르해야 계집이 붙느니라. 알었냐? 아, 그렇게 돈 발라 멋저브러. 이럴 때 영등포 싸구려 길거리 골라골라 싸구려 옷장수모냥 기똥찬 기지배 하나 골라 붙들어 못다 한 로맨스로 세월 가는 줄 모르게 살아야 할 것 아닌감? 오래 굶었다구 디디헌 거 냅다 잡아땡기지 말고. 한 번 실수는 성공의 어머니야. 인마, 잘할 수 있지? 글쎄요? 아자씨 말씀대로 그게 그렇게 깜냥깜냥 쉽건남요? 안 되면 되게 하는 게 인생 요령이야. 꽃이 있으면 분명히 벌 나비가 있게 마련이야. 내 총을 받아랏! 탕탕~ 타타탕~ 열 번 찍어 안 넘어가는 나무 있간? 두드리면 열릴 것이다. 전 세계의 이목을 받고 있는 심리학 박사 주책박사 허 박사의 일갈! 두드리면 열릴 것이다. 명언을 가슴 깊이 새긴들 엇찌 용왕님인들, 예수님인들 박절히 모르쇠 하지는 않을 것이니 젊은이의 근심을 걷으시게. 내가 하라는 대로만 하면 자다가도 빵떡을 얻어먹어.

진리란 어린아이 대가리에서 나오는 게 아니야. 진리란 환갑 늙은이 해골에서 나오는 게 아니야. 늙수구래한 골이 꽉찬 노땅 해골에서 그 진리가 쏟아진다 그러한 말일세. 저는 본래 남의 충고이거나 안내 같은 건 갓잖은 생각이 들어 무시하고 안 듣는데 어쩌죠. 어허허허~ 또 그런다. 이 사람이 자네 지금 지푸라기라도 잡고 싶은 심정 아닌가? 그러나 날 샜다고 인생철학 심취한 허 박사 내가 있지 않은가? 이게 아주 보기보다는 꽤 앙당구래저 신경 꽤나 굵게 생긴 놈이야. 오징어 구워놓은 것처럼 그저 뻣뻣하면 되는 줄 아남? 강한 쇠가 부러지는 게야. 사람이 을랑노고래기가 있어야 야들야들 부들부들 날장날장해야 쓴다 이 말이여. 즉 여유가 있어야 한다 그런 말이지. 여자는 고로 부드러운 남자를 선호하니께. 그리고 하얀 피부 그게 조건이여. 내가 기발난 기계 빌려줄 테니께 한 번 써봐. 우리 그대가 한참 이쁠 적에 쓰던 미용기구인데 빠각빠각표 마카오제 오예~ 얼굴살 다리미라고 맛사지용 아이롱 다리미 그리우리 그 님이 사용하던 건데 빨리 이뻐지겠다구 도수를 입빠이 올려가지고 지지다가 살이 찌지직 그러면서 쩍 들러붙어 마빡이 먹음직스럽게 익어 되진다고 펄펄 뛰긴 했지만 생명에는 지장이 없어 나보다도 한참 연상인데 아직도 살아서 꾸정꾸정해. 의견 충돌로 드잽이하다 보면 기운 깨나 쓴다는 내가 그 여편네한테 딸린다니께.

한 번은 둘이 앉아 멀건히 텔레비전 보다가 심심하길래 여보 입이 심심한데 가락엿이나 좀 사다 먹을까? 그러시구랴 해서 가락엿을 사서 툭 부러트려 누구 엿구멍이 큰가 엿치기를 하다가 분명히 제 엿구멍이 작은데도 내 큰 엿구멍이 더 작다구 빡빡 우기는 거야. 아, 을마나 화딱지가 나냐? 그래서 이건 양보할 일이 아니야. 내가 져주면 진실을 외면하는 것으로 내가 철면피가 되는 거다. 하여 공사는 분명해야 하기에 실갱이 끝에 뭔가가 휙 날아오는 거야. 피할 새도 없이 비행접시야. 그냥 으악~ 소릴 내지르며 코를 움켜쥐었지. 아, 선지가 그냥 장마철 지붕 초시락에 낙수물 떨어지듯 쭈르르르 좔좔좔~ 아, 이건 코피가 아니라 서울 뚝섬이 터진 거야. 그러자 재차 지가 무슨 미들급 챔피언 박종팔이나 되는지 핵주먹이 따다닥~ 3분 동안 기절해 있다가 일어나긴 했지만 지금도 그날을 기리면 오금이 덜덜 떨린다야. 우리 그 님이 그 정도로 무서운 할멈이여. 호랭이라구. 그런 재난을 겪은 세월도 벌써 서너너더댓 해 돼가누먼 그랴. 그 뒤로는 할멈이 무서워 근처도 못 가고 나도 몇 해를 쫄쫄이 굶고 살어.

옆에 오면 오는 날이 제삿날이랬는데 어떻게 가? 저 종로통에 가서 악어가죽으로 만든 갑옷을 입고 옆에 가볼까 그 생각을 심사숙고 중이야. 요새 그게 어떤 분 이야깁니까? 아니 이게 초상집 문상 가서 한참 울다가 누가 죽었냐고 한다더니 이 작자야말로 그짝이네? 아, 젊은 사람이 쎈스가 그리 재빠르지 못해서야 으찌 절간에 가서 새우젓을 얻어먹어? 이러니까 기지배가 도망가지. 단순히 굶겨서 못 견뎌 도망친 게 아닌 거 같어. 하날 보면 열을 알게 되어 있어. 언젠가는 이런 일도 있었구먼. 오랜만에 해로나 즐길까 해서 응근히 닦아가 속고쟁일 잡아 이게 뭔 짓거리여? 안 허던 버르장머리를 다 부리고 그러면서 두 손가락을 잡아 꺾는 바람에 전치 2주 상해를 입은 적도 있고, 한참 뜸했다가 왈칵 달려드니께 낯선 서방 같어 싫다며 엠병을 떨며 앙탈을 부리는 거 있지? 그래서 그때 느낀 게 하나 있어. 습관이 엄청 중요하구나 하는 절대 절명적인 깨달음! 어느 날부터는 이젠 자동이야. 불만 끄면 바로 놀아. 부럽습니다. 부럽긴? 남의 일에 부러워봤자 몽땅 개털 영화 한 편 맹그러봐. 러브 시네 마스코프 총 천연색으루. 대본은 내가 쓸 테니께.

장학 공감

●● 엄마, 전기불이 호~ 하고 불어도 안 꺼지구 부채로 부쳐도 안 꺼지네? 아이, 신경질 난다. 이내 속을 후벼파고 머리꼭지 끓게 하네. 아니 이런 세 살씩이나 쳐먹은 게 이렇게 아둔해서야? 어쩌면 그리 네 아범을 닮았다냐? 이년아, 이거는 주먹으로 내질러 깨트려야 꺼지는 거야. 으응, 그렇구나! 엄마! 왜? 엄마 얼굴은 왜 그렇게 커? 되게 크네. 메주 덩어리 같아. 똑같애! 똑같애! 아니 이누무 지지배가 에밀 골려먹어싸? 싹박아지 없이 네가 누구냐? 영이! 영이는 누구 딸? 엄마 딸! 그랴 맞어. 그

란디 넌 못생긴 느그 아부지 탓 안 하고 얼굴 큰 날 탓했응개 얼마나 달덩이모냥 환허니 이쁘냐? 누굴 빈정거려 잘생긴 에미 달덩이 얼굴 닮은 고마운 건 모르고 이년아, 넌 다 크면 에미 얼굴보다 더 커. 흥! 내 인생은 다 조졌다. 민정행정센터 보건위생과에서 한 말씀 올리겄습니다. 여기 WC는 만인 공동화장실로 여러분의 건강과 위생을 생각하여 너나 할 것 없이 사용자는 내 집 화장실처럼 생각하시어 질서정연하게 깨끗히 삣뚜루 사용치 마시고 정조준하여 질질질 발판에 흘리지 마시기 바랍니다. 아주 몰지각한 호로 상것들 땜시 지린내에 코가 다 매워요. 늘 뻣치는 것들이 문제야? 화장실 벽 낙서 지저분한 놈 푸른 신호등 15 14 13 팍 됐어! 빨간 불! 이제 건너! 빨간불인데 건너요? 어허~ 그냥 가. 자동차가 비켜 가게 아저씨나 건너시겨. 난 아직 어리잖아요. 올 겨울엔 한냉 고기압이 우리나라를 지나 춥다네. 그러게요. 아이~ 추와! 뭐가 추워 춥긴?

 아줌니, 그게 반바지요? 빤쓰요? 아, 이 날씨에 핫팬츠라니 그거 유행 지나간 지가 몇 해 전인데 아직도 그 유행을 써먹우. 아, 그래도 신랑이 아무 소리 안 허남? 오히려 신랑이 이거 안 입으면 난리나요. 눈요기할 게 없대. 그래서 내가 우리 신랑 죽여주기 위해서 추와도 참아야지. 나는 여자이니까. 내가 이러구 산다우 내일은 북대서양 저기압의 영향으로 영하 45도 불알석건 조개가 풍선처럼 얼어 터지는 날 아무리 두껍게 입고 솜이불을 덮어도 소용이 없대내. 누가 그래? 아홉 시 뉴스가 그러지 누가 그래! 이거 봐, 미니 팬티, 내일은 말야 내복에 고리땡 긴바지 입고 나와. 안 그러면 풍기문란으로 고발 들어가. 늙은이들이 안 보는 척 느끼하게 쳐다보며 침을 샘켜. 징글러브유. 수질을 오염시키고 살림을 들어먹는 이 땅덩어리엔 하마가 산다. 먹어도 먹어도 배가 차지 않는, 또 먹고 또 먹고 또 마시고 또 퍼먹고 그래도 시장끼가 오나 봐. 얼마나 더 먹어야 꺼억~ 게트림을 할 거니? 벌어서 아주 다 먹어 조지는구나. 자고 나면 일사분란하게 지저분하고 구린 오물을 쏟아내는 모든 궁뎅이 흐르는 물이 냄새로 죽을 지경이에요. 물고기가 똥덩어리 먹고 크나 환경이 몸살로 돌아가시게 생겼단다.

    푸른 하늘 산천초목 인권은 갈 곳 없고 여기저기 오나가나 쓰레기 깡통만 너저분하다니 인간아, 왜 사냐는데 지구를 들었다 놨다 빨간불 들어온 이 땅 최후의 경고! 덧니 매력에 빠져 들러붙어 애인이 되어줬던 그년은 덧니가 빠지고 나니까 매력은 무라며 너랑 나랑은 여기까지 X자를 치며 딴놈 해가고 야, 이년아! 씨받이를 할려거든 제대로 하랑께. 우리 회사 직원 30명 중 홀아비로 사시는 분 손들어 보셔! 하나 둘 스이 느이 다스 여스 일곱 야들 아홉 열 열한 개 열둘 하이고오~ 회사가 아니라 홀아비 보호소네. 못난 숫컷들 이번 X마스엔 보너스로 현금 대신 1회용 여자 하나씩 앵기겠다. 백년해로하길! 기다려! 크레파스 한 타스모냥 홀아비가 12인분 타스네. 외로운 하이에나야, 근간에 유행하는 그깟 코로나 퇴치법을 척척박사 주책박사 만물박사 허 박사가 공개한다. 매에는 장사가 없다. 그깟 코로나 몽댕이를 휘두르면 맞아 되질까봐 다 도망가. 아가리 막고 답답해 숨 차. 아이고~ 지겨워. 아니 대통령은 뭐허시는 거야? 코로나 안 내쫓구! 사드나 핵으로 까부시면 안 될까요? 아아~ 참 사드는 있으나 핵은 없지. 아임 쏠이! 그 억척 코로나에도 이 몸은 살아나니 체력은 국력! 행운의 열쇠는 나에게 오 마이 갓! 어느 모주가에게 아네모네가 이렇게 물었다. 마누라 없이 홀아비로 무슨 재미로 사냐 물으니 잔소리 끓여 붓지 않아 좋고, 내 맘대로 술 실컷 마셔 좋고, 눈치 안 보고 돈 내 맘대로 쓰니 좋고, 오입질을 해도 걸릴 일 없어 좋대. 다만 아쉬운 건 쥐어질를 수가 없어 주먹이 심심하다는 거 하나 빼고는 다 좋아 좋아! 아주 좋아! 무릉도원이 따로 없대. 그러냐고 그랬지. 여기까지가 홀아비 노하우래. 아주 틀려 먹었어. 짜고 치는 고스톱인지 지역구 관내 건설 전담부터 행정 이대로 안 돼.

 왜 멀쩡한 보도블럭 파헤쳐 수시로 고쳐야 허냐? 국민 혈세가 어느 개인업자 봉이냐? 네 돈 안 들어간다고 엿장수 맘대로처럼 수백 수천 수억씩 지출되는 쓸데없는 지출! 그걸 출자 도장 찍어주는 부서나 받아내려는 업자나 이거 어느 누가 하는 일이 이러냐? 브로커 배 채워주기로 뇌물 먹은 것도 아닐 테고, 왜 국민 혈세 낭비합니까? 구 일 년 예산 절감해서 지역구민 세금 줄여주면 어디가 부러지남? 그걸 주어진 예산이라고 다 쓰지 못해 안달을 하고 그러니까 나랏돈은 눈먼 돈이라고 그러지. 그러니까 암암리 고스톱 짜고 쳐야 이러이러한데 같이 먹고살자. 넌 쓱싹 명분만 올리면 되잖어? 저녁에 나와 술 한 잔 하게 내가 정치하면 이런 사고방식부터 붙잡고 늘어질꺼. 정의사회 구현? 앗따! 명패 하나 멋들어진다야. 아직 멀었어. 철퇴 맞고 포청천 앞에 단죄해야 할 부서 공무원들 모두 잘하고들 계시남요요요? 주먹구구식 탁상행정은 아니드레도 제대로 꼭 해야만 해야 할 일 원자재 인건비 공사대금! 1,000원 들어갈 거 3,500원 견적서 넣으면 그거 아주 화수분인데 또랑 치고 가재 잡는 것이 아닌 또랑 치며 황금 덩어릴 푸대로 줍긴 마당 쓸고 동전 줍는 쪼잔한 잔돈푼 벌이야. 애개~ 차라리 낮잠을 자지 두 배 세 배 안 내다보구 누가 정부일 허냐? 참들 얼굴도 두껍다. 명분 하나에 세금이 줄줄 새는구나. 암행어사 출두요! 아악~ 풍자 스토리 1절. 개업 우리 집 세탁소 간판 이름 하나 끝내준다. 깨끗해.

세탁소 오늘 개업 첫날인데 조반 전부터 손님이 오시려나? 익크~ 온다. 와~ 근데 첫 손님이 조개면 1년 내내 재수 옴 붙는다고 그러던데 어쩐다? 그냥 가라고 할 수도 없고 문은 열어놨으니. 안녕하시어요. 개업 축하축하 드립니다요. 옆집 건너 옆에 핑 돌아 주점 마담 애나예요. 잘 부탁드립니당. 그러시죠 뭐. 흥! 옷 빨어 다림질해서 너네 술집 부자 만들 일 있냐? 여쨌거나 마담님이 우리 집 개업 첫 손님이니 반갑쉬다. 대박나시어요. 아이구~ 감사합니다. 그리 돼야지요. 앞으로 성원 부탁드리겠습니다. 세탁물 이리 주시지요. 첫 손님이니께 잘해드려야지. 이거 브라자랑 팬티 그리고 고쟁이네요. 가디건이 하나 손수건 비싼 거니까 기술적으로 올 안 풀리게 샤샤샥 아셨죠? 네네, 저희 세탁소가 여느 세탁소보다 차별화된 세탁소로 쫑뿔난 빨래거리만 취급해야겠다는 신념이 방금 뇌리를 스쳐 첫 가르침이라 생각하고 빤스 전문세탁소로 장안의 명소 간판에 밑줄 긋고 영업해야 할 것 같습니다. 저에겐 첫 AI손님으로서 뫼시도록 허것습니다. 이 동네에는 술집이 몇 개나 되남요? 저도 이 동네에 팔려온 지 엊그제라 정확한 수요는 모르구요. 대강 어림잡아 이백 개는 되지 않나 그렇게 내다봅니다. 네네네, 앗따~ 그 정도면 거기 들러붙어 먹고사는 여자들이 줄잡아 몇 백 명은 조히 될 터 내 목구멍 풀칠하기에는 어려움은 없겠구만. 이것들 빤스 브라자만 걷어들여도 날밤 새며 빨아대야 할 노다지 대박이야. 빤짝빤짝하게 빨아드릴 테니 널리 선전 좀 해주셔. 뭐든지 빨아주는 기묘한 세탁소가 있다고 널리 선전만 해주면 내가 세탁소 접는 날까지는 아가씨 빨래는 전액 무료야. 어머! 멋찌시다. 도량도 넓으시고. 하지만 저는 술은 공짜로 못 드려요. 오시면 현금 따박따박 받습니다. 아, 그러셔야지요. 사나히가 그깟 술값 몇 푼에 조잡스럽게 긴장의 침을 꼴깍꼴깍 넘겨서야 체면이 서겠습니까?

벌 땐 벌고 쓸 땐 쓰는 거지 앗싸라비아 인생 다 그렇게 그렇게 사는 것이지요. 내 조만간 낮술 한 잔 먹으러 가리다. 사모님이랑 정답게 동행하시어요. 같이 갈 사람은 없고 거기 가면 다 내 사모님일 텐데 뭐 다 쮸쮸빵빵합니까? 한 번 와보시어요. 백문이 불여일견 와보시면 압니다. 극락이 따로 없구 무릉도원이 여긴가베 할 정도로 깃똥찹니다. 거 광고가 너무 과한 거 아니요? 그러니까 일단 한 번 와보시라니깐요. 알았쪄! 그럼 할 말은 많으나 이만 실례! 안눙~ 앗따 그놈자식 뻥도 오질라게 깐다. 돈두 없게 생겼구만 쮸쮸빵빵 끼구 낮술 먹으려면 주대가 얼만지나 알구 낮술을 찾어? 주댕이로 장사 다 하는 녀석은 때뺑이 대세 오나마나 기다릴 것도 믿을 것도 없어. 소문난 잔치 먹을 게 없는 거야.

쮸쮸빵빵이 다 눈깔이 깨졌나? 너네 집에 와서 대포 팔게. 들어옮기다 며부친 찌그러진 메주 덩어리 닮은 지치래기 암놈 몇 명 데려다 놨겠지. 솔직하면 내가 더 가고 싶지 뻥으로 날 불러다가 왕창 박아지 씌워 매상 올리려구. 아유~ 술에서 쉰내 난다. 이년아, 안 가! 떼굴떼굴 떼떼굴 도토리 하나 으아으아 엄평 고드새다. 참새가 죽어도 짹 한다구 사내는 죽을 때도 폼나게 죽는 거야. 구제 고물가게에서 2,000원 주고 산 연분홍 핑크 넥타이 청량리 노숙자가 매고 있다가 돈은 떨어지고 술은 먹고 싶고 엇째 그걸 명품이라고 구라발 쳐 동료 노숙자에게 3,000원에 팔아 다시 5,000원 마진 묻혀 되판게 있으니 2,000원짜리가 8,000원까지 명품이 된 거야. 노숙자 왈, 엇때? 명품 타이에 쪽 빼구 있으니까 삑까번쩍 그럴 듯하지? 오늘 이 모습으로 핑 돌아 주점 쳐들어가 잔꾀로 꽁술 좀 얻으려고. 근데 와이셔츠 목깃이 개기름에 찌들어 때가 꼬질꼬질한데 넘어가 줄까? 지갑은 이미 신문지 오려 담아서 지갑이 두툼하니 빵빵해. 그게 꽁술 미끼야.

간장종지 국밥집 아줌마

●● 아니? 웬 약을 조반 전부터 드셔? 어디가 많이 안 좋은 게로군. 이게 약으로 보이남? 보신제야. 그 덩치 그 체격에 보신은 또 무슨 보신. 안 그래도 허구헌 날 마나님 덕에 괴기 든 국밥으로 장복을 하면서 거기서 더 건강하면 백두산으로 호랑이 잡으러 가려구? 이거 봐! 건강은 건강할 때 지키는 게야. 그렇다 하고 어디에 어떻게 좋은 보신제야? 하체 작대기 늘어지는데 직효라길레 은행에서 대출을 해서 고가로 샀더니만 효과가 없는 거 같애. 으하하하~ 어쩐지 쫄쫄거린다 했더니 그런 쪼간이 있

었구만. 이 사람아, 한참 나이에 그게 무슨 꼴인가? 아, 그러면 병원으로 가 비뇨기과 의사와 상의를 해서 치료를 할 일이지 염소 똥에 밀가루 묻힌 걸 사먹어? 비위도 좋다. 아, 염소똥을 돈 주고 사먹을 바에야 직접 염소 농장으로 가 금방 쏟아놓은 뜨끈뜨끈한 똥을 먹을 것이지. 이건 돈두 쓸 줄을 모르니 뭘 해먹고 사냐? 국밥집 아짐씨, 아~ 영감님 좀 잘 챙기셔. 어째 작년보다 더 흘흘헙디다. 아, 고것이야 나이를 먹응깨 안 그렇소? 가는 세월 잡을 순 없고 나이는 먹고 죽을 날이 가까워 오지만 으짜것소? 그냥저냥 깜냥대로 살다 마는 것이지 으짜겠소. 영감이 작년 달르고 올 달르게 나도 모르겄슈. 거시기도 시원치 않응개 오줌 누는 소릴 들을라 치면 똑똑똑 지붕 초시락 낙수물 떨어지고 열 나절 서서 끙끙거리네. 아이구~ 아줌니, 여기 보셔. 쥔장! 야 할멈, 안 들리나?

아니 손님이 와서 한참 떠들어도 내다도 안 보니 장사 걷어치웠나? 아, 여기 장사 안 해요? 아아~ 네네네 합니다. 밥 먹으러 왔다가 허기져 죽겠네. 뭘 드시려구? 아, 여기 국밥밖에 더 있습니까? 아, 국밥 드시게? 완투 두 그릇! 우선 소주 한 병 주셔. 빈 속에 자시면 뱃속이 찌르르 할 텐데. 찌르르 허던 굴렁쇠가 굴러가든 달래면 주슈. 말소리가 느그 고향 아줌니 같다야. 아줌닌 고향이 어디요? 무주 무주구천동이어라. 워메~ 고향 사람 아주머니시네. 무주서 여기까지 뭣 땜시 뒤벌려 오셨는 게라? 두 발 달린 짐승이 어디든 못 가간여. 지싯지싯 올라오다 봉께 예까지 왔구마니

라. 내 신속하게 푸르르 끓여 국밥 올리리다. 자, 나왔슈! 음마~ 그 새에 쇠주 한 병이 들어 뻥 났네이. 붕어모냥 물을 좋아하시나 보네. 빈 속에 쇠주부터 들어부었으니 속이 싸허니 뉘글뉘글 헐틴디 언능 뜨끈한 국물과 함께 차근차근히 드셔. 오잉~ 뭐 이래? 국밥이 멀떡국야! 이짐씨, 이리 와보셔. 이 국밥 이름이 뭐요? 말 그대로 돼지국밥! 돼지국밥은 국밥인데 국밥이 왜 이렇게 멀떡국이야? 고기는 미리 다 건져 먹었나? 돼지비계 몇 쪼가리 둥둥 떠다니며 해수욕을 하고. 앗따! 이 양반들 시대에 뒤떨어지는 말씀을 하고 있어. 아, 시방 때가 어느 때요? 코로나 난리에다 경제는 엉망인 판에 뚝배기가 터지게 퍼주면 재료값은 천정부지고 난 뭐 흙 파다 장사허남? 남는 게 있어야 나도 먹구 살지. 4인 이상 거리두기 제한에 매일 맹물만 끓이고 앉질러 가스값만 디리 올라가고 신경질이 대꼬쟁이처럼 뻣쳐 뒷 모가지가 땡기는 판에 해주는 대로 그냥 자시지 화퉁머리 나게 왜 이러셔?

    기껏 와서는 남에 음식 타박이나 하고 집구석에서도 그렇게 사냐? 아침 개시부터 재수 없이 각설이 품바도 아니고 국밥 십수 년에 오늘처럼 쪼잔한 손님은 또 처음 보네. 아무 말 말고 국물이 뜨끈허니 훌훌 마셔둬. 해장엔 돼지국밥이 따봉이야. 아니 따봉이구 쓰봉이구 뭔 건덕지가 있어야 씹어먹지! 그냥 물이라 꿀떡꿀떡 넘어가는 건 잘 넘어가는데 목구멍에 걸리는 게 있어야지? 그지뿌링도 그럴 듯하게 허시네. 그냥 살점이 적게 들었을 뿐이지 목구멍에 걸리는 게 없다니? 말은 똑바로 하고 삽시다. 손님, 우리 집 단골들도 아무런 개소리도 없이 잘도 처먹건만 오다가다 개꾸로 들어온 뜨내기가 되지 못하게 말이 많다니까. 요거다 즈거다 조건 붙혀 혈압 올리지 말구 남의 음식 그렇거니 하고 밥 말아서 휘정거려 따북따북 드셔. 추위가 확 풀릴 게야. 집에서는 얼마나 잘해 먹고 살길래 밖에 나와서까지 밥투정이야? 그 버릇은 빌어먹을 장군이야? 매운 고춧가루 좀 더 줄까? 얼큰하게 젖먹이 자지만 한 베트남 고추인데 드럽게 매워. 콧장댕이에서 송골송골 땀이 나. 됐거든요. 왜 골라셨어? 국밥 외엔 서비스여. 아자씨덜 이러네 저러네 투덜대지만 나 그런 년 아녀. 내 잇속만 차려 손님 억울하게 하는 그런 년 아니라구.

다만 공사가 분명해서 현실 고금리 고물가 현실에 따라 보조를 맞춰 장사를 하다봉게 손님 맘에 안 드는 것뿐이지 나도 이민 경계는 분명한 여자여. 국밥장사 십수 년 베테랑잉께 그렇게 알고 경기가 살고 코로나가 멸종하는 그날 이해타산 않고 배지가 꾀지게 퍼담아 줄껴. 꾹꾹 눌러 빽빽하게 투가리가 넘치게 앵길 테니께 그리 알고 오늘 말장난은 여기서 끝! OK? 어째 늙은이 말끝에 대답이 없이 뚱 허니 부어터져 국밥에 숟갈 꽂아놓구 열불허요? 아, 이거 내 돈 주고 밥 먹으러 와서 오늘 일진 액담을 하나? 손님은 왕이라고 이래뵈도 우리가 첫 손님에 앞으로 단골이 될랑가도 모르는데 첫술에 반하게는 못할망정 똥친 막대기 취급이니 이거

이 시대의 자화상 • 419

주객이 전도된 것 아녀? 안 그러냐? 글씨~ 글씨구 펜팔이구 인마 사실이잖어? 이거 보셔 아짐씨! 아주머니, 간판을 갈어. 국물식당 이라고 상호를 바꿔. 그러면 시비가 없고 명분이 서. 국물식당 하면 이 없는 늙은이들이 법석을 떨 거야. 그렇게 되면 바야흐로 노 땅 국물식당이 되는 거지. 붕어가 헤엄치는 집 앗따 두 냥반이 소 귀에 경 읽어요? 밥상 차려놓구 웅변연습을 혀요? 언능 후딱 들이 마시고 돈 벌러 가야 할 판에 처음 보는 아녀자랑 농담 따먹기나 하고 잘들 한다. 잘들 해. 궁둥짝에 뭐 나겄소이. 다음번엔 잘해준 다 안 허요. 우리더러 또 오라고? 아, 그거야 평양감사도 나 싫으면 그만이라고 오고 안 오는 건 당신들 자유잉께 나가 굳이 오셔 오셔 권할 일은 아니고 쾌씸하니까 한 번 더 가서 먹어주자 그러면서 또 오면 단골로 맞이하고서 괴기 한 점이래도 더 털푸덕 넣어줄 거 아녀?

사람에겐 궁량이라는 게 있어야 앞을 볼 줄 알고 내일을 기약하는 영어로 넌센스가 풍부한 사람이 크게 되는 호인이여. 오늘 당장만 생각하는 사람은 미래가 없다 그 말여. 아, 날 봐! 여짓것 아자씨들 날 붙잡고 이러니 저러니 콩이야 메주야 알짱거리며 부화를 돋구지만 화 한 번 안 내고 인내로 버티는 거 봤을 텐데 딴년 같았으면 벌써 들러엎고 달래들어 할퀴며 쥐어뜯었을꺼. 아, 그렇게 오래 담배만 빨고 있으려거든 쇠주나 더 시키던가 빈 식당 보초 서달라고 안 했드마 왜 이려? 누이 좋고 매부 좋고 초장부터 매상 좀 올리게 뭘 찍어먹으래? 있어야 쇠주도 까고 잔소리도 끓여 붓지. 돼지찌개 하나 시키면 돼지국밥도 멀떡떡국인데 돼지찌개 라고 비계 한두 덩어리 썰어 철푸덕 집어넣고 지저 쌀 한 가마 값 받으려고 골이 비었나 보다. 아이고~ 아냐 아냐! 비싼 만큼 두부 도 숭덩숭덩 썰어놓고 파 마늘 조미료 고춧가루 찌끄려 얼큰하게 매운탕 비스무리하게 잘해줄 테니 시키기만 해.

맛은 어느 정도요? 맛이야 뭐 손님 입맛에 따라 입이 달면 찌개 도 달 것이고, 입이 쓰면 찌개도 쓸 것 아닌가베. 하나 시켜볼까? 뻥 까는 거 같지는 않은데 하나 시켜. 안 돼! 시키지 마러. 하날 보 면 열을 아는 거야. 얘가 시키지 말래요. 알았서. 국밥값이나 치르 고 냉큼 자리 비워. 야, 꽹과리라도 그 정도 얘기했으면 알어 들었 겠다. 서방이 저러니 마누란들 을마나 속이 터질까? 안 봐도 비디 오야. 안 판다! 안 팔어! 내가 돼지찌개 하나 팔아 팔자 고치냐? 여 기 계산합시다. 도합 얼마요? 2만 원씩 4만 원이야. 여기에 술 한 병 6,000원 해서 46,000원! 존나게 비싸네! 안녕히 가셔. 또 오셔. 안녕히 못 가겠수다. 우리 집에 두 번 다시 올 일은 없으시겠구먼. 그라지라 뭔 볼일로 또 오것오. 코로난지 개 엉망인지가 만연하 여 물가가 치솟았다 한들 공장에서 출고가가 얼마인데 떼어먹어 도 어지간히 먹어야지 몇 배야? 난 계산도 못하겠다. 그렇게 엉터 리로 남의 주머니 털어도 아무런 느낌이 없나봐? 뭐시가니? 아니 이것들이 참고 또 참자 하니 점점 점입가경이여? 술 처음 먹어보냐? 다 뺑 돌아 6,000원이여! 소주 한 병에 시골로 내려가서 술 먹어. 느그들은 서울서 술 먹을 뱃장놈들이 아녀. 3천 원 할 때 쳐먹고 처음이지? 떡 메질 할 줄 모르는 놈이 안반만 나무란다더니 술도 먹을 줄 모르는 게 좃두 타박을! 네미 나이살이나 먹어가면서 그러고 사냐? 코는 뭉툭해가지고 미련스럽게 생겼다 했드만 아니나 달라? 병신이 육갑 떤다구 했는데 멀쩡한 놈이 칠갑을 떠니께 더 가관여. 소금 뿌리기 전에 얼른 나가! 좃대가리만 털렁거리고 다니면 다 사내냐? 도량이 넓어야 사내지. 제 여편네 콩나물 사는 거까지 오목조목 따지고 들 위인이 여기 있구먼. 쫌팽이 짜슥! 짜슥이라니? 이 할마시가 국밥집 폭파시켜 버려? 흔적도 없이 사드로 되겠냐? 핵으로 까야지! 시실 몽댕이도 없이 날려버리고 강남에 큰 가게 하나 사줘? 이 잡녀석아!

야로야로

●● 안녕하시어요? 오, 그래? 그런데 넌 누구냐? 아예, 저요? 저로 말할 것 같으면 고1 불금 방년 18세 한참 피어나는 아릿다운 꽃 한 송이 언년이라고 합니다. 그런데 방년 18세 언년이가 나이 먹은 삼촌 같은 나에게 뭔 볼일이라도 있남? 코가 땅에 닿게 날짱날짱한 개미허리를 360도 구부려 인사하는 까닭이 뭔고? 기냥여. 기냥이라니? 돌아버린 또라이는 아닐 테고 뜩 보니까 몰골도 곱상하니 쭈쭈빵빵이구먼. 안됐다싶게 걱정스럽구만. 뭔 일로 한참 공부할 나이에 시방 학교에 있어야 할 학생이 아

닌가베. 눈이 땡굴땡궁하게 생겨먹어 공부 잘하게 영리해 보이누만 왜 이러고 다녀? 공부는 할 때 하는 것이지 기회를 놓치면 하고 싶어도 못하는 게 배움이여. 쫄랑대고 다닐 때가 아닌디. 시방 공부는 잘했남? 전혀 취미가 없어 반 전체 100명 중 꼴찌서 두 번째 98등이 제 최고 성적이에요. 보기와는 달리 돌머리네. 똘망똘망허니 예쁘게 생겨먹었는데 영화배우나 한 번 해보지 그랴? 돌머리와는 별개니께. 그것도 돈 있고 빽 있어야 해먹죠. 제가 무슨 재주로 영화배우를 해요. 허나마나한 소릴 허고 계셔. 그래 내가 말을 잘못한 것 같다. 잘못해도 한참 잘못하셨죠. 말은 한 번 뱉으면 주워 담을 수 없는 것이 말입니다.

삼국지 조조가 세 치 혀로 망했다는 것도 모르시나봐? 나요, 이런 사람이에요. 공부는 못하고 크게 못 될 바에야 돈이나 벌어 재벌 한 번 되보자 하는 야심 찬 근본적 결심을 가슴에 심고 직업에 귀천이 없듯이 짧은 기간에 개처럼 벌어 정승처럼 쓸리라 왕창 버는 달인으로 성공할까 하여 집을 나와 부모 형제 이별하고 자수성가의 길로 이렇게 나섰다 이 말 아닙니까? 음, 뭔 소린지 알겠구먼. 허나 이러면 쓰나? 어린 나이에 제 몸 다쳐가며 돈 벌어 어디다 쓰게? 부모가 알면 기암을 해 죽을 일이여. 때려치고 곧장 집으로 가. 차비가 없으면 내가 넉넉히 줄 테니께. 이늠 갖고 냉큼 집으로 들어가 자숙하고 학교에 복귀하도록 혀. 날 첫 손님으로 실행할 목적으로 날 찍고 다가온 모양인데 예끼이~ 나도 너 같은 자식이 있어. 감히 용서할 수 없는 일을 하려고 들어. 아주 난 고자라고 해야겠다. 너 고자가 뭔 줄 아느냐? 있긴 있으나 쓰지 못하는 거시기의 남자! 나는 다 내려놓구 그럭저럭 살다가 지구를 떠날려고. 에이~ 그건 아니지요. 말년을 그렇게 허무주의로 임하시면 지하에 계신 부모님이 눈을 번쩍 뜨시면서 벌떡 일어나 이 웬 못된 구나방 네놈이 그러고도 양씨 집안 장손이냐? 쾌씸한 놈, 달라붙을 때 해치울 일이지 뭘 망설이는 게야? 이러면서 피를 뚝뚝 흘리시며 깍~ 갸르르르~ 웃으신다구요. 저는여, 세상을 흠모하며 살고 싶지는 않거든요. 있으면 있는 대로 태어난 복대로 멋지게 야싸~ 하게 맘보 찻차차로 즐겁게 황홀하게 매력적인 세상을 살고 싶어 남이 안 가는 길을 개척해가려는 거걸랑여. 나보다 더 내일을 향한 매력적인 생각을 가진 아이가 있으면 나와 보라구 그래요.

인생은 한 방! 어떻게 생각하고 어떻게 행동하느냐에 따라 자신의 인생이 빛이냐 암흑이냐 하는 인생 기점이 생긴다 이겁니다. 가난한 집구석에 넌더리 진절머리가 나서 내 인생을 21세기 기발난 세상에 발맞춰 살고자 하는 목적이 있기에 인생 한 방 출세로 부를 거머쥘 필승의 위력을 내가 나를 실현하고자 이렇게 용기로 길을 나섰다 이거 아닙니까? 아이고오~ 이놈아야, 으찌 그리 눈이 어둡냐? 세상은 그렇게 네 지금의 젊은 꿈처럼 호락호락한 게 아니라는 걸 네가 먼저 알 필요가 있으. 나도 너만 할 땐 너 이상으로 다부진 꿈들이 날 괴롭혔어. 철없는 꿈이었음을 한 해 두 해 살고 성숙해지면서 알았을 땐 빈 하늘 우러러 올려다보며 멋쩍게 웃어지더라. 사춘기 땐 바람에 굴러가는 가랑잎만 쳐다봐도 까닭 모를 웃음이 나오는 때여. 사람은 누구에게나 다 살아갈 능력을 가지고 있지. 그러나 그것은 부모의 슬하를 떠날 만큼의 나이 때 가능한 일이고, 아직 부모 밑에 있어야 할 어린 나이에는 하나의 모험이자 불장난이여. 누구나 성인이 되면 남보다 앞서고 싶은 야망이 있지. 그건 생존을 위한 본능에서 나오는 오기라고나 할까? 부와 명예로 군림하고 자신의 위상을 고수하며 존경받은 내가 되고 싶은 게 인간의 본질이라면 본질이지. 우연한 어떤 기회에 자신의 능력을 발휘해 부를 일구는 일도 흔치는 않지만 있어. 아울러 부모 잘 만나 금수저라는 포망으로 질적으로 풍요로운 인생을 사는 이들, 낙하산 인생들이지. 이런 인생은 자신의 고행 없이 얻은 부라서 인생의 참맛을 모르는 공짜인생일 뿐 삶의 의미에 가치라고는 없지.

　얘야, 너도 네 인생에 내가 끼어들 인생은 아니지만 내 자식이건 남의 새끼건 잘 돼야 하지 하는 것이 어버이의 마음이란다. 사람의 탈을 쓰고 내 자식 같은 아이가 함부로 가서는 아니 될 길을 가려는데 그걸 나 몰라라 할 수 없어. 제발 성화로 이르노니 부디 집으로 가거라. 허상에 들떠 한참 발랄할 시절에 한 점 오가 없길 기대하마. 부처님 반토막 같은 내 말 명심하고 집에 돌아가도록, 알겠지? 네, 그렇게 하겠습니다. 밤잠 설치며 눈물로 애갈하실 부모님 생각을 해봐. 넌 착한 딸이고 현명하니까 잘할 수 있어. 네, 잘 알겠어요. 음, 그래야지. 꼴찌에서 두 번째 위기돌파! 앞에서 두 번째가 되는 거야. 2등! 2등만 해! 자, 하이파이브! 힘내는 거야! 아이고~ 오늘 고자 아저씨 기분 째진다 오늘! 오늘이 무슨 요일이냐? 간만에 기분도 끌끌하고 하니 목구멍에 알콜칠이나 할까? 봉산이, 여보게 집에 있는가? 어디 찌르르 전화 한 통 넣어보구 찌르르 찌르르르 철커덕~ 야, 이놈아! 뭣허고 자빠졌기에 엉아 전화 안 받고 신경질 나게 밍기적거리냐? 언능 나와 나랑 맥주나 한 잔 찌끄리자. 맥주라니? 아, 대낮에 먹는 술이 맥주지 뭐야? 해골이 안적 삭을 때는 아닐 텐데 짱구짓을 허냐? 대낮부터 무슨 술을 먹어? 아, 그럴 일이 있어. 어이 나와. 낮술에 취하면 에미애비도 못 알아본다던데 진탕 마시고 노인네 칠 일 있냐? 안 치게 쪼끔만 처먹으면 되지. 할 일 없으면 인마 거시기나 주물러 곤두세워봐. 노냥 묵념만 하지 말구. 이게 또 아픈 델 찔리구 지랄이야? 씨벌 녀석이 그래 네 똥 굵다! 이 자식아, 안 먹으면 말어! 술이 쉬냐? 개가 똥을 마다하네 그려.

내일 비 오겠다. 야, 빈 쇠주병 부딪치는 소리만 나도 허벌나게 뛰어오는 놈이 모처럼 먹자는데 거절을 해 엉아 얼굴을 빨갛게 물들이냐? 내가 두 번 다시 네놈 아가리에 술을 부어주면 내가 네 아들허마 이 때려죽일 녀석아! 아주 짜식이 말이야 자기 주도

적이야. 처먹을 땐 남! 한 잔 마실 때 두세 잔씩 처먹으면서 돼지찌개에 복분자 두어 병 깔려고 했더니 황새 날아갔네. 어쩔 수 없지. 나 혼자래도 돼지찌개에 묻혀 허랑방탕하는 수밖에. 옆자리가 허전하면 늙은 여우래도 하나 앙거 그러면서 주거니 받거니 대작으로 시간을 까먹을 수밖에. 어디 보자. 지갑 한 번 열어보구. 싯퍼런 배추 잎파리가 몇 장이냐? 하나 둘 스이 느이 착착착 되았쓰! 이 정도면 뭉기적거리며 돌아버릴 때까지는 마실 수 있지. 그저 돈이 제갈량이야. 용돈 많이 주는 우리 여보가 이럴 땐 이뻐죽겠어. 여보, 실컷 빨고 늦게 들어갈게. 더러 바람을 피워서 그렇지 년 치고는 괜찮은 년이야. 군것질만 안 하면 끝발나는 년인데 내가 부실하니 뭐 나가 놀라구 자유를 줘야지. 17세기 노예도 아니고 와중에도 날 믿어주는 구석이 있어 그런가 봇따리는 안 싸. 난 그게 좋아브러.

오늘랑은 근심 걱정 붙드러매고 베사메무쵸가 아니라 주당에 묻쳐 빠는데 매진할 것이여. 여그 아무도 없냐? 나와 브러! 나 왔응개! 이 오빠가 왔쓰으~ 홀리고 빼는 데 이력이 나 둘째가라면 서러운 년 빼끔이 뭣 허구 있냐? 빨랑빨랑 나오니라. 손님이 줜장 불러 술 먹는 집은 이느무 집구석뿐이여. 하이고오~ 웬일이랑가요? 웬일은? 나가 뭔 볼일루 여그 오건냐? 한 잔 빨러왔제. 어머, 그래라오. 아, 근디 가게 안 보구 워딜 갔다 오냐? 치간에 볼일 보구 오지라. 뭐 볼일? 앗따 몰라서 물어요? 먹으면 내미니께 싸야지. 한 판 시원히 싸붙이고 왔지라이. 그랬어? 앞으롤랑 쬐깨 먹고 가볍게 언능 싸불고 손님이 쥔 부르지 않게 가게 지켜라이. 알어 먹었남? 야, 마스크 쓰고! 어머나~ 까먹었네. 아, 걸렸다 하면 문 쳐닫어야 햐~ 이렇게 생각이 모자라니 찌그러진 주전자나 뚜디리 지. 아니 근디 짝은 전당포에 잡혔오? 늘 나란히 일사분란하드만 오늘은 홀아비네? 아, 그늠시키 데불고 올라고 전화질을 해싸도 시큰둥허니 댓구도 안 허다가 뭔 골래미가 났던가 나랑 두 번 다시 술 먹으면 지가 내 아들 헌다고 그러면서 안면 깔든 걸. 씹짜석 같으니라구! 마누라랑 들러붙어 할퀴고 쥐어뜯었는지 기분이 젬 병인가벼.

　　마누라와 전생이 웬수지간이었던가 사흘 도리로 할퀴고 뜯어. 그러면서도 난리 부르스가 끝나고 한 잔 얼큰하면 마누라 자랑 을 으찌나 하는지 어떤 때 보면 등신같이 불쌍하기도 허고, 아무 튼 악인은 아녀. 영낙 없이 순박한 농사꾼이여. 욕심도 없고 남에 게 손톱만큼의 결레도 모르고 의리도 있는 놈인디 오늘은 그놈이 날 배신했당게로. 앗따! 혼자 먹응깨 술맛 난다. 그 녀석 대리로 빼끔이 네가 잔 받아라. 깔딱 넘치게 따를팅게. 쭈루룩~ 빨어땡겨 라. 이 그라거라. 오빠가 주는 술인디 맛나게 먹어야지. 쪼로로옥 ~ 쪽 앗따~ 제비새끼 잠자리 받아먹듯이 맛나게도 빨어댄다. 오 빠, 술은 은제 먹어도 맛나브러. 진짜 그냐? 이 하무. 요즘 손님은 쫌 있냐? 없어라오. 사람 접촉 잘못하면 죽어 뿐지는데 누가 여그 와서 술 마시겠소? 긍께 문만 열지 손님은 없지라오. 매상이랄 것도 없구 백판 파리 날려라오. 죽을 맛이랑께. 그럴꺼. 나부터도 사람을 회피하니께 남들이라고 다를 게 뭐건냐? 재수 옴 붙으면 곧장 가는겨. 화장터에 태울 송장이 줄 나래비를 섰다네. 이 난리에 껄껄거리며 술 퍼먹을 놈 드물지. 안주 식기 전에 집어먹어야. 빈속에 물만 붓지 말구서. 꺼르르륵~ 았따! 어지간히 들어부웠나 보다. 창새기가 느닷없이 비명을 질러댕개 해도 뉘엿뉘엿 서산에 기울고 술도 얼큰하고 인자 이 오빠도 인나야 쓰것다. 오빠, 또 언제 볼 거나? 종종 보게 될껴. 배신자랑 조만간 또 와야제. 기둘러라 빼꼼아! 어흐~ 취헌다. 딸꿀 딸딸국~

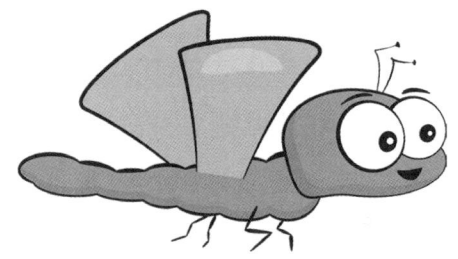

신가라 명품 초등핵교

●● 씩씩한 어린이 여러분, 여길 봐요! 여기 선생님 얼굴을 보세요. 모두 모두 스마일! 에헤헤헤~ 여기 귀한 분을 소개하겠어요. 너네들이랑 6년을 같이 할 여러분의 새 선생님 김충자 선생님을 소개드릴게요. 모두 일어나서 차렷 경례! 워매워매~ 기특한 것들! 방금 소개받은 김충자여라. 와~ 진짜진짜 드럽게 못생겼다. 가오리 같애. 아, 조용조용! 선생님을 놀리면 선생님이 슬퍼져요. 여러분 방가방가~ 이자부텀 여러분의 선상님은 나여. 그러하므로 서로 믿고 따르는 구석이 있어야 선상님과 제

자 간의 우정이라고나 할까 좌우당간 혼연의 일치 속에 학업이 형성될 때 핵교생활이 즐거운 만치 느그들과 날랑은 한마음 하나가 될 필요가 있다 그거여. 미운 일곱 살 느그들이 뭘 알겠냐만은 여기는 잠시 어리광 피우던 엄마 품을 떠나 사회생활을 배워나가는 기초의 장으로 이곳 핵교에서 100년을 살 인성교육을 받는 교육장임을 어린이 여러분은 아셔야 됩니다. 네! 아유~ 깜짝아! 목청도 크네. 참 잘했어요. 오늘부터 엄마는 집에 계시고 핵교의 엄마는 선상님이에요. 엄마한테 부리던 어리광을 선생님인 나에게 했다가는 종아리에 회초리가 날아갑니다. 교육은 냉정한 것이므로 여러분이 좋아해서도 싫어해서도 안 돼요. 무조건 좋아라 따르고 배워야 되는 거예요. 교칙에는 규범이라는 게 있어요. 핵교생활에 위배되는 일이 생기면 정학이나 퇴학이라는 것이 있어요. 요즈음 어린이들은 흉폭해서 깡패 어린이 잡아가는 경찰도 있어요.

　　선생님이 제자를 때리는 건 교육상 사랑의 매로 잘못하면 되지게 맞을 때가 생겨날 수도 있어요. 모가지 장댕이 지정해서 안 때려요. 몽댕이가 가는 대로 조져대니까 골절도 불사해야 합니다. 어린이 여러분, 각오가 되어 있지요? 네네네! 아유~ 씩씩해요. 새나라 어린이, 선생님은 천사가 아니에요. 교육자일 뿐이에요. 여러분이 어떻게 하느냐에 따라 순한 양이 되거나 무서운 호랑이가 될 수도 있어요. 선생님이 뭐라고 그랬다고 잉잉대며 울거나 철푸덕 주저앉아 두 다리 버리적거리며 괴방을 놓는 녀석은 가차 없이 볼딱지가 얼얼하게 뚜디려 맞는다 이거예요. 그렇다고 주댕이가 여든 댓발 나와가지고 쪼르르 달려가 집구석 엄마한테 전화질을 해서 학교폭력이니 교사 자질이 으째니 이런 불상사를 만드는 어린이는 직이 삐릴 꺼고 핸드폰 뺏어 양회 공구리 바닥에 태질을 쳐 깨박살을 내는 건 물론 핵교 법률상 교칙에 위배한 자도 기약 없는 무기정학 내지는 퇴학! 야망 찬 교칙에 따라 영구적으로 핵교 근처도 얼씬 못하게 할 테니께 코 흘린다고 봐주고 어리다고 봐주면 그건 교육이 아니고 그냥 정이야. 그게 문제가 되는 거야. 아, 새끼 버르장머리만 드럽게 하는 꼴이라서 승질 급한 여러 어린이의 선상님인 나는 그걸 못 보걸랑. 선생질 때려치면 쳐도 난 그건 노깟뗌이여. 처음 첫 실수 어린이는 한 번은 봐줘. 그 다음부터는 얄짤 없음. 옆에서 누가 뭔 선생이 이래? 이거 어린아이들 데리구 왕 갑질 아녀? 요러면서 전화질이나 학교 측에 항의하는 쭈그렁 엄마들 더러 그러지 말라구 그래라.

  오늘 숙제는 엄마한테 아빠한테 이 말을 전하는 게 숙제야. 알았지? 네네네. 아유~ 병아리 주댕이들, 이 선생님은 여자지만 대한민국 육군헌병대 위병 출신 간호사 김충자여. 헌병이 뭔지 아남? 권총으로 확 쏘는 사람여. 말 안 듣고 뺀질거리고 사고 치는 병사들 잡어다가 조지는 무서운 아자씨가 헌병이여. 헌병은 이유 없이 권총을 쏘남? 꼭 써야 할 때 총을 쏘지. 헌병은 삼청교육대와는 전혀 달라. 삼청교육대는 꼭 대빵 오줌 누구 있는 놈두 잡아다가 새 사람 만든다고 조져댄 어이없는 그 시절 치욕의 기억조차 싫은 악몽의 세월로 무고한 사람이 이유도 없이 끌려가 당한 세상에 이런 일이 그런 곳이었지만 헌병대는 짐의 진실만을 고수하는 군기 정렬의 기강부대로 폼나는 부대가 헌병대여. 차려이잇~ 앗 따 조놈시키 선상님이 말씀하시는 디도 캥거루모냥 옆 자식과 밀고 땡기는 힘겨루길 허네? 아유~ 골 때려! 야, 거그 청조끼 풀어헤친 상고머리 까까중 두 놈시키! 이리 못 나오냐? 언능 나와야! 앗 쭈리? 끗덕도 않네.

나가 왕년에 헌병인디 네깐 어린놈 시키들 기강 하나 못 잡겄냐? 군대고 사회고 학교고 어디 가나 이따위 화상 하나씩은 있응게 그러려니 허고 넘어가 코흘리개들이 뭘 알간. 아이고 김선상 뭔 말여? 아, 코를 질질 흘려도 영어하는 것 봐. 나보다 더 잘해. 요로콤 알로 까져 분 새끼들이 어리다고 김 선상은 안적 애엄마가 아니라 뭘 몰러. 에? 효효효효~ 못 말리는 신입 선생님이 오셨어. 아그들아, 두 놈시키 승질 돋구들 말고 언능 이리 나와야! 누런 코가 두 자는 빠져가지고 숨 쉬는 대로 들락날락 보건체조허는 것 좀 보소. 아, 으짜~ 선생님 앞에서 몸땡일 비비꼬고 그냐? 똑바로 서야! 관등성명 아니 이름이 뭣이여? 종구여라. 아부지 존함은 뭐여? 종택이어라. 종자 돌림이구먼. 넌? 종우여라. 느그 둘이 사촌간이여? 형제여? 사촌이어라. 씨종자가 별로 안 좋아 뵈는디 딴 아그들을 봐봐야 누구 하나 꼼지랑들 거리나! 되지 못한 게 응탱이에서 뿔난다고 두 사촌끼리 죽이 맞어 뻣딱허면 느그들은 애시당초 사람 되긴 글렀다. 사람 못 된 건 짐승만도 못한겨. 사람 구실 못할 껀 아예 싹을 잘라 뿐지야 하는디 엄니 이름은 뭐여? 황길분이여. 느그 엄니 이름이 길분이라고 항께 나가 언능 도토리 가루 갈분 생각이 나야.

　느그들 아부지 엄니 둘 중에 누굴 택했냐? 아부진디요. 아부지여라? 널 가만 봉께 느그 아부지 인물은 안 봐도 비디오라구라. 기왕지사 꾀질르는 거 참하게 낳을 것이지 으짜 요로콤 설사 찌르르~ 매닥질친 거 맹이로 으깨 놓았다냐? 코는 아주 숫제 없는겨? 있긴 있네. 양 구멍이 빵 뚫린 걸 보면 구분은 가네. 너 거울도 안 보구 사냐? 그 노래는 노란 손수건 부른 태진아 카쓰 노래 제목인디 선생님도 뽕짝 으씨 좋아하는 갑네이. 거울도 안 보는 여자~ 거울도 안 보는 여자~ 외로운 여자~ 오늘밤 나하고 우우우우우우우~ 사랑할거나 콜록콜록 콜록콜록 아갈빼기 닥쳐야! 뭔 어린놈 시키가 뭔 밤중에 우우우우야~ 느그 아부지랑 엄니가 밤이면 밤마다 그러능 걸 봤는갑네. 에이그 주책 박아지들, 그런 걸 들켜놨으니 새끼들이 배울 게 있나? 그건 그렇고 너 왜 선상님 말 안 듣고 옆 자식이랑 일본 스모선수모냥 밀고 땡기며 지랄이냐? 입에 침이 마르게 그러지 말라고 당부를 했지? 세 살 버릇이 여든까지 가는겨. 애새끼 때 못 고치면 평생 그러다 말어야. 이거 봐라? 법도에는 특별사면이라는 게 있어.

신분 있는 사람이 자기 본분을 안 지켰거나 나랏돈 훌딱 아시고 에헴~ 기억에 없다고 그런 누구누구도 3.1절 특사 광복절특사 그러면서 죄를 감해주는 게 있듯이 오늘은 선상님이 첫 부임하는 날이자 수업이 아닌 일장 인사말씀 도중 일어난 일이며 철없어 한 장난질이다 싶어 헌병 출신 여군인 내가 깊이 이해하여 용서라는 두 글자로 없던 걸로 무마할 거여. 그런 의미에서 깜짝 선물로 벌 대신 노래 한 자리 어떠냐? 지루박 탱고 찻차차 도돔바 슬로우 슬로우 퀵퀵 아무거나 혀봐? 누가 아냐? 또 오늘 이 자리에서 한 가닥 읊은 게 유투브 검색에 대박날 수도 있응개. 그렇게 되면 일찌감치 핵교 때려치고 카스로 떼돈벌어 빌딩 사고 회사 차려 사장님도 되는 수가 있는데 그렇게 되면 뚝배기같이 생긴 느그 아빠는 졸지에 회장님이 될 수도 있다. 너 느그 엄마 길분이는 싸모님이 되는 거고, 그렇게 되면 그땐 이 선상님이 느그 식구들 앞에 오합지졸로 쪼그리구 앙거 쩔쩔맬지도 몰러? 사람 팔자 시간 문제라는 걸 기억함시로 앗싸라비아~ 어린 새끼 한 곡조 꽝! 엽전 열닷 냥~ 취쥐리~ 쳇치쳇쳇~ 안 나오면 쳐들어간다~ 쿵 짜자잣자~ 언니, 여그 낙찌 한 사라! 술 먹고 돈만 내라. 어머 오빠, 잠시 검문이 있겠습니다. 미성년자 출입금지 구역입니다. 뭔 소리여? 요놈이 베이비 카수여. 유투브 1위 코 납짝이 카수! 좋구여 좋구! 으째 맹숭맹수 섯찔렀냐? 일확천금이 눈구녕에 어른거리는디 언능 목청껏 뽑아야? 선상님? 왜 그려? 야한 노래도 되남요? 지가 작사 작곡한 흥어리 노래 웰 하우스 들어방창 엘렐레 집어먹어 깰꾸닥이라는 노래로 여나무 날 밤잠을 설치며 맹근 곡으로 귀신조차도 모르는 나으 신공이어라. 큐! 처음 시작 음악은 띠웅띠웅~ 띠띠웅으로 시작해 나가요. 갈수록 정열적인 훌라맹코모냥 음악이 재빠르게 쏘내기 줏법으로 쇼팽의 빠른 행진곡이라고나 할까 뭐 그런 거구요.

 가사가 어지간한 강심장이 아니구서는 너무너무 감성적이어서 졸도하거나 미치는 수가 있걸랑여. 콩나물 대가리 그리다가 딱 맥히고 음발이 올스톱 될 땐 이쑈드리 쇠주를 연거푸 마시면서 뽕 간 상태에서 쏘나타로 그려설랑에 난다 긴다 하는 세계의 음악 거장들도 아마 내 악보를 해석하는 건 불가능할 꺼라는 주장을 강력히 펼치는 바 숫제 안 하고 안 듣는 게 딱일 거 같은디요. 그래서 안 하겠다 그 소리 아냐? 이 헌병 출신 여군 선생님의 제의를 함구무언으로 제까닥 거불하시겠다? 쌍! 이거 왜 이러네? 기냥 팍! 저는여, 회장이구 사장이구 이 나이에 어울린다고 생각허시우? 선상님, 다 접고 더 커서 코 밑에 까만 털 나는 사춘기 소년 때 잘 나가는 아이돌로 대성할려구요. 본래 스타는 나서는 게 아니예요. 대중과 맞닥드리는 걸 무서워하고 자신을 가볍에 TV나 일반 메스컴에 되도록 노출 안 시키는 게 오래도록 인기 유지를 하는 것이기에 변성기도 아니 온 아기 목소리로 유투뷰에 내 개인기를 사전에 노출시킨다는 건 인기 유지에 오를 남기는 일이라서 정중히 거절합니다. 멋지게 덩실한 숫컷 청년으로 성장했을 때 네 꿈을 펼쳐라 그때는. 내가 알았어 알았어. 뭔 말인지 더 이상 씨브리지 않아도 알어 알어. 못생기고 어린 것이 엄청 똑똑하네. 말솜씨 하나 죽여주고 곧바로 변호사 사무실 차려도 되겠다. 너 다시 봐야겠다. 너 안 때릴게. 자유분방하게 놀아. 야, 서울대 나온 머리보다 이거야 이거!

서울대 나오면 뭘 합니까? 겨우 나와서 취직도 못하구 연애질이나 허구. 그지모냥 여기저기 기웃거리고 울화통 터진다고 싸디싼 막걸리나 퍼먹고 추태나 부리고. 나는 그렇게 안 살아요. 나는 국졸이나 하고 곧바로 돈 벌러 집 나갈 거에요. 그게 제 희망이구 목표니께 6학년 졸업하면 13세 그때부터 스무 살꺼정 돈 벌어 쟁여놓구 군 개병대 지원해서 군바리 마치고 나와 깔짱한 기지배 꼬셔 장가가고 모은 돈으로 주식 사서 맹꽁이 뺏때기처럼 돈을 불려 중소기업 하나 차리고 열심히 번 돈으루다 이 사회에 소금과 밀알이 될 수 있는 뜻깊은 일에 투자해 인재양성에 이바지하는 자선사업가가 되는 게 나의 꿈이라는 걸 강력히 주장하는 바이올습니다요. 네네네네! 그러문입죠. 이상 설거지 끄읏! 워매 워매 야무지고 알찬 새낄 보쇼. 요런 싹수 있는 새끼가 어디서 나왔다냐? 깍꿍 오로로로 생긴 건 목탁같이 생겼어도 어린놈이 이리 생각이 깊으니 헌병 출신 선생님이라고 자신을 추켜세운 나가 참말로 부끄 부끄 부끄. 못난아, 나가 느그한티 경의를 표현하는 바여. 시방 말처럼 넌 그렇게 꼭 돼야 쓴다이. 여러분 시방 종구가 한 시간 내내 지꺼린 싹수 있는 미래 이야기 감명 깊게 들었는 게라? 야쓰 됐쓰

됐쓰으 참말로 혁신적인 미래의 오로라를 우리 모두는 시방 본겨.
앗따! 고놈 연설도 박사급이구먼. 어린놈 주댕이가 으찌 그리 찌
리링~ 찌리링~ 오토바이 바퀴모냥으로 잘 돌아간다냐? 타고난겨.
암만 타고났제. 좁쌀만 한 게 대단혀 대단혀!

　얘들아, 오정 때여. 잔소리 끓여붓다 봉게 밥 먹을 시간이라고
라고라. 식당으로 나래비서 밥 처묵으러 앞으로이 갓! 참새 짹짹
~ 바둑이 멍멍멍~ 오리 꽥꽥~ 지렁이 꿈틀~ 비둘기 푸드득~ 자자
스톱! 각자 식판 들고 취향대로 영양분 있는 걸로 골라서 먹어야
혀. 골고루 먹는 건 몸에 아주 나쁜겨. 내가 맛있고 먹고 싶은 것
만 먹도록! 1핵년 1반 쪼물내기들 알았쪄요? 내내내! 어? 이상하
네? 무슨 선생이 아이들 교육을 거꾸로 하는 것 같애. 영양 불균형
을 생각해 가려먹지 말고 골고루 먹으라고 해야지 맛있는 거만 골
라 먹으라고? 저거 선생이 아니라 반편 아냐? 아무래도 청량리 정
신병원에 입원 좀 해야겠구만. 어색해. 며누리 잘못 얻었어. 여러
분 밥 먹기 전에 신령님께 감사기도 하고 먹는 거예요. 우리는 모
두 호랑개교의 믿음으로 쌀밥과 고기국 감자탕과 오무라이스로
때마다 끼마다 목구멍을 행복하게 하기 위하여 오늘도 맛있게 씹
어 삼키나이다. 아맹! 꼬르르륵~ 이거 보셔!

　오 선생, 나 교장이요. 왜 아이들 식사시간에 당신의 종교 기도
문을 철없는 아이들에게 주입시키는 겁니까? 이건 교칙 위반은 물

론 학부형님들께서 이런 사실을 알게 되면 곤란한 문제가 발생할 수 있다는 거 알고나 그러는 겁니까? 여기는 학교예요. 저 애들 중에는 엄마 아빠 따라 기독교회나 천주교회 아니면 석가를 위한 저마다의 종교가 있을 텐데 무조건식이라는 발상으로 코흘리개들에게 이건 강요이지 교육이 아닙니다. 첫날 부임부터 이런 예기치 못한 불상사를 초래하신다면 교장으로서 태연히 방관할 수만은 없는 현실이군요. 제고하세요. 안 그래도 전국적으로 출생 수 미만으로 학교가 문을 닫는 이 마당에 이래가지고 이 학교에 아이들이 붙어 있겠습니까? 지금은 교육계도 경쟁입니다. 학생 감소로 문을 닫지 않으려면 체계적이며 적극적인 교육방법이 없이는 학교 유지가 빙산의 일각이다 이 말씀입니다. 어디서 이런 야당 날치기 통과법을 닮아가나? 대통령도 거적이요 여당이 정치 주인인지 국민이 혼동하고 있어요. 집구석도 엄마 아빠가 일치단결해야 집구석이 제대로 되듯 정치도 화합이 돼야 국민이 편안한 건데 아유~ 머리 아퍼! 이 나라 국민인 내가 진짜 챙피스럽고 딴 나라로 이민 가고 싶어요. 선생 같은 선생이 우리 학교에 왔다는 게 부끄러워요. 자숙하세요.

왜 이러셔? 첫날부터 내가 뭘 어쨌다구? 선생님이라구 다 교육방법이 같은 건 아니지 않습니까? 더군다나 저는 철부지들의 기초 인문학을 제대로 갖춰 훈육할 중대한 의무를 부여받은 선생님으로서 좀 더 차원이 다른 방식으로 교육하려 하는데 첫날부터 태클을 걸면 내가 교사로서 뭘 어떻게 해야 한다는 거죠? 나 참! 이 거 드럽네! 드러? 뭐가 드러? 이 여자가 밥알이 곤두서나 왜 이랴? 시비를 걸면 한 판 붙자는 거야 뭐야? 애들 앞에서 잘들 한다. 아 가리 가득 밥숟갈 물고 질질 흘리며 드럽게 밥 알갱이 튀어나와 야. 이 여자나 교장이나 똑같애 똑같애. 머지않아 이 느므 학교도 문 닫게 생겼구만. 야, 앵숙이 너 왜 안 처먹고 들여다만 보구 있 냐? 앙 말야말야 고기가 없단 말야. 몰라몰라 안 먹어. 이잉~ 얘 가 얘가 집구석에선 얼마나 잘 처먹고 살길래 이렇게 주뎅이가 까 다로워 별꼴이 반쪽이네. 안 먹으려거든 식판 들러 엎어버리고 나 가! 어디서 밥투정이야? 어린 것이 싹아지 없이! 이런 것들을 데리 구 6년을 버틸 생각을 하니 하늘이 다 노랏구나. 일찌감히 때려치 우고 시집갈 돈 챙겨놓은 걸로 주식이나 사서 떵떵거리든지 해야 지 이거이거 답이 안 나올 거 같어. 이 철딱서니들 갸갸거겨 가르 치다가 똥빨래까지 하게 생겼어.

짱구새끼가 내가 좋다며 같이 살자구 들러붙을 때 그 자식이랑 살림이나 차릴 걸 괜히 튕겨가지고는 날샌 판에 첫 출근에 벌써 회의가 오니 오늘밤 야밤으로 치워삐라. 이거 골 때리네! 혈압 올 라 내 명에 못 죽지! 요즘 애덜은 알루 까져 가지고 젖만 떨어지면 독립성이 생겨 제멋대로 행동하는 터라 다루기도 쉽지 않고 그 느 무 핸드폰 땜시 근디렸다간 금새 전화질로 고자질을 쳐 에미애비 가 쪼르르 달려와 책상을 들었다 났다 깽판을 칠 텐데 학교 매너

교육자 자질 품위 이런저런 이유로 징계나 감봉 이런 게 있을 텐데 그럼 이리 빼고 저리 털리고 월급봉투는 홀쭉해져 애개~ 이러다가 혈압 올라 119 실려가면 누가 나 불쌍하다 할 사람 있겠어? 오사리 잡놈이니까 서방이 있다면 모를까? 아무래도 잘못 온 거 같어. 일찌감히 날 밝으면 애 나으러 간다고 뻥치고 빠이빠이 날러야겠어. 엄마 아빠 속여먹고 켓쎄라쎄라 놀 때 그때가 좋았는데 인자 세월 다 갔네. 앞뒤 잴 것도 없이 오늘밤 여길 뜨는 거야. 집 구석에 가서 나 죽었네 하고 엎드려 얻어먹다가 한 놈 걸리면 제깍 여보나 하나 만들어야지. 뭐 볼 거 있남? 이게 답이야! 아이구~ 하나님, 이년에 말이 틀렸습니까? 골통이 뽀개집니다. 예라~ 때려치자! 쇠주나 한 병 까자. 골뱅이 안주에다가 몰라몰라몰라~ 에에엣취~ 콜록콜록콜록~ 이익크 이거 나 코로나 아냐? 아악~ 마스크!

도오쿄오

●● 아! 모시모시~ 뉘기야? 경시청이라구? 거기서 왜 날 소환해? 평생에 죄지은 일이라고는 내가 할 일이 없는 선량한 시민이건만 뭔가 착각한 듯 싶은데? 아유~ 삐삐 잘못 쳤어요. 마누라한테 친다는 게 그만. 전화질로 사람 혼쭐 나가게 하는 당신 누구야? 사장님, 접니다. 오카모토 훈도시, 아니 귀저귀! 네놈이 왜 경시청에서 전화질을 허구 그랴? 뭐 잘못했냐? 아닙니다. 난 또 왜놈 협박질해 꿀꺽 닦아먹은 거 사달이 나 날 잡아 동구리려고 경시청에서 온 전화인가 해서 간이 철렁 응근히 뜨

끔해 오줌을 지리며 온유월 삼복에 개부랄 떨듯 달달거렸으니 야, 이 새끼야! 누구 심장마비로 굿바이 갈 일 있었냐? 아오~ 간이 쥐눈이 콩모냥 오그라들었네. 너 시방 뭔 사고 쳤지? 느낌이 안 좋아. 뭘 잘못했는데? 기냥여. 기냥이라니? 아무런 잘못도 없는데 경시청에서 널 잡아가? 그게 사실이라면 그게 무슨 개 같은 경우야! 아무리 이 새끼야 쪽바리들이 인간성이 야비하다 해도 그놈들도 경우가 있지 아무 죄도 없는 무고한, 더구나 타국인을 이유도 없이 잡아들이는 경우는 대동아전쟁 중이었거나 세계 2차대전 중 하와이 진주만 폭격 때나 싸울 병력이 모자라니까 마구잡이로 끌어다가 총알받이로 써먹은 건 전 세계가 다 증언할 수 있는 엄연한 사실이었지만, 지금은 전시시대도 아니고 민간 교류 화해무드로 수출입 등으로 멀고도 가까운 나라로 이웃이 자팬 일본인데 좋은 감정으로 화해의 손을 잡은 한국인을 모함할 리도 없구 일제 36년 통치하에 빼앗긴 나라를 찾고자 우리 민족이 피를 흘린 유구한 슬픈 비극의 역사에 히로시마 원폭 두 방에 소아가 항복한 일본 패망의 역사적 소명은 우리에게 아픈 역사이자 광복의 기쁨으로 울분을 삭힌 민족이 우리 민족이여.

유관순이 누나가 공주 아우내 장터에서 태극기 휘날리며 조국의 해방을 위한 그 만세 소리 3.1정신 그때 그놈들이 군장을 갖춘 채 가죽장화에 긴 칼을 차고 마을을 염탐하며 일하는 양민을 불러 어이~ 조센징! 그러면서 야, 고구마? 하이! 얘 수상해! 독립군일

가능성이 있어. 연행해. 그땐 그랬어. 코에 걸면 코걸이 귀에 걸면 귀걸이 그게 바로 나라 잃은 우리 국민의 한이었고 설움이었으니 그 핍박이 오죽했겠냐? 한데 오늘날 21세기 지금 개풀 뜯어먹는 이유 불문 옭아 걸렸다는 건 아베가 그렇게 아나무인은 아니라구 나는 보는데 네가 붙잡혀 있다니 거기엔 필경 이유가 있는 게야. 아베가 지독한 위장병으로 노냥 그윽극 트름이나 하고 더는 못 견디겠다 싶어 자리에서 물러나긴 했지만 그런 무경우는 아니었다고 봐. 그러니께 일본인 나쁘다고만 할 게 아니라 사람은 누구나 경우에 해당이 안 되면 안 건드리게끔 되어 있어. 근데 뭔가 잘못된 게 있으니께 네가 그 무시무시한 경시청에서 잡어간겨. 이실직고 석고대좌 말씀 끝! 아까 사무실에서 자료조사 중 갑자기 아랫도리가 뻘적지근하면서 고개를 쳐들길래 이게 또 왜 지랄야? 주책없이! 그러고 있던 차에 일이 이 지경에 이르게 될려구 그랬는지 생전 안 오던 아끼꼬인지 개끼꼬인지 그년이 내 옆에 와 있는 거예요.

안녕하시어요. 오랜만입니다. 서로 인사하고 앉아 커피나 한 잔 하자고 앉으라고 했더니 내 옆에 밧싹 다가앉는 거예요. 그 찰나에 그만 순간적으로 미쳤는지 그 기지배 허리춤을 냅다 잡아당겼거든요. 아니 이 자식아! 네 마누라와 헤어져 출장 간 지가 겨우 사흘째인데 그 새에 분별없는 수작을 부려 잡혀가? 이거 또라이 아냐? 그래서 어떻게 된 거야? 그래서 허리춤을 잡아당겼는데 너무 쎄게 땡겼나 딱 하고 끊어진 빤스 고무줄이 옆구리살을 때리니까 아야~ 비명을 지른 거에요. 일이 안 될려구 때마침 경시청 사복형사가 빈 사무실인 줄 알았는데 비명이 들리니까 문 틈새로 들여다본 거예요. 어이 안에 누가 있나? 탕탕탕~ 문 열어라! 문 안 열면 발길로 빠그러트리고 들어가겠쓰. 딱 걸린 거예요. 순간 난 시치미를 뚝 떼고 만면에 웃음을 자아내며 허리를 굽혀 공손히 배꼽인사를 하면서 도끼로 이마까장 무슨 일이시무니까? 이 누추한 곳까지? 그랬더니 입에 물고 있던 담배를 이빨로 응~ 물어 이리저리 굴리더니 독사눈으로 날 째려보며 여기는 도오쿄 일본이다. 현장범 성추행으로 널 체포한다. 알겠나? 앙! 그러면서 변호사 선임 묵비권 행사할 수 있다. 수갑 받아라!

사장님, 나 좀 어떻게 좀 빼달라 그 말이지. 내가 왜 네 똥에 주저앉아야 되는데? 안 돼! 네가 저지른 일은 네가 책임지고 해결해! 믿고 일하라고 보냈더니만 추행으로 피박을 써? 아, 깜깜한 야밤에 그랬어야지 벌건 대낮에 뭔 지랄여? 넌 인제 신세 조졌다. 쪽바리 법은 개법야! 추행은 재심이나 이유청구 노 갓땜이야. 더구나 넌 형사 눈에 직방으로 걸린 현장범이라서 더 힘들어. 빼낼 재간도 없고 때리면 때리는 대로 살어야 해. 특사도 보석도 없어. 일찌감치 네 마누라더러 전화해서 나는 이제 한국으로 돌아오기는 날 샜으니까 잊어버리고 어디 봐둔 좋은 놈 있으면 보따리 꾸려 나가라구 그래. 애덜 잘 부탁한다고 필히 이르고 짧고 굵게 사나히답게 여보 놀아나서 미안해 한마디 잊지 말고. 아유~ 사장니임! 너 렁거는 홍구녁이 한 번 크게 나야 한눈 팔지 않구 마누라도 안 잊어버리고 애새끼들이랑 대가리가 하얘질 때꺼정 제대로 살지. 그래서 널 위해서래도 난 못 꺼내. 뭐 10년 때리면 10년 살고 20년이면 20년 고대로 살어. 좋겠다. 일본 우동이나 실컷 먹게 생겨서! 일본 단무지 다꾸앙 그거 맛이 끝내주지. 다꾸앙의 본산이 일본이야. 우리나라에선 단무지구 일본에선 다꾸앙. 옛말에 살면서 세 뿌리를 조심하라 했거늘 그 세 뿌리가 뭐냐? 입뿌리! 아래로 내려가 거시기 뿌리! 더 아래로 하향 발뿌리! 이 세 뿌리만 감추고 살면 만사가 평화로우니라 했어. 네 월급하고 퇴직금 정산해서 네 마누라 딴 서방놈과 잘 먹고 잘 살라고 줄 테니깐 그렇게 알구 오늘부로 미쓰리더러 사표 수리허라고 그르마. 나쁜 느무시키 아주 좆 됐어! 아이구~ 사장니임!

왜정 때 일본 동경 고등학교 동창생 다께시 와다다상이라는 친구가 경시청 고등계에 있다면서요? 걔한테 불알 좀 살살 긁어 꾀쉬서 나 좀 빼주셔요. 그러시면 앞으로 더욱더 사장님께 충성하고 퇴근도 안 하면서 일만 할께요. 너런 오합지졸을 어찌 믿고 널 빼줘? 인마, 임시변통으로 날 이용해서 일단은 여기서 빠져나가자. 네놈 심보를 내가 모를 까봐서? 아유~ 요요~ 다 보여 인마! 아닙니다. 아니에요. 우리 마누랄 걸고 맹세해요. 그깟 다 고물된 네 마누라를 왜 나한테 엥길려구? 그래 내가 돈이 없냐? 까이가 없냐? 쭈쭈빵빵이 인마 줄 섰어! 얘가 아주 다급하니까 별 소릴 다 하네. 사기성이 농후한 녀석! 일 없네. 알아서 하시게. 잘못했으면 벌을 받아야지. 아유~ 사장니임, 우리 그니 이쁘잖아요? 이뻐? 이쁘긴 이눔아! 제 눈이 안경이라구 너나 이쁘지 내가 보기엔 콧구멍도 위로 치켜붙어 들창코에 광대뼈가 가로 퍼져 몽골여자 스타일인데 나는 몽골 스타일은 입맛 없다. 너 어디 한 군데 들여다볼 데라곤 한 군데도 없드구만 이쁘대. 그건 인마 여자에 기가리가 든 놈에게나 통하는 말이지 난 아니다. 네 눈은 인마 꽹과리 눈이야 사팔뜨기! 어쨌건 꺼내만 주세요.

꺼내주시면 아주 깔끔한 애인 하나 소개해드릴게요. 몇 살 짜린데? 요조숙녀 방년 22세 겨우 솜털 벗었구요. 얼마나 이쁜지 영화배우허자고 영화감독이 쫓아다닌데요. 아니 그 이쁜 걸 왜 나한테 프레센트할려구 그래? 너나 갖어! 난 싫여. 너 지금 어떡해서라도 나오고 보자는 식이지? 나중에 입막음으로 허리 구부정한 낡은 과부 하나 소개시켜 주고 되면 좋고 안 되면 말고 식으로 약속만은 지키자는 속셈이지? 아유아유~ 복장 터져! 저렇게 의심 많은 사장이 어찌 사람을 고용하면서 회사를 맡겨 그래. 앗쭈~ 요놈 봐라! 이젠 아주 최후의 발악까지 하네. 사장님에서 사장으로 님자는 빼고 사장으로 격하. 이놈이 날 제 시다바리로 보는구먼. 아유~ 그게 아니구요. 말이 그렇다는 얘기고, 나의 아버님 같은 사장님을 지가 으찌. 너 진심이냐? 하문요. 좋아, 그럼 내가 물으마.

앞으로 회사를 위해서 오늘보다 더 열심히 일할 수 있겠지? 예예예~ 일은 죽기살기로 하되 월급 올려달라는 신경질 나는 데모 안 하기다. 네네네네~ 임직원 중 누구 어떤 놈이 트릿하게 나가는지 잘 눈여겨보고 현장을 잡고 증거를 귓뜀해줄 수 있겠나? 네네네! 널 우리 회사 암행어사로 임명할려고 그러는데. 다 하겠습니다. 뭐든지 빼만 주셔. 아까 한 말 깔짬깔짬 나긋나긋 여인네 소개팅 1mm의 거짓도 없으렷다? 그럼여, 그럼여. 이상 네네네가 몇 개냐? 다섯 개입니다. 그 다섯 개는 널 빼주는 조건으로 네 입으로 뱉어낸 나에게 대한 네 공약이라는 걸 명심해야 한다 이상.

즉시 일본 경시청 친구한테 뜨르르 전화해서 한 시간 안으로 자유의 몸이 되게 할 것이다. 기다려. 그렇게 하시지요. 으허허허 험~ 그까짓 빤쓰 고무줄 좀 끊었기로서니 깜방이야 가겠어? 빽 있겠다 그럭저럭 나가는 거지. 닛빽꼬로 아리고다고사이마쓰. 일본 이노 경시청 형사계 과장 또깐 데 또까상 부탁이노 드리무니다. 교환 쭈르르릉 좌르르릉~ 철컥! 경치청 과장 또까또까상 올스무니다. 누구시무니까? 하이! 여보게 날세. 한국이노 친구 명식이, 그간 잘 있었는가? 무슨 일인가? 전화를 다하고. 아, 별것 아니고 경시청 두 골목 지나서 허나마나 주식회사 일본 지점이 있어. 거기에 내 부하가 출장 중인데 본의 아니게 젊어서 그런가 여편네도 있는 놈이 사무실에 일 보러온 여직원을 찝쩍거리다가 일이 안 되느라구 경시청 형사 눈에 직방으로 걸려 현재 경시청 유치장에 있는가봐. 자네나 나나 사내들이란 냠냠하다 하면 찌근덕거리는 숫캐 기질이 있잖아? 그렇치! 나도 그러는데 다 그런 거지 뭐. 너도 그렇게 생각하지? 그럼 그럼. 그래서 자네 힘이면 그런 추행범 하나 빼내는 건 일도 아니지 않는가? 나중에 자네 한국에 출장 오면 최고로 좋은 데 가서 한 턱 멋지게 낼 테니까 힘 좀 써줘. 시방 당장 내보내줘. 이름이 뭐야? 일본 이름으로 오카모도 훈도시. 이런 이름이 다 있어? 걔가 좀 그래. 알았쩌. 지금 바로 끌어낼게. 어이, 빠께스상. 하이! 방금 들어온 추행범 조센징 훈도시군 즉시 석방해라. 자네가 현장범으로 잡아왔다면서? 그러쓰무니다. 하 형사 의무상 책임감은 투철하나 갸는 내 둘도 없는 친구의 부하직원이다. 너도 젊지 않냐? 젊은 놈은 다 그런 거야.

계집애가 방정맞아 소릴 지른 거지 당했거나 만지지도 않았다는데 본서로 넘어가기 전에 그게 뭔 추행이라구 잡아왔나? 앙? 이 경시청 유치장이 아이들 놀이터인 줄 아나? 하, 아닙니다. 여러 말이 필요 없다. 내 권한으로 조서를 꾸미기 전에 내보내구 싶으니까 연행이유 서류 박박 찢어 네 똥 밑씻개나 하고 당장 내보내도록! 안 됩니다. 안 된다구? 내가 누구지? 제 직속상관이십니다. 알면서 명령을 거부하나? 법은 공정해야 합니다. 안다구. 돈 먹고 빼주면 이 나라 일본의 법은 공정성을 떠나 그 위상과 신뢰가 땅에 떨어지므로 법의 원칙을 고수해야만이 법을 다루는 우리로서의 체면이 섭니다. 체면이 밥 먹여주나? 자네 모가지가 몇 개야? 두 개는 아닐 텐데 왜 똥 씹은 얼굴인가? 곤란합니다. 다 외지 출장 중이고 아무도 없는 자네와 나뿐이야. 모르는 체하고 빼! 법도 경우에 따라서는 눈 감을 수도 있는 거야. 고지식한 것만이 능사는 아니야. 이건 특별 케이스로 상사인 내가 부하인 자네에게 부탁하는 거다. 이래도 거절하겠나? 하이! 그렇게 하도록 하겠습니다. 좋아 좋아!

내년 봄에 승진이 있다. 그때 보자. 하이! 찌리링~ 찌리링~ 시방 그놈시키 내보냈으니께 그리 알고 꽃피는 춘삼월 내가 한국에 가. 알았어 뭔 소린지. 수고했네. 친구, 그놈시키 우리 회사에 오래 다녀서 퇴직금도 어마어마해. 몇 백 몇 천이래도 먹고 마시고 뿌려도 될 놈이야. 나중에 퇴직금에서 빼고 나머지 주면 되니까 그날 좀 울궈 먹자구. 갸가 나중에 퇴직금에서 까면 가만 있지 않을 텐데? 노동청에 고발이래도 하면 너는 곧장 가는데. 설마 은혜를 원수로야 갚겠어? 사전에 미리 알리구 술 먹어야지. 야, 오늘 술은 네가 사는 거다. 오늘 술값은 내가 치루는데 사는 건 네가 사는 거야. 술값은 꽤 될 거야. 시끄러울 네 가정을 위해서 술값은 내가 낼 테니까 나중에 퇴직금에서 뗄 거야. 그래도 되지? 네네네. 약속했다? 네, 사장님! 술 마시다 도망가면 죽을 줄 알어? 경시청 친구 셋이서 마실 거니까 정중하게 고마움 표시도 하고, 내 체면 구기면 알지?

으설픈 박 서방

●● 오늘따라 왜 이렇게 다리가 후들거려? 그래 맘보 트위스트 찻차차 지루박 배우지 않았는데도 자동으로 잘 되는구먼. 마누라 두 손만 잡으면 완전한 에어로빅인데 아깝다. 아유~ 춥다 추워. 겨울 날씨 추운 건 당연한 것이지만 오늘따라 북극의 저기압이 우리 한반도를 강타했나 아주 오금을 못 피게 추워. 달달달~ 아이구~ 떨린다. 우물거리다간 이거 동태 되겠다. 꽃 피고 새 우는 춘삼월이 눈앞인데 돌고 도는 지구가 미쳤나봐. 그느무 자동차 배기가스, 주거에서 소비되는 가스 사용 중 나오는

물질들이 환경오염 주범이라지? 아마 때려죽일 느무 가스연기! 밥을 안 해먹던지 해야지 밥 먹고 살려고 하다가 유해물질에 절어 일찌간히 세상 마치게 생겼으니. 야, 어멈아! 가스불 꺼라. 아, 이런 이물질들이 사람을 죽일 줄 누가 알았어? 옛날에 가마솥 걸고 나무 때 밥 해먹을 때가 좋았지. 저리 비켜라 불 좀 쬐게. 불알이 다 뻣뻣허다. 얼어서. 아~ 으른이 추워서 불을 찾아오면 이리 오시지요 그러면서 자리를 냉큼 비켜줄 일이지 고향 생각을 하는지 눙깔을 지그시 감고설랑에 깜찍하게 앉아서 내남보살 에이~ 호로자식!

아범이 그리 가르치던? 망할 느무 인생 새낄 제대로 가르쳐야지 밥만 디리먹여 가지구 돼지몬양 살이 그냥 애가 동으로 가는지 서로 가는지 내비두는 모냥새야. 저리 비켜 이놈아! 으~ 뜨듯허다. 동태모냥 얼었던 몸이 불에 녹으니께 눈이 사르르 게슴츠레 감기는 게 잠이나 한숨 땡겼으면 좋겠구먼. 언땅에 자빠질 수도 없구 쪼그려 앉았드니만 또 다리가 매시근허니 아프고 땡기느먼 그랴. 이 오라질 느무 신경통이 되지지도 않구 낫지도 않구 껌딱지모냥 들러붙어 늙은일 잡누먼 그랴. 이이 옷소매에 코딱지 들러붙어 말러 비틀어진 것 좀 봐라. 양소매로 코를 문질러대 아주 바둑돌모냥 빤들빤들하니 파리가 날라 앉았다가 미끄러지면 뇌진탕으로 가겠어. 학교는 다니남? 오늘은 반 굉일이라 일찌간히 왔구먼. 몇 학년 몇 반이야? 3학년 1반여. 너희들 셋이 다? 네. 누가 공부는 제일 잘허냐? 쟤여. 김복동이여. 너 반장 해봤냐? 아녀, 공부를 잘한다는데 반장도 안 시켜? 빌어먹을르무 선상님! 이 아자씨가 문제 하나 낼라는디 맞춰 볼터? 싫어요. 거꾸로 맞춰도 모로 가도 서울만 가면 돼! 아는 것이 힘! 아는 길도 물어서 가자! 돌다리도 두들겨보고 건너라! 이러잖어? 그건 뭔 뜻인고 하니 무엇이든 신중하게 차근차근 깝쭉대지 말고 잘하라는 의미 깊고 간단한 문제니께 아자씨가 시방 오줌이 급해. 그래서 그걸 문제로 낼라는디 한 번 맞춰봐.

모르는 건 질문을 해야 알게 되는 거고, 모르는 것도 알려고 하면 알게 되는 게 대갈통이야. 그러니 맞춰봐야? 그러지라이. 아유~ 대갈통이 납다데 허니 이쁘게도 생겼다. 무등산 수박 같애. 코가 뭉특하게 생긴 걸 보니 느그 엄니가 미녀인가봐? 이쁘냐? 네. 어느 정도야? 영화배우 따라잡냐? 산천고을 미인이 우리 엄니구면요. 음마, 그려? 엄니 전화번호가 몇 번이여? 전화번화 알아도 필요 없슈. 여기 저기서 뭇 잡것들 전화가 빗발쳐 우리 아부지가 뚜디려 패구 전화마저 뺏어 박살을 내서 전화 없슈. 뭔 저런! 내가 진작에 너를 만났어야 되는 건데 나중에라도 느그 엄니 전화 생기면 즉시 나한티 찌링찌링 알았찌? 옛다! 100원. 저 골목에 가서 뽑기놀이허구 와. 왜 안 받구 콧구멍만 쑤시고 섰어? 오오라~ 주전부리값이나 받고 그걸로 되겠냐는 거지? 그렇다면 어디 보자. 호랑 봉창에 동전이 몇 잎이나 있나 보구. 으이쿠~ 백 원짜리 세 개가 또 있네. 옛다~ 이놈! 다 까먹어라. 이히, 미안스럽구마니라. 앗따 어린 것이 겸손두 허다. 야, 인마! 옆구리에 손 찔러 재고 있는 녀석! 너! 우리 엄니두 쟤네 엄니보다 더 이쁜데. 더 이뻐? 아, 인마! 진작 얘기허지? 야야~ 이리 와. 아자씨가 준 300원 그거 얘 줘. 얘네 엄마가 느그 엄니보다 더 이쁘대. 에이씨~ 아니 확 팽개치면 어떻게 해? 앗따, 새끼 성질머리 하구는! 그럼 넌? 저는여 줘도 받지도 않으니까 문제만 내보세요.

앗따, 정의의 사자네. 음~ 신통방통 사나히 기질 배짱 두둑 깡다귀 남성 남보왕 자~ 그럼 문제 나간다. 왜 추운 겨울에 불 앞에 있으면 유난히 자주 오줌이 마려운가요? 에, 그거는 과학적으로 영하의 날씨에 탱탱이 얼었던 오줌이 따듯한 불 앞에 녹으면서 방광이 녹은 오줌의 수압으로 팽창하면서 고기압이 저기압을 밀어내듯이 이로 인한 충돌현상으로 폭팔하듯 쓰나미식 출렁임으로 나오게 되는 매우 이치적인 오줌 배출의 원리로 이것이 오줌발의 원활한 기능의 일부로서 저기압 영향으로 인한 인체의 신비로움이 발의되는 순간포착 세상의 이런 일이라고나 할까? 아무튼 뭐 그런 이유일 뿐 이건 문제도 아니고 답할 가치도 없는 그저 상식적인 일을 가지고 우리덜을 시험하시다니 아자씨가 한량없이 한심하우다. 뭐야? 됐고! 워매 워매 똑똑한 거! 얼굴 이쁜 엄마 아들인 쟤보다 네가 더 맘에 든다 들어. 너 나랑 술 한 잔 할래냐? 아니 아니지! 얘는 술을 못 먹지. 같이 니나노 집에 가 젓가락 뚜드리며 놀 수도 없구. 하~ 거참 모처럼 만에 어린 인재를 만난 것 같구먼. 아주 오줌발 공학박사 같애.

　이게 무슨 운명의 장난이란 말인가 그래. 넌 어쩌면 그리 똑똑해서 날 감동 맥인다냐? 내가 딸래미라도 하나 있으면 너랑 이렁이렁 연관을 지어 내 사윗감으로 점찍으련만. 행여 아이를 낳게 되면 네 좋은 머리를 닮아 박사 하나 나오는 건 일도 아닐 테고. 민방위 아니 이 나라에 꼭 필요한 밀알이 되어 국가 발전에 큰 영향을 미치는 큰 그릇이 되련만 씨앗은 있으나 씨를 뿌릴 밭이 없으니 딸을 만들 수도 없구 널 사위로 맞아들일 건덕지가 없으니 허무하도. 진작에 어디서 의붓 딸래미래도 하나 데려다 길러놓을걸. 에이그~ 한 치 앞도 못 내다보는 가련한 인생이 씨부랄느무 인생 팔자는 더러워도 명은 길어 안적 사자가 데려갈 꼬락서니는 뵈지 않고 시계 부랄모냥 왔다 갔다 이리 기웃 저리 기웃 염치 없는 하루 하루를 보내는 깻딱했으면 네 장인이 될 인생이 바로 난디 하늘도 무심혀 이대로 날 버리시다니. 느그 아부지는 뭘 해먹고 사는 양반이여? 아버지 없어라오. 술 먹고 넘어져 공구리 바닥에 대갈통을 짖짓는 바람에 뇌진탕으로 간 지가 십수 년 정도는 조히 됐을성 싶은디요. 동생도 있냐? 없어라오. 너 하나 맹글어 놓고 잘 있거라 나는 간다 이별의 말도 없이 부산정거장몬양 세상 떳구먼 그랴. 그럼 느그 엄니는 영감 안 해갔냐? 우리 엄니는 댓쭉 인생이라 오로지 일편단심 민들레여서 여짓것 10년 넘게 홀로 아리랑 과부로 외로운 여자랍니다. 뭔 저런 아깝게스리 홀로 외로운 세월을 가심을 쥐어 뜯으며 살아왔겠구만. 느그 집 주소가 으찌 되냐? 몇 통 몇 반 수취인 존함이 뭐여? 엄니 이름자는 백봉순이고여. 주소는 소주도 독하군 먹으면 취하리 산 55번지 8통 9반 백사골 능수버들 아랫집 파란 양철대문 문패 백봉순 이하동문입니다요. 전화는 몇 번인고? 저는 아직 아동이라 그런 건 없구요. 우리 엄니만 구식 폴더폰 하나 있읍죠. 번호는 저도 모르는디요. 왜 몰라? 아들이 돼가지고 불효막심하게 어머니 폰번호를 모른다니 이런 어디 개 같은 경우가 있단 말이여? 010밖엔 몰라요. 우리 동네 누구도 010밖에 모른다구요. 아주 과부 방어벽이 철저하구나. 가끔 야밤에 어디론가 전화질을 하긴 하는데 놈인지 년인지 알 길이 없고 통화할 땐 의례 날 내쫓구 모기소리만 하게 웅얼거린다니깐요. 그리고 통화 끝나면 곧바로 삭제해버리니까 귀신도 몰라요. 놈씨가 있긴 있는 거 같은데 현장을 잡을 기회가 영 없걸랑여. 아무튼 우리 엄마 수상한 여인이야. 일찌간이 죽은 아빠의 유령과 농담 따먹기 놀이하는 것도 아니고 분명 어느 놈과 사바사바 90% 확신이 오는데 현장포착이 안 된단 말씀이야. 느그 엄니 나이가 몇 살이여? 젊당게로. 50도 안 됐는디. 넌 몇 시에 자냐? 보통 12시오. 그렇게 늦게 자?

새 나라의 어린이는 일찍 자고 일찍 일어나는 9시 취침에 7시 기상이라고 배웠을 텐데 네 엄마 보초 서느라구 안 자지? 맞어브러요. 그런 것도 있고 이런저런 심난한 것들이 꼬리에 꼬리를 물어 잠이 안 온당게요. 에이~ 그러면 쓰나? 애덜은 자면서 큰다구. 잠을 잘 자야 무럭무럭 크는 거다. 너 잠을 잘 때 호르몬 수치가 왕성해지면서 키가 크는 거야. 일찍일찍 자거라. 네가 그리 잠을 안 자면 느그 엄니 걱정도 크겠지. 그러면서도 한편으로는 아~ 이놈시키가 왜 안 자빠져 자고 이런다냐? 언능 자야. 코를 골며 자길 학수고대할 텐데 너는 지키느라고 고역이고 네 엄니는 안달이 말러 고생이고 그러다 부모자식 간에 잘못하면 쪽난다. 너 그러니께 눈치껏 해. 여차하면 개밥에 도토리모냥 너 내비두고 둘이 내빼면 천하게 고아되는 거 아니냐? 고양이가 쥐를 쫓아도 내뺄 구멍은 여유로 주는 거야. 안 그러면 달아나던 쥐가 막다른 골목에 다다르면 돌아서서 고양이를 물어버리는 거 있지. 그러니께 네가 느그 엄닐 너무 감시하고 조이면 결국은 네가 화를 당하는 것이여. 느그 엄니도 살고 너도 사는 방법은 딱 하나 신경 끊는 거! 하던지 말던지 놀던지 말던지 내비둬. 하다 하다 지쳐 나가 떨어질 때까지 지켜만 봐. 감정과 열정도 유통기한이 있는 것이여. 지금 50에 이르면 넉잡고 10년 정도면 늙잖어? 그때까지 기다려줘. 그 나이 땐 열정도 정렬도 서방 욕심도 다 개날라리야. 오로지 귀찮고 편안해지고 싶거든. 그때가 서방질 끝!

네가 지금처럼 계속 이러면 밤에만 노는 엄마에겐 절대 불효야. 너도 이 다음에 장가가면 느그 엄니 이해가 될껴. 아, 그때 왜 내가 엄마의 길고 외로운 밤을 이해 못했을까? 이렇게 후회를 하게 된단다. 노세 노세 젊어서 놀아~ 늙어지면 못 노나니~ 이게 시방 느그 엄니에게 딱 맞는 노래가사여. 그랑께 오늘 저녁부터는 일찌간히 잠이 들어 느그 엄니 신경 안 쓰게 해야 한다. 덮어놓구 느그 엄니에게 신경 딱 꺼! 앙 그냐? 근데 불 쬐러온 아자씨가 저희 엄니한티 그리 관심을 가지시는 이유는 뭡니까? 어허~ 말을 그리하면 아자씨가 섭섭하지. 관련이 없을 수가 있나? 관련이 있으니께 꼬시랑 꼬시랑 요모조모 요구석 조구석 오목조목이 묻고 캐구 파헤치는 거 아녀. 어린 년 몰라도 되는 어른들만의 세계라는 것이 있응게 그리 알면 되고 주소도 알고 네 낯반대기도 서로 익혀 잘 암시로 나가 조만간 느그 엄니를 찾을꺼. 너 핵교에 가고 없을 때. 안 돼요! 안 되긴 마! 해서 안 되는 게 어디 있어? 열 번 찍으면 벌러덩 나가 자빠지는 게 나무만은 아녀. 사람도 그렇당게. 일편단심이 아니라 백편단심이래도 내 등쌀이면 길어야 며칠이면 넌 날 더러 새 아빠라고 부르게 될꺼. 그때 나는 느그 엄니더라 자기야~ 그리고 느그 엄니는 나더러 여보~ 이렇게 나가걸랑. 그땐 머리 좋은 네가 나의 아들이 된단 말이지. 어때 짱이지? 헛물키시네. 쇠도둑놈같이 생긴 아자씨한티 우리 엄니가 과연 뽕 갈끄나? 문제네. 엿먹지 마시고여. 냉수 먹고 속 차리시는 게 부주하는 건데요.

한 번 찍으면 끝장을 보는 게 이 아자씨의 뽄때여. 헝게 널랑은 좀 빠져줘야 쓰겄다. 안 된다면요? 안 되면 되게 하라. 너 시방 신고 있는 신발을 봉께 다 달어 구멍이 났구나. 아자씨가 부잣집 애덜이나 신는 껌정 운동화 한 켤래 사줄 테니께 아자씨가 묻는 것에 대해 심부름만 좀 해줄 테냐? 글씨 고것이 껄쩍찌근허기는 헌디. 그랴, 내 말대로 혀. 이 동네에 운동화 신은 아이 어디 하나나 있냐? 네가 이 동네에서 최초로 그 운동화를 신는 거여. 을마나 폼나냐? 헐터? 야. 그러라오. 엄니, 지가 미안허유. 이 불효자가 엄니를 배신했슈. 운동화에 눈이 어두워 까치 심순애가 김중배가 주는 다이아몬드 반지에 눈이 어두워 연애질하던 수일이를 걷어찬 그 배신 행위를 지가 답습하구 있구만요. 이 때려죽일 놈의 허영심이 어린 가슴에 오를 남기다니! 아, 아버지 없는 어머니 가난과 사랑이 원수로다. 우리 엄닌 인자 박살난겨.

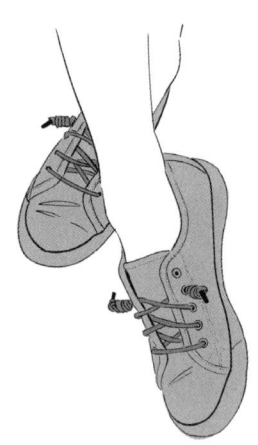

에그머니나 아이구 질겁이야

●● 뽀오오오옹~ 아니 웬 베란간에 버들피리 소리가 요란허냐? 싸이렌 소리야? 뭐야? 불자동차는 앵앵거리며 소리를 치는데 신가라 불자동차야? 뭐야? 낙씨 뽕두 아니고 누구야? 아이구려 룸 나인이로구먼. 세계 제2차대전 히틀러가 유태인 학살에 쓰인 살인 독가스도 이 정도는 아니었어. 그나마 몇 가닥 남지도 않은 머리카락 죄 빠지게 생겼으니 물어내. 누구 소행이냐? 뽀오옹의 히로인이 누구여? 저기 저 혹까시 머리 병어 주댕이 달숙이 갸예요. 달숙이가? 그 소리가 아주 영농하고 아련하

면서 어딘가 심금을 울리는 듯한 이슬 내리는 가을밤의 애처로운 빠이롱 소리 같어. 애 이느무 지지배 보리밥두 안 처먹으면서 촌스럽게 뭔 뒷피리를 부냐? 나 이런 추잡스런 여인넬 보게. 쳇! 누군 뭐 안 싸고 안 뿜남! 모처럼 만에 꾀져 나오길래 쪼깨 뒷힘을 좀 가해 터뜨렸더니 소리가 좀 크긴 컸네. 미안허요. 미안이구 쌀눈이구 시방 여긴 여러 명이 운집한 공공장소여. 최소한의 예의는 갖춰야 하는 거 아닌감? 아, 바람이 빠지려고 신호가 오면 잽싸게 발 뒷꿈치로 구멍을 조준해서 꽉 막아야지, 옛다 모르겠다 그러면서 구린내를 풍기면 보너스도 아니구 줄 건 없구 이거나 먹으라는 식이지. 여기 있는 사람이 다 네 종이거나 시다발이냐? 이건 어떻게 다 큰 기지배가 행동머리는 유치원이야. 선택의 자유가 보장된 이 나라 민주주의 사회에서 표현의 자유가 이러한 논란거리로 공개 망신을 주면 어쩌자는 거야? 중저음에 메아리 에코도 생략하고 생음악으로 연주했구먼.

음악은 꽹과리 징 나팔이어야 허남? 타악기 목관악기 금관악기 지루박 찻차차가 있듯이 자연의 소리 홍난 파라파라 작사 베또벤 작곡 뿔뿔뿔 줄방구 작사 줄방구 작곡 이게 시방 개그놀이를 허나? 푹 싸드니 뽈록하던 뱃대기가 홀쭉해졌구나. 날씬해. 앞으로는 말야, 아무거나 먹지 말어. 방구 생산하는 근본적인 음식은 금지허라 이 말이여. 아니 점점 이상한 말씀만 허셔? 어떤 게 뽕 원료인지 판정난 식자재가 있남? 먹구 죽지 않는 거면 다 욱여 넣는 거지. 아니 가스가 무서워 식음을 전폐하면 지구 위에 살아남을 자 하나도 없어. 먹으면 싸고 차면 빼는 거지 그게 무슨 세상에 이런 일이라도 되남? 자연적인 생리현상인 것을 가지고 그렇게 유난을 떨고 난리법석이야 그래. 앞으론 방귀 뀔 땐 산으로 내뛰어야겠구먼. 아냐 아냐! 이건 아냐! 먹여서 남 주나? 금강산도 식후경! 수염이 석 자래도 먹어야 양반! 먹구 죽은 귀신은 때깔도 따봉! 먹는 게 남는 거! 못 먹는 게 등신! 너도 먹고 나도 먹고 꾸역꾸역 우적우적 참 잘 먹는다. 저러니 바람이 안 빠질 수가 있나? 아이구 변소간 넘친다. 배지가 꾀지게 먹구 방구만 디리 똥 나온다. 뚝딱! 에그머니나? 그여나 똥 밟았네. 여그 짜장면 곱빼기 하나! 단무지 넉넉 양파 식초 팍 춘장은 쬐깨 후루룩 쩝쩝 짜장맛도 드럽게 없네. 비단이장사 왕서방 이거 짱괴 배불르다 해. 우리 사람 까쓰 많이 나와 해. 푸시시식 그저 아는 게 봉이 김선달이라구. 그저 먹는 거만 추접스럽게 유난히 빅빅거리는 건 뒷태 하수구가 불량이라 그런 현상이 일어나는겨.

    절대 유전이나 내력이 아니야. 이건 고칠까 말까 한 희귀 불치병으로 딱 한 군데 가볼 만한 곳이 있느니라. 거기가 어디냐니까? 이건 강화도 여편네가 꺄 자로 나가 왜 무슨 말 못할 일이라도 있소? 있습니다. 우리 며느리 줄방귀에 애가 끓어 지금 집구석에 난리가 비행기 타고 배 타고 날아다니며 전 세계 용한 의원은 다 찾아다니며 그 고질병을 고치려 한 우리 아들놈이 팔자에도 없는 방귀벌레 마누랄 만나 있는 돈 없는 돈 딸라 돈에 대출까지 해가면서 제 마누라 뒷구멍 치료에 헌신했겠다 떵떵거리던 재산은 수년 사이 거덜이 나고 서민주택인 지하 셋방 사글세 남은 건 불알 두 쪽에 팔자 한탄하며 이쑈드리 막 쇠주 한 병을 까 두어 잔쯤 마실 때 동동동동 때마침 동동구리무 장수가 소고를 동동치며 동네에 들어섰겠다. 애덜은 가라. 어른만 나오셔. 이때 방구쟁이 마누라가 얼굴에 찍어 바를 구르무가 떨어졌다며 치마를 둘러 입고 뿔뿔거리며 줄달음을 치는데 얼굴이 노란 황달기가 만연한 며느리를 동동구르무 장사가 봤겠다. 아니 이보셔? 아줌닛 얼굴은 곱상한디 혈색이 똥색여. 뭔 상심이래도 있소? 미주알 고주알 다 캐고 들은 구리무 장수 왈, 그런 건 병도 아니라며 단박에 고칠 수 있는 저 방아다리 끝 오막살이 면허 없는 허 의원이라구 속는 셈치고 거기 한 번 가보라고 했겠다. 물에 빠진 사람 지푸라기라도 잡고 싶은 심정에 구루무고 나발이고 말이 끝나기도 전에 쇠주 먹는 서방에게 달려가 여보 술 뚝 인나. 나랑 갈 데가 있어. 고칠 수가 있디야. 또 고쳐? 이젠 포기혀. 가진 것도 쥐뿔도 없응깨. 아주 날 잡아먹어라.

날 그지로 맹글어 놓고도 더 울궈 먹을 게 있남? 아냐! 그게 아냐! 한 번만! 딱 한 번만 더 가보자구! 글쎄 뭘 가져가냐구? 그냥 가! 내 말발로 녹여서 외상치료를 할 테니께 따라만 와. 이리하야 씨적씨적 희망 없는 팔때기를 내저으며 당도했겠다. 어소 오시오.

어디가 어때서 내원하셨소이까? 이러구 저러구 자초지종을 들은 허 의원, 오늘 자 시방부터 내 말 명심해 잘 들우슈. 이건 병두 아니외다. 방귀 자체는 일종의 가스요, 내장의 근원에서 생기는 바람의 증세로 그걸 의학상 이름으로는 생리현상이라고 하지요. 음식에도 궁합이 있는고로 하나의 예를 들어봅시다. 오이와 당근을 함께 섭취하면 화학성분상 오이도 아니고 당근도 아닌 맹물 상태가 된다고나 할까? 상극적인 물질이 되었기에 이렇게 되는 거에요. 따로 따로 먹었을 때만이 오이의 영양분과 당근의 영양분을 섭취하게 되는 겁니다. 이래야 열매식물의 비타민을 얻을 것이요, 원근 뿌리식물의 당근 영양가를 얻듯이 룸 나인 즉 방귀의 재료를 만들지 말아야 하는 식이요법이 우선이에요. 요주의 정신이 요구돼요. 죽지 않는다고 아무거나 먹으면 안 됩니다. 마구잡이 음식은 독을 만들어요. 음식에도 궁합이 있어요. 안 맞으면 독이요, 맞으면 보약이에요.

　내 자신하고 고쳐드리리다. 그래 아줌니는 뭘 좋아하시나? 그래 즐겨먹는 거, 좋아하는 거, 늘 먹어왔던 게 뭡니까? 식성은 꽁보리밥 고구마 동침이 콜라 사이다 생무 막걸리 보리개떡 요런 것만 영양식으로 먹는데요. 으하하하~ 그건 영양식이 아니라 방귀 원천의 원료만 챙겨드시누만. 아, 이러니 백약이 무효지. 원인을 묻어두면 병은 못 고치느니 좋아해서 매끼마다 챙겨먹는 그것들 럭키 쎄븐칠 일만 끊어봐. 그러면 내가 언제적 뽕뽕이야? 여보,

나 다 나았어 이럴 거야. 아니 침 한 방도 안 놓구 얘기만 듣구 처방전을 내리시네? 야~ 진짜 짜자잔이다. 그러니께 도사지 이놈아! 나는 시시허게 침이나 몇 대 꽂구 쑥뜸질이나 하면서 맥이나 짚어 보는 그런 구닥다리 치료는 안 한다. 그 사람의 먹성과 즐기는 음식을 물어 응용한 심리치료이거나 얼굴 면상을 봐 진단해. 그런 부류의 의원으로 보면 좋을 듯허네. 아 그뿐인가? 점두 봐. 두 사람이 아주 잘 만났어. 천생연분이야. 줄방귀에 재산 다 날리고 그지 일보직전에 날 만난 건 하늘이 내린 커다란 은총일세. 1백 년 연분이야. 마누라 방귀가 있는 거 다 털어먹었어도 말년이 길해. 마누라가 재산복이 다글다글해. 방귀로 맺은 인연 방귀가 해결해 주느먼. 무등산 정기가 운무인양 끼어들어 재물운 손재수 다 무사 안일이야. 동녘에 떠오르는 아침의 여명이 그대들을 비추노니 태평성쇠가 눈앞에 있도다. 어머어머~ 눈이 부시어요 그럴 테지.

복채는 얼마나 드려야 할는지? 아, 그거야 별 수고로움도 없었는데 맨손으로야 바람개비를 돌릴 수야 있겠나? 인간은 인정으로 사는 걸세. 주면 받고 안 주면 눈동자가 모루 박히고 흰창이 올려붙으면서 눈꼬리가 여우눈이 돼 흘금흘금 볼성사나운 똥 씹은 얼굴일지라 혀도 참을 인을 내세워 씩씩거리긴 하지만 최저임금 시대 시간당 8,350원! 니꼬르 뿌러쓰 해서 적당히 알아서 주셔. 카드도 돼. 현금이 없을 땐 금반지나 은반지 백금 금이빨 루비 호박 다이아몬드 14금 18금 다 받어. 아직 구리반지는 받은 적이 없고 금

목걸이 몇 개 받은 건 다 우리 작은 여보 애인한테 프러센트해서 갸들이 그 은공으로 날 엄청 이뻐해. 내가 갸들만 보면 껌뻑 죽는다니께. 아유~ 을매나 아양을 떠는지 내가 그냥 간이 스리스리 살짝 초코렛 녹듯이 녹는다니께. 그럴 땐 내가 주책없이 이런 말도 해. 아, 이대로 죽어도 좋아. 스르르 눈을 감고 5분간 음냐음냐~ 으잉? 이 양반들 감상에 젖어 눈 감고 있는 사이에 톡꼈어? 아, 이런 씨부랄! 모처럼 큰손님이 와 돈냥이나 생기겠다 했더니 일천고련 한 푼도 안 주고 내뺐으니 이걸 어디 가서 잡어 그래? 아, 오늘 일진 좆 같네. 승질나 죽겠는데 오줌은 또 왜 이렇게 자주 마려. 그래 아유~ 자꾸까지 고장나 안 열리네. 확 재껴버려! 아악~ 물렸어! 쟈크가 거시기 살을 찝어버렸어! 아야~ 아야~ 아야~ 여보세요? 119죠. 나 좀!

꽁뜨 릴레이

●● 내가 보니께 자네 마누라는 잇발이 뻐덩 니드구만. 뻐덩니나 옹니는 고집통머리가 쎈 게 특징인데 자네 마누라가 그 모냥새지. 한쪽에서 고집이 세면 의견충돌은 있게 마련이야. 그래서 후딱하면 티격태격 꼬집구 쥐어뜯고 패고 할퀴면서 푸닥거릴 한다니께요. 그거 사람 환장할 일이지. 방법은 하나야! 앞뒤 볼 것 없이 패버려. 매에 장사 없는 거야. 우리 집 그니는 어디 하나 흠잡을 데가 없어서 때리고 싶어도 때릴 수가 없어. 그게 참 아쉽단 말씀이야. 완전히 유한무비야. 그렇게 완벽한 마누라

라서 언젠가 코뼈가 부러지도록 팼냐? 그럴 일이 있었어? 나도 그럴 일이 있어서 패고 싸우는 거야. 곧 죽어도 마누라 안고 도는 데는 못 말리는 공처가야. 그렇게 살자니 을마나 속 터지고 고역이겠냐? 네 마누라부터 갈아치우고 날 가르쳐! 똥 묻은 개가 뭐 묻은 개 나무란다더니 너네 집이나 내 집이나 거기서 거기 쌤쌤 됐고. 아이구~ 형님, 여긴 웬일이래? 형님 보기가 하늘에 별따기요. 사업이 바쁘신가? 그나저나 형님 눙깔 다쳤우? 쪼끔. 한쪽 눈이 완전히 짜브러들었는데 쪼끔은 무슨 쪼끔? 애꾸눈 잭크 바다는 말이 없다. 영화배우 어떤 놈모냥 완전 짬빵눈이 됐스. 괜히 눈깔이 지불지불허니 따깝고 찔러 쑴벙거리기에 종합병원 내과를 갔더니 아니 눈 아픈 사람이 안과를 가야지 속이 썩어 터졌나 내과를 갈게? 뭐야, 눈은 안과로 가야 된다구? 아, 그걸 내가 알았나? 마누라가 가자는 대로 그냥 갔지.

 그랬더니 의사가 청진기 대신 두꺼비 같은 넓적한 손으로 배때기를 주물주물 더듬어가며 주물르더니 배창새기는 아무 이상이 없다며 똥은 잘 누느냐구 그러더니 눈이 짜브러진 걸 히죽히죽 웃으며 바라보더니 이건 어느 병이거나 안질 종류로 뭐 터진 게 아니라 사랑의 주먹이 스쳐간 흔적이라든 걸. 거봐! 형수님한테 으더 걸린 거 맞지? 그짓말도 좀 할려거든 그럴 듯하게 하슈. 그래서 그냥 왔다구 할려구 그랬지? 형님 머릿속에 내가 에헴 하고 들어앉아 있어. 어서 가서 날계란이나 굴려. 내 생각으로는 무슨 의사가 이래 그러면서 만양 버티려다가 으른이 돼가지고 말도 드럽게 안 듣네 그럴까봐 불이 나게 얼른 왔어. 여기까지는 병원 이후의 말이고 의사가 뉘쉬깔 좀 봅시다. 내 전공은 아닌데 어디 보자. 얼른 보기에는 눈병 개씨발이라고 하는 일종으로 핏발이 서고 눈곱에 고름이 있는 걸 보면 그런 것 같으면서도 걷딱찌가 싯푸르 둥둥 뻘거 죽죽한 걸 보면 아냐 아냐! 이건 실상 맞은 눈깔이야. 아니 맞고서는 이럴 수가 없지. 여자 주먹으로 맞은 자국이야. 당신 마누라가 때린 거 맞지? 솔직히 말해야 병명이 나오는 거에요. 그런데요 이건 날계란이 약이에요. 그러면서 하는 소리가 안과 치고는 희귀질환 같다며 입맛을 쩍쩍 다시며 나의 눈빛이 북극의 오로라 같고 비 개인 오후의 쌍무지개 색깔 같대.

현대의학으로는 치료가 불확실하다면서 기다리다 보면 언젠가는 스스로 낫는다고 그러드라고. 그러면서 한방요법으로는 오줌이 좋은데 그것도 약발로 보면 남자보다는 안여자로 과부의 오줌이 약발로는 최고급에 신속한 치료의 근거가 대략이라며 그걸 추천하든 걸. 사내가 접근치 않는 순수 과부의 오줌이어야 한다는데 그걸 어디서 구해? 워낙 난세에 치우쳐 사는 인간들이라 혼자는 외로워 둘이어야 하고 이 좋은 세상 이 한 몸 내둘리면 만사가 즐겁고 아름다울 것을 그래 있는 대로 걸리는 대로 다 이리 와 이런 판국에 하늘에 있는 별따기가 더 쉽지. 어쨌거나 형님 일에 나 몰라라 할 순 없고 여기저기 방을 붙여 찾아보자구요. 형님 눈이 제대로 낳기만 한다면야 망설일 이유 없지. 그 일은 전적으로 나에게 맡기슈. 알았쩌. 구라발 아닙니다. 그대의 눈동자가 여기에 모이다 60대 남성 현재 홀아비야. 내가 홀아비냐? 에이 홀아비래야 과부가 모여들지. 내가 하는 대로 보구만 있으셔. 재산가 정력 꾸정꾸정 외로워 못 살겠오. 최고 대우 이뻐해줌! 현재 부동산 전문가 매사 능력보유 인생말년 새 가정 원함! 평생의 내조자 팔도 순수여성 과부 구함! 자격 서방 먼저 보내고 오로지 자식과 자신만 보며 인생을 산 절대 열녀로서 나이보다 젊고 야한 여성 성품 고결 자태 죽여주거나 안 죽여줘도 됨! 이상 전화요. 아나방창 짖고 땡 광 팔어 절단나 홀아비 된 남자 백 하이고오.

    이장님 지붕 꼭대기에 저게 뭐다요? 으이? 요거? 태양광 에너지원이라고 전기가 없어도 태양 햇빛열로 뿌러스 뿌러스해서 전기를 얻는 장치여. 근디 그느무 태양광 에너지원이 증기불보다 더 쎈감요? 아, 전기랑 똑같은겨 아닌디. 시방 우리 집 냉장고 선풍기 석건 하나도 안 돌아가는디. 아녀, 돌아가. 돌아가는디 깜빡깜박혀 불이. 음마 으째쓰까이. 코드를 다시 팍 꽂아브러. 빙 돌리는 수도 온도계를 약으로 내려브러. 아, 그래야 되는가 부네이. 알었구마니라. 아, 영감이 되지고 없응개로 하나에서 열꺼정 일일이 아쉬운 거 투생이구먼. 딴 영감탱이래도 하나 붙들어 옭아매던가 해야제 못 살겠구먼. 에이~ 혼잡시러워. 아이구 뜨거라. 쥐 가이 너 개놈시키 엇따 내질르냐? 숫캐는 이래서 병이여. 아무 데나 내질르네. 아이고~ 찌린내! 콧구녕 헐겠어! 요로코롬 뽈따귀 나게 허믄 너 제 명에 못 산다이. 삼복이 내일 모래여. 올 여름 시아버님 보신으로 삶아 잡수라고 골로 보낼 수도 있으께 알어서 허드라구. 웬수 받치지 말구 내가 아주 너 땜시로 신욕이 더 고되브러. 복 없는 년은 개새끼할래 웬수질이여. 아이고~ 다리야! 옥씨기나 한 자루 뜯어먹어야 쓰겄다. 워매 워매 딱딱한 거! 엊즈냐에 쩌놨드만 못 먹겠다. 우르르릉 따다다다 꽝 번쩍번쩍 빠지지직 땅 우르르르~ 한 줄금 신나게 쏟아질 판이구먼. 워따메 하늘이 온통 먹물이여.

못된 짓거리 죄 지은 놈들 간이 콩알만 해지겠다. 우중에 쏘나기 맞은 중놈들은 알 수도 없는 말을 중얼거릴 것이고 명심보감 펼쳐 읽는 허신이는 신선이나 다름없으니 에덴의 동산이 무슨 소용이며, 극락이 뭔지 알게 뭐람? 비가 오던지 하늘이 새던지 양회 콩크리트 우리 집 물 샐 리 없으니 에라 모르겄다. 코나 골자. 고로 번개에 오금을 저리고 기절할 얼간이급 불알찬 남자 뇌성병력 천둥에 하품하는 여자도 있거든. 세상엔 개질치 못한 똥오줌도 못 가리는 삶에 기준은 어디에 있는고. 저거는 방문만 쾅 닫아도 눈을 홀라당 뒤집어까고 경기를 하니 참 부실하기도 하다. 금년 여름 천둥번개가 유난하다는데 저 화상 깻딱하면 사자가 데려가지. 아가~ 일곱 달 반이여. 아빠의 호르몬이 미워요이. DNA 올림. 왜 그러고 사냐? 주변머리가 따봉이 아니구 형편 낙가오리야? 집에서 공장으로 공장에서 집으로 다람쥐 쳇바퀴 달라지는 게 없구만. 생각을 바꾸어라 생활이 바뀔 것이니! 아니꼽고 더러운 잘난 갑질에 허무를 느끼며 울며 겨자를 먹으니 더 코가 매워 콩 심은 데 콩 나도 팥 심은 데 맨날 팥만 나냐? 을랑 노고래기는 내 인생 판도를 바꿔놓나니 좀 벌었남? 백발을 휘날리며 공장에 다니더니 노른자위 너울 강남에 50층 빌딩 하나 정도는 강남에서는 회장님으로 통할 정도. 회장이 공장에 다녀? 왜 회장은 공장에 다니면 허리가 부러지남? 노느니 염불한다고 나가서 꺼적대면 때 되면 밥 주고 때 되면 월급 주는데 그게 싫여?

너랑 나랑은 수준이 좀 다르다. 너 여기서는 너랑 나랑 그러냐 저러냐 트구 먹지만 강남에 가면 시시한 녀석은 내 옆에 오는 것도 꺼려. 왜 꺼리는데? 시민이 대부호랑 너냐 내냐 어울리는 거 봤냐? 아니 그 정도야 믿거나 말거나 아니면 말어. 이 쌍느무 인간머리 출세했네. 그게 출세냐? 피땀 흘려 긁어모은 내 노력의 큰 산이지 별 의미 없어. 그건 내 것도 아니고 사회에 환원할 다 주고 말내 유산이니까. 나한테 팔어. 네깐 놈이 무슨 돈으로 내 껄 사? 안 팔어! 암~ 9시 뉴스에서 봐. 아가릴 쩍 벌길걸. 아마 석렬이형 정도면 침 질질 흘릴 만하지. 너넝 건 너네 집 땅 네 마누라 친정집 땅 사돈의 팔촌까지 죄 끌어들여 땅 팔아도 내 건물 못 사. 왜 못 하는데? 안 팔거든. 난 본래 이런 년이야. 때가 됐으니 먹어야지. 이거 봐! 영식이 어멈, 이리 와봐. 뱃때기가 출출한데 별 다른 거 없남? 한 숟갈 또 걷어 넣어야지. 별 다른 거 좋아하네? 별 다른 거 먹게 돈 벌어왔어? 아으 짜증나! 생긴 대로 있는 대로 먹어! 어허~ 이런 방자한! 남편은 하늘이요 가장이거늘 대접이 이리 소홀해서야 체면이 서겠는가? 앗따~ 상것 집안 출신이 대감마님 말하드끼 한 옥타브 피칭 올려 꺼들멍거리누먼. 안 어울려. 증말 안 어울려. 어허~ 무슨 험한 주댕이질인고. 내조가 이리 불손해서야 잔소리 말구 큰 냄비에 철푸덕 두부 한 모 썰어 넣고 돼지괴기 척척 썰어 다진 파 마늘 생강 찌끄려 짭짜롬하게 간혀서 부글부글 지저 탁배기 한 사발로 시장기 면허고 싶으니께 이르는 대로 하시게 부인!

지금 영화 찍남? 부인, 왜 이러시오? 경망스럽소이다. 하늘인 남편이 까라면 까는 것이지 뭔 객쩍은 소리가 그리 많고 양다리 사타구니에 주리를 틀어야 정신을 차리시겠는가? 쌍느무 여편네야! 에그머니나~ 진짜가 나오네. 빨랑빨랑 뭣허냐? 시방 득달같이 일어낭께 쬐깨맨 기다리셔이. 애고 다리야. 빠지직 부러진 다리 목쟁이 또 부러트리기 전에 날래날래 움직이라오. 알간? 이래서 여자는 풀어주면 젬병이여. 으 해주면 깔아뭉개요. 천하에 요물이 암컷이여. 본래대로 을래빵을 놓으니께 질겁을 혀 육고간에 돼지괴기 끓으러 달려간 거 아녀? 그 짧은 다리로 신속히 푸르르르 끓여 올릴 팅게 쬐깨만 기둘루시요이. 그려그려 간이 짜면 안 돼. 나가 혈압이 높응게 의사선상님이 짜게 먹으면 큰일 난다고 안 허냐? 과부 돼서 꺼이꺼이 통곡허들 말고 정신 차려. 있을 때 잘혀.

고것이 사는 동안 일등 내조여. 앗따~ 지짐이 냄새가 아주 진동허 누먼. 자~ 그럼 허리띠를 끌러놓구 타령해가며 몇 잔 꺾어볼 거나?

코로나 김

●● 쟤는 뭔 느무 아가리를 이중 삼중으로 틀어막고 비척거려 등신모냥! 벌써 저런 지가 여러 날짼데 이 위기의 코로나 시대에 행여 코로나인가 싶어 걱정을 태산같이 하면서도 가서 검사 한 번 받아보라구 해도 싫다고 안 가요. 걸렸다고 하면 그게 더 무섭다고 싫데요. 마스크는 철저하게 하고 있어요. 밥 먹을 때도 안 벗는데요. 턱 밑까지 덮은 마스크 살짝 들어 올려 밥 숟갈만 쏙 집어 넣고는 또 내리고 우물거려 먹고 이불 뒤집어쓰고 자는 잠버릇이 있는데도 이불 속에서도 안 벗고 잔대누먼.

별 녀석을 다 보네 그랴. 내가 시키는 대로 허라구 그랴. 약국에 가면 코로나 검사 자가키트가 있어. 값은 15,000원 두 개짜리 그걸 까서 대롱에 들은 물에다 귀지개 면봉으로, 아니 거기 면봉이 들어 있어. 고개를 벌렁 제껴 면봉을 콧속 깊이 넣어 전후좌우 디리 쑤셔 이때에 잔기침이 나오거나 나오려고 해. 애애애~ 그러다가 에에엣취~ 재채기를 하걸랑. 그런 다음 찐득찐득한 맑으니 코가 묻은 면봉을 유리대롱에 넣어 1~2초 뱅글뱅글 후둘러 키트판에 쭈르르 붓고 나면 그 콧물이 구름이 흘러가듯 싹 먹어 들어가면서 빨간 선 두 개가 나오면 벼락같이 장사 지낼 준비이거나 빨리 병원으로 가야 돼. 안 그러면 이미 인생 끝나는 거야. 코로나는 인정사정이 없어. 이쁜 놈 나쁜 놈 도둑놈 엄마 아빠 어느 누구도 봐주는 거 없어. 안하무인으로 직방이야. 아주 냉정하고 얼음덩어리야.

이 나라 정치가 코로나처럼 명명백백하면 비리도 없고 두 집이 화합이 되어 국민이 눈을 안 흘길 텐데 다 큰 사람들이 애새끼모냥 말을 안 듣네. 쥐어박을 수도 없구 애가 터져 화풀이로 먹으니 쇠주만 먹어. 빈병이 리어카로 두 구루마야. 글줄이나 읽어 배웠다는 사람들이 기껏 뽑아놔 일 잘허라고 했더니 되지 못한 게 응덩이에 뿔난다구 일은 안 허구 으쌰~ 으쌰~ 하는 데만 쫓아다녀 얼굴 팔아먹을 일이 있는지 구관이나 신마이나 구성 없는 소리나 툭 던져 국민의 야유와 질타로 치명상을 입는 아유아유아유~ 또 술 먹게 만드네. 이거 뭐 니나노 젓가락 짝도 아니고 일 안 하고 월급 받아먹는 직업은 그 직업밖에 없는 거 같애. 내가 콧김 한 번 넣어볼까? 해결되면 건덕지 좀 있으려나? 아유~ 그럼여. 그리만 해주신다면야 하늘도 감복할 일이구머니라. 요렁 거떨은 그냥 놔두면 안 돼. 아유, 고소하십니다. 좀덜 좀 잘 좀 하시지! 그 모냥이셔? 다음번엔 나가떨어져 깡통 차게 생기셨어. 노랑병 든 건 건강상의 문제가 아니고 마음의 병이어서 약도 주사도 소용없고 암수가 한 덩어리가 되는 것만이 병의 근원을 뿌리 뽑는다는 건데. 오냐! 그러니께 고것이 상사병이로구먼. 형님은 언제나 선견지명이 남바왕이셔. 이만큼 얘길 허면 저만큼 알아 먹으시고 금방내 답이 나오잖여. 이런 양반이 국회에 입성해야 나라꼴이 제대로 되련만 아는 것만 많치 배운 게 없으니 방귀 뀌어 손에 쥔 꼴이요.

장님 잠자나 마나 꼽추 인사허나 마나지. 아, 객지밥 30년 눈칫밥 20년 도합 50년 강산이 다섯 번 변한 그 세월에 느느니 눈치요 더더더더 꾀만 늘어 눈치코치 단수가 쭉쭉 쭈주주죽 업그레이드 될 수밖에. 이래서 구관이 명관이라 아니하더냐? 이 짜식들아! 이래서 도인은 10년 앞을 훤히 내다보느니라. 자고로 상사병이란 내비두면 기다림에 지쳐 애가 달아 되지는 법이여. 나는 이 세상에 너밖에 없어. 죽어도 좋으냐 이러면서 금반지 닷돈에 묵거리까지 노가다로 번 돈으로 프러센트했는데 고때만 헤헤거리드니 시방은 데켠에서 전화질만 하고 안 만나준대. 그러니까 몸이 달은 코로나 김이 상사병이 난 게야. 망할 년 아무 서방이면 엇때서 헤롱대며 여우질이니 떡두꺼비 장정 하나 목숨 끊게 생겼으니 다른 게 사고가 아녀. 이게 사고여. 땡볕에 노가다해서 금반지만 날렸지 닭 쫓던 개 지붕 쳐다보기루 죽지나 말어야 종자래도 받겠구먼 아 그거 참 답답허네. 본래 지남철은 마주 보면 쩔거덕 맞붙게끔 되어 있듯이 운명적 사안이거든.

사내가 여자 낚시하는 건 무리도 아니고 죄도 아녀. 호통을 치자면 조물주를 혼내야지 낚시질은 도덕적인 문제일 뿐이지 맞붙는 건 법도 못 말리는겨. 왕년에 나가 다 경험한 찌끄레기네. 나으 경험 하나만 예로 들어볼까? 아, 이느므 기지배가 먼저 날 쑤성거려 쑤셔놓고는 시방 도망간 기지배모냥으로 감질나게 내 불같은 청춘을 인형 가지고 놀 듯이 까불까불 하드라고. 뭐가 먹고 싶고, 아유~ 저 옷 이쁘네, 어머~ 나도 이거 갖고 싶어, 자기 나 더 아름다워지고 싶어 이런 식으로 요번을 떨길래 혼이 나가 탕수육 사줘, 고가 챠밍스쿨 부라우스에 유명 메이커 화장품까지 별거별거 다 사줬어. 그러다가 어느 날 으슥한 야밤 골목에서 에에라 모르겠다 그러면서 냅다 껴안고 뽀뽀 좀 하려니까 아! 이이것이 어머나? 왜 이래? 무슨 짓이야? 겨우 이 정도였어? 아유~ 불쾌해. 추행으로 고발할 거야. 그러면서 놔 이거! 허옇게 눈깔을 뒤집어 까고 흘기든 걸. 그러드니 내 발등에 침을 칵~ 뱉더니 짐승 대걸레 철면피 그러면서 이쁜 코를 씰룩거리드니 느닷없이 따귀를 올려 붙이는 거 있지? 아유~ 으찌나 따귀발이 쎄던가 부엌칼로 쑤시는 거 모냥으로 정신이 번쩍 들면서 볼때기가 빵처럼 부푸는 거 있지? 공갈빵 먹어봤지? 그거랑 똑같이 부풀어 올라. 엇째 하염없는 발걸음으로 집에 오더니만 마누라가 어머나 얼굴이 왜 그래? 왜 그러기는? 산에 갔다가 말벌이 달래들어 쏘는 바람에 하필 볼때기를 쏴가지구 팅팅 부었지.

　병원 가봐. 이까진 것 가지고 병원은 무슨. 난 특수체질이라 벌독에 강해. 자가 면역력이 있어 자고 나면 멀쩡할 걸 뭐. 걱정할 거 없네 이 사람아. 그때 눈치가 100단인 까만 눈동자 아내가 가만! 벌이 쏜 게 아닌 거 같아. 손가락 자국이 선명한 다섯 개? 우린 지금 신혼이야. 나 만나기 전 사귀던 년한테 얻어 맞았지? 이실직고해. 귀신은 속여도 난 못 속여. 어쩐지 요즘 하는 행동머리가 수상쩍드만 애새끼 하나 까기도 전에 뭐가 부족해 계집질이여? 밤이면 밤마다 기어 붙으면서 그래도 모자라냐? 으줍지 않은 게 그건 되게 좋아하나봐? 아유~ 이제 그만 봇다리 싸야겠다. 그러면서 주섬주섬 주워 챙겨 가방 끌고 나가더니 여짓것 소식 무! 이래서 홀아비가 된 난데 여자는 여우모냥 살살 꾀야지 왈칵 달려들었다 가는 열에 아홉은 노 빠꾸여. 십중팔구는 노 빠꾸! 영낙 없구먼. 근데 이것두 다 그런 게 아니야. 급헌 걸 선호하는 여자가 있어. 그런 여자라면 이렇게 다루라고 내가 그러드라고 전해. 이 분야의 전문가 아무개가 명예를 걸고 일러주는 것이니께 사나히라면 그리하라고 무조건 무조건 끌어땡기고 돌진하라구 그려. 따귀는 맞을 때뿐이지 맞고 나면 사흘이면 감쪽같이 나으니께. 어허험~ 모처럼 만에 남의 장기판에 훈수 한 번 뒀다. 그저 경험이 선생님이야. 백문이 불여일견! 불조심! 개조심! 여자는 남자 조심! 꺼진 불은 볼 것 없다.

재앙이 오던 날

●● 이보시게 젊은이, 자넨 아직 구 만리 청춘 같은데 한참 일할 이 시간에 허구헌 날 할 일 없이 늙은이들만 웅성거리는 이 광장에 출근도장이래도 찍는 이유라도 있으신가? 보아 허니 뜰름허니 없어 보이지는 않는구먼. 재벌 아드님이신가? 놀고도 평생 먹고 남을 유산이래도 물려받았는지? 설사 그렇다 해도 햇살 좋은 멀건 대낮에 젊은이가 재미도 없는 이런 곳에서 예가 기웃 제가 기웃 목늘임하면서 늙은이들 틈에 끼어 얼쩡거리는 것이 안 좋아 보여 하는 소리네. 남에 사정도 모르면서 이러구 저

러구 훈시한다고 서운하겐 듣지 말고 그 속사정 좀 궁금한 나에게 속 시원하게 털어놓을 용기라도 있으신가? 나는 나의 일상도 그렇지만 타인이래도 부적합한 일이라고 생각되면 그 부분에 대해 그냥 넘어갈 수 없는 별난 성격 탓에 가끔 오지랖 넓다는 핀잔을 듣긴 한다만 거기에 개의치 않는 게 날세. 분명히 사생활 침해일 수도 있지만 그걸 떠난 인간관계의 중요성을 의식하는 나는 그 또한 개의치 않네. 세상은 눈 밝은 자가 어두운 자를 리드하는 선견의 지혜가 없으면 정의사회 도덕적 이슈는 없다고 보네. 윗사람은 괜히 윗사람인가? 생의 연륜에 얻어진 보고 듣고 배운 것이 전부 지식인데 학식이 그릇된 자에게 아는 만큼의 배려는 오지랖도 자만도 허세도 아니지. 세상에 독불은 없다네. 세상사 인생은 서로 상부상조하며 사는 게 사회생활 아닌가?

사람같이 미련한 게 또 어디 있겠는가? 탐욕과 거짓, 배타와 진실 사이의 난무하는 생각 밖의 일들 옳치 않은 기교에 빠져 잘못을 인정치 못하고 그 길이 옳은 길인양 양심을 감추는 탐아가 만연하는 세상이지만 너도 나도 다 그래서야 이 나라가 이 세상이 그리고 내 가족이 나의 삶이 행복해질 수가 있겠는가? 아니 그러한가 젊은이? 자, 초두에 내 긴 의사가 자네 심중에 얼마만큼의 심금을 줬는가는 모르나 한 가정의 가장이자 연륜의 선배로서 묻고자 하니 자네의 오늘을 허심탄회하게 이야기할 수 있겠나? 어르신께서 궁금해하시는 제 신변에 관한 이야기가 행여 민폐가 아니 된다 이해해주시면 간략히 몇 말씀 올리겠습니다. 저는 지금 30대 중반으로서 부모 잘 만나 호의호식하며 세상에 부족한 것 없이 공부도 할 만큼 했고, 유학생활로 일류대에서 경영학을 전공한 소위 인테리라 불릴 만큼 세상에 당당했던 꿈 많은 청년이었습니다. 부친께서 국내는 물론 해외지사까지 둘 만큼 사업이 번창해 국내외적으로 알아주는 기업의 총수였습니다. 그러나 기업도 세상의 흐름에 따라 움직이는 증권처럼 등락폭이 한결같지는 않습니다. 한때 IMF 시련과 세계 경제 부진에 부합되다 보니 피할 길이 없더군요.

안간힘을 쓰며 기업 손실 부진에 총력을 기울였으나 그 힘은 한때여서 실패하는 과정에서 부도를 맞고 평생을 몸 받쳐 일군 사업이 하루아침에 물거품이 되는 것에 충격을 받은 부친은 쓰러져 반신불수가 되어 병석에 계시고, 3대 외자인 저마저 매사 기능이 마비되어 정신적 충격을 지금 치유 중이어서 당분간은 오늘 같은 날이 지속될 것 같습니다. 절망을 희망으로 전환하려 애쓰며 노력하는 중입니다. 장장 4개월여 만에 처음 이렇게 어르신과 대화를 해보는 겁니다. 오오~ 그런 아픈 일이 있었구만. 희망을 충전하고 있다니 하등의 관계 없는 나도 안심이 되네만 해가 지고 나면 분명히 아침은 오는 법이네. 닭의 모가지를 비틀어도 새벽은 오듯이 마음을 버리지 않으면 현실이 오는 이치지. 부초 같은 게 우리 내 인생일세. 부디 희망의 끈을 단단히 움켜쥐고 내일을 열길 진심으로 바라는 바일세. 감사합니다 어르신! 또 다른 희망을 주셔서 격려의 말씀 가슴에 담겠습니다. 아직 식사 전이시지요? 오늘 점심은 제가 대접해드리겠습니다. 아유~ 오다가다 만난 길 위의 인연일 뿐인데 밥은 무슨 밥! 불편하지 않으시면 가시지요? 뫼시겠습니다. 많이 시장하실 텐데? 때가 지났으니 시장이야 하지. 그러다 굶고 건너뛰는 게 일상이다 보니 과히 시달리지는 않어.

늙은이는 밥심인데 그나저나 나까지 밥 사줄 여유는 있으신가? 네, 부자가 망해도 3년 먹을 건 있다고 하지 않습니까? 참 명랑허니 호탕해 좋으이. 내내 지금처럼 사세나. 오늘 자네 덕분에 배꼽에 때 뽑게 생겼어. 많이 먹어줄게. 기왕이면 다홍치마라구 사는 김에 푸짐하게 사시게. 아, 그렇게만 한다면야 누가 눈을 흘기겠나? 아니 그런가 젊은이? 그렇습죠. 아유~ 젊은 사람이 아쥐 쉽쉽허구 사교성 있고 사분사분해 좋아. 붙임성도 좋고 대길이 동생 용길이야. 얼굴도 아주 제주도 돌하르방모냥 동글납데데한 게 호남형이야. 아, 이뿐인가? 이마가 만주벌판이야. 도량도 넓어뵈구 키가 훌쩍허니 기골이 장대허고 눈이 부리부리해서 마치 삼국지에 나오는 장수 장비 같어. 장가는 갔남? 아직 미혼입니다. 원 저런! 이런 귀티 나는 30대 노총각을 내비두고 기지배들은 다 뭘허는 게야? 내가 아가씨라면 대번에 그냥 덜컥 품안에 안기련만 에효효효~ 아깝다. 닌장할 꺼 식사 나왔습니다. 앗따! 푸짐허네. 김이 무럭무럭 나는 것이 드시지요? 먹세. 찬은 푸짐헌데 탁배기가

이 시대의 자화상 • 485

빠졌어. 아, 네. 약주요? 여기 쇠주 한 병! 아, 잠깐! 기왕 먹는 거 부티나게 괜찮은 놈으로 먹으면 더더욱 이 자리가 빛이 날 것 같은데? 그러시죠. 어떤 주류로 드시고 싶으신지 골라서 드시지요. 아래에 꽤 좋은 괜찮은 복분자로 여기 복분자 한 병 추가요. 난 평생을 이놈만 먹어.

우리 할멈 생각해서 이것두 고역이야. 이느무 술이 좀 비싼가? 서민으로서 이 술을 사먹는 데는 꽤 부담이 돼. 아니 어석어석 씹어드시지 않구 쩝쩝 국물만 빨어드시구 괴기는 상 귀퉁이에 모아 놓으시네? 내가 이가 안 좋아. 괴기 한 점 입에 넣으면 열 나절은 질경대고 씹어야 삼키거든. 해서 임시물만 빨아먹고 집에 싸가지고 가서 압력솥에 다시 푹 과서 물렁물렁해지면 추근추근히 일 삼아 먹으려고. 내 걱정일랑 들들 말구 자네 꺼나 부지런히 뜯어. 괜한 신경을 쓰구 그래. 자네는 이가 좋으니께 뼉따귀까지 꽉꽉 씹어먹어. 뼉따귀가 곧 칼슘이야. 이담에 장가가서 불같은 사랑을 하려거든 허리 뼉따구가 온전해야 허니께. 아주머니, 여그 비니류 봉다리 하나 주슈.

요놈으로 마누라랑 나눠먹을 수 있을까? 감질은 나겠지만 으쩌겠나 으더먹는 주제에. 더 사달라구 할 수도 없고. 아주머니, 고기 1인분만 더 갖다 주세요. 원 귀두 밝네. 나 혼자 한 소리를 가지구 금방내 반응을 하네 그랴. 역시 사업하던 사람은 쎈스 하나는 알어줘야 해. 아, 이렇게 고마울 때가 있나? 염치없이 이래도 되는지 모르겠네. 청년세대 재벌가는 뭐가 달라도 다르다니께. 아이구~ 미안시러워라. 대장부 살림살이 이만하면 족하네. 모처럼 만에 마누라까지 이빨 쑤시게 생겼으니 오늘 대박난겨. 자, 그럼 또 보세. 다음번엔 밥 사지 마러. 극구 사양헐텨. 앗따! 괴기근이나 됭게 제법 묵직허다. 오늘 참 간만에 잘 얻어먹구 호강하구 가네. 너무 과용한 거 같어 참말로 미안시럽구만. 아닙니다. 어르신, 잘 드셨다니 제가 더 보람됩니다. 조심해서 천천히 들어가시지요. 또 뵙겠습니다. 안녕히 가십시오. 잘 가시게.

땜통

●● 때는 바야흐로 1970년대 빡빡 아니면 상고머리 스포츠 머리가 유행이던 그 시절 깎어~ 머리 깎어~ 이발들 하세요~ 대가리가 하얀 젊은 깍새, 사람들은 그를 이렇게 불렀다. 백대가리 이발쟁이라구. 그의 이발기술은 최저 수준! 그가 넓적한 손으로 대가릴 감싸고 바리깡을 들이대 밀어 올리면 아이들은 질질 짜며 이발을 했다. 얼마나 바리깡을 눌러서 이발을 하는지 그 아픔은 나도 경험했으니 한 번 면역을 치룬 아이들은 그를 무서워했고, 머리는 못 깎아도 그를 보면 도망질을 했으니 아픈

걸 참고 이발을 하자니 눈물이 찔금찔금, 게다가 자꾸 움직인다고 꿀밤까지 톡 소리가 나게 쥐어박으니 참 옛날은 옛날이다. 그래도 아무 말도 못하고 당해가면서 머릴 깎았으니 참 시절은 시절이다. 대가리가 하얗게 쉰 젊은 깍새 007 제임스 본드 가방에는 면도기와 가죽혁대 하얀 보자기가 들어 있다. 그의 이발기계는 생전 소독이라는 걸 안 하는 탓에 옮겨 다니는 땜통 전염 방조자였으니 그래도 누구 하나 이발충에 대한 충고나 나무람 없이 군주인양 수수방관일 뿐 단골로 다녀도 외상은 절대 사절로 북녘땅 이북 사람이었다. 퉁명스럽고 빡빡하고 성질도 있었다. 땜통 휘발유를 바르면 맛이 으떠냐굽쇼 대가리가 반은 죽어 쓰리구 따갑고 매웁고 욱신거리고 차라리 불을 붙이면 휘발유나 호르륵 타지 이건 아냐? 땜통 안 걸려 휘발유 안 발려본 놈은 절대 모르는 휘발유의 본질! 아, 이뿐이랴? 휘발유가 귀했던 그 시절 땜통에 휘발유는 고급 땜통 치료제였지.

약이 귀했던 그 시절 아이들은 뱃속에 기생충이 많았다. 회충 요충 촌충 십이지장충 지금은 비료로 농사를 짓지만 그때만 해도 똥오줌을 줘 채소를 길렀기에 충이 채소에 붙어 몸속으로 유입되는 탓에 배앓이가 흔했던 시절이나 싸붙인 아이들의 변을 보면 회충이 무더기로 쏟아져 나와 꿈틀거렸다. 학교에서도 회충약을 주던 시절 이야기다. 회충이 있는 어른들은 휘발유를 마셨다. 휘발유를 마시면 곧바로 항문으로 찌르르 신속하게 나왔다. 참으로 무지한 세월의 이야기이지만 지금 아이들로선 상상도 안 될 만화 속 이야기일 것이다. 그나마도 없는 집 아이들은 생마늘을 짚쩌 이겨 붙혀 놓으면 쓰라려 죽는다고 대골대골 축구공처럼 뒹구르며 악을 썼다. 그 마을 특유의 아린 독성이 상처 난 땜통에 숨어들어 욱신거리기 시작하면 귀에서는 무당이 굿거리할 때 내리치는 징소리가 안 나냐? 나무 뽀개지는 소리, 술병 깨지는 소리, 개가 깨갱거리고 옹기 항아리 벼 부치는 소리, 씨이우웅 B29 쌕쌕이가 안 날라가냐? 푸타타타 발동기 소리, 파도가 철썩거리고 눈에서는 불이 나 이게 바로 땜통 걸린 놈의 빡빡 대가리 비애라고나 할까? 엄마, 쓰나미가 올라오나봐? 쏴아~ 그래 이기이기 미쳤나? 쓰나미가 뭐꼬?

땜통땜시 참말로 새끼 배러브렀네이. 고마 이담부턴 대가리 그 놈한티 깎들 말고 길죽허니 길러라이. 지지배모냥 길게 따자. 까짓것 여차하면 상투 틀지 뭐. 이리 와바야, 대갈통 조사 좀 하게스리. 음마, 더 허옇게 많이 번저뿐네이. 밀가루 뿌린 거 맹이로. 아야~ 큰일났다! 으쩌브냐? 이번엔 된장물 좀 발러보장깨. 엄니, 차라리 날 죽여줘브러. 왜 죽고 잡냐? 럭키 쎄븐 일곱 살 어린 것이 목숨 아까운 줄 모르고 벌써 되져야? 요런 싹수 읍는 느무 불효새끼! 말따귀하구는! 자식은 땅에 묻는 게 아니고 에미애비 가슴에 묻는겨. 고따위 싹아지 없는 소리 위디서 배웠냐? 그깟 땜통 땜시 밥숟갈 놔야? 땜통은 언젠가는 나을 것이고 올랐다 낮고 올랐다 낫고 그게 오늘날 빡빡머리 애새끼들 흔헌 유행병인디 그깟 쓰리고 아프다고 되지네 마네 어린 것이 못하는 소리가 없어? 개소리엔 똥이 약이야. 이리 와서 개떡이나 처먹어. 미끌미끌 쭌덕쭌덕 서양요리 같응깨 먹어봐야. 개떡이 땜통에 약이 될랑가도 모릉깨. 엄마는 땜통에 신경이 쓰여 해골이 복잡한 이때에 주댕이에 개떡이 넘어가냐? 씨부랄 녀석이 땜통은 너만 걸리는 게 아니잖여? 온 동네 애덜이 다 너모냥 동창생이 되어 긁적거려 싸매 다니드만 그래도 불평불만 없이 히히덕거리구 잘들만 놀드만 너 혼자만 중뿔나게 지랄 벙거지여! 갸들은 약이라구 발러봤자 소금물 아니면 된장인디 넌 그래도 느그 아범이 미군덜이 쓰는 USA 지프라이터가 있는 관계로 마침 휘발유가 있기 또래 그 고급을 발렀구만 뭐가 아쉽고 모자라 궤방질이여? 앗따! 대가리 두 번만 깎았다간 대한뉴우스에 나오겄다. 본래 애덜 쩍엔 다 대가리 헐어가며 크는 거여. 째각째각 이발기계가 나왔기 또래 그게 바로 문명병 아니냐? 난 그렇게 생각하는디. 앗따~ 봉기 엄니 유식하네이. 문명병을 다 알고. 았따 엄니, 유식한 척허네이. 가갸거겨 뒷다리도 모름서 엄니는 누구 편이여? 이발쟁이 편이여? 문명 편이여? 내 편이여? 왔다 갔다 어지러운 정신머리 대종을 잡을 수가 있나? 뭐라구 혼자 씨쿵대쌋냐? 아녀라. 저 밑짝에 염소 기르는 짱구 자식을 봐야. 갸는 기계충에 땜통석건 게다가 머리 빠지는 독두병까지 도합 세 가지 병마에 시달리면서도 그 매운 청양고추로 담근 고추장을 대갈통에 뒤발을 허고서도 암치도 않게 휘파람만 불며 다니드만. 을매나 씩씩해 보이냐? 너도 좀 닮아봐.

앗따 엄니! 그 새끼는 비아그라를 먹어서 그래. 비아그라가 뭐여? 아, 그런 게 있어요. 사내들 은밀히 먹는 거! 야, 너 뭔 약을 숨어서 먹냐? 이 약은 체면상 아랫도리의 약점을 드러내 놓구 먹을 수 있는 그런 약이 아닙니다. 아니 네놈이 더구나 어린 것이! 약이라는 건 어려서부터 먹어둬야 효과를 본다구 의원님께서 그러시던 걸요. 비그라~ 비그라~ 비그라라~ 아랫도리면 거시기 아유~ 남사시러워. 어척켜~ 어척켜요~ 잡놈으시키! 어린 것이 어느새 기집 사타구니나 생각허고. 엄니는 사내는 젖떨어지면 다 알게 돼 있슈. 이 그러냐? 언젠가 봉깨 느그 아부지도 나몰래 뭔가 훌딱 입게 넣고 급허게 물 마시드만 비그라 먹은 거 같구먼. 틀림없이 그거여! 너도 짱구모냥 느그 아부지 꺼쫌 쌔비해서 짱구몬양 먹어두면 될 텐디 뭘 그런 걸 부러워허구 그려. 머리 깎어~ 머리들 깎으세요~ 호랭이도 제말하면 온다더니 땜통야그 허다봉께 빌어 처먹은 저 인간 이발쟁이 녀석 터덜거리구 오누먼. 요녀석 오늘랑은 기필코 알박기 한 번 해야제. 내가 이 풍진 댁인디 가만히 보구만 있깐? 아이구~ 아줌씨, 안녕하셔요? 안녕은 무슨 안녕! 안녕 못항께 시방 나가 널 노려보고 있제. 왜 내래? 뭔 잘못 있습니까? 있지! 기거이 뭔데 아줌씨가 난리법석이야요? 이발함내 허고 아이들 기계충이나 죄 옮아놓구 대가리덜이 다 허연허니 땜통이 올라 난리인디 아 능깔에 고것도 안 뵈남? 아니 누가 땜통 걸렸읍네까? 기래 걸렸디! 우리 아새끼 석건 동네아이 전체가 대가리가 허얘. 그럴 리가 없는디. 없긴! 네 맘대로 없어? 있어! 기계를 소독 좀 해가지구 다녀야지 가방에 넣었다 뺐다 가지고만 다니지 소독은 전혀 안 하니 땜통이 왜 안 걸리겠어? 하~ 나 이거 참! 이발쟁이 20년에 땜통 땜에 시비 거는 마나님은 처음일세. 아니 뭐 땜통이 어제 오늘 일도 아니고 그저 그러려니 하는 거지 날 더러 엇째라구 작꾸 기럽네까? 아니 엇쩌라구라니? 그게 죄지은 놈이 할 말뿐때여? 뭘 잘못했다구 죵알죵알대! 못한 건 또 뭐요? 아, 땜통 때문에 문제 있어? 죽은 애 있어? 재수 없이 길거리에서 사람 무안을 주구 기래? 못 배워먹은 마나님 같으니! 그래 나는 못 배웠다. 넌 잘 배워 그 잘난 애덜 대가리 털이나 밀구 다니냐? 서울대학교 이발과 나왔남? 이북 사람이니께 북에서 을마나 배웠는지 공갈치지 마르으! 무식대학 무댓방과 나왔게? 아, 네. 그렇습니다. 어쩐지 트릿허다 했더니 티가 나누만. 아짐씨, 나는 말많은 집 애들은 절대 머리 안 깍아줘. 다음번부털랑 딴데 가서리 깎으라오. 나는 허가도 없이 야매로 깎는 이발쟁이니까니 긱캐 알구 딴데 가서 깎으시라요. 우리 아자씨도 안 깎아주남? 안 깎어준다. 그려 그렇키 헐터? 똥뱃장 부리던 너만 앵허지. 장사치가 손님을 응징해 야로를 부리시겠다. 360도 돌아버린 이발쟁이구먼!

 다시는 이 동네 와서 돈 못 벌게 할 테니께 얼씬도 마러! 오늘까지만이야! 뒷통수는 술독에 술 거르는 용수처럼 퉁 내밀어가지고는 이 동네에서 이억순이 파워가 어느 정도인지 분석을 못하시누만! 뜨거운 감자국에 주댕이를 델 녀석 같으니! 엄니, 왜 이려? 영창 가고 잡남? 내비둬야! 저런 인간머리는 버르장머리를 가르쳐야 허능겨. 영창 감어리는 저 사람여. 허가도 없이 야매로 장사항깨. 엄니가 자꾸 이러면 난 워디서 머리 깎냐구? 앗따 염병할 느무 시끼, 너 두 번 다시 저 화상한티 머리 깎는다고 대가리 디밀었다가는 대가리 가죽을 다 벗겨버릴껴! 아, 읍내 이발관에 가서 깎으면 땜통도 안 올르구 머리까지 감겨중게 을매나 개운허냐? 저 화상은 받을 거 다 받으면서도 머리 감겨주던? 영감 잘 오셨구랴? 왜 씨근덕거리구 그래? 못생긴 얼굴이 빨개가지고? 아이구~ 아자시 안녕하십네까? 아이구~ 이게 누구신가? 깍세 그간 별고없이 무고하셨는지요? 여부가 있나? 근데 무슨 쪼간으로 둘이 노려보고 을루고 섰어? 아짐씨가 괜히 트집을 잡아 임씨름하는 중이야요. 이유가 뭐여? 임자, 왜 그래? 보면 모로오? 당신 아들 대가리 땜통 땀시 그라지! 땜통이 어때서? 저 때문에 아드님이 땜통에 걸렸다면서 시비를 걸어오는 바람에. 에이~ 오해 말어! 애덜 쩍에야 다 땜통 걸리며 커가는 거지. 그게 무슨 논란거리라고 서로 노려보며 얼굴을 붉히시나 그래. 이봐, 임자! 가서 밥이나 차려.

자고로 암탉이 울면 집안이 망한다고 했듯 주등박 자크 채우고 된장국이나 쌀쌀 끓여 모처럼 만에 저 이발쟁이랑 겸상허게. 이 영감탱이가 소가리가 있나? 없나? 불난 집에 휘발유를 뿌리구 그래? 승질이 뻗쳐 곧 숨 넘어갈 지경인디 이 상황에 밥까지 해 먹이리구? 아나 개떡이다! 차라리 복장에 칼을 꽂지. 난 그 짓은 못해! 그렇게 애틋한 친분이 두터우면 갈비집에 가서 갈비 사먹여 보내. 아니 이누무 여편네가 서방의 말을 개방귀로 아나? 자네 마누라도 저 모양인가? 아닙니다. 제 말 한마디면 하늘이 무너져도 따릅니다. 베락불떡이죠. 군대로 말하자면 3분 대기조죠. 조상이 다람쥐 손인가 보군. 빨러 좋아. 저 밴댕이 속아지 마나님 사나히 한 말씀을 무시하고 용수철이 튀듯 횡하니 달아나는 저 밴댕이 속아지 그냥 무사히 넘어가시남요? 에이~ 웬걸! 저 여자는 오늘밤 나한테 죽었다고 봐야지. 주먹으로 조지구 아랫도리로 조지고 눈탱이 밤탱이 날 계란 줄일 일만 남은 게지. 나으 왕승질 파워가 두고 볼 수 있간? 일을 내야지. 에이~ 말만 그러시는 거 아닙니까? 아니 이 사람이 머리는 안 깎구 남의 부부싸움에 조사할 일이 있나? 왜 그래? 그렇게 못 미더워? 궁금하면 와서 스마트폰 영상 촬영을 하시던가? 난 한 번 손대면 최하 중상에 가깝게 패는 잔인함이 있어 오죽하면 읍내에 난다 긴다 하는 깡패놈들이 날 때리러 왔다가 오줌을 질금거리며 내뺀 굴욕적 사건 신문에서 못 봤남? 무슨 신문인데요? 그냥 그런 신문이야. 대강 말하자면 따로국밥 신문이라구 돈냥이나 있는 유지가 낸 신문사로 쪼끔 하다가 흐지부지 없어진 당분간 신문이라고나 할까? 뭐 그런 거! 아니 이제 그만 가봐.

마누라 신경질이 나 내뺐으니 점심 같이 먹긴 다 틀렸어. 인제 그만 가봐. 그럴 수야 있나요? 큰형님 같은 분이 마나님과 반 죽이기 결판을 내신다는데 별 영양가는 없지만 옆에서 말리기래도 해야 단골 이발쟁이로서의 체면이 설 것 아닙니까? 아, 이 사람 남의 부부싸움에 왜 자네가 필요해? 때리나 안 때리나 그거 볼려구 그래? 자네가 있으면 안 때려. 체면상 손님이 왔는데 그 앞에서 마누라 조지는 놈이 어디 있냐? 자넨 제3자야. 참견 말구 쌀 됫박이나 살 머리나 깎어. 해가 벌써 서산에 기울어. 내 마누라 죽여도 내가 죽이고 살리는 것도 내 할 일이니 걸리적거리지 말구. 싸우는데 누가 옆에 있으면 세 대 때릴 것도 두 대만 그것도 살살 때리게 된단 말이야. 내 마누라 내가 투디리는 데 이발쟁이가 왜 끼어들어? 깍쎄, 너 우리 마누라 사랑허냐? 아니잖어? 사진 찍어뒀다가 비디오 판독할 것도 아니고 영상도 구경꾼도 다 필요 없어. 딱 둘이 만나 빨개 벗고 맞장뜨는 거야. 그래 부부싸움이야. 장가간 놈이 그것도 모르냐? 너 마누라 패봤어? 패기는여.

　우리 마누라가 을마나 이쁘고 나한테 잘하는데 왜 팹니까? 되레 내가 맞어주는데. 물어보나 마나 마누라 손에 꽉 쥔 애처가로구먼. 나모냥 여차하면 그냥 파바박 쥐어 질러버려. 그래야 더 늙어서 피박 안 써. 결코 내게 이로울 게 없는 계산하면서 살아야 되는 게 여자야. 다리 후둘거리고 손 떨려 머리 못 깎으면 백수건달인데 그때도 너한테 설설 길 거 같애? 돈 벌 때 휘어잡아 버려. 기회는 한 번뿐 지금이 적기야! 여보, 오늘 번 게 이게 다야? 애개~

미안해. 쬐끔 벌어서. 손님이 없네. 이런 자존심으로 비위 맞추기에 열내다가 늘그막에 내쫓겨 깡통 차지 말구 천 원 벌면 500원 띵겨 꼬불쳐둬. 만약을 위한 은밀한 노후 대책으로. 그걸 뭐라구 그러더라? 이 그려! 비자금! 그리구 끝으로 한 말씀 더! 여자는 이불 덮고 잘 때만 이뻐해야 하는겨. 사계절 밤낮없이 으흥으흥 창알머리 채신머리 없이 치마폭에 싸여 놀다간 볼장 다 보는 날은 그여나 오는 것잉게 냉수 먹고 속 차리라고. 하고 싶은 말은 너 이 발쟁이에게 내가 사베스허는 참말로 의미 있고 영양가 있는 진리로서 으른의 말을 잘 들으면 자다가도 뭘 얻어먹게? 떡!

21세기 거꾸로 조롱법

●● 자, 진지해주시고 엄숙해주세요. 거기 히죽이죽 엷은 미소를 짓는 오늘의 죄인 피고 실성했습니까? 이 엄숙해야 할 법정에서 경망스럽게 실쭉샐쭉 왜 실실거립니까? 이거 교락죄에 해당합니다. 자중하세요. 아니 재판장님, 민주주의 사회에서 표현의 자유는 붙들어 매놓은 개목사리입니까? 하도 어이가 없어서 내가 지금 돌아버릴 지경이라 같잖아서 그러우. 왜 이유 있습니까? 관모 쓰고 나무망치만 들면 다입니까? 내가 죄인이라는 판명도 아직 난 상태도 아니고 그 죄를 파헤치려는 준비과

정에서 실실거렸구먼 그게 무슨 교란죄? 차라리 고성방가로 집어넣으슈. 악이나 쓰게. 심판 제대로 하세요. 피고인석에 앉았다고 다 죄인이 아닙니다. 알아요 알어! 재판에 들어가기 전에 공정한 법으로 심판해주려는 의미에서 경고차 나간 말발이에요. 매사는 부려 튼튼 한마디 더 합시다. 나는 때려죽여도 공정치 못한 판단엔 승복 안 합니다. 정의구현 지저 먹는 애호박에 매직으루 꺼먼 줄 죽죽 그어 가짜 수박 만들지 말고 재판 공정하게 하세요. 내가 지금 운이 없어 피고석에 앉아 있지만 나도 대학에서 법전을 공부한 법대 출신이요. 공분 사는 짜고 치는 고스톱 사기성 재판 편견적 호의! 이런 재판 나뿐 아니라 이미 먹고 난 많은 재판 기록자들이 똑같이 하는 말 코에 걸면 코걸이, 귀에 걸면 귀걸이 여기에 신물이 난다고 합디다. 대한민국 민법이 왜 이렇게 엉성합니까?

쐬푼이나 있는 부자는 돈 찔러 보석으로 나오고 권력에 빽이라도 있으면 에이 그런 걸 뭘 그리 신경 쓰시나 그래. 나만 믿어. 그깐 누무거 내 말 한마디면 개갈나. 이봐 형씨, 쇠주나 한 병 사. 그럽시다. 혹여 귀하신 몸에 누가 되시지는 않을는지. 아이구~ 장사 한두 번 하우? 내가 누구여? 사법계에 누구 하면 산척초목이 우르르 천둥번개 굉음에 나졸이 사지를 떨어요. 이 정도면 내가 누구인지 이해가 가시는지? 그러게요. 아무튼 형씨만 믿겠시다. 홀아비는 이가 서 말이고 과부는 은이 서 말이라고 안 합니까? 뭔 소린지 짐작하시지요? 아, 이 양반, 누굴 멍텅구리 쪼다로 아나? 금

이 시대의 자화상 • 499

뺏찌는 뭐 괜히 달우? 큰 인물이 되시려고 금전살포도 여간이 아니실 텐데 이렇게 저렇게 해서라도 본전은 긁어야 원상복귀죠. 망해가면서 큰 인물이 되겠습니까? 다 그런 건 아니지만 개중에 형씨 같은 분이 뭐요? 절차는 의뢰인인 당신이 잘 알고 있으니까 우선 점심 한 끼 하며? 그러시지요. 이렇게 조우하며 접선하여 교묘히 일을 그르쳐 해결하는 데 가진 건 불알밖에 없는 무뺵에 무일푼인 나는 당신 기분에 따라 지렁이 고무줄 형량에 오락가락 아유~ 어지러워! 이러시면 안 된다 이 말씀을 강력히 주장하는 바이올씨다.

시대가 뜯어먹는 시대가 되고 보니 부끄러운 역사를 만드는 꼴이지요. 법을 다루는 사람의 인식 자체가 삐뚤어져 버렸어요. 이거 있으나 마나한 법 아닙니까? 돈 없고 빽 없고 무지한 서민만 고스란히 당하는 만고강산법이에요. 피고, 누가 무당이고 누가 장구잽인지 시방 법정에서 법관 모독 공방으로 열내고 있을 시간이 아닙니다. 자중하세요. 알었쩌. 변호인 측, 사건 경위 낭독하세요. 존경하옵는 재판장님, 피고 삼겹살 주나팔은 추호도 이 사회에 해를 끼친 일 없고 인간 존엄을 자신의 목표로 한세상을 올곧게만 살아온 지역 주민의 모범 인물로 선함은 물론 효에 남다른 평범한 중소기업에 직장을 가진 서민층으로서 오늘 이 재판의 사건 발단도 아침 출근길 붐비는 버스 안에서 생긴 불만 가득한 사건 경위로서 어떤 야비한 감정이거나 이성으로서의 욕망이 일그러져 생긴 일이 아니고 우연히 눈을 내리깔고 자기 직무에 생각이 깊던 중 바지 지퍼가 하염없이 열려 있음을 보고는 얼떨결에 어머니 소리 쳤습니다. 지퍼가 열린 앞에는 아가씨가 서 있었고 만원버스는 울컥거리고 일시에 사람들의 시선이 피고에게 집중되면서 사람들이 성추행범이라며 잡아 경찰에 인계되면서 오늘 이 자리 피고가 된 게 맞습니다.

정말 억울하고 어처구니 없는 형장사범이 되고 보니 혀라도 꽉 깨물고 죽어 결백을 주장하고 싶은 기막힌 심정이랍니다. 재판장님, 딱 보십시오. 생김생김이 그럴 사람으로 보이십니까? 변호인 측 잠깐 이의 있습니다. 나는 범죄자요 이마에 안 써붙입니다. 범죄자가 따로 없습니다. 때에 따라 경우에 따라 일시적 순간적으로 이루어지는 게 범죄입니다. 물론 계획적이거나 우발적인 범죄도 있습니다. 범죄 구성은 참 다양합니다. 너무 피고를 감싸는 보호적 변호는 지양해주시기 바랍니다. 잘 알겠습니다. 재판장님! 죄질과는 달리 유리한 입장에서만 서서 변호하는 건 편견적 성향이 매우 농후한 관계로 이에 신중을 기해주셨으면 합니다. 이런 사람은 그냥 내비두면 앞으로 틀림없이 전자발찌까지도 찰 수 있는 고위험 소지가 다분해요. 쇠뿔도 단김에 빼라고 했듯 딱 걸렸을 때 아주 단단히 경을 쳐야 후한이 없다 이겁니다. 그러하므로 죄인 껴안고 빙빙 돌지 마세요. 안 그러면 변호인 당신도 맞장구친 공범으로 두부 먹을 일이 생깁니다요. 아니 재판장님, 변호인이란 직업은 피고를 변호하는 게 일이고 목적인데 피고를 지나치게 변호한다고 치도구니를 주고 그러며 되느냐 안 되느냐 그러면서 윽박질러 놓으면 죄인은 누가 보호합니까? 아, 누가 보호하지 말래? 지나치게 그러지 말라는 이야기야! 말귀를 못 알아들어. 늙은 걸 보니 은퇴할 때도 됐구먼! 알딸딸허시나 자꾸 되물어?

변호인은 끝까지 변호인이지 허수아비가 아닙니다. 잡범이 아니야. 중범이래도 법은 법대로 해야 그게 법 아닙니까? 이보셔! 변호는 당신 직업상 변호니께 변호를 하되 너무 지나치게 하는 변호를 나무란 거지 하지 말라는 게 아니잖소? 너무 너무 지나치게 한쪽으로 기우는 변호는 안 된다 이건데 왜 그렇게 기어올라 말이 많어 그래? 아, 웬 못된 버르장머리를 가진 변호인이네 그려! 말씀 삼가세요. 어디다 대구 버르장머리래? 그렇게 말하는 거 당신 습관이에요. 법 공부는 안 하고 만화책만 읽었나 순 엉터리야! 아주 남의 인격을 갯똥처럼 뭉개요. 돈 멕이구 재판장 됐나? 아이~ 씨부랄! 어허? 쌍욕까지 난무하면 이게 법정입니까 술판이지! 야, 이 씨발! 누가 먼저 날 발끈하게 했는데 제 똥 구린 줄 모른다구 대가리 허연 양반이 동서남북 없이 대고진상 나대면 그거 체통이 섭니까? 이리 내려와요. 내가 거기 앉게. 나이는 먹어 쪼글쪼글해가지곤 어디서 젊은 놈한테 뎀벼! 뎀비길! 겁도 없어 늙은이가 앉을 때도 아이구~ 일어날 때도 아이구~ 다리야 골다공증 심한 영감이 류마티스과에 입원할 일이지 뭘 얻어먹겠다구 쩔뚝거리며 나타나

나무 방맹이 들구 설쳐대! 말러붙은 코딱지나 띠셔! 망할 자식! 말 허는 거 봐라? 짜식~ 짜식~ 하지 마러! 이 자식아, 이판사판 합이 개판이면 나도 그 이상으로 나가! 어린 느무 새끼가 으른더러 짜식이라구?

나이는 뭐 똥꾸녁으로 먹었냐? 수 틀리면 내가 너 고소할 수 있어! 뭘로 걸어 고소할 건데? 뭔 건덕지가 있어야 타이틀을 걸지! 이런 무식한 놈! 알려줘야 까봐. 노인네 희롱죄 하나 더 업그레이드해서 재판장 교란 어깃장죄 재판장 모욕죄 언어도란 폭언 변호사법 위반 여섯 개 죄목이면 넌 최하 20년이야. 만들면 법이야. 귀에 걸면 귀걸이! 코에 걸면 코걸이! 소리가 왜 나왔는데! 넌 아직 멀었어. 변호사 30년이라매? 여짓것 그것도 모르구 변호질 허냐? 그래가지고 밥 먹겠어? 그 모냥이니 여짓것 찌그러진 집구석 하나 못 장만허고 노냥 사글세나 살지 쯧쯧쯧~ 참! 네 마누라도 어떤 년인지 고달프겠다. 새끼들은 우루루 해가지고 그건 또 꽤 밝히나 봐? 비아그라를 즐겨 자신다며? 그 나이에 벌써 약으로 다스리면 내 나이나 되면 아예 그냥 있으나마나 참 너도 고민 깨나 하게 생겼다. 야! 이거 봐 재판장! 그리고 변호인! 나 지금 바뻐! 얼른 재판받고 볼일 봐야 하는데 재판은 안 하고 개인적인 다툼으로 이게 무슨 술 먹다가 쌈허는 것모냥 입에 거품을 물고 뭐허는 짓거리들이야? 나가도 되냐? 둘이 똑같으니까 싸우지. 뭔 세상에 법정에서 판사와 변호인이 앙알거리며 싸우는 광경은 대가리 털나고는 처음 보네. 장짜리가 이러니까 변짜리도 맞먹는 거 아냐? 체통을 지키세요. 알았쩌? 내가 한 가지 묻겠시다. 법이 왜 이래?

간통은 철폐하고 추행은 기가 살어 오락가락 법이야? 뭐야? 어린아이 쓰다듬고 어루만지기가 무섭다니께. 할애비가 외손녀 이뻐하는 것도 추행죄에 해당됩니까? 아, 그거는 며느리가 이해하기 나름이고 고발만 안 한다면 무방하다구요. 참 다행이군. 법이 미치고 세상이 미치고 자연도 미쳐버리니 기후 변화에 만년설 빙산이 녹아 무너지고 수위가 높아져 도시가 잠기고 이런저런 재해로 인간들이 돌아버리게 돼가는 이 세상! 아, 이러면 아니 되고 아니 되고 또 아니 되는 진짜진짜 변고로다. 쌈질만 할 게 아니라 법제도가 문제를 일으켜. 이 세상 좋은 것도 나쁜 것도 다 인간이 만들어 이러구 저러구 하는 게 초점을 맞춰 놓으면 주체 못하는 본능을 엇쩌라고 간통이구 추행이고 양분해 사람 모아놓구 이러구 저러구 하지 말고 인생 각자에 맡겨브러. 알아서 하게. 인생 살아감에 있어 제일 재미나는 일에 태클을 걸면 어쩌자는 거야? 못하게 하니까 해보구 싶어지는 게 사람 마음이야. 안달과 갈망을 저지하면 인간의 감정은 폭팔이라는 위선의 물질이 잉태한다구요! 60년대 엉터리법 주먹 크고 빽 있고 돈이면 다 되던 그 시절 그 추억이 아닙니다. 21세기에 맞는 법! 그러되 정서와 도덕과 인정과 사랑 예의범절을 도래해내는 인간 위주로의 법! 이게 아니면 다음 세대에는 인간의 존엄성마저 찾아볼 수 없는 미로의 길로 나아감이니 어찌 인간이라 자부할까?

　법도 법이지만 법보다 인간이 먼저인 선순위를 선점해야 할 의무 같은 것이 필요하리! 그날의 일진과 기분에 따라 형량이 죄질이 좌우되는 거야? 뭐야? 아, 강제로 하지 말아야 할 일을 했다면 몰라도 이뻐서 좋아서 사랑스러워서 표현의 자유도 죄가 된다면 이건 아니올시다. 조물주가 암수를 만든 데에는 이유가 있어. 즐기고 누리며 생명을 잉태하라는 명시여. 인간은 지저분한 몇 놈 빼놓구는 다 지각이 있어 잘못을 알고 공분을 알고 질서를 알아. 호기심에 이뻐서 본능에 우연히 손버르장머리가 웬 못돼서 누가 시켜서 본인이 원해서 꼬리를 쳐 만지는데 손버리장머리가 웬 못돼 누가 시켜서 이것만 빼고는 다 사람이면 행할 수 있는 평소의 행각인데 그게 죄가 된다? 시~ 소리가 나면서 고개가 옆으로 절래절래 아니라는 뜻이거든. 이런 거 저런 게 다 걸리는 일이면 조지나 세상 하나도 재미없지. 왜 내 마누라 두고 남의 여자 끼고 술 마시면 째지는 기분에 똥기마이 쓰는 이유를 당신은 아시나요? 그게 사랑으로 뭉친 인간의 뜻이거든.

　톡 까놓고 한마디 더더더! 이런 거 저런 거 다 쇠고랑감이면 애는 언제 낳고 안 그래도 고령사회에 군대가 모자라느니 주접이 영 그는 판에 꼰대만 남아 다 죽고 나면 그땐 또 엄마 찾아 삼만리가 아니라 씨종자 찾아 삼만리가 되겠구먼 그랴. 잘들 한다! 잘들 해!

세상이 왜 이래? 법이 왜 이래? 재판장님, 으잉~ 어디 가셨어? 신경질 내며 책상을 쥐어질르드니 어디로 내뺏구먼! 애 어멈아, 손녀딸 좀 이리 데리고 오너라. 꼭 안아주고 싶구나. 아유~ 이쁜 것! 안 돼요! 안 되다니? 할애비가 손녀가 귀여워 안아보자는데 싫다니? 아, 서방놈을 옆에 못 오게 해야지 날 왜 막어? 애비랑 이혼수속 밟을껴? 난 너 같은 며늘년은 필요 없응개 나가 재판장에서 보자. 할멈, 술 가져와. 아버님, 아유~ 이러지 마시어요. 어허~ 이 요망한 것이 아버님이라니? 어디서 쥐새끼 무 긁어먹는 소리야? 에에이~ 잡것들! 할아부지 일 없다! 저리 가! 이러니 가정의 행복과 사회가 화합이 될 수 있나? 불신 투성이야.